彩图版

国学经典规范读本

山海经

【冯国超 ◎ 译注】

商务印书馆
二〇一六年·北京

图书在版编目(CIP)数据

山海经/冯国超译注.—北京:商务印书馆,2009 (2016.8 重印)
(国学经典规范读本)
ISBN 978-7-100-06795-9

Ⅰ.山… Ⅱ.冯… Ⅲ.①国学—中国—古代 ②山海经—译文 ③山海经—注释 Ⅳ.K928.631

中国版本图书馆 CIP 数据核字(2009)第 178766 号

所有权利保留。
未经许可,不得以任何方式使用。

国学经典规范读本
山 海 经
冯国超 译注

商 务 印 书 馆 出 版
(北京王府井大街36号 邮政编码 100710)
商 务 印 书 馆 发 行
北 京 冠 中 印 刷 厂 印 刷
ISBN 978-7-100-06795-9

2009 年 11 月第 1 版	开本 787×1092 1/16
2016 年 8 月北京第 7 次印刷	印张 34¼

定价:99.00 元

前　言

《山海经》原文近三万一千字，分为十八篇，其中"山经"五篇，"海经"十三篇（这里的"海"，指僻远之地），主要记述了自上古至秦汉时期中华大地上的山川、动物、植物、矿物、历史、风俗、神话传说等。

关于《山海经》的作者和成书年代，历来争议较多，我认为，较为公允的说法是：《山海经》非一人一时之作，它成书于西汉以前，书中的内容则涉及远古传说及夏、商、周等各个时期；今本《山海经》的格局，主要是由西汉时的刘歆（xīn）奠定的。

《山海经》问世后，因书中有不少内容荒诞无稽，因此，历代对它作认真研究的人少之又少，如司马迁在《史记·大宛列传》中就曾说过："故言九州山川，《尚书》近之矣。至《禹本纪》、《山海经》所有怪物，余不敢言之也。"连司马迁对《山海经》都"不敢言之"，普通学者当然更不敢去碰了。

研究《山海经》，最难解决的问题，便是如何看待书中提到的大量的怪物、怪人和怪神，如九首人面的九凤、一首十身的茈（zǐ）鱼、长满珍珠的珠树、吃了其果实后能让人长生不死的不死树、胸口有洞的穿匈国人、身生羽毛的羽民国人、能带来怪风雨的天愚神、睁眼闭眼即为白昼黑夜的烛阴神，等等。若一概视之为杜撰，斥之为荒诞，则《山海经》的价值便会大打折扣；若视之为信史，奉之为神奇，则无法获众人之认同。为了破解这一千古难题，当代学者付出了巨大的努力。他们或以巫史或神话故事为进路，而把《山海经》视为一部神话性质的地理书；或从图腾崇拜入手，以现代科学为手段，而称《山海经》为博物学、自然史的专籍。这两种路径，恰如《周易·系辞传上》中所说："仁者见之谓之仁，知者见之谓之知"，但结果却是"君子之道鲜矣"，即不能完整地揭示《山海经》的真面目。我认为，对于《山海经》中记述的大量怪物、怪人和怪神，至少应该从以下四个方面去认识：一是它们是原始宗教或巫术的反映，如书中提到的各种山神及祭祀这些山神的具体仪式，即属此类内容。二是它们包含图腾崇拜的内容，如前后有首、猪身的并封，六足四翼、混沌无面目的帝江，等等，很有可能就是古代氏族的图腾。当然，在远古时期，原始宗教、巫术与图腾崇拜往往结合在一起，很难作出明确的区分。三是属于远古时期的神话传说，如夸父逐日、精卫填海、鲧腹生禹、形天无首持干戚而舞等等，当属古代神话无疑。四是它们包含古人因错觉或凭想象力而创造的内容，如六首蛟、穿匈国、三首国之类，此正与现代有人认为神农架有野人、尼斯湖有怪兽、火星上有怪人相似。

研究《山海经》，还要面对的一个重要问题，就是如何认识"山海图"即《山海经》中的图画。据考证，《山海经》成书时，是一部典型的"图文书"，不仅"山经"部分附有相关的记述山川、里程的地理图，"海经"部分更是依图为文，即"海经"的大量文字是对图的内容的说明。据史载，《山海经》在晋代尚有图，因为晋代的郭璞曾作《山海经图赞》，晋人陶渊明在《读〈山海经〉十三首》诗中亦有"泛览周王传，流观山海图"之句。但是，晋代的"山海图"与汉代的"山海图"已不相同。至梁代，著名画家张僧繇绘有《山海经图》十卷，北宋时期的校理舒雅又据之重绘，但他们所绘的图与晋代的图又有区别。南宋时朱熹读《山海经》，已不见有"山海图"，他说："予尝读《山海》诸篇，记诸异物飞走之类，多云'东向'，或云'东首'，皆为一定而不易之形，疑本依图画而为之，非实记载此处有此物也。"（《朱子语类》卷一三八）到了明清时期，则出现了一大批"山海图"，其中较具代表性的有明代胡文焕的《山海经图》、明代蒋应镐武临父的《山海经(图绘全像)》、清代吴任臣的《增补绘像山海经广注》，以及《清代宫廷版画》、清代的《古今图书集成》中的"山海图"，等等。但是，这些"山海图"是怎么画出来的？是纯粹根据《山海经》的原文而绘呢，还是有古本"山海图"的依据？对此，目前仍不得而知。但是，认为"山海图"对于我们了解《山海经》有极其重要的价值，则是目前学界的共识。

在对《山海经》中的怪物、怪人、怪神及"山海图"有了正确的认识之后，再来审视《山海经》全书的内容，我们便会发现，《山海经》中蕴藏的知识和智慧竟是如此的丰富：经中记述的大量山川、植物、动物、矿物,向我们展示了上古时期中华大地的原始风貌,尤其是经中关于由于人类稀少、遍地都是金银玉石的记述,无疑会令现代人神往不已;经中关于黄帝、帝颛顼(zhuānxū)、帝喾(kù)、帝舜、禹、夏后启的事迹以及"黄帝生苗龙,苗龙生融吾,融吾生弄明,弄明生白犬"、"颛顼生䮽(huān)头,䮽头生苗民"等的记载,为我们了解上古时期的历史传承提供了极为丰富的资料;经中称后稷降百谷、叔均始耕、太子长琴始作乐风、石夷司日月之长短等,向我们揭示了中国古代农业、音乐、天文学等的起源;经中关于苦辛能治疟疾、雕棠能治耳聋、豪鱼能治白癣、鬼草能使人忘掉忧愁等的记述,则为中华医学最早之资料;……据此,我们完全可以得出这样的结论:《山海经》是我国先秦典籍中唯一一部上古文化的百科全书,它既真实客观,又充满想象,反映了我们祖先极其宏富的创造力,蕴涵着无尽的智慧宝藏。

然而,就是这样一部充满智慧、创意迭出的古代经典,迄今为止,却尚无一本真正适合广大读者阅读的读本。究其原因,除了长期以来对《山海经》的认识存在误区,主要还有以下三点:

一是《山海经》中涉及大量的山、水、动物、植物、人物等,但或因山川变迁、地名沿革,或因年代久远、流传讹误,或本来就系古人凭想象而为之,因此,其中起码有三分之二以上的山川、动植物名及人名已无法确考。对此,现有的作品不是予以回避,就是作烦琐的引证,使读者难明究竟。

二是《山海经》中有不少山川、动物、植物、人物等的名字常常在文中反复出现,且有时同一名称,所指并不相同,加上《山海经》中某些地方的文字编次较为混乱,这就给《山海经》的注解工作带来了诸多麻烦。现有的作品,常常是对首次出现的疑难字词作注,对再次出现者即不再作注,因此,除非读者有极好之记性及耐性,从头至尾细细阅读,并不时作笔记,否则是很难读懂《山海经》的。

三是《山海经》中有不少内容系依古图而作,若撇开古图来注解《山海经》,会闹出不少笑话。因此,如何恰当地处理图与文之间的关系,就成为做好《山海经》注解工作的一个关键。但是,现有的作品对此均未能合理地予以解决。

对于《山海经》注解工作中的上述难题,本书作出了以下破解。

第一,为了使读者能真正看懂《山海经》,本书对《山海经》中难解的字词或句子一律作注;但与此同时,本书又本着实事求是的原则,禀承"知之为知之,不知为不知"之古训,把《山海经》研究中已经解决的问题、仍然存在的困难及其原因向读者和盘托出,从而让读者能客观地了解《山海经》研究的现状和方向。为此,我在书中主要作了这样几个方面的处理:

1. 对于明确可解者,则直截相告,如:"巴蛇:古代传说中的一种大蛇";"白于之山:即白于山,山名,在今陕西志丹县北部"。

2. 对于明确无解者,亦直截相告,如:"巴遂山:山名,具体所指待考";"白䓘(gāo):植物名,具体所指待考"。之所以说"待考",而不说"不明"、"无考",是希望随着研究的深入或考古挖掘工作的进展,这些问题能不断得到解决。

3. 对于尚无明确答案、研究者有不同观点者,则尽量提供一些线索,如:"辉诸之山:即辉诸山,山名,具体所指待考。一说在今河南境内";"良余之山:即良余山,山名,具体所指待考。一说在今陕西华阴市西南;一说在今河南卢氏县境内"。

4. 对于有明显线索可循、但仍存在争议者,则列举其中有代表性的观点,而不说"待考",如:"长石之山:即长石山,山名,一说即今河南渑池县天池山;一说在今河南新安县";"渤海:一说这里指蒲昌海,即今新疆东南部的罗布泊"。

第二,一个生僻难解的字词在书中反复出现,若每处都作注,则会显得烦琐之极;若只在首次出现时作注,则其在相隔较远处再次出现时,读者又不知该作何解,这就是上文所说的第二个难题所在。为了解决这一难题,本书根据《山海经》一书的特点,同时考虑到现代读者的阅读习惯,把全书分为862个小节,视每个小节为一个独立的单位，只要在该小节中有生僻难解的字词，就一律进行注解；若前面对此已有注解的，则以"见……"来表示。从而真正能让读者对《山海经》一书进行无障碍阅读。

第三，针对古本《山海经》属于"图文书"的特点，本书力图从形式上"恢复"古本《山海经》的原貌，为此，本书从明清时期的"山海图"及历代画像石、漆画、名家绘画中精选了400多幅绘画，插入《山海经》的相关位置，并与《山海经》原文一一对应。特别值得一提的是，在以往已经出版的"山海图"的基础上，本书增加了《中国清代宫廷版画》及绘于明代的《补遗雷公炮制便览》这两种优质、上乘的大型古代画集中的绘画，从而使该书所配图的质量有了一个质的提升。

最后，还有三点需要着重说明：一是本书的原文以清代郝懿行的《山海经笺疏》为底本，参考并综合了当代学者袁珂（kē）、郭郛（fú）、张步天等的相关研究成果，以期在尽量保留《山海经》古本原貌的基础上，充分反映《山海经》研究的最新进展；二是为了方便读者阅读，本书对生僻的字及多音字均标注拼音，而且在标注拼音时，一律以《汉语大词典》、《辞海》、《古代汉语词典》等权威工具书为依据，以确保注音规范；三是原文中凡是以黑体字出现的文字，均表示有针对该文字的配图或导读。

冯国超
2009年8月于北京

目 录

南山经第一 ……………… 003
  一、南山一经 ……………… 005
  二、南次二经 ……………… 015
  三、南次三经 ……………… 025
西山经第二 ……………… 035
  一、西山一经 ……………… 036
  二、西次二经 ……………… 053
  三、西次三经 ……………… 063
  四、西次四经 ……………… 085
北山经第三 ……………… 099
  一、北山一经 ……………… 100
  二、北次二经 ……………… 119
  三、北次三经 ……………… 129
东山经第四 ……………… 155
  一、东山一经 ……………… 156
  二、东次二经 ……………… 164
  三、东次三经 ……………… 175
  四、东次四经 ……………… 181
中山经第五 ……………… 189
  一、中山一经 ……………… 190
  二、中次二经 ……………… 199
  三、中次三经 ……………… 205
  四、中次四经 ……………… 211
  五、中次五经 ……………… 218
  六、中次六经 ……………… 226
  七、中次七经 ……………… 235
  八、中次八经 ……………… 248
  九、中次九经 ……………… 260
  十、中次十经 ……………… 270
  十一、中次十一经 ……………… 276
  十二、中次十二经 ……………… 300
海外南经第六 ……………… 313
海外西经第七 ……………… 327
海外北经第八 ……………… 339
海外东经第九 ……………… 351
海内南经第十 ……………… 361
海内西经第十一 ……………… 371
海内北经第十二 ……………… 381
海内东经第十三 ……………… 395
大荒东经第十四 ……………… 411
大荒南经第十五 ……………… 427
大荒西经第十六 ……………… 443
大荒北经第十七 ……………… 465
海内经第十八 ……………… 483
索引 ……………… 502

山海經

南山经包括南山一经、南次二经、南次三经三篇，叙述了位于中国南方的一系列山，以及发源于这些山的河流，在这些山上生长的植物、动物及其形状、特点，出产的矿物，掌管这些山的山神的形状、祭祀这些山神的方法等。南山经共叙述了三十九座山，其中大多数山的位置都难以确考，但它们大致位于今浙江舟山群岛以西、湖南西部以东、广东南海以北的地域中。

南山经第一

＊"南山经"中的"经"（包括《山海经》、"西山经"、"中山经"等中的"经"），人们通常会很自然地把它理解为"经典"，正如我们理解《易经》、《孝经》、《道德经》等中的"经"一样。然而，迄今为止，学者们多认为它们不应被理解为"经典"，因为著《山海经》的人不可能称自己的作品为"经典"，因此，他们或释此"经"为"经历"、"经过"，或释此"经"为"经纪"即条理、秩序，或认为此"经"除指"经过"外，还包括"勘划"、"治理"、"筹划"诸义，莫衷一是。我认为，关于此"经"字的确切含义，我们固然可以作多方面的考察，但是，相对说来，理解为"经典"，似更为恰当。理由是：

　　1. 称自己的作品为"经"，历史上亦有先例，如《墨子》一书中即有《经上》、《经下》等篇；

　　2.《山海经》的成书经历了一个漫长的历史过程，最后的编定者（或其间的编纂者）在编写时称之为"经典"，亦是很自然之事，与中国历史上一些著作如《易经》、《诗经》等被称为"经"的情形相似；

　　3. 更有利于理解原著，如"山海经"即"山和海的经典"，"南山经"即"中国南方山系的经典"，等等，若把"经"理解为"经过"，则意思没有这么顺遂。

一、南山一经

【导读】

《山海经》原书无"南山一经"之标题,此系笔者所加,目的是与下面的"南次二经"、"南次三经"相统一,并方便读者在阅读时检索。在"西山经"、"北山经"、"东山经"、"中山经"中,也分别加了"西山一经"、"北山一经"、"东山一经"、"中山一经"之标题。

南山一经共记述了招摇山、堂庭山、猿翼山等九座山,宪翼水、英水、泛(fāng)水等七种水体。几乎所有山的位置都难以确考,但它们大致在今广东、广西、福建境内。

在南山一经中,最吸引人眼球的除了随处分布的黄金、白玉外,就要数那些形状奇特、功能神异的动植物了。如有一种名叫猼訑(bótuó)的兽,形状像羊,有九条尾巴,四只耳朵,眼睛长在背上,人们若佩带上它的皮毛,就会无所畏惧;有一种名叫鹏𪃋(chǎngfū)的鸟,形状像鸡,长着三个脑袋,六只眼睛,六条腿,三只翅膀,人吃了它的肉后就不会再感到困倦;有一种名叫迷榖(gǔ)的树,形状像构树,有黑色的纹理,它的花发出的光芒可以照亮四周,人们把它佩带在身上,就不会迷路;……它们与我们的常识大相径庭,有人或会斥之为怪诞、荒谬,但是,最好还是让我们暂时抛弃成见,去慢慢欣赏《山海经》向我们展示的那个瑰丽而奇异的世界吧!

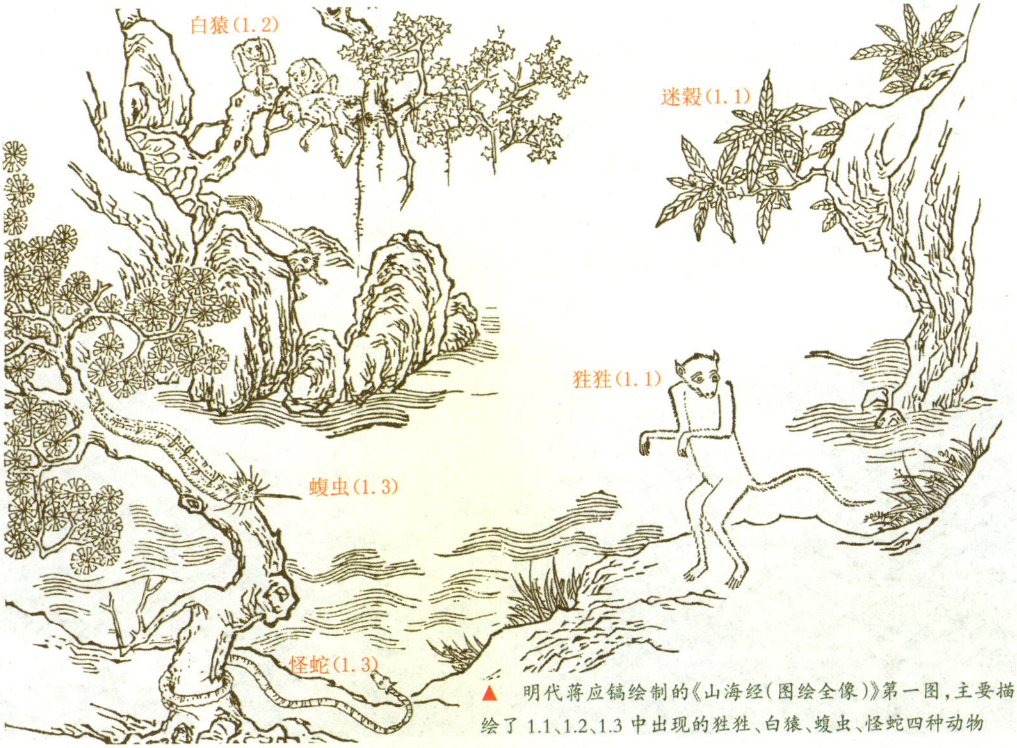

▲ 明代蒋应镐绘制的《山海经(图绘全像)》第一图,主要描绘了 1.1、1.2、1.3 中出现的狌狌、白猿、蝮虫、怪蛇四种动物

1.1 南山经①之首,曰鹊山②。其首曰招摇之山③,临于西海④之上,多桂⑤,多金玉。有草焉,其状如韭而青华⑥,其名曰祝余⑦,食之不饥。有木焉,其状如榖(gǔ)⑧而黑理⑨,其华四照,其名曰迷榖⑩,佩之不迷。有兽焉,其状如禺⑪而白耳,伏行人走,其名曰狌(xīng)狌⑫,食之善走。丽𪊨(jǐ)之水⑬出焉,而西流注于海⑭,其中多育沛⑮,佩之无瘕(jiǎ)⑯疾。

▲图1-3 狌狌图,选自清代绘制的《钦定补绘萧云从〈离骚〉全图》

【注释】

①经:经典或某些专门性的著作。一说指经历;一说为衍文。 ②鹊山:山系名,具体所指待考。一说即南岭山脉;一说可能是今广西漓江上游的猫儿山。(见图1-1) ③招摇之山:即招摇山,山名,具体所指待考。一说即今广东连县北湘粤界上的方山;一说可能是今广西的十万大山。 ④西海:水名,具体所指待考。一说指今广西桂林附近古时的水泽;一说指北部湾。 ⑤桂:桂花树,又叫木犀,常绿小乔木或灌木,花有特殊香气。(见图1-2) ⑥华:同"花"。 ⑦祝余:

【译文】

南山经中的首列山系叫做鹊山。鹊山的首座山叫做招摇山,它濒临西海,山中生长着很多桂树,还有很多金和玉。山中长着一种草,它的形状像韭菜,开青色的花,名字叫祝

▼图1-1 本节中提到的鹊山、招摇山当系上古时的山名,确切位置难以考定,但大致应在今广西或广东境内。此为今广西桂林的山水风景

植物名,具体所指待考。一说指山韭菜,一种多年生草本植物,可供药用或食用;一说指天门冬,多年生攀缘草本植物,茎长1—2米,叶退化,由绿色线形叶状枝代替叶的功能。 ⑧榖:树名,即构树,落叶乔木,叶子卵形,开淡绿色花。 ⑨理:纹理。 ⑩迷榖:传说中的一种植物。一说即榖树;一说特指雌性榖树。 ⑪禺:兽名,猴属,似猕猴而较大,赤目,长尾。 ⑫狌狌:即猩猩,哺乳动物,比猴子大,两臂长,全身有赤褐色长毛。(见图1-3) ⑬丽䴥之水:即丽䴥水,水名,具体所指待考。一说指今广东的连江;一说指漓江;一说指位于今广西的钦江。 ⑭海:一说指西海;一说指南海,位于中国南部的某一海域。 ⑮育沛:所指待考。一说指琥珀或琥珀类的东西;一说指玳瑁(dàimào),一种外形像龟的爬行动物,生活在海洋中。 ⑯瘕:病名,指由寄生虫引起的腹内结块。

余,人吃了这种草后就不会感到饥饿。山中长着一种树,形状像构树,有黑色的纹理,它的花发出的光芒可以照亮四周,名字叫迷榖,把它佩带在身上就不会迷路。山中有一种兽,形状像猕猴,耳朵白色,趴着身子走路,又能像人一样行走,它的名字叫狌狌,人吃了它的肉后就擅长奔跑。丽䴥水发源于招摇山,向西流入大海,水中有很多育沛,把它佩带在身上,腹内不会得由寄生虫引起的疾病。

▶图1-2 明代画家吕纪绘制的《桂菊山禽图》中桂花盛开的桂树

1.2 又东三百里,曰堂庭之山①,多棪(yǎn)②木,多白猿,多水玉③,多黄金。

【注释】
①堂庭之山:即堂(一作"常")庭山,山名,具体所指待考。一说在今湖南境内;一说可能指今广西的六万大山。 ②棪:果木名,果实似苹果,红色。一说指野海棠。 ③水玉:水晶。

【译文】
再向东三百里是堂庭山,山中生长着很多棪木,生活着很多白猿,还有很多水晶和黄金。

1.3 又东三百八十里,曰猿翼之山①,其中多怪兽,水多怪鱼,多白玉,多蝮虫②,多怪蛇,多怪木,不可以上。

【注释】
①猿翼之山:即猿(一作"即")翼山,山名,具体所指待考。一说可能是位于今广东的云开大山;一说应在今湖南境内。 ②蝮虫:即蝮蛇,一种毒蛇。晋代的郭璞则说,蝮虫又叫反鼻虫,鼻上有针,大的可达百余斤。(见图1-4)

【译文】
再向东三百八十里是猿翼山,山中有很多怪兽,水中有很多怪鱼,山中还有很多白玉、蝮蛇、怪蛇及怪异的树木,人无法攀登上去。

▲图1-4 晋代的郭璞认为,蝮虫即反鼻虫,体形很大,它的鼻子上长着长针,此为明代蒋应镐绘制的《山海经(图绘全像)》中的蝮虫图

1.4 又东三百七十里,曰杻(niǔ)阳之山①,其阳多

赤金，其阴多白金。有兽焉，其状如马而白首，其文②如虎而赤尾，其音如谣③，其名曰鹿蜀④，佩之⑤宜子孙。怪水⑥出焉，而东流注于宪翼之水⑦。其中多玄⑧龟，其状如龟而鸟首虺（huǐ）⑨尾，其名曰旋龟⑩，其音如判木⑪，佩之不聋，可以为⑫底⑬。

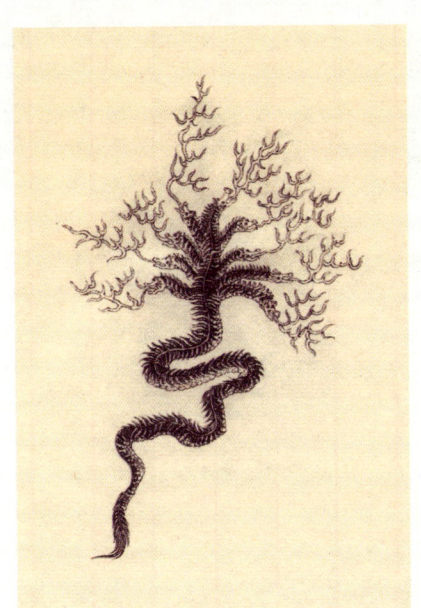

▲图 1-5　虺是一种毒蛇，在清代绘制的《钦定补绘萧云从〈离骚〉全图》中则被描绘成一种长着九个脑袋、口中喷火的怪物

【注释】

① 杻阳之山：即杻阳山，山名，具体所指待考。一说指今广东连县北的方山；一说可能指今广东的鼎湖山。
② 文：通"纹"，指花纹。
③ 谣：歌谣；歌曲。这里指像唱歌一样。
④ 鹿蜀：动物名，一说指斑马；一说是鹿的一种。
⑤ 佩之：这里指佩带鹿蜀的皮毛。
⑥ 怪水：一说指形状较为怪异的河流；一说指位于今广东的北江及其支流连江；一说可能指位于今广东的西江。
⑦ 宪翼之水：即宪翼水，水名，具体所指待考。
⑧ 玄：黑色。
⑨ 虺：一种毒蛇。（见图 1-5）
⑩ 旋龟：龟名，一说指大头龟，头较大，呈三角形，颌部如鹰嘴。（见图 1-6）
⑪ 判木：劈开木头。
⑫ 为：治疗。
⑬ 底：同"胝（zhī）"，指手脚上的老茧。

【译文】

　　再向东三百七十里是杻阳山，山的阳面有很多赤金，阴面有很多白金。山中有一种兽，外形像马，脑袋白色，身上有像老虎一样的斑纹，红色的尾巴，发出的声音像人唱歌一样，它的名字叫鹿蜀，佩带它的皮毛能使子孙发达。有一条怪水发源于杻阳山，向东流入宪翼水。水中有很多黑色的龟，形状与乌龟相似，却长着鸟一样的头，蛇一样的尾巴，它的名字叫旋龟，发出的声音像劈开木头一样，把它佩带在身上就不会耳聋，还可以用来治疗手脚上的老茧。

▲图 1-6　旋龟图，选自清代毕沅(yuán)图注的《山海经》

1.5 又东三百里,曰柢(dǐ)山①,多水,无草木。有鱼焉,其状如牛,陵居,蛇尾,有翼,其羽②在鲑(qū)③下,其音如留牛④,其名曰鲮(lù)⑤,冬死⑥而夏生,食之无肿⑦疾。

▲图1-7 鲮鱼图,选自绘于明代的《三才图会》

【注释】
①柢山:山名,具体所指待考。一说可能指今广东境内的大罗山。郝懿行本"柢山"前无"曰"字,系脱漏。
②羽:鸟虫的翅膀。
③鲑:鱼胁。　④留牛:所指待考。一说指瘤牛,颈项上有突起,鸣声较大;一说即犁牛,见4.1注⑤。
⑤鲮:鱼名,具体所指待考。一说即穿山甲。(见图1-7)　⑥冬死:指冬眠。　⑦肿:毒疮。

【译文】
再向东三百里是柢山,山间多水,不长草木。山中有一种鱼,形状像牛,生活在丘陵上,长着蛇一样的尾巴,有翅膀,翅膀长在胁下,叫声像留牛一样,它的名字叫鲮,冬天蛰伏,夏天醒来活动,吃了它的肉后不会再生毒疮。

1.6 又东四百里,曰亶爰(chányuán)之山①,多水,无草木,不可以上。有兽焉,其状如狸②而有髦③,其名曰类④,自为牝牡⑤,食者不妒。

▲图1-8 类图,选自绘于明代的《三才图会》

【注释】
①亶爰之山:即亶爰山,山名,具体所指待考。一说在今广东

【译文】
再向东四百里是亶爰山,山间多水,不长草

▲图1-9 猼訑图，选自《中国清代宫廷版画》

南雄市境内；一说可能是今广东新丰县的九连山。 ②狸：哺乳动物，又叫山猫，毛棕黄色，有黑色斑纹。 ③髦：头发。 ④类：动物名，具体所指待考。一说即大灵猫，身上有香囊。（见图1-8） ⑤牝牡：雌性和雄性。

木，人无法攀登上去。山中有一种兽，形状像山猫，头上有发，它的名字叫类，一身兼具雌雄两性，人吃了它的肉后就不会嫉妒。

1.7 又东三百里，曰基山①，其阳多玉，其阴多怪木。有兽焉，其状如羊，九尾四耳，其目在背，其名曰**猼訑**（bótuó）②，佩之③不畏。有鸟焉，其状如鸡而三首、六目、六足、三翼，其名曰**䳇𪁺**（chǎngfū）④，食之无卧⑤。

【注释】　　　　【译文】

①基山：山名，具体所指待考。一说在今广东境内。
②猼訑：传说中的一种兽。（见图1-9）
③佩之：这里指佩带猼訑的皮毛。
④䳇𪁺：传说中的一种鸟。（见图1-10）
⑤无卧：不思睡眠。

　　再向东三百里是基山，山的阳面有很多玉，山的阴面长着许多怪树。山中有一种兽，形状像羊，有九条尾巴，四只耳朵，眼睛长在背上，它的名字叫猼訑，佩带它的皮毛就会无所畏惧。山中有一种鸟，形状像鸡，有三个头、六只眼睛、六条腿、三只翅膀，它的名字叫䳇𪁺，人吃了它的肉后就不思睡眠。

▲图1-10 䳇𪁺图，选自绘于明代的《三才图会》

1.8 又东三百里,曰青丘之山①,其阳多玉,其阴多青䨼(huò)②。有兽焉,**其状如狐而九尾**③,其音如婴儿,能食人,食者不蛊④。有鸟焉,其状如鸠⑤,其音若呵⑥,名曰灌灌⑦,佩之⑧不惑。英水⑨出焉,南流注于即翼之泽⑩。其中多**赤鱬**(rú)⑪,其状如鱼而人面,其音如鸳鸯,食之不疥⑫。

▲图1-11 九尾狐图,选自日本绘制的《怪奇鸟兽图卷》

【注释】

①青丘之山:即青丘山,山名,具体所指待考。 ②青䨼:青色的可作颜料的矿物。郝懿行本作"䨼(hù)",植物青者作"䨼",矿物青者作"䨼",此处应为"䨼"。 ③状如狐而九尾:像有九条尾巴的狐狸。(见图1-11) ④蛊:毒热恶气。 ⑤鸠:鸟名,外形与鸽子相似,常见的有斑鸠。 ⑥呵:大声斥责。 ⑦灌灌:鸟名,具体所指待考。一说指鹳。 ⑧佩之:指佩带灌灌的羽毛。 ⑨英水:水名,具体所指待考。 ⑩即翼之泽:指即翼泽,也就是即翼山中的湖泽。即翼山见

【译文】

再向东三百里是青丘山,山的阳面有很多玉,山的阴面有很多可作青色颜料的矿物。山中有一种兽,它的形状像狐狸,有九条尾巴,叫声像婴儿啼哭,会吃人,人吃了它的肉后就不会受毒热恶气的侵袭。山中有一种鸟,它的形状像鸠,叫声像人在大声斥责似的,名字叫灌灌,把它的羽毛佩带在身上就不会迷惑。英水发源于青丘山,向南流入即翼泽。水中

▲图1-12 赤鱬图,选自《中国清代宫廷版画》

1.3 注①。　⑪鱬：传说中的一种鱼。一说即儒艮，生活在海中或河口，体长1.5—2.8米，前肢呈鳍状，后肢退化。人们又称它为人鱼。（见图1-12）　⑫疥：疥疮。

有很多赤鱬，它的形状像鱼，却长着人一样的脸，叫声与鸳鸯相似，人吃了它的肉后不会生疥疮。

1.9　又东三百五十里，曰箕（jī）尾之山①，其尾踆（cún）②于**东海**，多沙石。汸（fāng）水③出焉，而南流注于淯（yù）④，其中多白玉。

【注释】

①箕尾之山：即箕尾山，山名，具体所指待考。一说可能在今福建东部。　②踆：通"蹲"。　③汸水：水名，具体所指待考。　④淯：水名，具体所指待考。一说可能指闽江。

【译文】

再向东三百五十里是箕尾山，山的尾部蹲踞于东海之滨，山中多沙石。汸水发源于箕尾山，向南流入淯水，水中有很多白玉。

【导读】

东海所指因时而异，先秦古籍中的东海，多相当于今之黄海。秦汉以后，始以今黄海、东海同为东海。明代以后，北部称为黄海，南部仍称东海，其海域始和今东海相当。

1.10　凡䧿山①之首，自招摇之山②以至箕（jī）尾之山③，凡十山，二千九百五十里。其**神**④状皆鸟身而龙首。**其祠**⑤之礼：毛⑥用一璋⑦玉瘗（yì）⑧，糈（xǔ）⑨用稌（tú）⑩米，一璧，稻米，白菅（jiān）⑪为席。

▲图1-13　南山一经山神图，选自日本绘制的《怪奇鸟兽图卷》

【注释】

① 鹊山：见 1.1 注②。　② 招摇之山：见 1.1 注③。　③ 箕尾之山：见 1.9 注①。　④ 神：指山神。（见图 1-13）　⑤ 祠：祭祀。　⑥ 毛：用于祭祀的带毛的动物，如猪、牛、羊等。　⑦ 璋：举行典礼时所用的一种玉器，形状像圭的一半。　⑧ 瘗：埋葬。　⑨ 精：祭神用的精米。　⑩ 稌：粳稻；也指糯稻。　⑪ 菅：菅茅，一种多年生草本植物，叶子细长而尖，开绿色花。

【译文】

总计鹊山这个山系，从首座招摇山到箕尾山，共有十座山，距离为二千九百五十里。每座山的山神的形状都是鸟身龙头。祭祀这些山神的仪式是：把带毛的动物与一块璋玉一起埋入地下，用糯米作祭神用的精米，把一块璧和稻米供在山神前，用白茅铺成山神的坐席。

【导读】

《山海经》的五篇山经由二十六篇小的山经组成，在每篇小的山经的结尾，都会有一段总结性的文字，它包括两个方面的内容：一是统计该山经所介绍的山的数目，以及从首山至尾山的总里数；二是介绍该山经中提到的每一座山的山神的形状（西山一经、西次四经、东次四经、中山一经、中次五经、中次六经除外），以及祭祀这些山神的方法。这些山神或为鸟首龙身，或为羊身人面，或为人面蛇身，或为猪首人身，形状各异，千奇百怪，反映了古代人类图腾崇拜的状况。祭祀这些山神的方法也各不相同，或用太牢，或用少牢，或用雄鸡，或用玉璧，现代人看着觉得烦琐之极，古人则是井井有条，执行得一丝不苟。（见图 1-14）

▲图 1-14　《中国清代宫廷版画》中的《望祀山川图》，描绘了上古时帝舜祭祀山川之神的情形

二、南次二经

【导读】

　　在《山海经》的南、西、北、东、中五篇山经中，除了每篇山经的第一系列山称为"南山经之首"、"北山经之首"、"东山经之首"等外，其余系列的山都采用"……次……经"的格式，如"南次二经"、"东次三经"、"中次六经"等等。那么，它们都代表什么意思呢？对此，学者们歧见迭出。以"南次二经"为例，有的学者认为，这里的"次"有停留、居住之意，因此，"南次二经"即人们居住在南方的第二系列山；有的学者认为，"南次二经"即南方之山经第二条考索路线；有的学者认为，"南次二经"中的"经"应作"山"，"南次二经"即南方第二列山系。我认为，"南次二经"中的"次"应表示次序，因此，"南次二经"即南山经中的第二经(关于"经"字的理解，可参阅本书正文第4页)。

　　南次二经共记述了十七座山，其中大部分在今浙江境内，一部分在今湖南境内。能知道确切方位的山有两座，一为1.17中的浮玉山，一为1.19中的会(kuài)稽山。这些山上生长着狸力、长右、猾怀、蛊雕等怪兽，它们或天生没有嘴，或长着人一样的手，或长着四只耳朵……均属匪夷所思之怪物。

▼ 明代蒋应镐绘制的《山海经(图绘全像)》第五图，描绘了1.17、1.23、1.26、1.28中的麂、鳘鱼、𤜕、蛊雕四种动物及山神

1.11 南次二经①之首,曰柜(jǔ)山②,西临流黄③,北望诸毗(pí)④,东望长右⑤。英水⑥出焉,西南流注于赤水⑦,其中多白玉,多丹粟⑧。有兽焉,其状如豚(tún)⑨,有距⑩,其音如狗吠,其名曰**狸力**⑪,见(xiàn)⑫则其县多土功⑬。有鸟焉,其状如鸱(chī)⑭而人手,其音如痹(bēi)⑮,其名曰鴸(zhū)⑯,其鸣自号也,见则其县多放士⑰。

▲图1-15 狸力图,选自《中国清代宫廷版画》

【注释】

①南次二经:南山经中的第二经。一说此处的"经"应作"山"字。　②柜山:山名,具体所指待考。一说指今浙江仙霞岭;一说指今湖南西部某山;一说可能指湖南武陵山脉的张家界山。　③流黄:古国名,即11.7中的流黄酆氏、18.15中的流黄辛氏。　④诸毗:山名,亦为水名,具体所指待考(毗:同"毗")。　⑤长右:山名,见1.12注①。　⑥英水:见1.8注⑨。　⑦赤水:水名,具体所指待考。　⑧丹粟:即丹砂,又叫朱砂或辰砂,一种无机化合物,红色或棕红色,是炼汞的主要矿物,也用作颜料或入药。　⑨豚:小猪;也泛指猪。　⑩距:雄鸡爪后面突出像脚趾的部分。　⑪狸力:传说中的一种兽。一

【译文】

南次二经中的首座山叫做柜山,它西面靠近流黄,北面能看到诸毗,东面能看到长右。英水发源于柜山,向西南流入赤水,水中有很多白玉和丹砂。山中有一种兽,它的形状像小猪,有鸡一样的爪子,发出的声音像狗叫,它的名字

▲图1-16 鴸图,选自绘于明代的《三才图会》

说即猪獾，别名沙獾，吻端与猪鼻相似，四肢粗短有力，穴居，有冬眠习性。(见图1-15) ⑫见：同"现"，指出现。 ⑬土功：土木工程。 ⑭鹞：鸟名，指鹞(yào)鹰。种类较多，我国常见的有白尾鹞，是猛禽，生活在水边或沼泽地带。 ⑮痺：鸟名，具体所指待考。 ⑯𪃑：传说中的一种鸟。(见图1-16) ⑰放士：一说指放达之人；一说指被放逐之人。

叫狸力，它在哪个县出现，哪个县就会大兴土木。山中有一种鸟，它的形状像鹞鹰，长着人一样的手，发出的声音像痺，名字叫𪃑，它的叫声像在喊自己的名字，它在哪个县出现，哪个县就会有很多人被流放。

1.12

东南四百五十里，曰长右之山①，无草木，多水。有兽焉，其状如禺②而四耳，其名**长右**③，其音如吟④，见(xiàn)则郡县大水。

【注释】

①长右之山：即长右(一作"舌")山，山名，具体所指待考。一说在今湖南雪峰山中段。 ②禺：见1.1注⑪。 ③长右：兽名，因其生活在长右山，故名。具体所指待考。一说指猕猴。(见图1-17) ④吟：呻吟。

【译文】

　　向东南四百五十里是长右山，山中不长草木，山间多水。山中有一种兽，形状像猕猴，有四只耳朵，它的名字叫长右，叫声像人在呻吟，它在哪个郡县出现，哪个郡县就会发大水。

▲图1-17 长右图，选自清代吴任臣的《增补绘像山海经广注》

1.13

又东三百四十里，曰尧光之山①，其阳多玉，其阴多金。有兽焉，其状如人而彘(zhì)②鬣(liè)③，穴居而冬蛰，其名曰猾怀④，其音如斲（zhuó）⑤木，见（xiàn）则县有大繇（yáo）⑥。

▲图1-18 猾怀图，选自绘于明代的《三才图会》

【注释】
①尧光之山：即尧光山，山名，具体所指待考。一说可能指湘赣边界的景阳山；一说可能指湘鄂边界的武功山。
②彘：猪。 ③鬣：兽类颈上的长毛。 ④猾怀：兽名，具体所指待考。一说即貉（hé），一种野兽，毛棕灰色，耳小，嘴尖，昼伏夜出。（见图1-18） ⑤斲：砍；削。 ⑥繇：通"徭"，指劳役。

【译文】
再向东三百四十里是尧光山，山的阳面有很多玉，阴面有很多金。山中有一种兽，它的形状像人，长着猪一样的鬃毛，居住在洞穴里，冬天蛰伏，它的名字叫猾怀，叫声像人在砍削木头，它在哪个县出现，哪个县的人就会服很重的劳役。

1.14 又东三百五十里，曰羽山①，其下多水，其上多雨，无草木，多蝮虫②。

【注释】
①羽山：山名，具体所指待考。一说在今浙江境内；一说应在今江西境内。
②蝮虫：见1.3注②。

【译文】
再向东三百五十里是羽山，山下多水，山上经常下雨，山中不长草木，有很多蝮蛇。

【导读】
据传说，尧时洪水泛滥，大禹之父鲧（gǔn）奉尧命治理洪水，九年未治平，被舜杀死在羽山。此羽山在今山东境内，一说在郯（tán）城东北，一说在蓬莱市东南。但据上下文推断，此处的羽山不在山东境内，而应在今浙江或江西境内。

1.15　又东三百七十里,曰瞿父之山①,无草木,多金玉。

【注释】
①瞿父之山:即瞿父山,山名,具体所指待考。一说当指今浙江衢州的三衢山。

【译文】
再向东三百七十里是瞿父山,山中不长草木,有很多金和玉。

1.16　又东四百里,曰句余之山①,无草木,多金玉。

【注释】
①句余之山:即句余山,山名,在今浙江境内,一说即四明山。

【译文】
再向东四百里是句余山,山中不长草木,有很多金和玉。

1.17　又东五百里,曰**浮玉之山**①,北望具区②,东望诸毗(pí)③。有兽焉,其状如虎而牛尾,其音如吠犬,其名曰彘(zhì)④,是食人。苕(tiáo)水⑤出于其阴,北流注于具区,其中多鮆(jì)鱼⑥。

▼图1-19　浮玉山在今浙江境内,此为元代画家钱选绘制的《浮玉山居图》

【注释】

①浮玉之山:即浮玉山,山名,即今浙江境内的天目山。(见图1-19)　②具区:水名,即今浙江和江苏两省间的太湖。③诸毗:见1.11注④。　④彘:兽名,一说指野猪;一说疑为华南虎之类。　⑤苕水:即苕溪,在今浙江境内。　⑥鮆鱼:鱼名,即刀鱼,体长约10余厘米,侧扁,银白色。

【译文】

再向东五百里是浮玉山,北面能看到太湖,东面能看到诸毗。山中有一种兽,它的形状像虎,长着牛一样的尾巴,发出的声音像狗叫,它的名字叫彘,会吃人。苕水发源于浮玉山的阴面,向北流入太湖,水中有很多鮆鱼。

1.18　又东五百里,曰成山①,四方而三坛②,其上多金玉,其下多青䨼(huò)③。閖(shǐ)水④出焉,而南流注于虖(hū)勺⑤,其中多黄金。

【注释】

①成山:山名,具体所指待考。
②三坛:指像三个重叠的坛。
③青䨼:青色的可作颜料的矿物。　④閖水:水名,具体所指待考。　⑤虖勺:水名,具体所指待考。一说可能指今浙江境内的富春江。

【译文】

再向东五百里是成山,山呈四方形,像三个重叠的坛,山上有很多金和玉,山下有很多可作青色颜料的矿物。閖水发源于成山,向南流入虖勺,水中有很多黄金。

1.19　又东五百里,曰会(kuài)稽之山①,四方,其上多金玉,其下多砆(fū)石②。勺水③出焉,而南流注于湨(jú)④。

【注释】

①会稽之山:即会稽山,山名,在

【译文】

再向东五百里是

今浙江境内。② 砆石：一种像玉的石头。
③ 勺水：水名，在会稽山中。
④ 湨：水名，具体所指待考。可能是由勺水等注入后形成的湖沼。

会稽山，山呈四方形，山上有很多金和玉，山下有很多像玉的石头。勺水发源于会稽山，向南流入湨。

1.20 又东五百里，曰夷山①，无草木，多沙石，湨（jú）②水出焉，而南流注于列涂③。

【注释】
① 夷山：山名，具体所指待考。一说指今浙江境内的括苍山；一说应在今福建境内。 ② 湨：见1.19注④。 ③ 列涂：水名，具体所指待考。

【译文】
再向东五百里是夷山，山中不长草木，到处是沙石，湨水发源于夷山，向南流入列涂。

1.21 又东五百里，曰仆勾之山①，其上多金玉，其下多草木，无鸟兽，无水。

【注释】
① 仆勾之山：即仆勾（一作"夕"）山，山名，具体所指待考。一说应在今浙江境内；一说应在今福建境内。

【译文】
再向东五百里是仆勾山，山上有很多金和玉，山下草木茂盛，山中没有鸟兽，也没有水。

1.22 又东五百里，曰咸阴之山①，无草木，无水。

【注释】
① 咸阴之山：即咸阴山，山名，在今浙江境内，具体所指待考。

【译文】
再向东五百里是咸阴山，山中不长草木，也没有水。

1.23 又东四百里,曰洵(xún)山①,其阳多金,其阴多玉。有兽焉,其状如羊而无口,不可杀②也,其名曰𢷐(huàn)③。洵水④出焉,而南流注于阏(è)之泽⑤,其中多芘蠃(píluó)⑥。

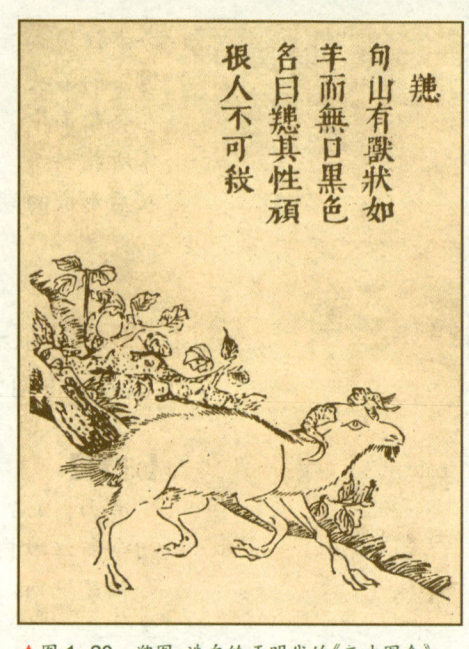

▲图1-20 𢷐图,选自绘于明代的《三才图会》

【注释】
①洵山:山名,具体所指待考。 ②杀:一说指捕杀;一说指死。 ③𢷐:传说中的一种兽。(见图1-20) ④洵水:水名,具体所指待考。 ⑤阏之泽:即阏泽,水名,具体所指待考。 ⑥芘蠃:应作"茈(zǐ)蠃",指紫色螺(茈:通"紫",指紫色。蠃:同"螺")。

【译文】
再向东四百里是洵山,山的阳面有很多金,阴面有很多玉。山中有一种兽,它的形状像羊,没有嘴,却不会饿死,它的名字叫𢷐。洵水发源于洵山,向南流入阏泽,水中有很多紫色螺。

1.24 又东四百里,曰虖(hū)勺之山①,其上多梓②楠③,其下多荆④杞(qǐ)⑤。滂(pāng)水⑥出焉,而东流注于海。

【注释】
①虖勺之山:即虖勺山,山名,应在今浙江境内,具体所指待考。 ②梓:梓树,一种落叶乔木,叶子卵形,开淡黄色花。 ③楠:楠木,常绿乔木,是一种贵重的建筑材料。 ④荆:落叶灌木,枝条可用来编筐、篮等。 ⑤杞:指枸(gǒu)杞,一种落叶灌木,果实红色,可入药。 ⑥滂水:水

【译文】
再向东四百里是虖勺山,山上长着很多梓树和楠木,山下长满了荆和枸杞。滂水发源于虖勺山,

名,即瓯(ōu)江,是今浙江的第二大河。 向东流入大海。

1.25 又东五百里,曰区(ōu)吴之山①,无草木,多沙石。鹿水②出焉,而南流注于滂(pāng)水③。

【注释】
①区吴之山:即区吴山,山名,在今浙江境内,具体所指待考。
②鹿水:水名,一说应作"丽水",丽水是瓯(ōu)江的支流。
③滂水:见1.24注⑥。

【译文】
再向东五百里是区吴山,山中不长草木,到处是沙石。鹿水发源于区吴山,向南流入滂水。

1.26 又东五百里,曰鹿吴之山①,上无草木,多金石。泽更之水②出焉,而南流注于滂(pāng)水③。水有兽焉,名曰蛊雕④,其状如雕而有角,其音如婴儿之音,是食人。

▲图1-21 蛊雕图,选自绘于明代的《三才图会》

【注释】
①鹿吴之山:即鹿吴山,山名,在今浙江境内,具体所指待考。
②泽更之水:即泽更水,水名,具体所指待考。 ③滂水:见1.24注⑥。 ④蛊雕:兽名,具体所指待考。一说指貂熊,大小似狗獾,头大吻短,善奔跑,能游泳。(见图1-21)

【译文】
再向东五百里是鹿吴山,山上不长草木,有很多金和石头。泽更水发源于鹿吴山,向南流入滂水。水边有一种兽,名字叫蛊雕,它的形状像雕,头上有角,叫声像婴儿发出的声音,会吃人。

1.27 东五百里,曰漆吴之山①,无草木,多博石②,无玉。处于东海③,望丘山,其光载④出载入,是惟日次⑤。

【注释】
①漆吴之山:即漆吴山,山名,具体所指待考。一说指今浙江东部海外诸岛,如舟山群岛等。
②博石:用于博戏(古代的一种棋戏)的石头。
③东海:一作"海东"。
④载:又;且。
⑤次:太阳、星辰所在之处。

【译文】
向东五百里是漆吴山,山中不长草木,到处是可用于博戏的石头,没有玉。山处在东海中,从上面可以望见一座山,上面的光闪烁不定,这是太阳所在的地方。

1.28 凡南次二经之首,自柜(jǔ)山①至于漆吴之山②,凡十七山,七千二百里。其神③状皆龙身而鸟首。其祠④:毛⑤用一璧瘗(yì)⑥,糈(xǔ)⑦用稌(tú)⑧。

【注释】
①柜山:见1.11注②。
②漆吴之山:见1.27注①。
③神:指山神。(见图1-22)
④祠:祭祀。
⑤毛:见1.10注⑥。
⑥瘗:埋葬。
⑦糈:见1.10注⑨。
⑧稌:见1.10注⑩。

【译文】
总计南次二经中的山,从首座柜山到漆吴山,共有十七座山,距离为七千二百里。每座山的山神的形状都是龙身鸟头。祭祀这些山神的仪式是:把带毛的动物与一块璧一起埋入地下,用糯米作祭祀用的精米。

▲图1-22 南次二经山神图,选自《中国清代宫廷版画》

三、南次三经

【导读】

南次三经共记述了十三座山(1.42中称是十四座山),位于南山一经中所记的山列之南,几乎每一座山的地理位置都无法明确界定,但它们大致在今广东、广西境内。

南次三经中也记述了不少怪异的动物,如身上长着猪毛的鲑(tuán)鱼、三足人面的瞿如、人面四目的颙(yú)、身上的羽毛形成文字图案的凤凰等等。

▲ 明代蒋应镐绘制的《山海经(图绘全像)》第六图,描绘了1.30、1.37、1.38、1.42中的瞿如、虎蛟、犀、鲑鱼、颙五种动物和山神

1.29　南次三经之首,曰天虞之山①,其下多水,不可以上。

【注释】
①天虞之山:即天虞山,山名,应在今广东境内,具体所指待考。

【译文】
南次三经中的首座山叫天虞山,山下有很多水,人无法攀登上去。

1.30　东五百里,曰祷过之山①,其上多金玉,其下多犀兕(sì)②,多象。有鸟焉,其状如䴔(jiāo)③而白首、三足、人面,其名曰瞿如④,其鸣自号也。浪(yín)水⑤出焉,而南流注于海。其中有虎蛟⑥,其状鱼身而蛇尾,其音如鸳鸯,食者不肿⑦,可以已⑧痔⑨。

【注释】
①祷过之山:即祷过山,山名,具体所指待考。一说在今广东境内;一说在今广西境内。
②兕:犀牛一类的兽。一说指雌性犀牛。犀牛是哺乳动物,外形略像牛,颈短,四肢粗大,鼻子上有一个或两个角。皮粗而厚,微黑色,无毛。
③䴔:鸟名,一说是鸬鹚的一种,也叫鱼䴔,头细身长,颈有白毛,能入水捕鱼。
④瞿如:传说中的一种鸟。(见图1-23)
⑤浪水:水名,上游即今广西东北

【译文】
向东五百里是祷过山,山上有很多金和玉,山下有很多犀牛和大象。山中有一种鸟,它的形状像䴔,长着白色的脑袋、三条腿、人一样的脸,名字叫瞿如,它的鸣叫声像在喊自己的名字。浪水发源

▲图1-23　瞿如图,选自清代吴任臣的《增补绘像山海经广注》

部的洛清河，是融江的支流。 ⑥虎蛟：动物名，一说指鰕（xiā）虎鱼，体侧扁，长20厘米，牙细尖或分叉，生活在海水或淡水中；一说指马来鳄，体长1米以上，生活在江河湖泊及沼泽地带。 ⑦肿：毒疮。 ⑧已：治愈。 ⑨痔：痔疮。

于祷过山，向南流入大海。水中有一种虎蛟，形状是鱼身蛇尾，发出的声音像鸳鸯鸣叫，人吃了它的肉后不会再生毒疮，还可以治愈痔疮。

1.31 又东五百里，曰丹穴之山①，其上多金玉。丹水②出焉，而南流注于渤海③。有鸟焉，其状如鸡，五采而文④，名曰**凤皇**⑤，首文曰德，翼文曰义，背文曰礼，膺⑥文曰仁，腹文曰信。是鸟也，饮食自然，自歌自舞，见（xiàn）则天下安宁。

【注释】

①丹穴之山：即丹穴山，山名，具体所指待考。 ②丹水：水名，具体所指待考。一说指今广东的流溪河。

【译文】

再向东五百里是丹穴山，山上有很多金和玉。丹水发源于丹穴山，向南流入南海。有一种鸟，它的形状像鸡，身上的羽毛色彩斑斓，花纹像文字的形状，它的名字叫凤凰，它头部的

▼图1-24 元代缎织凤凰图

③渤海：此处当指南海，非今日所指之渤海。　④文：通"纹"，指花纹。　⑤凤皇：即凤凰，传说中的百鸟之王，羽毛美丽，雄的叫凤，雌的叫凰。(见图1-24)　⑥膺：胸。

花纹像"德"字，翅膀上的花纹像"义"字，背部的花纹像"礼"字，胸部的花纹像"仁"字，腹部的花纹像"信"字。这种鸟，自如地进食，自由自在地唱歌、跳舞，当它出现时，天下就会安宁太平。

1.32　又东五百里，曰发爽之山①，无草木，多水，多白猿。泛水②出焉，而南流注于渤海③。

【注释】
①发爽之山：即发爽山，山名，具体所指待考。一说在今广西境内的大瑶山中段。　②泛水：水名，具体所指待考。　③渤海：见1.31注③。

【译文】
再向东五百里是发爽山，山中不长草木，有很多水，还有很多白猿。泛水发源于发爽山，向南流入南海。

1.33　又东四百里，至于旄（máo）山①之尾，其南有谷，曰育遗②，多怪鸟，凯风③自是出。

【注释】
①旄山：山名，具体所指待考。一说可能是今广东的罗浮山。　②育遗：山谷名。　③凯风：和暖的风；也指南风。

【译文】
再向东四百里，就到了旄山的尾部，它的南面有一个山谷，名叫育遗，谷中有很多怪鸟，南风从这个谷中吹出。

1.34　又东四百里，至于非山①之首，其上多金玉，无水，其下多蝮虫②。

【注释】　　　　　【译文】

① 非山：山名，具体所指待考。　② 蝮虫：见1.3注②。

　　再向东四百里，就到了非山的前端，山上有很多金和玉，没有水，山下有很多蝮蛇。

1.35　又东五百里，曰阳夹之山①，无草木，多水。

【注释】　　　　　【译文】

① 阳夹之山：即阳夹山，山名，具体所指待考。一说在今广西境内。

　　再向东五百里是阳夹山，山中不长草木，有很多水。

1.36　又东五百里，曰灌湘之山①，上多木，无草；多怪鸟，无兽。

【注释】　　　　　【译文】

① 灌湘之山：即灌湘山，山名，具体所指待考。一说在今广西境内。

　　再向东五百里是灌湘山，山上长着很多树，不长草；山中有很多怪鸟，没有兽。

▲ 图1-25　鲑鱼图，选自《中国清代宫廷版画》

1.37　又东五百里，曰鸡山①，其上多金，其下多丹雘（huò）②。黑水③出焉，而南流注于海。其中有鱄（tuán）鱼④，其状如鲋（fù）⑤而彘（zhì）⑥毛，其音如豚（tún）⑦，见（xiàn）则天下大旱。

【注释】　　　　　【译文】

① 鸡山：山名，具

　　再向东五百里

029

体所指待考。一说即今广东韶关的桂山；一说应在今广西境内；一说可能在今江西境内。②丹雘：红色的可作颜料的矿物。③黑水：水名，具体所指待考。一说即位于今广东、广西边界的贺江。④鯥鱼：传说中的一种怪鱼。(见图1-25) ⑤鲋：鲫鱼。⑥彘：猪。⑦豚：小猪；也泛指猪。

是鸡山，山上有很多金，山下有很多可作红色颜料的矿物。黑水发源于鸡山，向南流入大海。水中有一种鯥鱼，它的形状像鲫鱼，身上有猪一样的硬毛，发出的声音像猪叫，只要它一出现，天下就会大旱。

1.38

又东四百里，曰令丘之山①，无草木，多火。其南有谷焉，曰中谷②，条风③自是出。有鸟焉，其状如枭(xiāo)④，人面四目而有耳，其名曰颙(yú)⑤，其鸣自号也，见(xiàn)则天下大旱。

【注释】

①令丘之山：即令丘山，山名，具体所指待考。一说在今广西境内；一说应在今广东境内。
②中谷：山谷名。
③条风：东北风。
④枭：即"鸮(xiāo)"，指猫头鹰一类的鸟。
⑤颙：传说中的一种怪鸟。(见图1-26)

【译文】

再向东四百里是令丘山，山中不长草木，到处有火在燃烧。它的南面有一个山谷，名叫中谷，有东北风从谷中往外吹。山中有一种鸟，它的形状像猫头鹰，长着人一样的脸，四只眼睛，有耳朵，名字叫颙，它的鸣叫声像在喊自己的名字，只要它一出现，天下就会大旱。

▲图1-26 颙图,选自明代胡文焕的《山海经图》

1.39 又东三百七十里,曰仑者之山①,其上多金玉,其下多青䨼(huò)②。有木焉,其状如榖(gǔ)③而赤理,其汗④如漆,其味如饴(yí)⑤,食者不饥,可以释劳⑥,其名曰白䓘(gāo)⑦,可以血⑧玉。

【注释】

①仑者之山:即仑者山(一作"仑山"),山名,具体所指待考。 ②青䨼:见1.18注③。 ③榖:应作"榖",见1.1注⑧。 ④汗:应作"汁"。 ⑤饴:糖浆;糖稀。 ⑥释劳:解除疲劳。一说指解除忧愁(劳:忧愁)。 ⑦白䓘:植物名,具体所指待考。 ⑧血:染上色彩。

【译文】

再向东三百七十里是仑者山,山上有很多金和玉,山下有很多可作青色颜料的矿物。山中有一种树,它的形状像构树,有红色的纹理,流出的汁液像漆,味道像糖一样甜,吃了它可以不感到饥饿,还可以解除疲劳,它的名字叫白䓘,可以用来给玉染色。

1.40 又东五百八十里,曰禺稿之山①,多怪兽,多大蛇。

【注释】

①禺稿之山:即禺稿山,山名,具体所指待考。一说可能是今广州的白云山;一说当在今广东、广西交界处的云开大山中。

【译文】

再向东五百八十里是禺稿山,山中有很多怪兽,还有很多大蛇。

1.41 又东五百八十里,曰南禺之山①,其上多金玉,其下多水。有穴焉,水出②辄③入,夏乃出,冬则闭。佐水④出焉,而东南流注于海,有凤皇⑤、鹓(yuān)雏⑥。

【注释】

①南禺之山:即南禺山,山名,具

【译文】

再向东五百八十

体所指待考。一说即今广东的番禺山。 ②出：一作"春"，似应作"春"。 ③辄：就。 ④佐水：水名，具体所指待考。 ⑤凤皇：见1.31注⑤。 ⑥鹓雏：传说中鸾凤一类的鸟。

里是南禺山，山上有很多金和玉，山下有很多水。山中有一个洞穴，春天时水往洞里流，夏天时水往洞外流，冬天时洞中无水。佐水发源于南禺山，向东南流入大海，水边有凤凰和鹓雏。

1.42 凡南次三经之首，自天虞之山①以至南禺之山②，凡一十四山，六千五百三十里。其神③皆龙身而人面。其祠④皆一白狗祈，糈（xǔ）⑤用稌（tú）⑥。

【注释】
① 天虞之山：见1.29注①。
② 南禺之山：见1.41注①。
③ 神：指山神。（见图1-27）
④ 祠：祭祀。
⑤ 糈：见1.10注⑨。
⑥ 稌：见1.10注⑩。

【译文】
　　总计南次三经中的山，从首座天虞山到南禺山，共十四座山，距离为六千五百三十里。每座山的山神的形状都是龙身人面。祭祀时都是杀一只白狗来请祷，用糯米作祭祀用的精米。

▲图1-27 南次三经山神图，选自《中国清代宫廷版画》

1.43 右①南经之山志②，大小凡四十山，万六千三百八十里。

【注释】
① 右：古籍通常

【译文】
　　以上是南

采用竖排格式,且从右至左排列,故这里的右相当于我们现在所说的"以上"、"上述"等。 ②志:记载的文字。一说此字系后人所加。

山经中记载的山,共有大小四十座山,距离为一万六千三百八十里。

西山经包括西山一经、西次二经、西次三经、西次四经四篇,叙述了位于中国西部的一系列山,以及发源于这些山的河流,在这些山上生长的植物、动物及其形状、特点,出产的矿物,与这些山有关的历史人物、神名,掌管这些山的山神的形状、祭祀这些山神的方法等。西山经共记述了七十七座山,位于今陕西、山西、甘肃、宁夏、青海、新疆、内蒙古境内,其中近三分之一的山的具体位置可以确定。

西山经第二

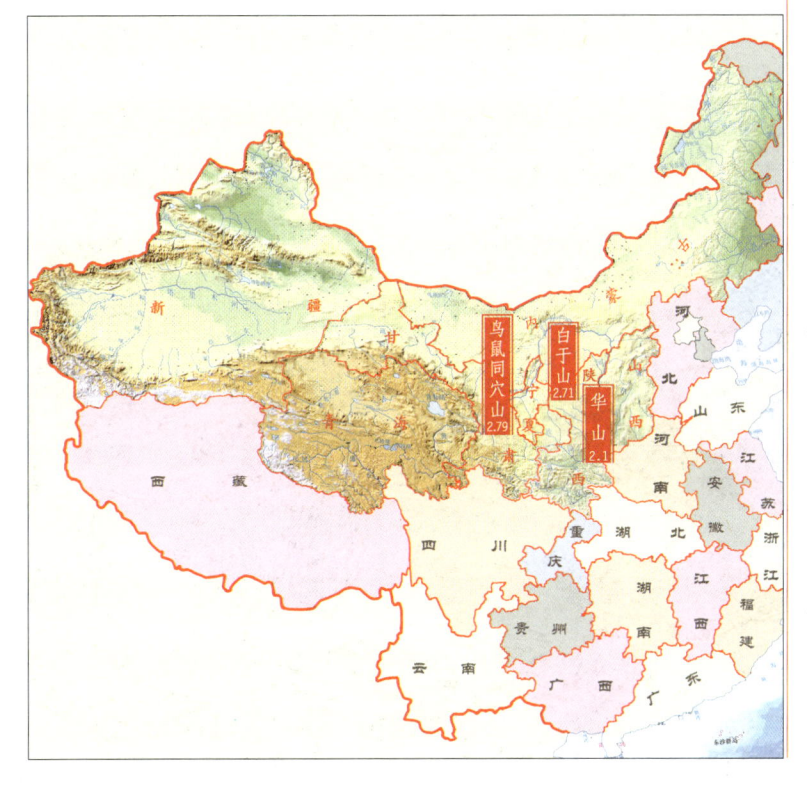

鸟鼠同穴山 2.79
白于山 2.71
华山 2.1

一、西山一经

【导读】

西山一经记述了位于中国西部的十九座山，它们大多在今陕西境内，个别在今甘肃或青海境内。本经中的山大多可以指明具体位置，有的山名与现在相同或相近，如华山、太华山、小华山等。

本经记述了不少植物及其药用价值，如萆（bì）荔草可以治疗心痛，文茎可以治疗耳聋，条草可以治疗疥疮，薰草可以治疗瘟疫，吃了菁（gū）蓉草会使人失去生育能力，等等。虽然它们是否真的具有这些功效或特性，尚待考实，但已从一个侧面说明当时的人们已经有了较丰富的药物学知识。

本经也记述了一些怪异的动物，如六足四翼的肥𧔚（wèi）、人面一足的橐（tuó）肥鸟、两首四足的鵸（lěi）鸟、马足人手而四角的獓（yīng）狠，等等。

▲ 明代蒋应镐绘制的《山海经（图绘全像）》第七图，主要描绘了2.1、2.2、2.3、2.5中出现的羬羊、螐渠、肥𧔚、葱聋、鹖五种动物

2.1 西山经华山①之首,曰钱来之山②,其上多松,其下多洗石③。有兽焉,其状如羊而马尾,名曰羬(qián)羊④,其脂可以已⑤腊(xī)⑥。

▲图2-1 羬羊图,选自绘于明代的《三才图会》

【注释】

① 华山:山名,五岳中的西岳,在今陕西华阴市南。 ② 钱来之山:即钱来山,山名,具体所指待考。一说在今河南境内;一说在今陕西与河南接壤处。 ③ 洗石:含有碱的石头,洗澡时可用来搓去污垢。 ④ 羬羊:一种野生的大尾羊。一说指六尺长的羊。(见图2-1) ⑤ 已:治愈。 ⑥ 腊:皮肤干裂。

【译文】

西山经中的华山山系的第一座山叫做钱来山,山上长着很多松树,山下有很多洗石。山中有一种兽,它的形状像羊,长着马一样的尾巴,名字叫羬羊,它的脂肪可以治疗皮肤干裂。

▲图2-2 绘于清代的《钦定书经图说》中的"导渭副图",描绘了渭河及其源头、支流

2.2 西四十五里,曰松果之山①。濩(huò)水②出焉,北流注于渭③,其中多铜。有鸟焉,其名曰䳋(tóng)渠④,其状如山鸡,黑身赤足,可以已⑤𦜹(báo)⑥。

【注释】

① 松果之山:即松果山,山名,在今陕西境内。 ② 濩水:一作"灌水",现名潼河,在

【译文】

向西四十五里是松果山。濩水发源于松果

今陕西境内,流经潼关,入黄河、渭河。③渭:即渭河,是黄河最大的支流,位于今陕西中部。源出甘肃渭源县乌鼠山,东流横贯陕西渭河平原,在潼关县入黄河。(见图2-2) ④䳚渠:鸟名,一种水鸟,一说即水雉,外形似雉,体大如斑鸠。 ⑤已:治愈。 ⑥㾣:皮肉坼(chè)裂皱起。

山,向北流入渭河,水中有很多铜。有一种鸟,它的名字叫䳚渠,形状像山鸡,黑色的身子,红色的足爪,人吃了它的肉可以治疗皮肉坼裂皱起。

2.3　又西六十里,曰太华之山①,削成②而四方,其高五千仞(rèn)③,其广十里,鸟兽莫居。有蛇焉,名曰肥𧔥(wèi)④,六足四翼,见(xiàn)则天下大旱。

【注释】
①太华之山:即太华山,山名,是西岳华山的主峰。②削成:指像用刀斧劈削而成。 ③仞:古代以八尺或七尺为一仞。 ④肥𧔥:传说中的一种蛇。(见图2-3)

【译文】
再向西六十里是太华山,山势像用刀斧劈削而成一样,呈四方形,高五千仞,范围达十里,连鸟兽都无法在上面居住。有一种蛇,名字叫肥𧔥,有六条腿,四只翅膀,只要它一出现,天下就会大旱。

▲图2-3　两种不同形状的肥𧔥图,左图选自《中国清代宫廷版画》,右图选自日本绘制的《怪奇鸟兽图卷》

2.4 又西八十里，曰小华之山①，其木多荆②杞（qǐ）③，其兽多柞（zuó）牛④，其阴多磬（qìng）石⑤，其阳多㻬琈（tūfú）⑥之玉。鸟多赤鷩（bì）⑦，可以御火。其草有萆（bì）荔⑧，状如乌韭⑨，而生于石上，亦缘木而生，食之已⑩心痛。

【注释】

①小华之山：即小华山，山名，也叫少华山，在今陕西境内。②荆：见1.24注④。③杞：见1.24注⑤。④柞牛：山牛，即野牛。一说指羚羊，见2.18注⑥。⑤磬石：适宜制磬的美石。⑥㻬琈：美玉名。⑦鷩：雉的一种，即锦鸡。⑧萆荔：即薜荔，藤本植物，攀缘灌木，叶椭圆形，果实可食用，藤、叶、根等可供药用。一说是一种香草。⑨乌韭：一种苔藓类植物，多生于潮湿的地方。⑩已：治愈。

【译文】

再向西八十里是小华山，山上生长的树木多为荆和枸杞，山中的野兽多为柞牛，山的阴面有很多适宜制磬的美石，山的阳面有很多㻬琈玉。山中的鸟类多为红色的锦鸡，可以用它来防火。山中生长着一种名叫草荔的草，形状像乌韭，生长在石缝中，有的也攀缘树木生长，吃了它可以治疗心痛的疾病。

▲图2-4 葱聋图，选自绘于明代的《三才图会》

2.5 又西八十里，曰符禺之山①，其阳多铜，其阴多铁。其上有木焉，名曰文茎②，其实如枣，可以已③聋。其草多条④，其状如葵，而赤华黄实，如婴儿舌，食之使人不惑。符禺之水⑤出焉，而北流注于渭⑥。其兽多葱聋⑦，其状如羊而赤鬣（liè）⑧。其鸟多鴖（mín）⑨，其状如翠⑩而赤喙（huì）⑪，可以御火。

【注释】
①符禺之山：即符禺山，山名，在今陕西境内。　②文茎：植物名，一说指无刺枣，一种小乔木，枝上没有棘针。　③已：治愈。　④条：植物名，一说可能是蜀葵，二年生草本植物，茎直立，叶互生，卵圆形。　⑤符禺之水：即符禺水，水名，又称沙沟水，在今陕西境内。　⑥渭：见2.2注③。　⑦葱聋：兽名，一种野羊。一说指藏羚。(见图2-4)　⑧䰂：胡须。　⑨鴖：一说应作"䳍(mín)"，是传说中的一种鸟。　⑩翠：即翠鸟，羽毛青绿色，尾短。　⑪喙：鸟兽的嘴。

【译文】
再向西八十里是符禺山，山的阳面有很多铜，阴面有很多铁。山上有一种树木，名字叫文茎，结的果实像枣，吃了这种果实可以治疗耳聋。山中生长的草多为条，形状像葵，开红色的花，结黄色的果实，果实形似婴儿的舌头，吃了使人不迷惑。符禺水发源于符禺山，向北流入渭河。山中的兽多为葱聋，它的形状像羊，长着红色的胡子。山中的鸟多为鴖，它的形状像翠鸟，嘴是红色的，可以用它来防火。

2.6　又西六十里，曰石脆之山①，其木多棕②楠③，其草多条④，其状如韭，而白华黑实，食之已⑤疥⑥。其阳多㻬琈（tūfú）⑦之玉，其阴多铜。灌水⑧出焉，而北流注于禺水⑨，其中有流赭（zhě）⑩，以涂牛马无病。

【注释】
①石脆之山：即石脆山，山名，在今陕西境内，一说即二龙山。　②棕：指棕榈，常绿乔木，茎呈圆柱形，叶子大，有长柄。　③楠：见1.24注③。　④条：植物名，具体所指待考。与2.5中所说的"条"不同。　⑤已：治愈。　⑥疥：疥疮。　⑦㻬琈：美玉名。　⑧灌水：水名，

【译文】
再向西六十里是石脆山，山中生长的树多为棕榈和楠木，生长的草多为条草，它的形状像韭菜，开白色的花，结黑色的果实，吃了这种果实可以治疗疥疮。山的阳面有很多㻬琈玉，山的阴面有很多铜。灌水发源于石脆

具体所指待考。 ⑨禺水：水名，具体所指待考。 ⑩流赭：顺水流动的红土（赭：红土）。一说指硫黄。

山，向北流入禺水，水中有顺水流动的红色土，把它涂在牛马身上，牛马就不会生病。

2.7 又西七十里，曰英山①，其上多杻(niǔ)②檀(jiāng)③，其阴多铁，其阳多赤金。禺水④出焉，北流注于招(sháo)水⑤，其中多鲜(bàng)⑥鱼，其状如鳖，其音如羊。其阳多箭⑦䉋(mèi)⑧，其兽多㸲(zuó)牛⑨、羬(qián)羊⑩。有鸟焉，其状如鹑(chún)⑪，黄身而赤喙(huì)⑫，其名曰肥遗⑬，食之已⑭疠(lì)⑮，可以杀虫。

【注释】

①英山：山名，在今陕西境内，具体所指待考。 ②杻：木名，即檍(yì)树。一说指糠椴(duàn)，乔木，高可达10米，叶卵圆形。 ③檀：木名，木质坚韧，古时用作制车的材料。 ④禺水：见2.6注⑨。 ⑤招水：水名，具体所指待考。一说即今陕西渭南的皂水；一说即今灞水。 ⑥鲜：鱼名，具体所指待考。一说应作"蚌"。 ⑦箭：指箭竹。 ⑧䉋：竹名，其竹笋在冬天生长。 ⑨㸲牛：见2.4注④。 ⑩羬羊：见2.1注④。 ⑪鹑：即鹌鹑，鸟名，头小，尾巴短，羽毛赤褐色，不善飞。 ⑫喙：鸟兽的嘴。 ⑬肥遗：鸟名，一说即竹鸡，在我国分布较广的为灰胸竹鸡，体长约30厘米，鸣声响亮，雄性好斗。 ⑭已：治愈。 ⑮疠：瘟疫；也指恶疮。

【译文】

再向西七十里是英山，山上长着很多杻树和檀树，山的阴面有很多铁，山的阳面有很多赤金。禺水发源于英山，向北流入招水，水中有很多鲜鱼，它的形状像鳖，发出的声音像羊叫。山的阳面生长着很多箭竹和䉋竹，山中的兽多为㸲牛和羬羊。有一种鸟，形状像鹌鹑，长着黄色的羽毛，红色的鸟嘴，它的名字叫肥遗，吃了它可以治疗恶疮，还可以杀死体内的寄生虫。

2.8 又西五十二里，曰竹山①，其上多乔木，其阴多铁。有草焉，其名曰黄雚（guàn）②，其状如樗（chū）③，其叶如麻④，白华而赤实，其状如赭（zhě）⑤，浴之已⑥疥⑦，又可以已胕（fú）⑧。竹水⑨出焉，北流注于渭⑩，其阳多竹箭⑪，多苍玉⑫。丹水⑬出焉，东南流注于洛水⑭，其中多水玉⑮，多人鱼⑯。有兽焉，其状如豚（tún）⑰而白毛，大如笄（jī）⑱而黑端，名曰豪彘（zhì）⑲。

【注释】

①竹山：山名，在今陕西境内，一说即今陕西华县的公王岭。　②黄雚：草名，一说即黄花蒿，一年生草本植物，高可达1.5米。　③樗：臭椿树。　④麻：草本植物，有大麻、亚麻等。　⑤赭：红褐色。　⑥已：治愈。　⑦疥：疥疮。　⑧胕：浮肿。　⑨竹水：水名，在今陕西境内，又名大赤水。　⑩渭：见2.2注③。　⑪竹箭：小竹。一说指箭竹，秆高可达3米许，深绿色。　⑫苍玉：灰白色的玉。　⑬丹水：水名，在今陕西境内。　⑭洛水：即洛河，有北洛河和南洛河。北洛河在今陕西北部，是渭河的支流，上源出白于山西端，在大荔县南三河口附近入渭河；南洛河在今河南西部，是黄河的支流，源出陕西洛南县西北，

【译文】

再向西五十二里是竹山，山上长着很多乔木，山的阴面有很多铁。山中有一种草，它的名字叫黄雚，形状像臭椿树，叶子与麻类植物的叶相似，开白色的花，结红褐色的果实，用它来洗澡，可以治疗疥疮，又可以治疗浮肿。竹水发源于竹山，向北流入渭河，山的阳面有很多小竹，还有很多灰白色的玉。丹水发源于竹山，向东

▲图2-5　仰韶文化时期的陶罐，上面绘有人鱼的形象

▲图2-6　豪彘图，选自清代吴任臣的《增补绘像山海经广注》

到巩义市洛口以北入黄河。 ⑮水玉：水晶。 ⑯人鱼：指大鲵，俗称娃娃鱼，现存最大的两栖动物，身体长而扁，眼小，口大，四肢短，生活在山谷的溪水中，叫声像婴儿啼哭。(见图2-5) ⑰豚：小猪；也泛指猪。 ⑱笄：古代用来固定头发的簪子，用竹、木、玉等制成。 ⑲豪彘：即豪猪，哺乳动物，身上长着许多长而硬的棘毛。(见图2-6)

南流入洛河，水中有很多水晶，还有很多大鲵。山中有一种兽，它的形状像猪，长着白色的毛，毛粗大如笄，尖端呈黑色，名字叫豪猪。

2.9 又西百二十里，曰浮山①，多盼木②，枳（zhǐ）③叶而无伤④，木虫⑤居之。有草焉，名曰薰草⑥，麻⑦叶而方茎，赤华而黑实，臭（xiù）⑧如蘼芜（míwú）⑨，佩之可以已⑩疠（lì）⑪。

【注释】
①浮山：山名，在今陕西境内。
②盼木：木名，具体所指待考。
③枳：也称枸橘、臭橘。落叶灌木或小乔木，小枝多硬刺，果实球形，味酸苦。 ④无伤：不伤人，即叶上无刺。 ⑤木虫：指树木上生长的蛀虫。 ⑥薰草：香草名，又叫蕙草，俗名佩兰，香气如蘼芜。 ⑦麻：见2.8注④。 ⑧臭：气味。
⑨蘼芜：草名，芎䓖（xiōngqióng，一种香草）的苗，叶有香气。 ⑩已：治愈。 ⑪疠：瘟疫；也指恶疮。

【译文】
再向西一百二十里是浮山，山中长着很多盼木，叶子与枳树叶相似，但没有刺，树干里有蛀虫。山中有一种草，名叫薰草，长着与麻类植物一样的叶子，茎秆方形，开红色的花，结黑色的果实，发出像蘼芜一样的香气，把它佩带在身上，可以治疗恶疮。

2.10 又西七十里，曰㕍（yú）次之山①，漆水②出焉，北流注于渭③。其上多棫（yù）④檀（jiāng）⑤，其下多竹箭⑥，其阴多赤铜，其阳多婴垣⑦之玉。有兽焉，其状如禺⑧而长臂，善投，其名曰嚣⑨。有鸟焉，其状如枭（xiāo）⑩，人面而一足，曰橐（tuó）肥⑪，冬见（xiàn）夏蛰，服⑫之不畏雷。

【注释】

①𦎫次之山：即𦎫次山，山名，在今陕西境内，具体所指待考。　②漆水：水名，今名漆水河。
③渭：见2.2注③。
④椶：木名，即白桵（ruǐ），落叶灌木，茎多分枝，叶长圆形，开白色花。
⑤檀：见2.7注③。
⑥竹箭：见2.8注⑪。
⑦婴垣："垣"字有的作"短"，有的作"根"，有的作"埋"，所指不明。一说应作"脰（dòu）"，指脖子，婴脰即挂在脖子上。　⑧禺：见1.1注⑪。　⑨嚣：兽名，具体所指待考。一说为猴类。（见图2-7）
⑩枭：即"鸮（xiāo）"，指猫头鹰一类的鸟。
⑪橐肥：传说中的一种鸟。一说指短耳鸮，即短耳猫头鹰。（见图2-8）　⑫服：一说指佩带；一说指吃。

【译文】

再向西七十里是𦎫次山，漆水发源于𦎫次山，向北流入渭河。山上长着很多白桵和檀树，山下长着很多小竹，山的阴面有很多赤铜，山的阳面有很多婴垣玉。有一种兽，它的形状像猕猴，前臂很长，擅长投掷，它的名字叫做嚣。有一种鸟，它的形状像猫头鹰，长着人一样的脸，只有一只脚，名字叫橐肥，冬天出来活动，夏天蛰伏，人吃了它的肉可以不怕雷击。

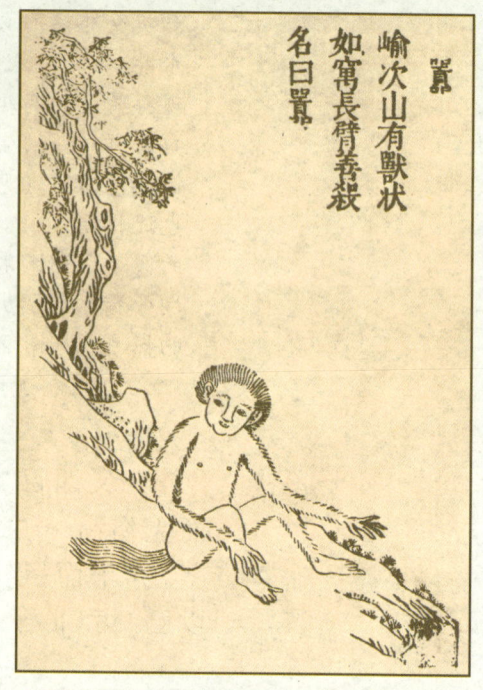

▲图2-7　嚣图，选自绘于明代的《三才图会》

▲图2-8　橐肥图，选自明代胡文焕的《山海经图》

2.11　又西百五十里，曰时山①，无草

木。逐水②出焉，北流注于渭③，其中多水玉④。

【注释】

①时山：山名，在今陕西境内，一说指秦岭；一说指终南山。　②逐水：水名，又作"遂水"，即今陕西长安东南的潏（jué）水。　③渭：见2.2注③。　④水玉：水晶。

【译文】

再向西一百五十里是时山，山中不长草木。逐水发源于时山，向北流入渭河，水中有很多水晶。

▲图2-9　猛豹图，选自绘于明代的《三才图会》

2.12　又西百七十里，曰南山①，上多丹粟②，丹水③出焉，北流注于渭④。兽多**猛豹**⑤，鸟多尸鸠⑥。

【注释】

①南山：山名，在今陕西境内，一说指终南山；一说指首阳山。　②丹粟：见1.11注⑧。　③丹水：水名，与2.8中所说的丹水不同，一说指今陕西周至县东的黑水河。　④渭：见2.2注③。　⑤猛豹：兽名。一说应作"貘豹"，似熊而小，能吃蛇和铜铁；一说即大熊猫。(见图2-9)　⑥尸鸠：即鸤（shī）鸠，指布谷鸟。一说指鵃鹫、秃鹫之类。

【译文】

再向西一百七十里是南山，山上有很多丹砂，丹水发源于南山，向北流入渭河。山中的兽多为猛豹，鸟多为鸤鸠。

▲图2-10　柞即柞树，此为柞树图，选自绘于明代的《补遗雷公炮制便览》

2.13　又西百八十里，曰大时之山①，上多榖（gǔ）②**柞**（zuò）③，下多杻（niǔ）④檀（jiāng）⑤，阴多银，阳多白玉。涔（cén）水⑥出焉，北流注于渭⑦。清水⑧出焉，南流注于汉水⑨。

【注释】
①大时之山：即大时山，山名，一说即今太白山，在陕西境内。　②榖：见1.1注⑧。　③柞：柞树，落叶乔木，叶子倒卵形，木质坚硬，叶子可用来养柞蚕。(见图2-10)　④杻：见2.7注②。
⑤檀：见2.7注③。　⑥涔水：水名，一说即今斜水，又名石头河。　⑦渭：见2.2注③。　⑧清水：水名，一说即今褒水；一说指褒水的上源紫金河。
⑨汉水：即今汉江，是长江最长的支流。上源玉带河出陕西宁强县，东流到勉县东和褒河汇合后称汉江，在武汉入长江。

【译文】
再向西一百八十里是大时山，山上长着很多构树和柞树，山下长着很多杻树和檀树，山的阴面有很多银，山的阳面有很多白玉。涔水发源于大时山，向北流入渭河。清水也发源于大时山，向南流入汉江。

2.14 又西三百二十里，曰嶓冢（bōzhǒng）之山①，汉水②出焉，而东南流注于沔（miǎn）③；嚣水④出焉，北流注于汤水⑤。其上多桃枝⑥、钩端⑦，兽多犀、兕（sì）⑧、熊、罴（pí）⑨，鸟多白翰⑩、赤鷩（bì）⑪。有草焉，其叶如蕙⑫，其本⑬如桔梗⑭，黑华而不实，名曰䔄（gū）蓉⑮，食之使人无子。

【注释】
①嶓冢之山：即嶓冢山，山名，一说在今陕西境内；一说在今甘肃境内。　②汉水：见2.13注⑨。　③沔：即沔水，水名，古代把汉水源出今陕西留坝的一支称为沔水，也把汉水通称为沔水。　④嚣水：水名，具体所指待考。　⑤汤水：水名，一作"阳水"，具体所指待考。　⑥桃枝：竹名，现名矮竹，棕紫色，每个节上生有很多小枝。　⑦钩端：竹名，现名刺竹，主枝茎及各节上有刺。　⑧兕：见1.30注②。　⑨罴：即棕熊，哺乳动物，身体大，多为棕褐色，能爬树，会游泳。
⑩白翰：鸟名，即白雉，又叫白鹇（xián），雄的背部白色，有黑色的纹，腹部黑蓝色；雌的全

【译文】
再向西三百二十里是嶓冢山，汉水发源于嶓冢山，向东南流入沔水；嚣水也发源于嶓冢山，向北流入汤水。山上长着很多桃枝竹和钩端竹，兽多为犀牛和熊，鸟

身棕绿色,头上有冠。⑪鹫:见2.4注⑦。⑫蕙:即蕙兰,兰花的一种,初夏开黄绿色花,有香气。⑬本:草木的茎或根。⑭桔梗:多年生草本植物,叶子卵形或卵状披针形,开暗蓝色或暗紫白色花。⑮菁蓉:草名,具体所指待考。

多为白鹇和红色的锦鸡。有一种草,它长着蕙兰那样的叶子,桔梗那样的根,开黑色的花,不结果实,名字叫菁蓉,人吃了它会丧失生育能力。

▲图2-11 谿边图,选自《中国清代宫廷版画》

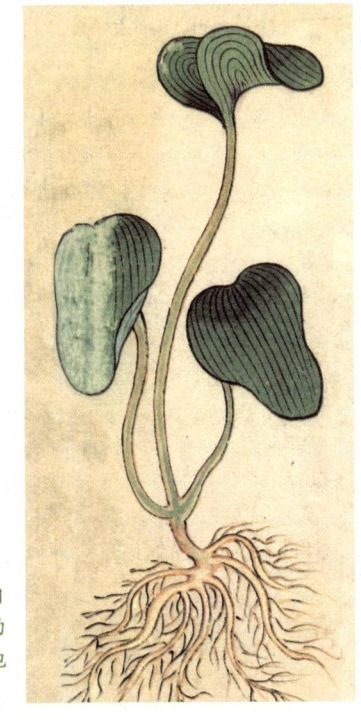

▶图2-12 杜衡图,选自绘于明代的《补遗雷公炮制便览》

2.15 又西三百五十里,曰天帝之山①,上多棕②楠③,下多菅(jiān)④蕙⑤。有兽焉,其状如狗,名曰谿(xī)边⑥,席其皮者不蛊⑦。有鸟焉,其状如鹑(chún)⑧,黑文而赤翁⑨,名曰栎(lì)⑩,食之已痔⑫。有草焉,其状如葵,其臭(xiù)⑬如蘪芜(míwú)⑭,名曰杜衡⑮,可以走马⑯,食之已瘿(yǐng)⑰。

【注释】

①天帝之山:即天帝山,山名,具体所指待考。 ②棕:见2.6注②。 ③楠:见1.24注③。 ④菅:见1.10注⑪。 ⑤蕙:见2.14注⑫。 ⑥谿边:兽名,或作"谷遗"。一说即巨松鼠,又名树狗,体形较一般的松鼠大,生活在树上,以植物为

【译文】

再向西三百五十里是天帝山,山上长着很多棕榈和楠木,山下长着很多菅茅和蕙兰。山中有一种兽,它的形状像狗,名字叫谿边,坐卧时把它的皮垫在身下,可以不受毒热恶气

047

食。(见图2-11) ⑦蛊:毒热恶气。 ⑧鹕:见2.7注⑪。 ⑨翁:鸟颈上的毛。 ⑩栎:鸟名,一说即红腹鹰,是一种猛禽。 ⑪已:治愈。 ⑫痔:痔疮。 ⑬臭:气味。 ⑭蘼芜:见2.9注⑨。 ⑮杜衡:亦作杜蘅,多年生草本植物,叶宽心形至肾状心形,叶柄长,单花顶生,结蒴(shuò)果。(见图2-12) ⑯走马:骑马的人把它佩带在身上,可以使马跑得快。 ⑰瘿:长在颈上的大瘤子。

的侵袭。山中有一种鸟,它的形状像鹕鹕,身上有黑色的花纹,颈上的毛呈红色,名字叫栎,人吃了它的肉可以治疗痔疮。山中有一种草,它的形状像葵,气味与蘼芜相似,名字叫杜衡,骑马的人把它佩带在身上,可以使马跑得快;吃了它的肉可以治疗颈上长大瘤子的病。

2.16 西南三百八十里,曰皋(gāo)涂之山①,蔷水②出焉,西流注于诸资之水③;涂水④出焉,南流注于集获之水⑤。其阳多丹粟⑥,其阴多银、黄金,其上多桂木。有白石焉,其名曰礜(yù)⑦,可以毒鼠。有草焉,其状如槁茇(bá)⑧,其叶如葵而赤背,名曰无条⑨,可以毒鼠。有兽焉,其状如鹿而白尾,马足人手而四角,名曰玃(yīng)如⑩。有鸟焉,其状如鸱(chī)⑪而人足,名曰数斯⑫,食之已⑬瘿(yǐng)⑭。

【注释】
①皋涂之山:即皋涂山,山名,具体所指待考。一说应在今甘肃境内。
②蔷水:水名,具体所指待考。一说应为今甘肃洮河的

【译文】
　　向西南三百八十里是皋涂山,蔷水发源于皋涂山,向西流入诸资水;涂水也发

▲图2-13 玃如图,选自清代吴任臣的《增补绘像山海经广注》

▲图2-14 数斯图,选自绘于明代的《三才图会》。但数斯为人足,此则为鸟足

源于皋涂山,向南流入集获水。山的阳面有很多丹砂,山的阴面有很多银和黄金,山上长着很多桂树。山中有一种白色的石头,名字叫礜,可以毒杀老鼠。山中有一种草,形状像槁茇,叶子的形状与葵叶相似,叶背呈红色,名字叫无条,可以毒杀老鼠。山中有一种兽,形状像鹿,长着白色的尾巴,马一样的脚,人一样的手,有四只角,名字叫玃如。山中有一种鸟,形状像鹞鹰,长着人一样的脚,名字叫数斯,人吃了它的肉可以治疗颈上长大瘤子的病。

支流。 ③诸资之水:即诸资水,水名,一说即今甘肃的洮河或由洮河等汇成的沼泽地。 ④涂水:水名,具体所指待考。 ⑤集获之水:即集获水,水名,具体所指待考。一说可能是今甘肃的白龙江。 ⑥丹粟:见1.11注⑧。 ⑦礜:即礜石,一种性热含毒的矿石,也叫毒砂,可入药,也可杀鼠。 ⑧槁茇:香草名。一说即藁(gǎo)本,多年生草本植物,茎中空,直立,叶互生,开白色小花。 ⑨无条:植物名,具体所指待考。一说为天葵,一种多年生草本植物,茎丛生,直立。 ⑩玃如:兽名,一说应作"玃(jué)如",玃指大母猴,即猕猴;一说指四角羚,体态似羚或小鹿,头上有四只角。(见图2-13) ⑪鸱:见1.11注⑭。 ⑫数斯:传说中的一种鸟。(见图2-14) ⑬已:治愈。 ⑭瘿:长在颈上的大瘤子。

2.17 又西百八十里,曰黄山①,无草木,多竹箭②。盼水③出焉,西流注于赤水④,其中多玉。有兽焉,其状如牛而苍黑,大目,其名曰䴉(mǐn)⑤。有鸟焉,其状如鸮(xiāo)⑥,青羽赤喙(huì)⑦,人舌能言,名曰鹦䴗(mǔ)⑧。

【注释】
①黄山:山名,非今安徽之黄山,具体所指待考。一说应在今青海境内。　②竹箭:见2.8 注⑪。　③盼水:水名,"盼"字有误,具体所指待考。　④赤水:水名,具体所指待考。一说这里指黄河。　⑤𤞞:传说中一种似牛的野兽。一说即牦牛,是一种身躯矮小的野生牛。　⑥鸮:猫头鹰一类的鸟。　⑦喙:鸟兽的嘴。　⑧鹦䴗:即鹦鹉。

【译文】
再向西一百八十里是黄山,山中不长草木,却长着很多小竹。盼水发源于黄山,向西流入赤水,水中有很多玉。山中有一种兽,形状像牛,灰黑色,眼睛很大,它的名字叫𤞞。有一种鸟,它的形状像猫头鹰,长着青色的羽毛,红色的嘴,还有人一样的舌头,会说话,名字叫鹦鹉。

2.18 又西二百里,曰翠山①,其上多棕②楠③,其下多竹箭④,其阳多黄金、玉,其阴多旄(máo)牛⑤、羚⑥、麝(shè)⑦;其鸟多鸓(lěi)⑧,其状如鹊,赤黑而两首四足,可以御火。

【注释】
①翠山:山名,一说指今青海西宁的小积石山;一说在今甘肃境内。　②棕:见2.6 注②。　③楠:见1.24 注③。　④竹箭:见2.8 注⑪。　⑤旄牛:即牦牛,牛的一种,全身有长毛,腿短。

【译文】
再向西二百里是翠山,山上长着很多棕榈和楠木,山下长着很多小竹,山的阳面有很多黄金和玉,阴面有很多

▲图 2-15 清代画家郎世宁绘制的《松树羚羊图》(局部)

⑥羚：即羚羊，哺乳动物，外形像山羊，四肢细长，动作敏捷。（见图2-15） ⑦麝：哺乳动物，外形像鹿而小，前腿短，后腿长，善于跳跃，也叫香獐子。（见图2-16） ⑧鹊：传说中的一种鸟。（见图2-17）

牦牛、羚羊和麝；山中的鸟多为鹊，它的形状像喜鹊，红黑色，有两个脑袋，四只脚，可以用来防火。

▲图2-16 麝图，选自绘于明代的《补遗雷公炮制便览》

2.19 又西二百五十里，曰騩（guī）山①，是錞（chún）②于西海③，无草木，多玉。凄水④出焉，西流注于海⑤，其中多采石⑥、黄金，多丹粟⑦。

【注释】

①騩山：山名，即今青海西宁的日月山。
②錞：这里相当于"蹲"，指蹲踞的意思。
③西海：这里指今青海湖。
④凄水：水名，即今倒淌河。
⑤海：这里指青海湖。
⑥采石：彩色的石头。
⑦丹粟：见1.11注⑧。

【译文】

　　再向西二百五十里是騩山，它蹲踞于青海湖畔，山中不长草木，有很多玉。凄水发源于騩山，向西流入青海湖，水中有很多彩色的石头、黄金和丹砂。

▲图2-17 鹊鸟图，选自绘于明代的《三才图会》

2.20 凡西经之首，自钱来之山①至于騩（guī）山②，凡十九山，二千九百五十七里。华山③冢（zhǒng）④也，其祠⑤之礼：太牢⑥。羭（yú）山⑦神也，祠之用烛⑧，斋⑨百日以百牺⑩，瘗（yì）⑪用百瑜⑫，汤⑬其酒百樽(zūn)⑭,婴⑮以百珪(guī)⑯百璧。其余十七山之属,皆毛牷(quán)⑰用一羊祠之。**烛者,百草之未灰,白席采**⑱**等纯**⑲**之。**

【注释】

① 钱来之山:见2.1注②。
② 騩山:见2.19注①。
③ 华山:见2.1注①。
④ 冢:大,这里当指大的山神。
⑤ 祠:祭祀。
⑥ 太牢:祭祀时用作祭品的牛、羊、猪三牲齐备。
⑦ 瀚山:指瀚次山,见2.10注①。
⑧ 烛:照明用的火炬。
⑨ 斋:斋戒,指祭祀前洁净身心,以示虔诚。
⑩ 牺:古代指供祭祀用的毛色纯一的牲畜。
⑪ 瘗:埋葬。
⑫ 瑜:美玉。
⑬ 汤:指烫(酒)、温(酒)。
⑭ 樽:酒杯。
⑮ 婴:颈上的饰物。
⑯ 珪:同"圭",古代祭祀时用的条状玉器,上尖下方。
⑰ 毛牷:带毛的纯色的全牲(牷:纯色的全牲)。
⑱ 采:有彩色花纹的丝织物。
⑲ 纯:镶边。

【译文】

总计西山一经中的山,从首座钱来山到騩山,共十九座山,距离为二千九百五十七里。华山是大的山神所在之地,祭祀其山神时用牛、羊、猪三牲齐备的太牢之礼。瀚次山的山神很神妙,祭祀时用火炬,先斋戒一百天,用一百头毛色纯一的牲畜作祭品,把一百块美玉埋在地下,烫一百杯酒,用一百支圭和一百块璧作为系在山神颈上的饰物。其余十七座山的山神,都用一头毛色纯一的全羊来祭祀。所谓烛,是指还没有烧成灰的百草,祭神用的白席用有彩色花纹的丝织物等来镶边。

【导读】

"烛"通常指蜡烛,但在中国古代,也指照明用的火炬。这里所谓的"烛",指的就是照明用的火炬,它用百草扎束而成。所谓未灰,即未烧成灰烬或未点燃之意。有学者认为,"烛者,百草之未灰"一句系后人注释杂入经文。

二、西次二经

【导读】

西次二经共记述了十七座山,位于西山一经所记的山列的北面。本经中的山的具体位置大多难以确考,但它们大致位于今陕西、山西、甘肃、宁夏、青海境内。

本经中记述的奇禽怪兽很少,仅有形状如翟而五彩斑斓的鸾鸟和形状如雄鸡而人面的凫徯(fúxī)两种,其余均为人们熟知的虎、豹、羚羊、鹦鹉等。

▲ 明代蒋应镐绘制的《山海经(图绘全像)》第十图,主要描绘了2.25、2.27、2.29、2.38中的鸾鸟、凫徯、朱厌三种动物及山神

2.21 西次二经之首,曰钤(qián)山①,其上多铜,其下多玉,其木多杻(niǔ)②檀(jiāng)③。

【注释】
①钤山:山名,具体所指待考。一说在今陕西境内;一说在今山西境内。 ②杻:见2.7注②。 ③檀:见2.7注③。

【译文】
西次二经中的首座山叫做钤山,山上有很多铜,山下有很多玉,山中的树木多为杻树和檀树。

2.22 西二百里,曰泰冒之山①,其阳多金,其阴多铁。浴水②出焉,东流注于河③,其中多藻玉④,多白蛇。

【注释】
①泰冒之山:即泰(一作"秦")冒山,山名,具体所指待考。一说在今陕西境内。 ②浴水:水名,具体所指待考。一作"洛水",洛水即今洛河,见2.8注⑭。 ③河:指黄河。本书中的"河",多指黄河。 ④藻玉:有彩纹的玉。

【译文】
向西二百里是泰冒山,山的阳面有很多金,阴面有很多铁。浴水发源于泰冒山,向东流入黄河,水中有很多带彩纹的玉,还有很多白蛇。

2.23 又西一百七十里,曰数历之山①,其上多黄金,其下多银,其木多杻(niǔ)②檀(jiāng)③,其鸟多鹦䳇(mǔ)④。楚水⑤出焉,而南流注于渭⑥,其中多白珠。

【注释】
①数历之山:即数历山,山名,具体所指待考。一说应在今陕西铜川境内。 ②杻:见2.7注②。 ③檀:见2.7注③。 ④鹦䳇:即鹦鹉。 ⑤楚水:水名,一说指今陕西耀县的石川河。 ⑥渭:见2.2注③。

【译文】
再向西一百七十里是数历山,山上有很多黄金,山下有很多银,山中的树木多为杻树和檀树,鸟多为鹦鹉。楚水发源于数历山,向南流入渭河,水中有很多白色的珠子。

2.24 又西百五十里高山①，其上多银，其下多青碧②、雄黄③，其木多棕④，其草多竹⑤。泾水⑥出焉，而东流注于渭⑦，其中多磬（qìng）石⑧、青碧。

▲图2-18 这里的"竹"指"萹蓄"，此为萹蓄图，选自绘于明代的《补遗雷公炮制便览》

【注释】
①高山：山名，一说指今宁夏六盘山山脉中的米缸山。"高山"前面当有"曰"字。②青碧：青色的玉石。③雄黄：矿物，成分是硫化砷，橘黄色，有光泽。也叫鸡冠石。④棕：见2.6注②。⑤竹：这里指萹（biān）竹，又名萹蓄，一年生草本植物，叶狭长似竹。（见图2-18）⑥泾水：水名，即今泾河，源出宁夏南部六盘山东麓，至陕西高陵县境入渭河。⑦渭：见2.2注③。⑧磬石：适宜制磬的美石。

【译文】
再向西一百五十里是高山，山上有很多银，山下有很多青色的玉石和雄黄，山中生长的树木多为棕榈，生长的草多为萹竹。泾水发源于高山，向东流入渭河，水中有很多适宜制磬的美石及青色的玉石。

2.25 西南三百里，曰女床之山①，其阳多赤铜，其阴多石涅②，其兽多虎、豹、犀、兕（sì）③。有鸟焉，其状如翟（dí）④而五采文，名曰鸾鸟⑤，见（xiàn）则天下安宁。

▲图2-19 绘于宋代的《仙女乘鸾图》

【注释】
①女床之山：即女床山，山名，具体所指待考。一说即今陕西岐山。②石涅：即石墨，矿物名，铁黑色，条痕呈

【译文】
向西南三百里是女床山，山的阳面有很多赤铜，阴面有很多石墨，山中的兽多为虎、豹

光亮的黑色,半金属光泽。
③兕:见1.30注②。
④翟:长尾的野鸡。
⑤鸾鸟:传说中凤凰一类的鸟。(见图2-19)

和犀牛。山中有一种鸟,它的形状像长尾的野鸡,身上有五彩的斑纹,名字叫鸾鸟,只要它一出现,天下就会太平安宁。

2.26　又西二百里,曰龙首之山①,其阳多黄金,其阴多铁。苕(tiáo)水②出焉,东南流注于泾水③,其中多美玉。

【注释】
①龙首之山:即龙首山,山名,一说即今陇山,在陕西和甘肃交界处。　②苕水:水名,一说应作"芮水",具体所指待考。与1.17中的苕水不同。　③泾水:见2.24注⑥。

【译文】
　　再向西二百里是龙首山,山的阳面有很多黄金,阴面有很多铁。苕水发源于龙首山,向东南流入泾河,水中有很多美玉。

2.27　又西二百里,曰鹿台之山①,其上多白玉,其下多银,其兽多㸲(zuó)牛②、羬(qián)羊③、白豪④。有鸟焉,其状如雄鸡而人面,名曰凫徯(fúxī)⑤,其鸣自叫也,见(xiàn)则有兵。

【注释】
①鹿台之山:即鹿台山,山名,具体所指待考。一说在今甘肃境内。　②㸲牛:见2.4注④。　③羬羊:见2.1注

【译文】
　　再向西二百里是鹿台山,山上有很多白玉,山下有很多银,山中的兽多为㸲牛、羬羊和

▲图2-20　凫徯图,选自绘于明代的《三才图会》

④豪：即箭猪，又叫豪猪，自肩至尾部长着长而刚硬的刺。一说指猪獾，鼻吻较长，眼小，耳短圆，四肢粗短有力。　⑤鳬徯：传说中的一种鸟。（见图2-20）

白色的箭猪。山中有一种鸟，它的形状像雄鸡，长着人一样的脸，名字叫鳬徯，它的鸣叫声像在叫自己的名字，这种鸟一出现，天下就会发生战争。

2.28　西南二百里，曰鸟危之山①，其阳多磬（qìng）石②，其阴多檀**楮**（chǔ）④，其中多女床⑤。鸟危之水⑥出焉，西流注于赤水⑦，其中多丹粟⑧。

【注释】
①鸟危之山：即鸟危山，山名，在今甘肃境内，具体所指待考。　②磬石：适宜制磬的美石。　③檀：檀树，植物名，有青檀、紫檀等。　④楮：即构树，见1.1注⑧。（见图2-21）　⑤女床：植物名，具体所指待考。一说指女肠草；一说指女菀（wǎn），一种多年生草本植物。　⑥鸟危之水：即鸟危水，水名，具体所指待考。一说可能是洮河；一说指祖厉水或其上游支流。　⑦赤水：见2.17注④。　⑧丹粟：见1.11注⑧。

【译文】
向西南二百里是鸟危山，山的阳面有很多适宜制磬的美石，阴面长着很多檀树和构树，山中还长着很多女床。鸟危水发源于鸟危山，向西流入赤水，水中有很多丹砂。

▲图2-21　楮图，选自绘于明代的《补遗雷公炮制便览》

2.29　又西四百里，曰小次之山①，其上多白玉，其下多赤铜。有兽焉，其状如猿而白首赤足，名曰**朱厌**②，见（xiàn）则大兵。

【注释】

① 小次之山：即小次山，山名，在今甘肃境内，具体所指待考。
② 朱厌：传说中的一种兽。一说指白眉长臂猿。
(见图2-22)

【译文】

再向西四百里是小次山，山上有很多白玉，山下有很多赤铜。山中有一种兽，它的形状像猿，长着白色的脑袋，红色的脚，名字叫朱厌，只要它一出现，天下就会发生大的战争。

2.30 又西三百里，曰大次之山①，其阳多垩（è）②，其阴多碧③，其兽多㸲（zuó）牛④、羚⑤羊。

【注释】

① 大次之山：即大次山，山名，在今甘肃境内，具体所指待考。 ② 垩：可用来涂饰的有色土。
③ 碧：青绿色的玉石。
④ 㸲牛：见2.4注④。
⑤ 羚：见2.18注⑥。

【译文】

再向西三百里是大次山，山的阳面有很多可用于涂饰的有色土，阴面有很多青绿色的玉石，山中的兽多为㸲牛和羚羊。

▲图2-22 朱厌图，选自《中国清代宫廷版画》

2.31 又西四百里，曰薰吴之山①，无草木，多金玉。

【注释】

① 薰吴之山：即薰吴山，山名，具体所指待考。一说在今甘肃境内。

【译文】

再向西四百里是薰吴山，山中不长草木，有很多金和玉。

2.32 又西四百里，曰厎（zhǐ）阳之山①，其木多

樱（jì）②、楠③、豫章④，其兽多犀、兕（sì）⑤、虎、豹（zhuó）⑥、㸲（zuó）牛⑦。

【注释】
①厒阳之山：即厒阳山，山名，具体所指待考。②樱：木名，即水松，与松柏相似，有刺。③楠：见1.24注③。④豫章：木名，即樟树，常绿乔木，木质坚固细致，有香气。一说豫指枕木，章指樟木。⑤兕：见1.30注②。⑥豹：传说中的一种兽。一说即"豹"。（见图2-23）⑦㸲牛：见2.4注④。

【译文】
再向西四百里是厒阳山，山中生长的树木多为水松、楠木和樟树，兽多为犀牛、虎、豹和㸲牛。

▲图2-23 豹图，选自《中国清代宫廷版画》

2.33 又西二百五十里，曰众兽之山①，其上多㻬琈（tūfú）②之玉，其下多檀③楮（chǔ）④，多黄金，其兽多犀兕（sì）⑤。

【注释】
①众兽之山：即众兽山，山名，在今青海境内，具体所指待考。②㻬琈：美玉名。③檀：见2.28注③。④楮：见2.28注④。⑤兕：见1.30注②。

【译文】
再向西二百五十里是众兽山，山上有很多㻬琈玉，山下长着很多檀树和构树，有很多黄金，山中的兽多为犀牛。

2.34 又西五百里，曰皇人之山①，其上多金玉，其下多青雄黄②。皇水③出焉，西流注于赤水④，其中多丹粟⑤。

【注释】

①皇人之山：即皇人山，山名，具体所指待考。　②青雄黄：一说指青和雄黄，青指石青，石青是蓝色的矿物质颜料，雄黄见2.24注③；一说指雌黄，矿物名，橙黄色，可做颜料。　③皇水：水名，具体所指待考。一说可能指今青海的湟水。　④赤水：见2.17注④。　⑤丹粟：见1.11注⑧。

【译文】

再向西五百里是皇人山，山上有很多金和玉，山下有很多石青和雄黄。皇水发源于皇人山，向西流入赤水，水中有很多丹砂。

2.35 又西三百里，曰中皇之山①，其上多黄金，其下多蕙②棠③。

【注释】

①中皇之山：即中皇山，山名，具体所指待考。　②蕙：见2.14注⑫。　③棠：即棠梨，也叫杜梨，落叶乔木，叶子长圆形或菱形，开白色花，果实略呈球形。（见图2-24）

【译文】

再向西三百里是中皇山，山上有很多黄金，山下长着很多蕙兰和棠梨。

▼图2-24　宋代画家马和之所绘的《诗经》图中的"常棣"图，"常棣"即棠，也叫棠梨

2.36 又西三百五十里，曰西皇之山①，其阳多金，其阴多铁，其兽多麋（mí）鹿②、㸲（zuó）牛③。

【注释】

① 西皇之山：即西皇山，山名，具体所指待考。 ② 麋鹿：哺乳动物，毛淡褐色，雄的有角，角像鹿角，尾像驴尾，蹄像牛蹄，颈像骆驼颈，但整体看来与哪种动物都不像，故又叫四不像。(见图 2-25) ③ 㸲牛：见 2.4 注④。

【译文】

再向西三百五十里是西皇山，山的阳面有很多金，阴面有很多铁，山中的兽多为麋鹿和㸲牛。

▲图 2-25 麋鹿图，选自绘于明代的《补遗雷公炮制便览》

2.37 又西三百五十里，曰莱山①，其木多檀②楮（chǔ）③，其鸟多罗罗④，是食人。

【注释】

① 莱山：山名，具体所指待考。一说可能指今青海境内的托来山。 ② 檀：见 2.28 注③。 ③ 楮：见 2.28 注④。 ④ 罗罗：鸟名，当属兀鹫、秃鹫之类。

【译文】

再向西三百五十里是莱山，山中生长的树木多为檀树和构树，山中的鸟多为罗罗，会吃人。

2.38 凡西次二经之首，自钤（qián）山①至于莱山②，凡十七山，四千一百四十里。其十神者，皆人面而马身。其七神皆人面牛身，四足而一臂，操杖以行，是为**飞兽之神**③。其祠④之：毛⑤用少牢⑥，白菅（jiān）⑦为席。其十辈神者，其祠之：毛一雄鸡，钤而不糈（xǔ）⑧，毛采⑨。

【注释】

①铃山：见2.21注①。 ②莱山：见2.37注①。 ③飞兽之神：呈兽形的奔走如飞的神。（见图2-26） ④祠：祭祀。 ⑤毛：见1.10注⑥。 ⑥少牢：供祭祀用的羊和猪。 ⑦菅：见1.10注⑪。 ⑧铃而不糈：一说指祈祷时不用精米（铃：即"祈"。糈：精米）；一说指用金属犁作祭物而不用精米（铃：金属制的犁）。似应指关锁而不用精米（铃：关锁）。 ⑨毛采：指杂色的雄鸡。

【译文】

总计西次二经中的山，从首座铃山到莱山，共十七座山，距离为四千一百四十里。其中的十位山神都是人面马身。另外的七位山神都是人面牛身，有四条腿，一只胳膊，手持拐杖而行，他们是奔走如飞的兽形之神。祭祀他们的方法是：用羊和猪为祭品，用白茅铺成山神的坐席。另外十位山神的祭祀方法是：用雄鸡为祭品，把它关锁起来，不用精米，所用的雄鸡须是杂色的。

▲图2-26 西次二经山神图，选自《中国清代宫廷版画》

三、西次三经

【导读】

　　西次三经共记述了二十二座山（2.61 中称是二十三座山），位于西次二经所记山列的北面。除了昆仑丘、三危山等极少数山外，本经中的山的具体位置大多难以考定，但它们大致位于今新疆、甘肃、青海、内蒙古境内。

　　本经的内容较为丰富，这主要体现在两个方面：一是记述了为数众多的奇禽怪兽，如只有一只眼睛和翅膀的蛮蛮鸟、形状如蛇而长有四足的䲃（huá）鱼、五尾一角的狰（zhēng）、一首三身的鸱（chī）鸟、三首六尾的鵸鵌（qíyú）鸟，等等；二是记载了不少历史人物和神名，如黄帝、后稷、白帝少昊（shàohào）、西王母、帝江神等，它不仅使《山海经》的内容显得生动、丰富，也为我们了解上古历史和文化提供了丰富的素材。

鼓(2.43)　　钦䲹(2.43)　　蛮蛮(2.39)　　举父(2.39)　　文鳐鱼(2.44)

▲ 明代蒋应镐绘制的《山海经(图绘全像)》第十一图，主要描绘了 2.39、2.43、2.44 中的举父、蛮蛮、文鳐鱼三种动物和钦䲹神、钟山神的儿子鼓

2.39 西次三经之首,曰崇吾之山①,在河之南,北望冢(zhǒng)遂②,南望䍃(yáo)之泽③,西望帝④之搏兽之丘⑤,东望蟜(yān)渊⑥。有木焉,员⑦叶而白柎(fū)⑧,赤华而黑理,其实如枳(zhǐ)⑨,食之宜子孙。有兽焉,其状如禺⑩而文臂⑪,豹虎⑫而善投,名曰**举父**⑬。有鸟焉,其状如凫(fú)⑭而一翼一目,相得乃飞,名曰**蛮蛮**⑮,见(xiàn)则天下大水。

【注释】

① 崇吾之山:即崇吾(一作"丘")山,山名,具体所指待考。一说在今青海茶卡盐湖附近;一说在今甘肃境内。　② 冢遂:山名,具体所指待考。　③ 䍃之泽:水名,具体所指待考。　④ 帝:一说指黄帝(见2.42注⑩);一说指天帝;一说指黄帝或炎帝(见3.65注⑥)。　⑤ 搏兽之丘:搏杀猛兽的丘陵。一说指山名,即搏兽丘,具体所指待考。　⑥ 蟜渊:地名,一说即"盐渊",指茶卡盐湖。　⑦ 员:同"圆"。　⑧ 柎:花萼(è),花瓣下部的一圈小片。　⑨ 枳:见2.9注③。

【译文】

　　西次三经中的首座山叫崇吾山,在黄河的南面,北面可以看见冢遂山,南面可以看见䍃之泽,西面可以看见黄帝曾经搏杀猛兽的丘陵,东面可以看见蟜渊。山中有一种树,长着圆圆的叶子,白色的花萼,开红色的花,有黑色的纹理,所结的果实与枳相似,吃了能使子孙发达。山中有一种兽,它的形状像猕猴,上肢有花纹,长着豹一样的尾巴,擅长

▲ 图2-27　举父图,选自《中国清代宫廷版画》

▲ 图2-28　蛮蛮图,选自清代吴任臣的《增补绘像山海经广注》

⑩禺:见1.1注⑪。　⑪臂:动物的前肢。　⑫虎:疑是"尾"字之误。　⑬举父:兽名,一说即藏酋猴,又称四川猴、犹猴,是一种大型的猴类。(见图2-27)
⑭凫:水鸟名,俗称野鸭。　⑮蛮蛮:即比翼鸟,是传说中的一种鸟。(见图2-28)

投掷,名字叫举父。山中有一种鸟,它的形状像野鸭,但只有一只翅膀和一只眼睛,必须与另一只与它一样的鸟合在一起才能飞,名字叫比翼鸟,只要它一出现,天下就会发大水。

2.40

西北三百里,曰长沙之山①,泚(zǐ)水②出焉,北流注于泑(yōu)水③,无草木,多青雄黄④。

【注释】
①长沙之山:即长沙山,山名,具体所指待考。一说可能在今新疆境内。
②泚水:水名,具体所指待考。
③泑水:水名,具体所指待考。
④青雄黄:见2.34注②。

【译文】
　　向西北三百里是长沙山,泚水发源于长沙山,向北流入泑水,山中不长草木,有很多石青和雄黄。

2.41

又西北三百七十里,曰不周之山①,北望诸毗(pí)②之山,临彼岳崇之山③,东望泑(yōu)泽④,河水所潜也,其原⑤浑(gǔn)浑泡泡⑥。爰(yuán)⑦有嘉果,其实如桃,其叶如枣,黄华而赤柎(fū)⑧,食之不劳⑨。

【注释】
①不周之山:即不周山,山名,具体所指待考。一说在今内蒙古境内。
②诸毗:见1.11注④。　③岳崇之山:即岳崇山,山名,具体所指待考。
④泑泽:水名,具体所指待考。一说可能是汉代的居延海的古称,在今内蒙古境内。
⑤原:一说同"源",指源

【译文】
　　再向西北三百七十里是不周山,它的北面可以看见诸毗山,面对着岳崇山,东面可以看见泑泽,是黄河水从地下潜流的地方,在水流头;一说指原野。 ⑥浑浑泡泡:大水奔流时的喷涌之声。 ⑦爰:这里;那里。 ⑧柎:见2.39注⑧。 ⑨劳:疲劳。一说指忧愁。

出的地方发出巨大的喷涌声。这里有一种能结鲜美果实的果树,果实的形状像桃,叶子像枣树叶,开黄色的花,长着红色的花萼,吃了这种果实让人不会感到疲劳。

2.42 又西北四百二十里,曰峚(mì)山①,其上多丹木②,员③叶而赤茎,黄华而赤实,其味如饴(yí)④,食之不饥。丹水⑤出焉,西流注于稷泽⑥,其中多白玉,是有玉膏⑦,其原⑧沸沸汤汤⑨,黄帝⑩是食是飨(xiǎng)⑪。是生玄⑫玉。玉膏所出,以灌丹木,丹木五岁,五色乃清,五味乃馨。黄帝乃取峚山之玉荣⑬,而投之钟山⑭之阳。瑾(jǐn)⑮瑜⑯之玉为良,坚粟⑰精密,浊泽⑱有而⑲光。五色发作⑳,以和柔刚㉑。天地鬼神,是食是飨;君子服㉒之,以御不祥。自峚山至于钟山,四百六十里,其间尽泽也,是多奇鸟、怪兽、奇鱼,皆异物焉。

【注释】
①峚山:山名,具体所指待考。一说在今青海境内;一说在今新疆或甘肃境内。 ②丹木:木名,一说即槭(qī)树,种类很多,木材坚韧,叶子入秋变红。 ③员:同"圆"。 ④饴:糖浆;糖稀。 ⑤丹水:水名,具体所指待考。 ⑥稷泽:水名,具体所指待考。 ⑦玉膏:呈膏状的玉,据传是一种仙药。 ⑧原:见2.41注⑤。 ⑨沸沸汤汤:形容玉膏涌出时仿佛沸腾的样子。 ⑩黄帝:传说中中原各族的共同祖先,姬

【译文】
再向西北四百二十里是峚山,山上长着很多丹木,圆圆的叶子,红色的茎干,开黄色的花,结红色的果实,味道甜如糖浆,吃了让人不感到饥饿。丹水发源于峚山,向西流入稷泽,水中有很多白玉,还有玉膏;玉膏涌出的地方一片沸腾,黄帝以玉膏为食并用它来招待宾客。由玉膏又生出黑玉。用出产玉膏之地的水来灌溉丹

▲ 图 2-29 钟山神之子图，选自绘于明代的《三才图会》

▲ 图 2-30 钦䲹化为大鹗图，选自绘于清代的《钦定补绘萧云从〈离骚〉全图》

姓，少典之子，号轩辕氏、有熊氏，曾打败炎帝和蚩（chī）尤。⑪飨：用酒食款待；也指祭祀。⑫玄：黑色。⑬玉荣：即玉华，指玉的精华。⑭钟山：见 2.43 注①。⑮瑾：美玉。⑯瑜：美玉。⑰坚粟：坚硬而状如粟米。一说应作"坚粟"。⑱浊泽：浑厚而润泽。⑲有而：应作"而有"。⑳发作：指焕发的光彩互相映衬。㉑柔刚：指事物阴柔和阳刚的性质。㉒服：佩带。

木，经过五年，丹木会呈现出五种清新的色彩，并发出五种芬芳的香味。黄帝于是取峚山之玉的精华，把它投到钟山的阳面。结果长出了优良的美玉，坚硬而状如粟米，极为精密细致，浑厚润泽而有光彩。它发出的五种颜色相互映衬，以调和阴柔与阳刚。天地间的鬼神都来享用这种美玉；君子把它佩带在身上，可以防御不祥。从峚山到钟山有四百六十里，其间都是池泽，那里有很多奇鸟、怪兽和奇鱼，都是怪异罕见的动物。

2.43 又西北四百二十里，曰钟山①。**其子**②曰鼓，其状如人面而龙身，是与钦䲹（pī）③杀葆江④于昆仑⑤之阳，帝⑥乃戮之钟山之东，曰崤（yáo）崖⑦。**钦䲹化为大鹗（è）**⑧，其状如雕而黑文白首，赤喙（huì）⑨而虎爪，其音如晨鹄（hú）⑩，见

（xiàn）则有大兵。鼓亦化为鵔（jùn）鸟⑪，其状如鸱（chī）⑫，赤足而直喙，黄文而白首，其音如鹄，见即其邑（yì）⑬大旱。

【注释】

①钟山：山名，具体所指待考。一说在今青海境内；一说在今新疆境内。②其子：这里指钟山山神的儿子。（见图2-29）③钦䲹：传说中的神名。（见图2-30）④葆江：人名，一作"祖江"。⑤昆仑：山名。古今所谓昆仑山具体所指存在区别。古代所谓昆仑山在今甘肃境内，现代所指昆仑山横贯新疆、西藏之间，向东延伸入青海境内。⑥帝：指黄帝，见2.42注⑩。⑦崟崖：一作"瑶岸"，地名，具体所指待考。⑧鹗：鸟名，又名鱼鹰，背暗褐色，腹白色，常在水面上捕食鱼类。⑨喙：鸟兽的嘴。⑩鹄：鸟名，也叫天鹅，形状像鹅而较大，羽毛白色。⑪鵔鸟：传说中的一种鸟。⑫鸱：见1.11注⑭。⑬邑：城镇；县。

【译文】

再向西北四百二十里是钟山。钟山山神之子的名字叫鼓，他的形状是人面龙身，他与钦䲹一起在昆仑山的阳坡杀死了葆江，黄帝便把他们杀死在钟山东面的崟崖。钦䲹死后变成了一只大鱼鹰，形状像雕，黑色的斑纹，白色的脑袋，红色的嘴，长着虎一样的爪子，发出的声音与清晨天鹅的叫声相似，只要它一出现，就会发生大的战争。鼓死后也变成了一只鵔鸟，形状像鹞鹰，长着红色的脚，长而直的嘴，黄色的斑纹，白色的脑袋，发出的声音与天鹅的叫声相似，它在哪个地方出现，哪个地方就会发生大旱。

▲图2-31 文鳐鱼图，选自明代胡文焕的《山海经图》

2.44 又西百八十里，曰泰器之山①。观水②出焉，西流注于流沙③。是多文鳐（yáo）鱼④，状如鲤鱼，鱼身而鸟翼，

苍文而白首，赤喙（huì）⑤，常行西海⑥，游于东海⑦，以夜飞。其音如鸾鸡⑧，其味酸甘，食之已⑨狂，见（xiàn）则天下大穰（ráng）⑩。

【注释】

①泰器之山：即泰器山，山名，具体所指待考。一说在今甘肃境内；一说在今新疆境内。
②观水：水名，具体所指待考。
③流沙：古时指中国西北的沙漠地区，也指今新疆境内白龙堆沙漠一带。
④文鳐鱼：鱼名。一说是一种生活在海中的飞鱼。（见图2-31）
⑤喙：鸟兽的嘴。
⑥西海：水名，具体所指待考。
⑦东海：水名，具体所指待考，不是现代所谓的东海。
⑧鸾鸡：鸟名，具体所指待考。
⑨已：治愈。
⑩穰：丰收。

【译文】

再向西一百八十里是泰器山。观水发源于泰器山，向西流入流沙。水中有很多文鳐鱼，形状像鲤鱼，长着鱼的身子，鸟的翅膀，苍色的斑纹，白色的头，红色的嘴，常常在西海活动，并游向东海，夜里常跃出水面飞翔。它的叫声与鸾鸡相似，肉味酸甜，吃了以后可以医治癫狂症，只要它一出现，天下就会获得大丰收。

▲图2-32 平圃图，选自绘于清代的《钦定补绘萧云从〈离骚〉全图》

2.45 又西三百二十里，曰槐江之山①。丘时之水②出焉，而北流注于泑（yōu）水③。其中多蠃（luó）母④。其上多青雄黄，多藏⑥琅玕（lánggān）⑦、黄金、玉，其阳多丹粟⑧，其阴多采⑨黄金、银。实惟帝⑩之**平圃**⑪，神**英招**⑫司⑬之，其状马身而人面，虎文而鸟翼，徇（xùn）⑭于四海，其音如榴⑮。

南望昆仑⑯,其光熊熊,其气魂魂⑰;西望大泽⑱,后稷⑲所潜⑳也。其中多玉,其阴多榣(yáo)木㉑之有若㉒。北望诸毗(pí)㉓,槐鬼离仑㉔居之,鹰鹯(zhān)㉕之所宅也。东望恒山四成㉖,有穷鬼㉗居之,各在一搏㉘。爰(yuán)㉙有淫(yáo)水㉚,其清洛洛㉛。有**天神**㉜焉,其状如牛而八足二首,马尾,其音如勃皇㉝,见(xiàn)则其邑(yì)㉞有兵。

英招神图

▲图2-33 英招神图,选自《中国清代宫廷版画》

【注释】

① 槐江之山:即槐江山,山名,具体所指待考。一说在今新疆境内;一说在今甘肃境内;一说在今新疆与青海交界处。 ② 丘时之水:即丘时水,水名,具体所指待考。 ③ 泑水:见2.40注③。 ④ 蠃母:即蝮(pù)螺,指螺蛳、蜗牛等(蠃:同"螺")。
⑤ 青雄黄:见2.34注②。
⑥ 藏:一说指隐藏、埋藏;一说即"臧",指善、好。
⑦ 琅玕:美石。 ⑧ 丹粟:见1.11注⑧。 ⑨ 采:即符采,指纹理色彩等。 ⑩ 帝:黄帝,见2.42注⑩。一说指天帝。
⑪ 平圃:即"玄圃",传说中神仙的居处。(见图2-32)
⑫ 英招:传说中的神名。(见图2-33) ⑬ 司:管

【译文】

　　再向西三百二十里是槐江山。丘时水发源于槐江山,向北流入泑水。水中有很多螺。山上有很多石青和雄黄,还有很多上乘的美石、黄金和玉;山的阳面有很多丹砂,阴面有很多带纹理色彩的黄金和银。这里其实是黄帝成仙后的居处,由名叫英招的神负责管理,英招的形象是马身人面,身上有虎一样的斑纹,长着鸟翅,在四海巡行,发出的声音像骝嘶鸣一样。向南边可以望见

淫
遥
音
水
天
神
圖

▲图2-34　天神图,选自《中国清代宫廷版画》

理;掌管。⑭徇:巡行。⑮駠:所指不详。可能为"騮"之误,騮指黑鬃黑尾的红马。⑯昆仑:见2.43注⑤。⑰䰟䰟:盛大的样子。⑱大泽:水名,具体所指待考。⑲后稷:传说中教民耕种的人,相传他的母亲曾想弃之不养,故名弃。是周族的始祖,尧舜时任农官。⑳潜:这里指埋葬。㉑榣木:大木。㉒若:指若木,神话传说中的树名,生于日落之处,青叶红花。㉓诸毗:见1.11注④。㉔槐鬼离仑:传说中的神名。㉕鹯:鸟名,也叫晨风,与鹞相似,青黄色。㉖恒山四成:恒山是山名,非今北岳恒山,具体所指待考。指连在一起的四座山。一说"恒"应作"垣",垣山四成指围成墙状的四座山(成:即"重");一说"恒"应作"桓",桓山是山名,具体所指待考。㉗有穷鬼:鬼的名称。一说指氏族的名称。㉘搏:通"膊",指胳膊。这里指山的一边。㉙爰:这里;那里。㉚淫水:即瑶池,神话传说中神仙居住的地方。㉛洛洛:同"落落",指水清澈的样子。㉜天神:传说中的神名。(见图2-34)㉝勃皇:动物名,具体所指待考。一说是拟声词。㉞邑:城镇;县。

昆仑山,只见那里光焰升腾,雾气缭绕;向西边可以望见大泽,后稷死后埋葬在那里。山中有很多玉,山的阴面有很多长在大树上的若木。向北可以望见诸毗山,槐鬼离仑在那里居住,也是鹰和鹯栖息的地方。向东可以望见连在一起的名叫恒山的四座山,有穷鬼在那里居住,并各处在山的一边。这里有瑶池,里面的水极其清澈。有一位天神,他的形状像牛,长着八只脚,两个脑袋,马一样的尾巴,发出像勃皇一样的声音,他在哪里出现,哪里就会有战争。

2.46 西南四百里,曰昆仑之丘①,是实惟帝②之下都③,神**陆吾**④司之。其神状虎身而九尾,人面而虎爪。是神也,司天之九部⑤及帝之囿(yòu)⑥时⑦。有兽焉,其状如羊而四角,名曰**土蝼**(lóu)⑧,是食人。有鸟焉,其状如蜂,大如鸳鸯,名曰钦原⑨,蠚(hè)⑩鸟兽则死,蠚木则枯。有鸟焉,其名曰鹑(chún)鸟⑪,是司帝之百服。有木焉,其状如棠⑫,黄华赤实,其味如李而无核,名曰沙棠⑬,可以御水,食之使人不溺。有草焉,名曰薲(pín)草⑭,其状如葵,其味如葱,食之已⑮劳⑯。河水出焉,而南流东注于无达⑰。赤水⑱出焉,而东南流注于汜(sì)天之水⑲。洋水⑳出焉,而西南流注于丑涂之水㉑。黑水㉒出焉,而西流于大杅(yú)㉓。是多**怪鸟兽**㉔。

▲图2-35 陆吾神图,选自《中国清代宫廷版画》

【注释】
①昆仑之丘:即昆仑丘,

【译文】
向西南

▲ 图 2-36　土蝼图，选自绘于明代的《三才图会》

▼ 图 2-37　绘于元代的《搜山图》(局部)，图中绘有不少形状怪异的鸟兽

也叫昆仑山，见 2.43 注⑤。②帝：见 2.45 注⑩。　③下都：在下界的都城。④陆吾：神名，即开明兽，见 11.13 注⑪。(见图 2-35)⑤天之九部：指天上的九个部界。⑥囿：养动物的园子。　⑦时：时节。　⑧土蝼：兽名，具体所指待考。一说是一种野生四角羊；一说指猞猁(shēlì)，哺乳动物，外形像猫而比猫大，全身毛棕黄色，性凶猛。(见图 2-36)　⑨钦原：鸟名，一说即蜂鸟。　⑩蠚：虫类咬刺；蜇(zhē)。

四百里是昆仑山，这里其实是天帝在下界的都城，由名叫陆吾的神负责管理。陆吾的形状像虎，有九条尾巴，长着人一样的脸和虎的爪子。这位神还掌管着天上的九个部界以及天帝之苑圃的时令节气。山中有一种兽，它的形状像羊，长着四只角，名字叫土蝼，会吃人。山中有一种鸟，形状像蜂，大小与鸳鸯一样，名字叫钦原，它蠚一下鸟兽，鸟兽就会死亡；蠚一下树木，树木就会枯萎。山中还有一种鸟，它的名字叫鹑鸟，专门掌管天帝的各种服饰。山中有一种树木，它的形

山海经　西山经第二……西次三经

⑪鹑鸟：传说中的赤凤。 ⑫棠：见2.35注③。 ⑬沙棠：木名，具体所指待考。 ⑭薲草：即蘋草，多年生草本植物，秆单生或成疏丛，叶片较厚硬。是良好的固沙植物。 ⑮已：治愈。 ⑯劳：忧愁。 ⑰无达：水名，一说是山名，具体所指待考。一说指巴颜喀拉山下的星宿海；一说指大海。 ⑱赤水：水名，具体所指待考。 ⑲汜天之水：即汜天水，水名，具体所指待考。 ⑳洋水：水名，具体所指待考。一说指今新疆的疏勒河。 ㉑丑涂之水：即丑涂水，水名，具体所指待考。 ㉒黑水：水名，具体所指待考。一说即今甘肃西北部的黑河。 ㉓大杅：山名，具体所指待考。 ㉔怪鸟兽：奇形怪状的鸟和兽。（见图2-37）

状像棠梨，开黄色的花，结红色的果实，果实的味道像李子，没有核，名字叫沙棠，可以用来防水，吃了这种果实后人就不会溺水。山中有一种草，名字叫薲草，它的形状像葵，味道与葱相似，人吃了它能治疗抑郁症。黄河发源于昆仑山，向南流后又折向东流，并流入无达。赤水发源于昆仑山，向东南流入汜天水。洋水发源于昆仑山，向西南流入丑涂水。黑水发源于昆仑山，向西流入大杅山附近的水体。昆仑山上有很多怪鸟和怪兽。

2.47 又西三百七十里，曰乐游之山①。桃水②出焉，西流注于稷泽③，是多白玉，其中多鳋（huá）鱼④，其状如蛇而四足，是食鱼。

【注释】
①乐游之山：即乐游山，山名，具体所指待考。一说在今青海境内。 ②桃水：水名，具体所指待考。 ③稷泽：见2.42注⑥。 ④鳋鱼：传说中的一种鱼。今所谓鳋鱼也叫花鳋，是一种常见的食用鱼。

【译文】
再向西三百七十里是乐游山。桃水发源于乐游山，向西流入稷泽，水里有很多白玉，还有

▲图2-38 鳋鱼图，选自《中国清代宫廷版画》

体侧扁,长达 30 厘米,银灰色。(见图 2-38)

很多鳝鱼,它的形状像蛇,长着四只脚,专门吃鱼。

▲图 2-39 长乘神图,选自《中国清代宫廷版画》

2.48 西水行四百里,曰流沙①,二百里至于嬴(luó)母之山②,神**长乘**③司之,是天之九德④也。其神状如人而豹(zhuó)⑤尾。其上多玉,其下多青石而无水。

【注释】
①流沙:见 2.44 注③。　②嬴母之山:即嬴母山,山名,具体所指待考。一说在今新疆且末附近。　③长乘:传说中的神名。(见图 2-39)　④天之九德:天所具有的九种德行。　⑤豹:见 2.32 注⑥。

【译文】
　　向西走四百里水路就到了流沙,再走二百里就到了嬴母山,名叫长乘的神掌管着这座山,他禀有天所具有的九种德行。长乘神的外形像人,长着豹尾。山上有很多玉,山下有很多青石,但没有水。

▲图 2-40 汉代画像砖中的西王母形象

2.49 又西三百五十里,曰玉山①,是**西王母**②所居也。西王母其状如人,豹尾虎齿而善啸,蓬发戴胜③,是司天之厉④及五残⑤。有兽焉,其状如犬而豹文,其角如牛,其名曰**狡**⑥,其音如吠犬,见(xiàn)则其国大穰(ráng)⑦。有鸟焉,其状如翟（dí）⑧而赤，名曰胜遇⑨，是食鱼，其音如录⑩，见则其国大水。

【注释】

①玉山：山名，因山中多玉而得名，位置当在今新疆和田市产玉的山区。 ②西王母：古代神话传说中的女神，也叫瑶池金母、王母娘娘。据传住在昆仑山上的瑶池中，园子里种有蟠桃，人吃了蟠桃能长生不老。(见图2-40) ③胜：古代人们戴在头上的一种饰物。 ④厉：灾疫。一说指星名。 ⑤五残：五刑残杀。一说指星名。 ⑥狡：传说中的一种兽。(见图2-41) ⑦穰：丰收。 ⑧翟：长尾的野鸡。 ⑨胜遇：鸟名，一说即翡翠鸟。 ⑩录：所指不明。一说疑为"鹿"。

【译文】

再向西三百五十里是玉山，这是西王母居住的地方。西王母的形状像人，长着豹一样的尾巴，虎一样的牙齿，善于长啸，蓬散着头发，头上戴着首饰，她掌管天上的灾疫及五刑残杀。山中有一种兽，形状像狗，身上有豹一样的斑纹，长着牛一样的角，它的名字叫狡，发出的声音像狗叫，它在哪个国家出现，哪个国家就会获大丰收。山中有一种鸟，形状像长尾的野鸡，红色，名字叫胜遇，专门吃鱼，叫声像录，它在哪个国家出现，哪个国家就会发大水。

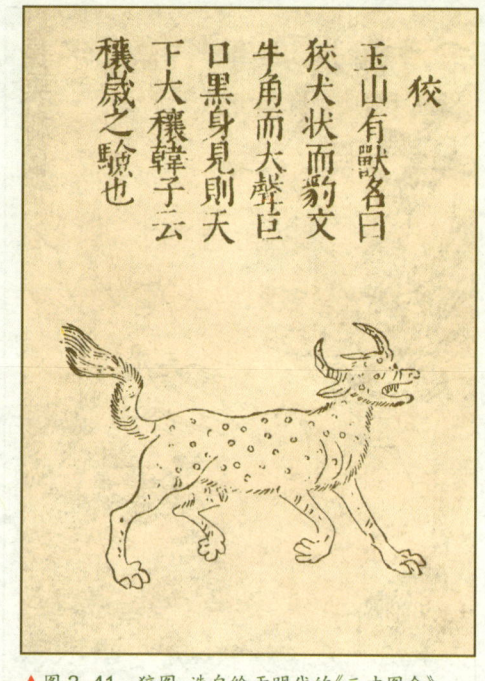

▲图2-41 狡图，选自绘于明代的《三才图会》

2.50 又西四百八十里，曰轩辕之丘①，无草木。洵（xún）水②出焉，南流注于黑水③，其中多丹粟④，多青雄黄⑤。

【注释】

①轩辕之丘：即轩辕丘，山

【译文】

再向西四百八十里

名,是传说中黄帝娶嫘(léi)祖的地方,具体位置待考。一说位于帕米尔高原的山峰雪岭的东段;一说地属葱岭。 ②洵水:水名,具体所指待考。与1.23中的洵水不同。 ③黑水:见2.46注㉒。 ④丹粟:见1.11注⑧。 ⑤青雄黄:见2.34注②。

是轩辕丘,山中不长草木。洵水发源于轩辕丘,向南流入黑水,水中有很多丹砂,还有很多石青和雄黄。

2.51 又西三百里,曰积石之山①,其下有石门②,河水冒③以西流。是山也,万物无不有焉。

【注释】
①积石之山:即积石山,山名,具体所指待考。一说在今青海、甘肃交界处。 ②石门:这里指大型的石洞。 ③冒:往外透。一说指覆盖。

【译文】
再向西三百里是积石山,山下有个巨大的石洞,黄河水从石洞中涌出后向西奔流。在这座山上,什么样的东西都有。

2.52 又西二百里,曰长留之山①,其神白帝②少昊(shàohào)③居之。其兽皆文尾,其鸟皆文首。是多文玉石。实惟员神磈(kuǐ)氏④之宫。是神也,主司反景⑤。

【注释】
①长留之山:即长留山,山名,具体所指待考。一说在今新疆境内。 ②白帝:古代神话中的五位天帝之一,系西方之神。 ③少昊:一作少皞(hào),传说中远古东夷族的首领,名挚(一作"质"),一说号金天氏。 ④员神磈氏:一说即少昊;一说员即"圆",圆神即日神。 ⑤反景:指太阳西落时的景象,因与太阳东升时光照的方向相反,故称。

【译文】
再向西二百里是长留山,这座山的山神白帝少昊居住在这里。山中的兽尾巴上都有花纹,山中的鸟头上都有斑纹。山中还有很多带花纹的玉石。这里其实是员神磈氏的宫殿。这位神主管太阳西落时反照的景象。

2.53 又西二百八十里,曰章莪(é)之山①,无草木,多瑶碧②。所为甚怪③。有兽焉,其状如赤豹,五尾一角,其音如击石,其名如④狰(zhēng)⑤。有鸟焉,其状如鹤,一足,赤文青质而白喙(huì)⑥,名曰**毕方**⑦,其鸣自叫也,见(xiàn)则其邑(yì)⑧有讹火⑨。

【注释】
① 章莪之山:即章莪山,山名,具体所指待考。一说在今甘肃境内。
② 瑶碧:美玉和青绿色的玉石。
③ 所为甚怪:指山上的东西显得很怪异。
④ 如:应作"曰"。
⑤ 狰:传说中的一种怪兽。(见图2-42)
⑥ 喙:鸟兽的嘴。
⑦ 毕方:传说中的一种鸟。(见图2-43)
⑧ 邑:城镇;县。
⑨ 讹火:野火。一说指怪火。

【译文】
再向西二百八十里是章莪山,山中不长草木,有很多美玉和青绿色的玉石。山上的东西显得很怪异。山中有一种兽,形状像红色的豹,长着五条尾巴,一只角,叫声像敲击石头,它的名字叫狰。山中有一种鸟,形状像鹤,只有一只脚,青色的羽毛上有红色的斑纹,长着白色的嘴,名字叫毕方,它的鸣叫声就像在呼自己的名字,它在哪个地方出现,哪个地方就会出现大片的野火。

▲ 图2-42 狰图,选自日本绘制的《怪奇鸟兽图卷》

▲ 图2-43 毕方图,选自绘于明代的《三才图会》

2.54 又西三百里,曰阴山①。浊浴之水②出焉,而南流注于蕃泽③,其中多文贝。有兽焉，其状如狸④而白首，名曰天狗⑤，其音如榴榴⑥，可以御凶。

【注释】
①阴山：山名，具体所指待考。一说在今新疆境内；一说在今甘肃境内。在今内蒙古中部及河北省北部有阴山，与此处所说的阴山不同。
②浊浴之水：即浊浴水，水名，具体所指待考。 ③蕃泽：水名，具体所指待考。一说即今青海的巴嘎柴达木湖。 ④狸：见1.6注②。
⑤天狗：兽名，具体所指待考。
⑥榴榴：所指待考。一说应作"猫猫"，指猫叫声。

【译文】
再向西三百里是阴山。浊浴水发源于阴山，向南流入蕃泽，水中有很多带花纹的贝类。山中有一种兽，形状像山猫，头部白色，名字叫天狗，发出的声音像猫叫，可以用它来防御凶险。

▲图2-44 江疑神图，选自清代的《山海经存》

2.55 又西二百里，曰符惕（dàng）之山①，其上多棕②楠③，下多金玉，神**江疑**④居之。是山也，多怪雨，风云之所出也。

【注释】
①符惕之山：即符惕山，山名，当为祁连山中的一山岭（惕：一说读作yáng）。 ②棕：见2.6注②。
③楠：见1.24注③。
④江疑：传说中的神名。（见图2-44）

【译文】
再向西二百里是符惕山，山上长着很多棕榈和楠木，山下有很多金和玉，有一位名叫江疑的神居住在这里。这座山中常常下怪雨，风和云就是从这里兴起的。

2.56 又西二百二十里，曰三危之山①，三青鸟②居之。是山也，广员③百里。其上有兽焉，其状如牛，白身四角，其豪④如披蓑，其名曰獓狠(àoyē)⑤，是食人。有鸟焉，一首而三身，其状如䳓(luò)⑥，其名曰鸱(chī)⑦。

【注释】
①三危之山：即三危山，山名，在今甘肃敦煌市。
②三青鸟：传说中为西王母取食的鸟。
③员：同"圆"。
④豪：通"毫"，指细而尖的毛。
⑤獓狠：传说中的一种兽。(见图2-45)
⑥䳓：鸟名，形状像雕。(见图2-46)
⑦鸱：这里指传说中的一种鸟。

【译文】
再向西二百二十里是三危山，三青鸟就栖居在这座山中。这座山方圆有一百里。山上有一种兽，形状像牛，通身白色，长着四只角，身上的毛像披着的蓑衣一样，它的名字叫獓狠，会吃人。山中有一种鸟，长着一个脑袋，三个身子，形状像䳓，它的名字叫鸱。

▲图2-45 獓狠图，选自《中国清代宫廷版画》

2.57 又西一百九十里，曰騩(guī)山①，其上多玉而无石。神耆(qí)童②居之，其音常如钟磬(qìng)。其下多积蛇③。

【注释】
①騩山：山名，具体所指待考。一说在今新疆境内。
②耆童：即老童，是颛顼

【译文】
再向西一百九十里是騩山，山上有很多玉，没有石头。名

▲图2-46 䳓图，选自绘于明代的《三才图会》

(zhuānxū)的儿子。颛顼是传说中古代部族的首领，号高阳氏。　③积蛇：堆积在一起的蛇。

叫耆童的神居住在这座山上，他发出的声音像敲击钟磬一样。山下有很多堆积在一起的蛇。

2.58　又西三百五十里，曰天山①，多金玉，有青雄黄②。英水③出焉，而西南流注于汤（yáng）谷④。有神焉，其状如黄囊，赤如丹火，六足四翼，浑敦⑤无面目，是识歌舞，实为**帝江**⑥也。

【注释】

①天山：山名，一说即位于今甘肃张掖的祁连山；一说指今新疆天山山脉东端的博格罗山；一说指今昆仑山脉北面的帖尔斯克伊山。现在的天山指横贯新疆中部、西端伸入哈萨克斯坦和吉尔吉斯斯坦的巨大山系。　②青雄黄：见2.34注②。　③英水：水名，具体所指待考。与1.8中的英水不同。　④汤谷：水名，具体所指待考。一说指今吐鲁番盆地。　⑤浑敦：即"混沌"，指模糊一团的样子。　⑥帝江：传说中的神名。一说即帝鸿，也就是黄帝。(见图2-47)

【译文】

再向西三百五十里是天山，山中有很多金和玉，还有石青和雄黄。英水发源于天山，向西南流入汤谷。山中有一位神，形状像黄色的皮囊，红如火焰，长着六只脚，四只翅膀，脑袋部位混沌一团，分不清面目，却能唱歌跳舞，他其实就是帝江。

▲ 图2-47　帝江神图，选自《中国清代宫廷版画》

【导读】

在《庄子·应帝王》中有关于浑沌无七窍的寓言，似本于《山海经》此处的记述。《庄子》中说，南海之帝名叫儵(tiáo)，北海之帝名叫忽，中央之帝名叫浑沌，浑沌的头部没有七窍。儵和忽去浑沌那里玩，浑沌对他们招待得很周到。儵和忽想报答浑沌，便商量说：人人都有七窍以方便视听饮食，只有浑沌没有，我们给他凿出七窍来吧。于是他们每天给浑沌凿一个窍。七天以后，七窍终于凿成，而浑沌也一命呜呼了。庄子是想通过这个寓言告诉人们，一切要顺乎自然，人为去改变某种东西，结果可能会适得其反。

2.59　又西二百九十里，曰泑(yōu)山①，神蓐(rù)收②居之。其上多婴短③之玉，其阳多瑾(jǐn)④瑜⑤之玉，其阴多青雄黄⑥。是山也，西望日之所入，其气员⑦，神红光⑧之所司也。

【注释】

①泑山：山名，具体所指待考。一说指今新疆的火焰山；一说可能指今新疆罗布泊附近的高山。　②蓐收：传说中的神名，掌管秋天万物的收藏。（见图2-48）　③婴短："短"似应作"脰"，参见2.10注⑦。　④瑾：美玉。　⑤瑜：美玉。　⑥青雄黄：见2.34注②。　⑦气员：指气象浑圆（员：同"圆"）。　⑧红光：传说中的神名。一说即蓐收。

【译文】

再向西二百九十里是泑山，名叫蓐收的神居住在这座山中。山上有很多婴短玉，山的阳面有很多美玉，阴面有很多石青和雄黄。从这座山上向西望，可以看见太阳落山时气象浑圆，这种景象正是由名叫红光的神掌管的。

▲图2-48　蓐收图，选自绘于清代的《钦定补绘萧云从〈离骚〉全图》

▶ 图 2-49　讙图，左图选自《中国清代宫廷版画》，为一目三尾的形状；右图选自日本绘制的《怪奇鸟兽图卷》，为双目七尾的形状

2.60　西水行百里，至于翼望之山①，无草木，多金玉。有兽焉，其状如狸②，一目而三尾，名曰**讙**（huān）③，其音如奪（duó）④百声，是可以御凶，服之已⑤瘅（dàn）⑥。有鸟焉，其状如乌，三首六尾而善笑，名曰**鵸𫛢**（qíyú）⑦，服之使人不厌⑧，又可以御凶。

【注释】

①翼望之山：即翼望山，山名，具体所指待考。一说在天山山脉中。　②狸：见1.6注②。　③讙：传说中的一种兽。（见图2-49）　④奪：同"夺"，指胜过、压倒。　⑤已：治愈。　⑥瘅：通"疸"，指黄疸病。　⑦鵸𫛢：传说中的一种鸟。（见图2-50）　⑧厌：指梦魇，即做恶梦。

【译文】

再向西走一百里水路，就到了翼望山，山中不长草木，有很多金和玉。山中有一种兽，形状像山猫，长着一只眼睛，三条尾巴，名字叫讙，它的叫声仿佛能盖过各种声音，可以用它来防御凶险，吃了它的肉可以治疗黄疸病。山中有一种鸟，形状像乌鸦，长着三个脑袋，六条尾巴，常常发出笑声，名字叫鵸𫛢，吃了它的肉可以使人不做恶梦，还可以用来防御凶险。

▲ 图 2-50　鵸𫛢图，选自绘于明代的《三才图会》

2.61 凡西次三经之首,崇吾之山①至于翼望之山②,凡二十三山,六千七百四十四里。其神③状皆羊身人面。其祠④之礼,用一吉玉⑤瘗(yì)⑥,糈(xǔ)⑦用稷⑧米。

【注释】

①崇吾之山:见2.39注①。前面应有"自"字。 ②翼望之山:见2.60注①。 ③神:指山神。(见图2-51) ④祠:祭祀。 ⑤吉玉:彩色的玉。 ⑥瘗:埋葬。 ⑦糈:见1.10注⑨。 ⑧稷:古代的一种粮食作物,一说是黍属;一说即粟。

【译文】

总计西次三经中的山,从首座崇吾山到翼望山,共二十三座山,距离为六千七百四十四里。这些山的山神的形状都是羊身人面。祭祀他们的方法是:把一块吉玉埋入地下,用稷米作祭祀用的精米。

▲图2-51 西次三经山神图,选自《中国清代宫廷版画》

四、西次四经

【导读】

西次四经共记述了十九座山,位于西次三经所记山列的北面。其中劳山、诸次山、白于山、鄗(guī)山、鸟鼠同穴山、崦嵫(yānzī)山六座山的具体位置基本可以确定,其余十三座山的位置尚待考定,但它们大致在今陕西、甘肃、宁夏、内蒙古境内。

本经中记述的奇禽怪兽主要有:人面兽身、只有一足一手的神魃(chì),鱼身、蛇首、六足的冉遗鱼,鸟首、鱼翼、鱼尾的鳋鮍(rúpí)鱼,马身鸟翼、人面蛇尾的孰湖,等等。

▲ 明代蒋应镐绘制的《山海经(图绘全像)》第十六图,主要描绘了2.67、2.74、2.75、2.76、2.77中出现的当扈、神魃、蛮蛮、冉遗鱼、驳五种动物

2.62 西次四经之首,曰阴山①,上多榖(gǔ)②,无石,其草多茆(máo)③蕃④。阴水⑤出焉,西流注于洛⑥。

【注释】
①阴山:山名,在今陕西境内,具体所指待考。与 2.54 中所说的阴山不同。 ②榖:疑是"榖"字之误,"榖"见 1.1 注⑧。 ③茆:通"茅",指茅草。 ④蕃:通"薠(fán)",草名,即青薠,外形似莎(suō)草(莎草的茎呈三棱形,叶子条形)。(见图 2-52) ⑤阴水:水名,具体所指待考。 ⑥洛:即洛河,见 2.8 注⑭。

【译文】
西次四经中的首座山叫阴山,山上长着很多构树,没有石头,山中生长的草多为茅草和青薠。阴水发源于阴山,向西流入洛河。

▲图 2-52 蕃图,选自绘于清代的《钦定补绘萧云从〈离骚〉全图》

2.63 北五十里,曰劳山①,多茈(zǐ)草②。弱水③出焉,而西流注于洛④。

【注释】
①劳山:山名,在今陕西甘泉县。 ②茈草:即紫草(茈:通"紫"),多年生草本植物,根粗壮,暗紫色。(见图 2-53) ③弱水:水名,一说指流经甘泉县的甘泉河、介子河。 ④洛:即洛河,见 2.8 注⑭。

【译文】
向北五十里是劳山,山中长着很多紫草。弱水发源于劳山,向西流入洛河。

2.64 西五十里,曰罢父之山①。洱(ěr)水②出焉,而西流注于洛③,其中多茈(zǐ)④、碧⑤。

▲图 2-53 茈草即紫草,此为紫草图,选自绘于明代的《补遗雷公炮制便览》

【注释】

①罢父之山：即罢父山（一说"父"为"谷"字之误），山名，在今陕西境内，具体所指待考。　②洱水：水名，一说即今周河。　③洛：即洛河，见2.8注⑭。　④茈：紫石。一说指紫草，见2.63注②。　⑤碧：青绿色的玉石。

【译文】

向西五十里是罢父山。洱水发源于罢父山，向西流入洛河，水中有很多紫石和青绿色的玉石。

2.65　北百七十里，曰申山①，其上多榖（gǔ）②柞（zuò）③，其下多杻（niǔ）④橿（jiāng）⑤，其阳多金玉。区（ōu）水⑥出焉，而东流注于河。

【注释】

①申山：山名，一说指今陕西安塞县北的芦关岭。　②榖：疑是"榖"字之误，"榖"见1.1注⑧。　③柞：见2.13注③。　④杻：见2.7注②。　⑤橿：见2.7注③。　⑥区水：水名，一说即位于今延安的延河。

【译文】

向北一百七十里是申山，山上长着很多构树和柞树，山下长着很多杻树和橿树，山的阳面有很多金和玉。区水发源于申山，向东流入黄河。

2.66　北二百里，曰鸟山①，其上多桑，其下多楮（chǔ）②，其阴多铁，其阳多玉。辱水③出焉，而东流注于河。

【注释】

①鸟山：山名，在今陕西境内，具体所指待考。　②楮：见2.28注④。　③辱水：水名，一说即今陕西的清涧河，又叫秀延河。

【译文】

向北二百里是鸟山，山上长着很多桑树，山下长着很多构树，山的阴面有很多铁，阳面有很多玉。辱水发源于鸟山，向东流入黄河。

2.67 又北百二十里,曰上申之山①,上无草木,而多硌(luò)②石,下多榛(zhēn)③楛(hù)④,兽多白鹿。其鸟多当扈(hù)⑤,其状如雉,以其髯(rán)⑥飞,食之不眴(xuàn)⑦目。汤水⑧出焉,东流注于河。

【注释】

① 上申之山:即上申山,山名,在今陕西境内,具体所指待考。 ② 硌:山上的大石。 ③ 榛:落叶灌木或小乔木,叶子圆形或倒卵形,坚果球形。 ④ 楛:古书上指荆一类的植物,茎可用来制箭杆。 ⑤ 当扈:传说中的一种鸟。(见图2-54) ⑥ 髯:胡子。 ⑦ 眴:通"眩",指眼睛昏花,看不清楚。 ⑧ 汤水:水名,具体所指待考。

【译文】

再向北一百二十里是上申山,山上不长草木,有很多巨石,山下长着很多榛树和楛树,山中的兽多为白鹿。山中的鸟多为当扈,它的形状像野鸡,凭借长长的胡子飞翔,吃了它的肉可以使眼睛不花。汤水发源于上申山,向东流入黄河。

▲ 图2-54 当扈图,选自绘于明代的《三才图会》

2.68 又北百八十里,曰诸次之山①,诸次之水②出焉,而东流注于河。是山也,多木无草,鸟兽莫居,是多众蛇。

【注释】

① 诸次之山:即诸次山,山名,在今陕西榆林北毛乌素沙漠中。 ② 诸次之水:即诸次水,水名,一说即流经

【译文】

再向北一百八十里是诸次山,诸次水发源于诸次山,向东流入黄河。这座山中长着很多树木,不长草,也没有鸟兽,但有

▲ 图2-55 这里的药指白芷,此为白芷图,选自绘于明代的《补遗雷公炮制便览》

今陕西佳县的佳芦河。　　很多不同种类的蛇。

2.69　　又北百八十里,曰号山①,其木多漆②、棕③,其草多药(yuè)④、䕯(xiāo)⑤、芎䓖(xiōngqióng)⑥。多泠(gàn)石⑦。端水⑧出焉,而东流注于河。

▲图2-56　芎䓖图,选自绘于清代的《钦定补绘萧云从〈离骚〉全图》

【注释】
①号山:山名,当在今陕西北部,具体所指待考。　②漆:漆树,落叶乔木,小叶卵形或椭圆形,开黄绿色小花,果实扁圆形。树的汁液可作涂料。　③棕:见2.6注②。　④药:草名,即白芷,多年生草本植物,开白花,果实长椭圆形。(见图2-55)　⑤䕯:草名,即白芷。　⑥芎䓖:即川芎,多年生草本植物,羽状复叶,开白色花,果实椭圆形。(见图2-56)　⑦泠石:矿石名,一说在古代用作黑色染料。　⑧端水:水名,一说即今陕西境内的秃尾河,俗名宁河。

【译文】
　　再向北一百八十里是号山,山中生长的树木多为漆树和棕榈,生长的草多为白芷和川芎。山中有很多泠石。端水发源于号山,向东流入黄河。

2.70　　又北二百二十里,曰盂山①,其阴多铁,其阳多铜,其兽多白狼、白虎,其鸟多白雉、白翟(dí)②。生水③出焉,而东流注于河。

【注释】
①盂山:山名,一说应作"盇山",具体所指待考。　②翟:长尾的野鸡。一说当为"翠"字之误。　③生

【译文】
　　再向北二百二十里是盂山,山的阴面有很多铁,阳面有很多铜,山中的兽多为白狼和白虎,鸟

水:水名,具体所指待考。一说在今内蒙古境内。

多为白雉和白色的长尾野鸡。生水发源于盂山,向东流入黄河。

2.71 西二百五十里,曰白于之山①,上多松柏,下多栎(lì)②檀③,其兽多祚(zuó)牛④、㸲(qián)羊⑤,其鸟多鸮(xiāo)⑥。洛水⑦出于其阳,而东流注于渭⑧;夹水⑨出于其阴,东流注于生水⑩。

【注释】

①白于之山:即白于山,山名,在今陕西志丹县之北。　②栎:栎树,乔木或灌木,叶子有锯齿或分裂,果实为坚果。　③檀:见2.28注③。　④祚牛:见2.4注④。　⑤㸲羊:见2.1注④。　⑥鸮:猫头鹰一类的鸟。　⑦洛水:见2.8注⑭。　⑧渭:见2.2注③。　⑨夹水:水名,一说即今陕西的红柳河。　⑩生水:水名,一说即今陕西的无定河。

【译文】

向西二百五十里是白于山,山上长着很多松树和柏树,山下长着很多栎树和檀树,山中的兽多为祚牛和㸲羊,鸟多为鸮。洛河发源于白于山的阳面,向东流入渭河;夹水发源于白于山的阴面,向东流入生水。

2.72 西北三百里,曰申首之山①,无草木,冬夏有雪。申水②出于其上,潜于其下,是多白玉。

【注释】

①申首之山:即申首山(一说"申"应作"由"),山名,具体所指待考。一说在今陕西境内;一说在今宁夏境内。　②申水:水名,具体所指待考。

【译文】

向西北三百里是申首山,山中不长草木,冬天和夏天都会下雪。申水发源于申首山的山上,流到山下后潜入地下,这一带有很多白玉。

2.73 又西五十五里,曰泾谷之山①。泾水②出焉,东南流注于渭③,是多白金、白玉。

▲ 图 2-57 神魕图，选自《中国清代宫廷版画》

【注释】
① 泾谷之山：即泾谷山，山名，一说在今陕西境内；一说在今宁夏境内。② 泾水：水名，一说即今泾河，见 2.24 注⑥。③ 渭：见 2.2 注③。

【译文】
再向西五十五里是泾谷山。泾水发源于泾谷山，向东南流入渭河，这一带有很多白金和白玉。

2.74 又西百二十里，曰刚山①，多柒木②，多㻬琈（tūfú）③之玉。刚水④出焉，北流注于渭⑤。是多神魕（chì）⑥，其状人面兽身，一足一手，其音如钦⑦。

【注释】
① 刚山：山名，具体所指待考。一说在今甘肃天水市东。② 柒木：即漆树，见 2.69 注②。③ 㻬琈：美玉名。④ 刚水：水名，具体所指待考。⑤ 渭：见 2.2 注③。⑥ 神魕：传说中的一种兽。（见图 2-57）⑦ 钦：通"吟"，指叹息、呻吟。

【译文】
再向西一百二十里是刚山，山中长着很多漆树，还有很多㻬琈玉。刚水发源于刚山，向北流入渭河。山中有很多神魕，形状是人面兽身，只有一只手、一只脚，叫声仿佛人在叹息或呻吟。

▲ 图 2-58 蛮蛮图，选自绘于明代的《三才图会》

2.75 又西二百里，至刚山①之尾。洛水②出焉，而北流注于河。其中多蛮蛮③，其状鼠身而鳖首，其音如吠犬。

【注释】

① 刚山：见 2.74 注①。
② 洛水：水名，非现在所指之洛河。一说可能指今甘肃境内的祖厉河；一说指今宁夏境内的清水河。
③ 蛮蛮：兽名，一说指水獭。与 2.39 中的蛮蛮不同。（见图 2-58）

【译文】

再向西二百里就到了刚山的尾端。洛水发源于这个山区，向北流入黄河。水中有很多蛮蛮，长着鼠一样的身子，鳖一样的脑袋，发出的声音像狗叫。

2.76 又西三百五十里，曰英鞮（dī）之山①，上多漆木②，下多金玉，鸟兽尽白。涴（yuān）水③出焉，而北注于陵羊之泽④。是多**冉遗之鱼**⑤，鱼身、蛇首、六足，其目如马耳，食之使人不眯（mì）⑥，可以御凶。

【注释】

① 英鞮之山：即英鞮山，山名，具体所指待考。一说在今甘肃境内。
② 漆木：见 2.69 注②。
③ 涴水：水名，具体所指待考。
④ 陵羊之泽：即陵羊泽，水名，具体所指待考。
⑤ 冉遗之鱼：即冉遗鱼，传说中的一种鱼。（见图 2-59）
⑥ 眯：梦魇。

【译文】

再向西三百五十里是英鞮山，山上长着很多漆树，山下有很多金和玉，山中的鸟兽都是白色的。涴水发源于英鞮山，向北流入陵羊泽。水中有很多冉遗鱼，长着鱼的身子，蛇的脑袋，有六只脚，眼睛的形状像马耳朵，人吃了它的肉就不会梦魇，还可以用它来防御凶险。

▲ 图 2-59　冉遗鱼图，选自清代吴任臣的《增补绘像山海经广注》

2.77 又西三百里，曰中曲之山①，其阳多玉，其阴多雄黄②、白玉及金。有兽焉，其状如马而白身黑尾，

一角，虎牙爪，音如鼓音，其名曰驳③，是食虎豹，可以御兵。有木焉，其状如棠④而员⑤叶赤实，实大如木瓜⑥，名曰櫰（huái）木⑦，食之多力。

▲图2-60 驳图，选自日本绘制的《怪奇鸟兽图卷》

【注释】

① 中曲之山：即中曲山，山名，具体所指待考。一说在今甘肃境内；一说在今内蒙古境内。
② 雄黄：见2.24注③。
③ 驳：传说中的一种猛兽。（见图2-60）
④ 棠：见2.35注③。
⑤ 员：同"圆"。
⑥ 木瓜：植物名，落叶灌木或小乔木，叶子长椭圆形，开淡红色花，果实也叫木瓜，长椭圆形，黄色，有香气。
⑦ 櫰木：即櫰槐，一种落叶乔木。

【译文】

再向西三百里是中曲山，山的阳面有很多玉，阴面有很多雄黄、白玉和金。山中有一种兽，形状像马，白色的身子，黑色的尾巴，长着一只角，有虎一样的牙和爪子，叫声像击鼓声，它的名字叫驳，能吃虎豹，可以用它来防御兵器的伤害。山中有一种树，形状像棠梨，长着圆圆的叶子，结红色的果实，果实的大小像木瓜，名字叫櫰木，吃了它的果实可以增长力气。

▲图2-61 穷奇图，选自绘于明代的《三才图会》

2.78 又西二百六十里，曰邽（guī）山①，其上有兽焉，其状如牛，猬毛，名曰**穷奇**②，音如獆（háo）③狗，是食人。

濛水④出焉，南流注于洋水⑤，其中多黄贝、蠃（luó）鱼⑥，鱼身而鸟翼，音如鸳鸯，见（xiàn）则其邑（yì）⑦大水。

【注释】
①邽山：山名，在今甘肃天水市。
②穷奇：传说中的一种兽。（见图2-61）
③嗥：同"嗥"，指野兽吼叫。
④濛水：水名，即今甘肃天水市的来谷河。
⑤洋水：水名，即今甘肃天水市的藉河。
⑥蠃鱼：传说中的一种鱼。（见图2-62）
⑦邑：城镇；县。

【译文】
再向西二百六十里是邽山，山上有一种兽，形状像牛，身上的毛像刺猬身上的刺一样，名字叫穷奇，它的叫声像狗在嗥叫，会吃人。濛水发源于邽山，向南流入洋水，水中有很多黄色的贝和蠃鱼，蠃鱼长着鱼的身子，鸟的翅膀，叫声像鸳鸯，它在哪个地方出现，哪个地方就会发大水。

▲图2-62　蠃鱼图，选自《中国清代宫廷版画》

2.79　又西二百二十里，曰鸟鼠同穴之山①，其上多白虎、白玉。渭水②出焉，而东流注于河。其中多鳋（sāo）鱼③，其状如鳣（zhān）④鱼，动则其邑（yì）⑤有大兵。滥水⑥出于其西，西流注于汉水⑦。多䱱魮（rúpí）⑧之鱼，其状如覆铫（yáo）⑨，鸟首而鱼翼鱼尾，音如磬（qìng）石⑩之声，是生珠玉。

【注释】
①鸟鼠同穴之山：即鸟鼠同穴山，山名，今名鸟鼠

【译文】
再向西二百二十里是鸟

▲图2-63　鳋鱼图，选自《中国清代宫廷版画》

▲ 图 2-64 鳌鲥鱼图，选自绘于清代的《古今图书集成·禽虫典》

山，在今甘肃渭源县西南。②渭水：见 2.2 注③。③鳋鱼：传说中的一种鱼。一说指达氏鲟，体呈梭形，青黄色，腹面白色，长可达 4—5 米。(见图 2-63)④鳣：鱼名，即鳇，一种大鱼，长可达 5 米，重达 1000 千克。背灰绿色，腹黄白色。⑤邑：城镇；县。⑥滥水：水名，即位于今甘肃临潭县的北陇水。⑦汉水：水名，一说应作"洮(táo)水"。洮水即今洮河，在甘肃省南部。⑧鳌鲥：传说中的一种鱼。(见图 2-64)⑨铫：一种带柄有嘴的小锅。⑩磬石：适宜制磬的美石。

鼠同穴山，山上有很多白虎和白玉。渭水发源于鸟鼠同穴山，向东流入黄河。水中有很多鳋鱼，它的形状像鳣鱼，它在哪个地方活动，哪个地方就会有大的战争。滥水发源于鸟鼠同穴山的西面，向西流入汉水。水中有很多鳌鲥鱼，形状像倒扣着的铫，长着鸟一样的头，鱼一样的鳍和尾巴，叫声像敲击磬石一样，会从体内往外排出珠玉。

2.80 西南三百六十里，曰崦嵫(yānzī)之山①，其上多丹木②，其叶如榖(gǔ)③，其实大如瓜，赤符④而黑理，食之已⑤瘅(dàn)⑥，可以御火。其阳多龟，其阴多玉。苕(tiáo)水⑦出焉，而西流注于海⑧，其中多砥砺(dǐlì)⑨。有兽焉，其状马身而鸟翼，人面蛇尾，是好举人，名曰孰湖⑩。有鸟焉，**其状如鸮(xiāo)而人面**⑪，蜼(wěi)⑫身犬尾，其名自号也，见(xiàn)则其邑(yì)⑬大旱。

▲ 图 2-65 孰湖图，选自《中国清代宫廷版画》

【注释】

① 崦嵫之山：即崦嵫山，山名，在今甘肃天水市西部，传说中认为是日落的地方。② 丹木：见 2.42 注②。 ③ 榖：应作"穀"，见 1.1 注⑧。 ④ 符：通"柎(fū)"，指花萼。 ⑤ 已：治愈。 ⑥ 瘅：见 2.60 注⑥。 ⑦ 苕水：水名，一说应作"若水"，具体所指待考。与 1.17 中的苕水不同。 ⑧ 海：一说指青海湖；一说疑为甘肃、青海、四川边境的沼泽地。 ⑨ 砥砺：磨刀石。 ⑩ 孰湖：传说中的一种兽。（见图 2-65） ⑪ 状如鸮而人面：形状像长着人脸的猫头鹰（鸮：猫头鹰一类的鸟）。（见图 2-66） ⑫ 雊：一种长尾猿。 ⑬ 邑：城镇；县。

【译文】

　　向西南三百六十里是崦嵫山，山上长着很多丹树，叶子像构树叶，所结的果实像瓜一样大，红色的花萼，黑色的纹理，吃了它可以治疗黄疸病，还可以用它来防火。山的阳面有很多龟，阴面有很多玉。苕水发源于崦嵫山，向西流入海中，水中有很多磨刀石。山中有一种兽，长着马的身子，鸟的翅膀，人一样的脸和蛇一样的尾巴，喜欢把人举起来，名字叫孰湖。山中有一种鸟，形状像猫头鹰，长着人一样的脸，长尾猿一样的身子，狗一样的尾巴，它的叫声像在喊自己的名字，它在哪个地方出现，哪个地方就会发生大的旱灾。

▲图 2-66　人面鸮图，选自清代吴任臣的《增补绘像山海经广注》

2.81　凡西次四经自阴山①以下，至于崦嵫（yānzī）之山②，凡十九山，三千六百八十里。其神祠③礼，皆用一白鸡祈，糈（xǔ）④以稻米，白菅（jiān）⑤为席。

【注释】
① 阴山：见 2.62 注①。
② 崦嵫之山：见 2.80 注①。
③ 祠：祭祀。
④ 糈：见 1.10 注⑨。
⑤ 菅：见 1.10 注⑪。

【译文】
　　总计西次四经中的山，从阴山以下，一直到崦嵫山，共十九座山，距离为三千六百八十里。祭祀这些山的山神的仪式是：都用一只白鸡为祭品来祈祷，用稻米作祭祀用的精米，用白茅铺成山神的坐席。

2.82　右①西经之山，凡七十七山，一万七千五百一十七里。

【注释】
① 右：见 1.43 注①。

【译文】
　　以上是西山经中记载的山，一共是七十七座山，距离为一万七千五百一十七里。

北山经包括北山一经、北次二经、北次三经三篇，记述了主要位于中国北部的一系列山，以及发源于这些山的河流，在这些山上生长的植物、动物及其形状、特点，出产的矿物，相关的神话传说，掌管这些山的山神的形状、祭祀这些山神的方法等。北山经共记述了八十八座山，位于今宁夏、新疆、山西、河南、河北、内蒙古及蒙古国境内，其中近四分之一的山的具体位置可以确定。

北山经第三

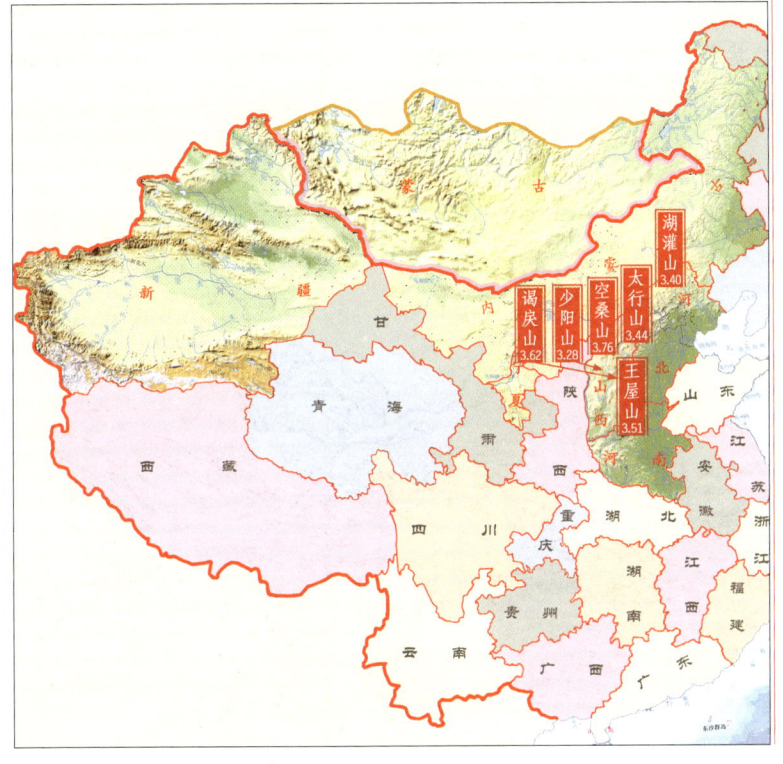

湖灌山 3.40
太行山 3.44
空桑山 3.76
谒戾山 3.62
少阳山 3.28
王屋山 3.51

一、北山一经

【导读】

　　北山一经记述了主要位于中国北部的二十五座山，这些山的具体位置几乎都难以考定，但它们大致在今宁夏、新疆、内蒙古等境内，有的甚至可能在今西伯利亚或蒙古国境内。

　　北山一经中记述了十多种奇禽怪兽及怪鱼，如形状像雌雉而长着人脸的竦（sǒng）斯，形状像豹而人首牛耳的诸犍（jiān），形状像牛而人面马足的窫窳（yàyǔ），形状像鸡而三尾、六足、四首的鯈（tiáo）鱼，一首两身的肥遗蛇，等等。

▲ 明代蒋应镐绘制的《山海经（图绘全像）》第十八图，主要描绘了3.2、3.3、3.4、3.5中的滑鱼、䑏疏、䳑鵌、鯈鱼、何罗鱼、孟槐、鰼鰼鱼七种动物

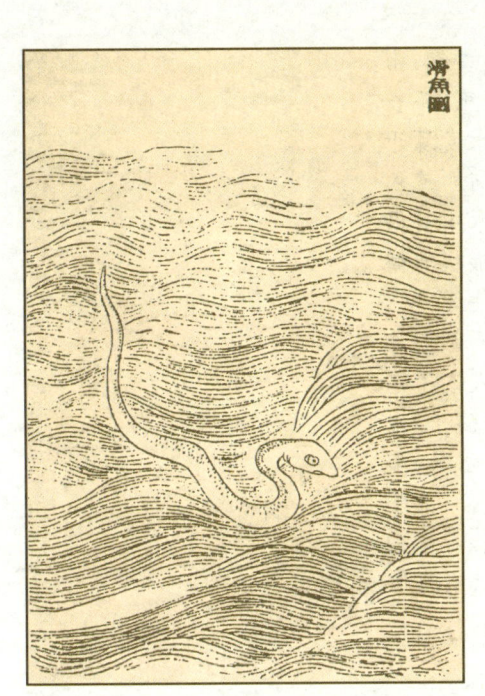

▲ 图3-1 滑鱼图，选自《中国清代宫廷版画》

3.1 北山经之首，曰单狐之山①，多机木②，其上多华草③。滽（féng）水④出焉，而西流注于泑（yōu）水⑤，其中多茈（pí）石⑥、文石。

【注释】

①单狐之山：即单狐山，山名，具体所指待考。一说应为今宁夏、内蒙古界上贺兰山的一部分；一说在今新疆境内。 ②机木：木名，即桤（qī）木，落叶乔木，叶长椭圆形，木质柔软。 ③华草：一说即多花之草；一说指草名，具体所指待考。 ④滽水：水名，具体所指待考。 ⑤泑水：见2.40注③。一说这里指今新疆塔里木河或其支流。 ⑥茈石：疑为"紫石"，指紫色的石头。

【译文】

北山经中的第一座山叫做单狐山，山中长着很多桤木，山上长着很多华草。滽水发源于单狐山，向西流入泑水，水中有很多紫色的石头和带花纹的石头。

▲ 图3-2 水马图，选自绘于明代的《三才图会》

3.2 又北二百五十里，曰求如之山①，其上多铜，其下多玉，无草木。滑水②出焉，而西流注于诸毗（pí）③之水。其中多**滑鱼**④，其状如鳝，赤背，其音如梧⑤，食之已⑥疣（yóu）⑦。其中多**水马**⑧，其状如马，文臂⑨牛尾，其音如呼⑩。

【注释】

①求如之山：即求如山，山名，具体所指待考。一说应为今宁夏、内蒙古界上贺

【译文】

再向北二百五十里是求如山，

兰山的一部分；一说在今新疆境内。②滑水：水名，具体所指待考。一说应作"滑(xù)水"，即滑水河，在今陕西汉中。③诸毗：见1.11注④。④滑鱼：鱼名，一说疑作"鳛(xū)鱼"；一说疑作"鳛(huá)鱼"，参见2.47注④。(见图3-1) ⑤梧：一说指枝枝梧梧，即支支吾吾；一说指琴。⑥已：治愈。⑦疣：一种皮肤病，俗称瘊子。⑧水马：动物名，具体所指待考。一说指河马。(见图3-2) ⑨臂：动物的前肢。⑩呼：指人呼叫。

山上有很多铜，山下有很多玉，不长草木。滑水发源于求如山，向西流入诸毗水。水中有很多滑鱼，形状像鳝鱼，背部呈红色，发出的声音与琴声相似，人吃了它可以治疗瘊子。水中有很多水马，形状与马相似，前肢有花纹，长着牛一样的尾巴，叫声像人在呼喊。

3.3 又北三百里，曰带山①，其上多玉，其下多青碧②。有兽焉，其状如马，一角有错③，其名曰䧫(huān)疏④，可以辟⑤火。有鸟焉，其状如乌，五采而赤文，名曰鹠䳢(qíyú)⑥，是自为牝牡⑦，食之不疽⑧。彭水⑨出焉，而西流注于芘(pí)湖之水⑩，其中多儵(tiáo)鱼⑪，其状如鸡而赤毛，三尾、六足、四首，其音如鹊，食之可以已⑫忧。

【注释】
①带山：山名，具体所指待考。一说应为今宁夏、内蒙古界上贺兰山的一部分；一说在今新疆境内。②青碧：青色的玉石。③错：琢玉用的磨刀

【译文】
再向北三百里是带山，山上有很多玉，山下有很多青色的玉石。山中有一种兽，形状像

▲图3-3 䧫疏图，选自日本绘制的《怪奇鸟兽图卷》

▲ 图3-4 两种不同形状的儵鱼图，左图选自绘于明代的《三才图会》，右图选自《中国清代宫廷版画》

石。　④䑏疏：传说中的一种兽。(见图 3-3)　⑤辟：通"避"，避开。　⑥鹎鵊：传说中的一种鸟，与 2.60 中的鹎鵊不同。　⑦牝牡：雌性和雄性。　⑧疽：中医指局部皮肤肿胀坚硬而皮色不变的毒疮。　⑨彭水：水名，具体所指待考。一说指今新疆境内的奎屯河。　⑩芘湖之水：即芘(一作"茈")湖水，水名，具体所指待考。一说指今新疆境内的艾比湖。　⑪儵鱼：即儵鱼，传说中的一种怪鱼。(见图 3-4)　⑫已：治愈。

马，长着一只角，角上有磨刀石般坚硬的角质层，名字叫䑏疏，可以用它来避火。山中有一种鸟，形状像乌鸦，身上五彩斑斓，有很显眼的红色斑纹，名字叫鹎鵊，一身兼具雌雄两性，人吃了它的肉后不会生疽。彭水发源于带山，向西流入芘湖水，水中有很多儵鱼，它的形状像鸡，长着红色的羽毛，三条尾巴，六只脚，四个脑袋，叫声像喜鹊，吃了它的肉可以使人不再忧愁。

3.4　又北四百里，曰谯(qiáo)明之山①。谯水②出焉，西流注于河。其中多**何罗之鱼**③，一首而十身，其音如吠犬，食之已④痈(yōng)⑤。有兽焉，其状如貆(huán)⑥而赤豪⑦，其音如榴榴⑧，名曰**孟槐**⑨，可以御凶。是山也，无草木，多青雄黄⑩。

【注释】
①谯明之山：即谯明山，山名，一说指今内蒙古的卓资山；一说在今新疆境内。　②谯水：水名，具体所指待考。　③何罗之鱼：即何罗鱼，传说中的一种鱼。(见图3-5)　④已：治愈。　⑤痈：一种毒疮，多生在脖子上或背部，常表现为大片块状化脓性炎症，疼痛异常。　⑥豠：亦作"狟"，指豪猪。　⑦豪：见2.56注④。　⑧榴榴：见2.54注⑥。　⑨孟槐：兽名，一说指貉(hé)的一种。(见图3-6)　⑩青雄黄：见2.34注②。

【译文】
　　再向北四百里是谯明山。谯水发源于谯明山，向西流入黄河。水中有很多何罗鱼，长着一个鱼头，却有十个身子，发出的声音像狗叫，吃了它的肉可以治疗痈疮。山中有一种兽，形状像豪猪，长着红色的毛，发出的声音像猫叫，名字叫孟槐，可以用它来防御凶险。这座山上不长草木，有很多石青和雄黄。

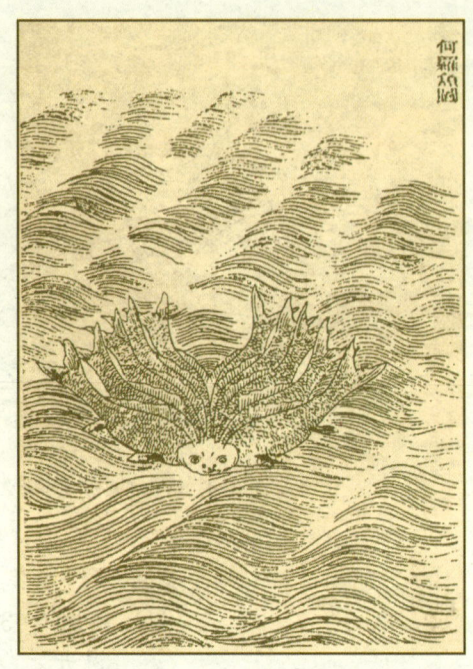

▲图3-5　何罗鱼图，选自《中国清代宫廷版画》

3.5　又北三百五十里，曰涿光之山①。嚻水②出焉，而西流注于河。其中多鳛(xí)鳛之鱼③，其状如鹊而十翼，鳞皆在羽端，其音如鹊，可以御火，食之不瘅(dàn)④。其上多松柏，其下多棕枏(jiāng)⑥。其兽多羚⑦羊，其鸟多蕃⑧。

【注释】
①涿光之山：即涿光

【译文】
　　再向北三百

▲图3-6　孟槐图，选自日本绘制的《怪奇鸟兽图卷》

▲ 图 3-7　鳛鳛鱼图，选自《中国清代宫廷版画》

山，山名，具体所指待考。一说为今内蒙古卓资山的一部分；一说在今新疆境内。
② 嚣水：水名，具体所指待考。与2.14中的嚣水不同。
③ 鳛鳛之鱼：即鳛鳛鱼，传说中的一种鱼。（见图3-7）
④ 瘅：见2.60注⑥。
⑤ 棕：见2.6注②。
⑥ 檀：见2.7注③。
⑦ 羚：见2.18注⑥。
⑧ 蕃：鸟名，具体所指待考。一说指鸮(xiāo)，即鸱鸮，见1.11注⑭。

五十里是涿光山。嚣水发源于涿光山，向西流入黄河。水中有很多鳛鳛鱼，它的形状像喜鹊，却长着十只翅膀，鱼鳞都长在羽毛的尖端，叫声与喜鹊相似，可以用它来防火，吃了它的肉可以不得黄疸病。山上长着很多松柏，山下长着很多棕桐和檀树。山中的兽多为羚羊，鸟多为蕃鸟。

3.6　又北三百八十里，曰虢(guó)山①，其上多漆②，其下多桐③椐(jū)④，其阳多玉，其阴多铁。伊水⑤出焉，西流注于河。其兽多橐(tuó)驼⑥，其鸟多寓⑦，状如鼠而鸟翼，其音如羊，可以御兵。

【注释】
① 虢山：山名，具体所指待考。一说在今内蒙古境内；一说在今新疆境内。
② 漆：见2.69注②。
③ 桐：桐树，包括泡桐、油桐及梧桐。
④ 椐：古书上说的一种树，又叫灵寿木，

【译文】
再向北三百八十里是虢山，山上长着很多漆树，山下长着很多桐树和椐树，山的阳面有很多玉，阴面有很多铁。伊水发源于虢山，向西流入黄河。山中的兽

▲ 图 3-8　寓图，选自清代吴任臣的《增补绘像山海经广注》

枝节肿大，可以做拐杖。
⑤伊水：水名，具体所指待考。与5.18中的伊水不同。
⑥橐驼：即骆驼。　⑦寓：这里似指蝙蝠。(见图3-8)

多为骆驼，鸟多为寓鸟，形状像老鼠，长着鸟一样的翅膀，发出的声音像羊叫，可以用它来防御兵器的伤害。

3.7　又北四百里，至于虢（guó）山①之尾，其上多玉而无石。鱼水②出焉，西流注于河，其中多文贝。

【注释】
①虢山：见3.6注①。
②鱼水：水名，具体所指待考。

【译文】
　　再向北四百里就到了虢山的尾部，山上有很多玉，没有石头。鱼水从这里发源，向西流入黄河，水中有很多带花纹的贝。

3.8　又北二百里，曰丹熏之山①，其上多樗（chū）②柏，其草多韭韰（xiè）③，多丹雘（huò）④。熏水⑤出焉，而西流注于棠水⑥。有兽焉，其状如鼠，而菟（tù）⑦首麋（mí）身⑧，其音如獆（háo）⑨犬，以其尾飞，名曰**耳鼠**⑩，食之不睬（cǎi）⑪，又可以御百毒。

【注释】
①丹熏之山：即丹薰山，山名，具体所指待考。一说在今内蒙古境内；一说在今新疆境内。
②樗：臭椿树。
③韰：同"薤(xiè)"，多年生草本植物，

【译文】
　　再向北二百里是丹熏山，山上长着很多臭椿和柏树，山中的草多为韭菜和薤菜，有很多可作红

▲图3-9　耳鼠图，选自日本绘制的《怪奇鸟兽图卷》

地下有圆椎形鳞茎,叶丛生,开紫色花。 ④丹膊:见1.37注②。 ⑤熏水:水名,具体所指待考。 ⑥棠水:水名,具体所指待考。 ⑦菟:通"兔",指兔子。 ⑧麋身:一作"麋耳"(麋:指麋鹿,见2.36注②)。 ⑨獆:同"嗥",指野兽吼叫。 ⑩耳鼠:即鼯(wú)鼠,哺乳动物,外形像松鼠,前后肢之间有宽大的薄膜,可利用它从高处向低处滑翔。(见图3-9) ⑪脒:大腹,指肚子胀大的病。

色颜料的矿物。熏水发源于丹熏山,向西流入棠水。山中有一种兽,形状像老鼠,长着兔子一样的头,麋鹿一样的耳朵,发出的声音像狗叫,利用尾巴进行飞翔,名字叫耳鼠,人吃了它的肉后不会得肚子胀大的病,还可以防止百毒的侵袭。

3.9 又北二百八十里,曰石者之山①,其上无草木,多瑶碧②。泚(zǐ)水③出焉,西流注于河。有兽焉,其状如豹而文题④白身,名曰**孟极**⑤,是善伏,其鸣自呼。

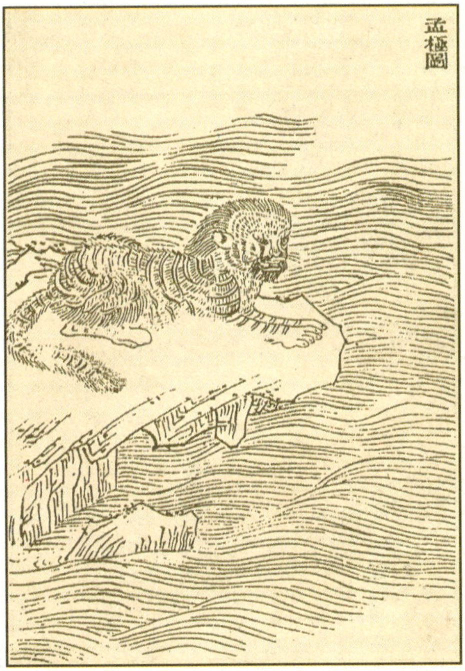

▲ 图 3-10　孟极图,选自《中国清代宫廷版画》

【注释】

①石者之山:即石者山,山名,具体所指待考。
②瑶碧:美玉和青绿色的玉石。
③泚水:水名,具体所指待考。似与2.40中的泚水不同。
④题:额头。
⑤孟极:兽名,具体所指待考。一说属豹的一种。(见图3-10)

【译文】

再向北二百八十里是石者山,山上不长草木,有很多美玉和青绿色的玉石。泚水发源于石者山,向西流入黄河。山中有一种兽,形状像豹,额上有花纹,全身白色,名字叫孟极,它善于潜伏,发出的叫声像在喊自己的名字。

3.10 又北百一十里,曰边春之山①,多葱、葵、韭、桃、李。杠水②出焉,而西流注于泑(yōu)泽③。有兽焉,其状如禺④而文身,善笑,见人则卧,名曰幽鴳(è)⑤,其鸣自呼。

【注释】
①边春之山:即边春山(一作"春山"),山名,具体所指待考。一说属葱岭的一部分。葱岭是古山脉名,北起南天山、西天山,往南绵亘,包括帕米尔高原、西昆仑山、喀喇昆仑山和兴都库什山。
②杠水:水名,具体所指待考。
③泑泽:见2.41注④。
④禺:见1.1注⑪。
⑤幽鴳:传说中的一种兽。一说是一种猴。(见图3-11)

【译文】
再向北一百一十里是边春山,山中长着很多葱、葵、韭菜、桃树和李树。杠水发源于边春山,向西流入泑泽。山中有一种兽,形状像猕猴,身上有花纹,常常发出笑声,见到人就卧在地上,名字叫幽鴳,它的叫声像是在喊自己的名字。

▲图3-11 幽鴳图,选自绘于明代的《三才图会》

3.11 又北二百里,曰蔓联之山①,其上无草木。有兽焉,其状如禺②而有鬣(liè)③、牛尾、文臂④、马蹄,见人则呼,名曰足訾(zī)⑤,其鸣自呼。有鸟焉,群居而朋飞,其毛⑥如雌雉,名曰䴔(jiāo)⑦,其鸣自呼,食之已⑧风⑨。

【注释】
①蔓联之山:即蔓联

【译文】
再向北二百

▲图3-12 足訾图,选自《中国清代宫廷版画》

山，山名，具体所指待考。一说在今蒙古境内。
②禺：见1.1注⑪。
③鬣：兽类颈上的长毛。
④臂：动物的前肢。
⑤足訾：传说中的一种兽。(见图3-12)
⑥毛：一作"尾"。
⑦䳇：鸟名。参见1.30注③。
⑧已：治愈。
⑨风：病名，指中风、痛风等。

里是蔓联山，山上不长草木。山中有一种兽，形状像猕猴，颈上有长毛，长着牛一样的尾巴，有花纹的前肢，马一样的蹄子，见到人就呼叫，名字叫足訾，它的叫声像在喊自己的名字。山中有一种鸟，成群结队地栖息和飞翔，身上的毛与雌野鸡相似，名字叫䳇，它的鸣叫声像在呼自己的名字，吃了它的肉可以治疗中风、痛风等疾病。

3.12 又北百八十里，曰单张之山①，其上无草木。有兽焉，其状如豹而长尾，人首而牛耳，一目，名曰**诸犍**（jiān）②，善咤（zhà）③，行则衔其尾，居则蟠（pán）④其尾。有鸟焉，其状如雉，而文首、白翼、黄足，名曰白䳑（yè）⑤，食之已⑥嗌（ài）⑦痛，可以已瘸（chì）⑧。栎（lì）水⑨出焉，而南流注于杠水⑩。

▲图3-13 诸犍图，选自绘于明代的《三才图会》

【注释】
①单张之山：即单张山，山名，具体所指待考。一说在今新疆境内；一说在今蒙古境内。
②诸犍：传说中的一种兽。(见图3-13)
③咤：发怒时大声叫喊。
④蟠：屈曲；环绕。

【译文】
再向北一百八十里是单张山，山上不长草木。山中有一种兽，形状像豹，尾巴很长，长着人一样的脑袋，牛一样的耳朵，只有一只眼睛，名字叫诸犍，常常大声吼叫，行

⑤白鹟：传说中的一种鸟。一说指雪雉，也叫雪鸡，全身土棕色带红，翅上有大块白斑。
⑥已：治愈。
⑦嗌：咽喉阻塞。
⑧癎：癫狂病。
⑨栎水：水名，具体所指待考。
⑩杠水：见3.10注②。

走时用嘴衔着尾巴，休息时就把尾巴盘曲起来。山中有一种鸟，形状像野鸡，头上有花纹，长着白色的翅膀，黄色的脚，名字叫白鹟，吃了它的肉可以治疗咽喉痛，还可以治疗癫狂病。栎水发源于单张山，向南流入杠水。

3.13 又北三百二十里，曰灌题之山①，其上多樗（chū）②柘（zhè）③，其下多流沙，多砥（dǐ）④。有兽焉，其状如牛而白尾，其音如訆（jiào）⑤，名曰那父⑥。有鸟焉，其状如雌雉而人面，见人则跃，名曰竦（sǒng）斯⑦，其鸣自呼也。匠韩之水⑧出焉，而西流注于泑（yōu）泽⑨，其中多磁石。

【注释】

①灌题之山：即灌题山，山名，具体所指待考。一说在今新疆境内；一说在今甘肃境内。
②樗：臭椿树。
③柘：柘树，落叶灌木或小乔木，叶子卵形或椭圆形，柘木可提取黄色染料。（见图3-14）
④砥：细的磨刀石。
⑤訆：同"叫"，大声呼唤。
⑥那父：兽名，一说是野生黄牛的变异种。
⑦竦斯：传说中的一种鸟。（见图3-15）
⑧匠韩之

【译文】

再向北三百二十里是灌题山，山上长着很多臭椿树和柘树，山下有很多流沙，还有很多细磨刀石。山中有一种兽，形状像牛，尾巴白色，发出的声音像人在大喊，名字叫那父。山中有一种鸟，形状像雌野鸡，长着人一样的脸，见到人就跳跃，名字

▲图3-14 柘木图，选自绘于明代的《补遗雷公炮制便览》

▲图3-15 竦斯图，选自清代吴任臣的《增补绘像山海经广注》

水：即匠韩水，水名，具体所指待考。 ⑨泑泽：见2.41注④。一说这里应指今新疆的罗布泊。

叫𪄀斯，它的鸣叫声像在喊自己的名字。匠韩水发源于灌题山，向西流入泑泽，水中有很多磁石。

3.14 又北二百里，曰潘侯之山①，其上多松柏，其下多榛（zhēn）②楛（hù）③，其阳多玉，其阴多铁。有兽焉，其状如牛，而四节④生毛，名曰旄（máo）牛⑤。边水⑥出焉，而南流注于栎（lì）泽⑦。

【注释】
①潘侯之山：即潘侯山，山名，具体所指待考。一说在今新疆境内。 ②榛：见2.67注③。 ③楛：见2.67注④。 ④四节：四肢的关节。 ⑤旄牛：即牦牛，见2.18注⑤。 ⑥边水：水名，具体所指待考。 ⑦栎泽：水名，具体所指待考。

【译文】
再向北二百里是潘侯山，山上长着很多松树和柏树，山下长着很多榛树和楛树，山的阳面有很多玉，阴面有很多铁。山中有一种兽，形状像牛，四条腿的关节处都长着毛，名字叫牦牛。边水发源于潘侯山，向南流入栎泽。

3.15 又北二百三十里，曰小咸之山①，无草木，冬夏有雪。

【注释】
①小咸之山：即小咸山，山名，具体所指待考。一说可能是今新疆北部的友谊峰；一说应在今新疆哈密附近。

【译文】
再向北二百三十里是小咸山，山中不长草木，冬天和夏天都会下雪。

3.16 北二百八十里，曰大咸之山①，无草木，其下多玉。是山也，四方，不可以上。有蛇名曰长蛇②，其毛如彘（zhì）豪③，其音如鼓④柝（tuò）⑤。

【注释】
①大咸之山：即大咸山，山名，具体所指待考。一说应在今新疆哈密附近。
②长蛇：传说中的一种蛇。（见图3-16）
③彘豪：猪毛（彘：猪。豪：毛）。
④鼓：敲击。
⑤柝：打更用的梆子。

【译文】
向北二百八十里是大咸山，山中不长草木，山下有很多玉。这座山呈四方形，人无法攀登上去。山中有一种名叫长蛇的蛇，身上长着猪一样的毛，发出的声音像敲击打更用的梆子。

▲图3-16 长蛇图，选自《中国清代宫廷版画》

3.17 又北三百二十里，曰敦薨（hōng）之山①，其上多棕②楠③，其下多茈（zǐ）草④。敦薨之水⑤出焉，而西流注于泑（yōu）泽⑥。出于昆仑⑦之东北隅，实惟河原⑧。其中多赤鲑（guī）⑨。其兽多兕（sì）⑩、旄（máo）牛⑪，其鸟多鸤（shī）鸠⑫。

【注释】
①敦薨之山：即敦薨山，山名，在今新疆境内，具体所指待考。②棕：见2.6注②。③楠：见1.24注③。④茈草：见2.63注②。⑤敦薨之水：即敦薨水，水名，具体所指待考。⑥泑泽：见3.13注⑨。⑦昆仑：见2.43注⑤。⑧河原：即河源，指河

【译文】
再向北三百二十里是敦薨山，山上长着很多棕榈和楠木，山下长着很多紫草。敦薨水发源于敦薨山，向西流入泑泽。敦薨水从昆仑山的东北角流出，它其实是河水的源头。水

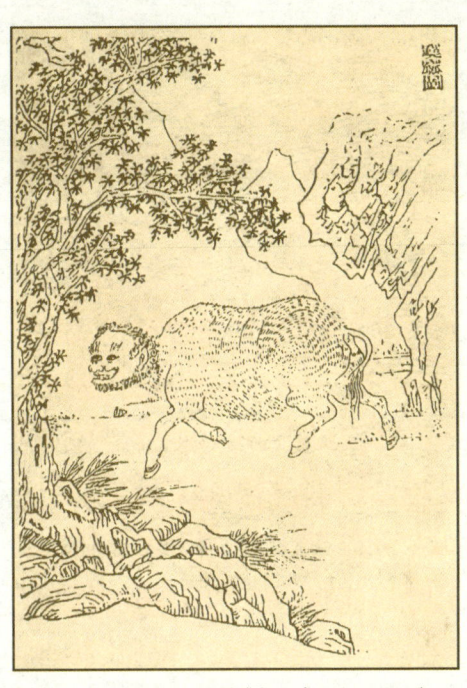

▲ 图 3-17 窫窳图，选自《中国清代宫廷版画》

▲ 图 3-18 䰽䰽鱼即江豚，此为江豚图，选自绘于明代的《三才图会》

水的源头。"河"一说指黄河，一说此处不指黄河，而是指开都河。 ⑨鲑：鱼名，身体大，略呈纺锤形，鳞细而圆。一说即河豚(tún)。 ⑩兕：见1.30注②。 ⑪旄牛：即牦牛，见2.18注⑤。 ⑫鸰鸠：见2.12注⑥。 中有很多红色的鲑鱼。山中的兽多为犀牛和牦牛，山中的鸟多为鸰鸠。

3.18 又北二百里，曰少咸之山①，无草木，多青碧②。有兽焉，其状如牛而赤身、人面、马足，名曰窫窳(yàyǔ)③，其音如婴儿，是食人。敦水④出焉，东流注于雁门之水⑤，其中多䰽(pèi)䰽⑥之鱼，食之杀人。

【注释】

①少咸之山：即少咸山，山名，具体所指待考。一说即今山西大同、阳高二县界上的采凉山；一说在今内蒙古境内。 ②青碧：青色的玉石。 ③窫窳：即猰貐(yàyǔ)，传说中的一种兽。（见图3-17） ④敦水：水名，具体所指待考。 ⑤雁门之水：即雁门水，水名，指流经雁门山的水，即今南洋河。雁门山位于今山西代县西北。 ⑥䰽䰽：即鲚(fū)䰽，江豚的别称。哺乳动物，生

【译文】

　　再向北二百里是少咸山，山中不长草木，有很多青色的玉石。山中有一种兽，形状像牛，红色的身子，长着人一样的脸，马一样的脚，名字叫猰貐，叫声像婴儿啼哭，会吃人。敦水发源于少咸山，向东流入

活在江河中,外形像鱼,头圆,眼小,全身黑色。(见图3-18)雁门水,水中有很多江豚,人吃了它的肉会被毒死。

3.19 又北二百里,曰狱法之山①。瀤(huái)泽之水②出焉,而东北流注于泰泽③。其中多䱱(zǎo)鱼④,其状如鲤而鸡足,食之已⑤疣(yóu)⑥。有兽焉,其状如犬而人面,善投,见人则笑,其名山㹗(huī)⑦,其行如风,见(xiàn)则天下大风。

▲图3-19 䱱鱼图,选自清代吴任臣的《增补绘像山海经广注》(此图稍有改动)

【注释】
①狱法之山:即狱法山,山名,具体所指待考。一说在今内蒙古境内。 ②瀤泽之水:即瀤泽水,水名,一说指注入今内蒙古岱海的一条河流。 ③泰泽:水名,一说指今内蒙古凉城县东的岱海。 ④䱱鱼:传说中的一种鱼。(见图3-19) ⑤已:治愈。 ⑥疣:见3.2注⑦。 ⑦山㹗:兽名,一说指长臂猿。(见图3-20)

【译文】
再向北二百里是狱法山。瀤泽水发源于狱法山,向东北流入泰泽。水中有很多䱱鱼,它的形状像鲤鱼,长着鸡一样的脚,吃了它的肉可以治疗疣子。山中有一种兽,形状像狗,长着人一样的脸,擅长投掷,见到人就笑,它的名字叫山㹗,行动像风一样迅捷,只要它一出现,天下就会刮大风。

▲图3-20 山㹗图,选自绘于明代的《三才图会》

3.20 又北二百里,曰北岳之山①,多枳（zhǐ）②、棘③、刚木④。有兽焉，其状如牛而四角、人目、彘（zhì）⑤耳，其名曰**诸怀**⑥，其音如鸣雁，是食人。诸怀之水⑦出焉，而西流注于嚣水⑧，其中多鮨（yì）鱼⑨，鱼身而犬首，其音如婴儿，食之已⑩狂。

▲ 图3-21 诸怀图，选自《中国清代宫廷版画》

▲ 图3-22 鮨鱼图，选自清代吴任臣的《增补绘像山海经广注》

【注释】

① 北岳之山：即北岳山，山名，具体所指待考。一说指今内蒙古四子王旗西南的大青山。
② 枳：见2.9注③。
③ 棘：即酸枣树，落叶灌木，开黄绿色小花，茎上多刺，果实味酸。
④ 刚木：木质坚硬的树木，如檀、柘之类。
⑤ 彘：猪。 ⑥ 诸怀：传说中的一种兽。（见图3-21） ⑦ 诸怀之水：即诸怀水，水名，具体所指待考。一说指今内蒙古的大清河。
⑧ 嚣水：水名，具体所指待考。一说指今内蒙古的锡拉木伦河。
⑨ 鮨鱼：传说中的一种鱼，外形与鲵鱼（俗称娃娃鱼）类似。（见图3-22） ⑩ 已：治愈。

【译文】

再向北二百里是北岳山，山中长着很多枳木、棘木和木质坚硬的树木。山中有一种兽，形状像牛，长着四只角，人一样的眼睛，猪一样的耳朵，它的名字叫诸怀，发出的声音像大雁鸣叫，会吃人。诸怀水发源于北岳山，向西流入嚣水，水中有很多鮨鱼，长着鱼的身子，狗一样的脑袋，发出的声音像婴儿啼哭，吃了它的肉可以治疗癫狂病。

3.21 又北百八十里，曰浑夕之山①，无草木,多铜玉。嚻水②出焉,而西北流注于海③。有蛇一首两身,名曰**肥遗**④,见(xiàn)则其国大旱。

【注释】

① 浑夕之山:即浑夕山,山名,具体所指待考。一说在今内蒙古境内。
② 嚻水:见 3.20 注⑧。
③ 海:水名,具体所指待考。
④ 肥遗:传说中的一种蛇。(见图 3-23)

【译文】

再向北一百八十里是浑夕山,山中不长草木,有很多铜和玉。嚻水发源于浑夕山,向西北流入海中。山中有一种蛇,长着一个头,两个身子,名字叫肥遗,它在哪个国家出现,哪个国家就会发生大旱。

▲图 3-23　肥遗图,选自《中国清代宫廷版画》

3.22　又北五十里,曰北单之山①,无草木,多葱韭。

【注释】

① 北单之山:即北单山,山名,具体所指待考。一说在今内蒙古境内。

【译文】

再向北五十里是北单山,山中不长草木,长着很多葱和韭菜。

3.23　又北百里,曰罴(pí)差之山①,无草木,多马。

【注释】

① 罴差之山:即罴差山,山名,在今内蒙古境内,具体所指待考。

【译文】

再向北一百里是罴差山,山中不长草木,有很多马。

3.24 又北百八十里,曰北鲜之山①,是多马。鲜水②出焉,而西北流注于涂吾之水③。

【注释】
①北鲜之山:即北鲜山,山名,具体所指待考。一说在今蒙古境内。
②鲜水:水名,具体所指待考。
③涂吾之水:即涂吾水,水名,具体所指待考。一说可能指今之叶尼塞河。

【译文】
再向北一百八十里是北鲜山,山中有很多马。鲜水发源于北鲜山,向西北流入涂吾水。

3.25 又北百七十里,曰堤山①,多马。有兽焉,其状如豹而文首,名曰㹨(yǎo)②。堤水③出焉,而东流注于泰泽④,其中多龙龟⑤。

【注释】
①堤山:山名,具体所指待考。一说指今西伯利亚的屯金山。
②㹨:兽名,具体所指待考。(见图3-24)
③堤水:水名,具体所指待考。　④泰泽:水名,一说可能指贝加尔湖。　⑤龙龟:一说指龙和龟;一说指一种大龟。

【译文】
再向北一百七十里是堤山,山中有很多马。山中有一种兽,形状像豹,头部有花纹,名字叫㹨。堤水发源于堤山,向东流入泰泽,水中有很多龙龟。

▲图3-24　㹨图,选自《中国清代宫廷版画》

3.26 凡北山经之首,自单狐之山①至于堤山②,凡二十五山,五千四百九十里。其神③皆人面蛇身,其祠④之:毛⑤

用一雄鸡、彘(zhì)⑥瘗(yì)⑦,吉玉⑧用一珪(guī)⑨,瘗而不糈(xǔ)⑩。其山北人皆生食不火之物。

【注释】
①单狐之山:见3.1注①。
②隄山:见3.25注①。
③神:指山神。(见图3-25)
④祠:祭祀。
⑤毛:见1.10注⑥。
⑥彘:猪。
⑦瘗:埋葬。
⑧吉玉:彩色的玉。
⑨珪:见2.20注⑯。
⑩糈:见1.10注⑨。

【译文】
总计北山经首经中的山,从首座单狐山到隄山,共二十五座山,距离为五千四百九十里。这些山的山神都是人面蛇身,祭祀他们的方法是:带毛的动物用一只雄鸡和一头猪,把它们埋入地下;用一块圭为吉玉,把它埋入地下,祭祀时不用精米。那些住在山的北面的人,都是生吃未经用火烧煮过的食物。

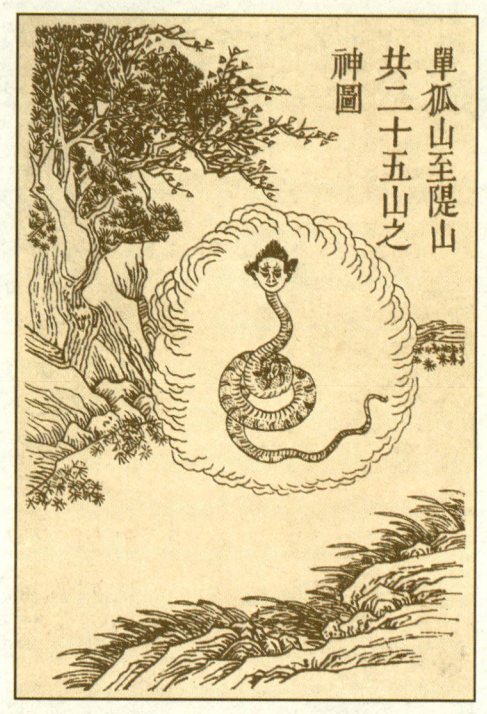

▲图3-25 北山一经山神图,选自《中国清代宫廷版画》

二、北次二经

【导读】

　　北次二经记述了主要在中国北部的十六座山(3.43 中称十七座山),位于北山一经所记的山列的东面,其中近一半山的位置基本可以考定,其余山的位置难以确考,但它们大致在今山西、河北或内蒙古、蒙古国境内。

　　北次二经中记述的奇禽怪兽有:四翼、一目、大尾的䴅鸟,形状像乌而人面的鳘䳇(pánmào),羊身人面、目在腋下、虎齿人爪的狍鸮(páoxiāo),牛尾白身、长着一只角的𩣡(bó)马。经中还记述了一种名叫三桑树的怪树,树干上没有旁枝,高达百仞(rèn)。

鳘䳇(3.37)　　䴅(3.38)

独狢(3.37)

居暨(3.38)

狍鸮(3.36)

𩣡马(3.35)

▲ 明代蒋应镐绘制的《山海经(图绘全像)》第二十二图(此图稍有改动),主要描绘了 3.35、3.36、3.37、3.38 中的𩣡马、狍鸮、独狢、鳘䳇、居暨、䴅六种动物

3.27 北次二经之首,在河之东,其首枕汾①,其名曰管涔(cén)之山②。其上无木而多草,其下多玉。汾水出焉,而西流注于河。

【注释】
①汾:指汾河,水名,在今山西中部,是黄河第二大支流。源出宁武县管涔山,在河津市西入黄河。 ②管涔之山:即管涔山,山名,在今山西宁武县境内。

【译文】
北次二经中的首座山位于黄河的东面,起始于汾河边上,名字叫管涔山。山上不长树木,长着很多草,山下有很多玉。汾水发源于管涔山,向西流入黄河。

3.28 又西①二百五十里,曰少阳之山②,其上多玉,其下多赤银。酸水③出焉,而东流注于汾水④,其中多美赭(zhě)⑤。

【注释】
①西:一作"北"。一说应作"南"。 ②少阳之山:即少阳山,山名,一说即今山西古交市、静乐县界上的关帝山,又名南阳山。 ③酸水:水名,即今山西的文峪河。 ④汾水:见3.27注①。 ⑤赭:红土。

【译文】
再向西二百五十里是少阳山,山上有很多玉,山下有很多红色的银。酸水发源于少阳山,向东流入汾河,水中有很多优质红土。

3.29 又北五十里,曰县雍之山①,其上多玉,其下多铜,其兽多闾(lú)②、麋(mí)③,其鸟多白翟(dí)④、白䳭

▲图3-26 闾图,选自绘于明代的《三才图会》

鯈魚

形狹而長若條然
故曰鯈也今江淮
之間謂之鯵魚性
浮似鱎而曰蓋鱎
從鯵鱎謂之鯵其
義一也

▲ 图 3-27　鯈鱼又叫白鲦，此为鲦鱼图，选自绘于明代的《三才图会》

（yǒu）⑤。晋水⑥出焉，而东南流注于汾水⑦。其中多䱌（jì）鱼⑧，其状如鯈（tiáo）⑨而赤鳞⑩，其音如叱⑪，食之不骄⑫。

【注释】

① 县雍之山：即县雍山，山名，即今山西太原市西南晋祠西山，一名龙山。　② 闾：兽名，一说即羭（yú），指黑色的母羊。（见图 3-26）
③ 麋：即麋鹿，见 2.36 注②。　④ 翟：长尾的野鸡。　⑤ 白䳓：鸟名，即白翰，见 2.14 注⑩。　⑥ 晋水：水名，在今山西境内。　⑦ 汾水：见 3.27 注①。　⑧ 䱌鱼：见 1.17 注⑥。　⑨ 鯈：通"鲦（tiáo）"，鱼名，又称白鲦（tiáo）或鲹（cān）鲦，体延长，侧扁，长达 16 厘米，银白色。（见图 3-27）　⑩ 鳞：同"鳞"，指鱼鳞。　⑪ 叱：大声呵斥。　⑫ 骄：一作"骚"，指狐臭。

【译文】

再向北五十里是县雍山，山上有很多玉，山下有很多铜，山中的兽多为闾和麋鹿，鸟多为白色的长尾野鸡和白䳓。晋水发源于县雍山，向东南流入汾河。水中有很多䱌鱼，形状像鯈鱼，长着红色的鱼鳞，发出的声音像在大声呵斥，吃了它的肉可以消除狐臭。

3.30　又北二百里，曰狐岐之山①，无草木，多青碧②。胜水③出焉，而东北流注于汾水④，其中多苍玉⑤。

【注释】

① 狐岐之山：即狐岐山，山名，在今山西孝义市西南。　② 青碧：青色的玉石。

【译文】

再向北二百里是狐岐山，山中不长草木，有很多青色的玉石。胜水

③胜水：水名，在今山西境内。
④汾水：见3.27注①。
⑤苍玉：灰白色的玉。

发源于狐岐山，向东北流入汾河，水中有很多灰白色的玉。

3.31　又北三百五十里，曰白沙山①，广员②三百里，尽沙也，无草木鸟兽。鲔（wěi）水③出于其上，潜于其下，是多白玉。

【注释】
①白沙山：山名，具体所指待考。一说在今山西境内；一说在今河北境内；一说在今内蒙古境内。
②员：同"圆"。
③鲔水：水名，具体所指待考。

【译文】
　　再向北三百五十里是白沙山，这座山方圆达三百里，到处都是沙子，没有草木和鸟兽。鲔水发源于白沙山的山上，在山下潜流，水中有很多白玉。

3.32　又北四百里，曰尔是之山①，无草木，无水。

【注释】
①尔是之山：即尔是山，山名，一说指今山西阳高县的老爷岭。

【译文】
　　再向北四百里是尔是山，山中不长草木，也没有水。

3.33　又北三百八十里，曰狂山①，无草木。是山也，冬夏有雪。狂水②出焉，而西流注于浮水③，其中多美玉。

【注释】
①狂山：山名，具体所指待考。一说在今内蒙古境内；一说在今蒙古境内。　②狂水：水名，具体所指待考。

【译文】
　　再向北三百八十里是狂山，山中不长草木。山中无论冬天还是夏天都会下雪。狂水发源于狂山，向西

③浮水：水名，具体所指待考。

流入浮水，水中有很多美玉。

3.34 又北三百八十里，曰诸余之山①，其上多铜玉，其下多松柏。诸余之水②出焉，而东流注于㴉（máo）水③。

【注释】

①诸余之山：即诸余山，山名，具体所指待考。一说在今内蒙古境内。②诸余之水：即诸余水，水名，具体所指待考。③㴉水：水名，具体所指待考。

【译文】

再向北三百八十里是诸余山，山上有很多铜和玉，山下长着很多松树和柏树。诸余水发源于诸余山，向东流入㴉水。

3.35 又北三百五十里，曰敦头之山①，其上多金玉，无草木。㴉（máo）水②出焉，而东流注于邛泽③。其中多䮝（bó）马④，牛尾而白身，一角，其音如呼。

【注释】

①敦头之山：即敦头山，山名，具体所指待考。一说在今内蒙古境内；一说在今山西境内。②㴉水：见3.34注③。③邛泽：水名，一作"邛（qióng）泽"，具体所指待考。④䮝马：水兽名，具体所指待考。（见图3-28）

【译文】

再向北三百五十里是敦头山，山上有很多金和玉，不长草木。㴉水发源于敦头山，向东流入邛泽。水中有很多䮝马，长着牛一样的尾巴，全身白色，一只角，发出的声音像人在呼叫。

▲图3-28 䮝马图，选自清代吴任臣的《增补绘像山海经广注》

3.36 又北三百五十里,曰钩吾之山①,其上多玉,其下多铜。有兽焉,其状如②羊身人面,其目在腋下,虎齿人爪③,其音如婴儿,名曰**狍鸮**(páoxiāo)④,是食人。

【注释】
①钩吾之山:即钩吾山,山名,具体所指待考。一说在今山西境内。
②如:疑为衍文。
③爪:人的指甲或趾甲。
④狍鸮:传说中的一种兽。(见图3-29)

【译文】
再向北三百五十里是钩吾山,山上有很多玉,山下有很多铜。山中有一种兽,形状是羊身人面,眼睛长在腋下,长着虎一样的牙齿,人一样的趾甲,叫声像婴儿啼哭,名字叫狍鸮,会吃人。

▲图3-29 狍鸮图,选自《中国清代宫廷版画》

3.37 又北三百里,曰北嚻之山①,无石,其阳多碧②,其阴多玉。有兽焉,其状如虎,而白身犬首,马尾彘(zhì)③鬣(liè)④,名曰**独㺉**(yù)⑤。有鸟焉,其状如乌,人面,名曰**𪁺鹋**(pánmào)⑥,宵飞而昼伏,食之已⑦喝(yē)⑧。涔(cén)水⑨出焉,而东流注于邛(qióng)泽⑩。

【注释】
①北嚻之山:即北嚻山,山名,具体所指待考。一说在今山西境内。
②碧:青绿色的玉石。
③彘:猪。
④鬣:兽类颈

【译文】
再向北三百里是北嚻山,山中没有石头,山的阳面有很多青绿色的玉石,阴面有很多玉。山中有一种

▲图3-30 独㺉图,选自《中国清代宫廷版画》

▲ 图 3-31 鴶鵅图，选自清代吴任臣的《增补绘像山海经广注》

上的长毛。 ⑤独狢：传说中的一种兽。一说是东北虎的亚种。（见图 3-30） ⑥鴶鵅：传说中的一种鸟。一说属鸺鹠（xiūliú）类。鸺鹠的外形与猫头鹰相似，羽毛棕褐色，尾巴黑褐色，有横斑。（见图 3-31） ⑦已：治愈。 ⑧暍：中暑。 ⑨涔水：水名，一说应作"浍水"，具体所指待考。 ⑩邛泽：水名，一说即"印泽"或"卬泽"，具体所指待考。

兽，形状像虎，全身白色，长着狗一样的头，马一样的尾巴，猪一样的鬃毛，名字叫独狢。山中有一种鸟，形状像乌鸦，长着人一样的脸，名字叫鴶鵅，它晚上飞行，白天隐伏，吃了它的肉可以治疗中暑。涔水发源于北嚻山，向东流入邛泽。

3.38 又北三百五十里，曰梁渠之山①，无草木，多金玉。修水②出焉，而东流注于雁门③。其兽多居暨④，其状如猬而赤毛，其音如豚（tún）⑤。有鸟焉，其状如夸父⑥，四翼、一目、犬尾，名曰嚣⑦，其音如鹊，食之已⑧腹痛，可以止衕（dòng）⑨。

【注释】

①梁渠之山：即梁渠山，山名，在今内蒙古兴和县。 ②修水：水名，即今内蒙古的东洋河。 ③雁门：水名，即今南洋河，源出山西

【译文】

再向北三百五十里是梁渠山，山中不长草木，有很多金和玉。修水发源于梁渠山，向东流入雁门。山中的兽多为居暨，形

▲ 图 3-32 居暨图，选自《中国清代宫廷版画》

雁门山。④居暨：兽名，一说即短棘猬，又名长耳刺猬，属刺猬的一种。(见图3-32)
⑤豚：小猪；也泛指猪。
⑥夸父：一说即"举父"，见2.39注⑬。
⑦嚻：传说中的一种鸟。与2.10中的嚻不同。(见图3-33)
⑧已：治愈。 ⑨㾕：腹泻。

状像刺猬，长着红色的毛，发出的声音像猪叫。山中有一种鸟，形状像夸父，长着四只翅膀，一只眼睛，狗一样的尾巴，名字叫做嚻，叫声像喜鹊，吃了它的肉可以治疗腹痛，还可以止腹泻。

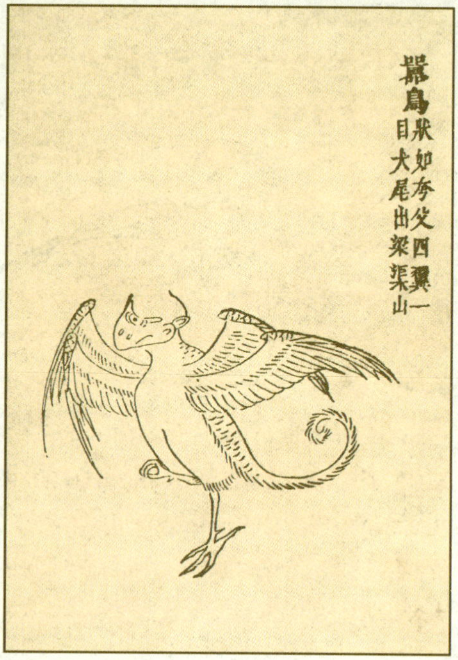

▲图3-33 嚻鸟图，选自清代吴任臣的《增补绘像山海经广注》

3.39　又北四百里，曰姑灌之山①，无草木。是山也，冬夏有雪。

【注释】
①姑灌之山：即姑灌山，山名，具体所指待考。一说在今河北境内。

【译文】
再向北四百里是姑灌山，山中不长草木。这座山上无论冬夏都会下雪。

3.40　又北三百八十里，曰湖灌之山①，其阳多玉，其阴多碧②，多马。湖灌之水③出焉，而东流注于海④，其中多鳝(shàn)⑤。有木焉，其叶如柳而赤理。

【注释】
①湖灌之山：即湖灌山，山名，即今河北沽源县境内的大马群山。
②碧：青绿色的玉石。

【译文】
再向北三百八十里是湖灌山，山的阳面有很多玉，阴面有很多青绿色的玉石，还有很多马。湖灌水发源

③湖灌之水：即湖灌水，水名，又名沽河、沽水，上游即今白河，下游称北运河。　④海：这里指渤海。　⑤鲩：同"鳝"，指鳝鱼。

于湖灌山，向东流入渤海，水中有很多鳝鱼。山中有一种树，叶子像柳叶，有红色的纹理。

3.41　又北水行五百里，流沙三百里，至于洹（huán）山①，其上多金玉。三桑②生之，其树皆无枝，其高百仞（rèn）③。百果树生之。其下多怪蛇。

【注释】
①洹山：山名，具体所指待考。一说在今蒙古境内。　②三桑：传说中的一种树，一说指三棵桑树。　③仞：古时以八尺或七尺为一仞。

【译文】
再向北走五百里水路，经过三百里流沙，就到了洹山，山上有很多金和玉。山中长着三棵桑树，树干上都没有分杈，高达百仞。山中还生长着各种果树。山下有很多怪蛇。

3.42　又北三百里，曰敦题之山①，无草木，多金玉。是錞（chún）②于北海③。

【注释】
①敦题之山：即敦题山，山名，具体所指待考。一说在今俄罗斯境内。　②錞：这里相当于"蹲"，指蹲踞。　③北海：水名，一说这里指贝加尔湖。

【译文】
再向北三百里是敦题山，山中不长草木，有很多金和玉。敦题山蹲踞于北海岸边。

3.43　凡北次二经之首，自管涔（cén）之山①至于敦题之山②，凡十七山，五千六百九十里。其神③皆蛇身人面。其祠④：毛⑤用一雄鸡、彘（zhì）瘗（yì）⑦；用一璧一珪（guī）⑧，投而不糈（xǔ）⑨。

【注释】
① 管涔之山：见3.27注②。
② 敦题之山：见3.42注①。
③ 神：指山神。（见图3-34）
④ 祠：祭祀。
⑤ 毛：见1.10注⑥。
⑥ 彘：猪。
⑦ 瘗：埋葬。
⑧ 珪：见2.20注⑯。
⑨ 糈：见1.10注⑨。

【译文】
总计北次二经中的山，从首座管涔山到敦题山，共十七座山，距离为五千六百九十里。这些山的山神都是蛇身人面。祭祀这些山神的方法是：带毛的动物用一只雄鸡和一头猪，把它们埋入地下；用一块璧和一块圭，把它们投入山中，祭祀时不用精米。

▲ 图3-34　北次二经山神图，选自《中国清代宫廷版画》

三、北次三经

【导读】

北次三经记述了中国北部的四十七座山(3.91 中称四十六座山),位于北次二经所记之山列的东面,其中十二座山的具体位置基本可以考定,而且有的山名与现在相同,如太行山、王屋山、燕山等;其余山的位置难以确考,但它们大致位于今山西、河南、河北、内蒙古境内。

北次三经中也记述了不少奇禽怪兽,如形状像蛇而四翼、六目、三足的酸与鸟,形状像鹊而六足的鹴(bēn)鸟,形状像牛而三足的獂(huán),形状像羊而一角一目的䍧(dōng)䍧,形状像白犬而会飞的天马,等等。神话传说精卫填海即出于北次三经。

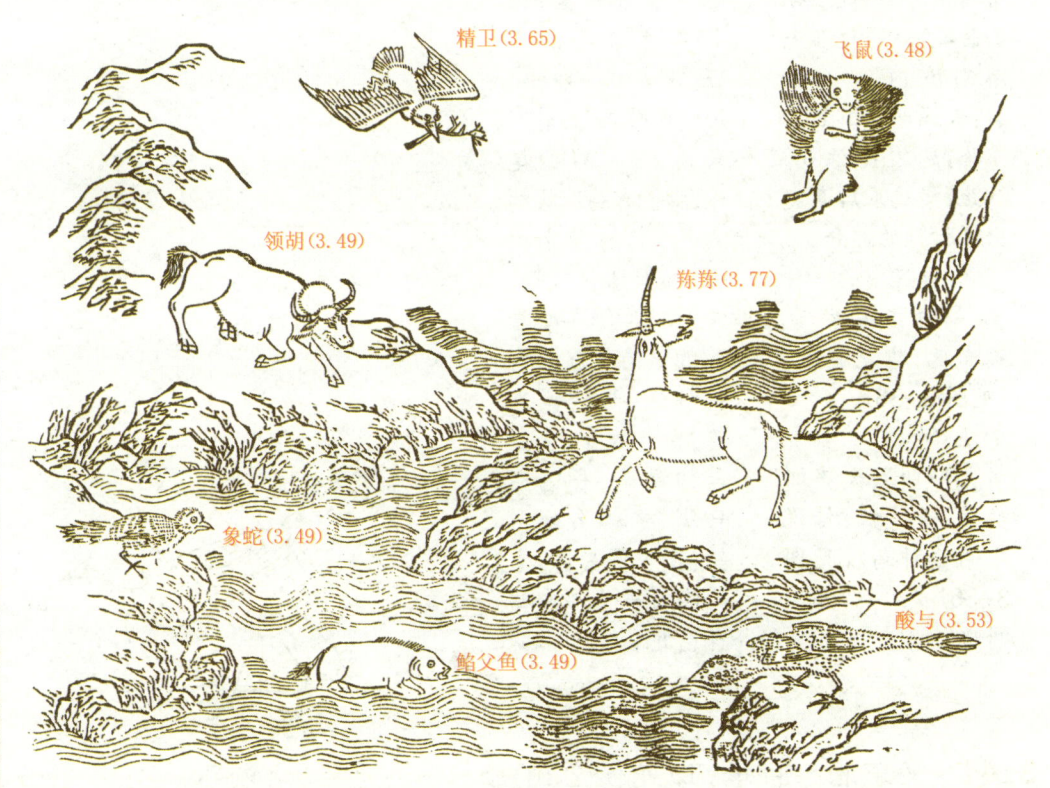

▲ 明代蒋应镐绘制的《山海经(图绘全像)》第二十四图,主要描绘了 3.48、3.49、3.53、3.65、3.77 中的飞鼠、领胡、象蛇、鲭父鱼、酸与、精卫、䍧䍧七种动物

3.44 北次三经之首,曰太行之山①。其首曰归山②,其上有金玉,其下有碧③。有兽焉,其状如羚④羊而四角,马尾而有距⑤,其名曰䮝(hún)⑥,善还(xuán)⑦,其鸣自訆(jiào)⑧。有鸟焉,其状如鹊,白身、赤尾、六足,其名曰鵸(bēn)⑨,是善惊,其鸣自詨(jiào)⑩。

【注释】
①太行之山:即太行山,山名,在今山西高原和河北平原间。
②归山:山名,具体所指待考。一说在今山西境内;一说在今河南境内。
③碧:青绿色的玉石。
④羚:见2.18注⑥。
⑤距:雄鸡爪后面突出像脚趾的部分。
⑥䮝:传说中的一种兽。一说指马鹿,也称赤鹿,雄鹿有角。(见图3-35)
⑦还:旋转。
⑧訆:同"叫",大声叫唤。
⑨鵸:传说中的一种鸟。(见图3-36)
⑩詨:叫呼。

【译文】
北次三经中的首列山系是太行山。这一山系中的第一座山是归山,山上有金和玉,山下有青绿色的玉石。山中有一种兽,形状像羚羊,长着四只角,马一样的尾巴,脚上有鸡一样的爪子,它的名字叫䮝,善于盘旋起舞,它的叫声像在喊自己的名字。山中有一种鸟,形状像喜鹊,白色的身子,红色的尾巴,长着六只脚,它的名字叫鵸,很容易受惊,它的鸣叫声仿佛在喊自己的名字。

▲图3-35 䮝图,选自绘于明代的《三才图会》

▲图3-36 鵸鸟图,选自清代吴任臣的《增补绘像山海经广注》

3.45 又东北二百里,曰龙侯之山①,无草木,多金玉。决决之水②出焉,而东流注于河。其中多人鱼③，其状如鲟（tí）鱼④，四足，其音如婴儿，食之无痴疾。

【注释】
①龙侯之山：即龙侯山，山名，一说在今河南济源市。
②决决之水：即决决水，水名，一说指今河南济源市的淇河，俗称白涧河。
③人鱼：见2.8注⑯。
④鲟鱼：鲇（nián）鱼的别名。鲇鱼头大，口宽，尾侧扁，身上有黏质，无鳞。（见图3-37）

【译文】
再向东北二百里是龙侯山，山中不长草木，有很多金和玉。决决水发源于龙侯山，向东流入黄河。水中有很多大鲵，形状像鲇鱼，长着四只脚，发出的声音像婴儿啼哭，人吃了它的肉后不会得痴呆症。

▲图3-37 鲟鱼是鲇鱼的别称，此为鲇鱼图，选自《中国清代宫廷版画》

3.46 又东北二百里，曰马成之山①，其上多文石，其阴多金玉。有兽焉，其状如白犬而黑头，见人则飞，其名曰**天马**②，其鸣自训（jiào）③。有鸟焉，其状如乌，首白而身青、足黄，是名曰鶌鶋（jūjū）④，其鸣自詨（jiào）⑤，食之不饥，可以已⑥寓⑦。

▲图3-38 天马图，选自绘于明代的《三才图会》

【注释】
①马成之山：即马成山，山名，具体所指待考。一说在今山西境内；一说在今河南境内。
②天马：传说中的

【译文】
再向东北二百里是马成山，山上有很多带花纹的石头，山的阴面有很多金和玉。山中有一种兽，它的形状像白色一种兽。一说是一种大耳蝠,耳大而长,前臂长40—50厘米,腹面灰白色。(见图3-38) ③讧:同"叫",大声叫唤。
④鹋鹋:鸟名,又叫鹋鸠,即斑鸠。 ⑤佼:叫呼。
⑥已:治愈。 ⑦寓:所指待考。一说指疣子。

的狗,头部却是黑色的,见到人就飞起来,名字叫天马,它的叫声就像在喊自己的名字。山中有一种鸟,它的形状像乌鸦,头部白色,身上青色,脚爪黄色,名字叫鹋鹋,它的鸣叫声就像在呼自己的名字,吃了它的肉后不会再感到饥饿,还可以治疗疣子。

3.47 又东北七十里,曰咸山①,其上有玉,其下多铜,是多松柏,草多苊(zǐ)草②。条菅(jiān)之水③出焉,而西南流注于长泽④。其中多器酸⑤,三岁一成,食之已⑥疠(lì)⑦。

【注释】
①咸山:山名,在今山西南部,具体所指待考。 ②苊草:见2.63注②。 ③条菅之水:即条菅水,水名,一说即今山西南部解州附近的水流。 ④长泽:水名,一说指今山西南部解池周围的盐沼泽地。 ⑤器酸:所指待考。一说可能是一种味酸的食物;一说可能是一种植物。 ⑥已:治愈。 ⑦疠:瘟疫;也指恶疮。

【译文】
　　再向东北七十里是咸山,山上有玉,山下有很多铜,山中长着很多松树和柏树,山中生长的草多为紫草。条菅水发源于咸山,向西南流入长泽。水中有很多器酸,三年成熟(或变成)一次,吃了它可以治疗恶疮。

3.48 又东北二百里,曰天池之山①,其上无草木,多文石。有兽焉,其状如兔而鼠首,以其背飞,其名曰飞鼠②。渑(shéng)水③出焉,潜于其下,其中多黄垩(è)④。

▲ 图 3-39 飞鼠图，选自日本绘制的《怪奇鸟兽图卷》

【注释】
①天池之山：即天池山，山名，在今山西南部，具体所指待考。②飞鼠：哺乳动物，形态和习性像鼯(wú)鼠(参见3.8注⑩)而体型较小，前后肢之间的薄膜宽大多毛。(见图3-39) ③渑水：水名，在今山西南部，具体所指待考。④垩：可用来涂饰的有色土。

【译文】
再向东北二百里是天池山，山上不长草木，有很多带花纹的石头。山中有一种兽，形状像兔子，但头部像鼠，依靠背部飞翔，它的名字叫飞鼠。渑水发源于天池山，并在山底下潜流，水中有很多可作涂料的黄色土。

▲ 图 3-40 领胡图，选自绘于清代的《古今图书集成·禽虫典》

3.49 又东三百里，曰阳山①，其上多玉，其下多金铜。有兽焉，其状如牛而赤尾，其颈䃜(shèn)②，其状如句瞿③，其名曰**领胡**④，其鸣自詨(jiào)⑤，食之已⑥狂。有鸟焉，其状如雌雉而五采以文，是自为牝牡⑦，名曰**象蛇**⑧，其鸣自詨。留水⑨出焉，而南流注于河。其中有**餡**(xiàn)**父**⑩**之鱼**，其状如鲋(fù)鱼⑪，鱼首而彘(zhì)⑫身，食之已呕。

【注释】
①阳山：山名，在今山西南端，具体所指待考。②䃜：肉隆起的样子。③句瞿：所指待考。一说指斗。④领胡：动物名。一说

【译文】
再向东三百里是阳山，山上有很多玉，山下有很多金和铜。山中有一种兽，形状像牛，

指瘤牛,哺乳动物,牛科,颈项上部有肉隆起如瘤。(见图3-40) ⑤詨:叫呼。 ⑥已:治愈。 ⑦牝牡:雌性和雄性。 ⑧象蛇:鸟名。一说指马鸡,雌雄同色,中央尾羽的羽支向下披垂,犹如马尾。(见图3-41) ⑨留水:水名,一说指沙涧河。 ⑩鲦父:鱼名,即鲦鱼。据说别的鱼将要产子时,鲦鱼便会去舔它们的腹部,所以有众鱼之生母的说法。(见图3-42) ⑪鲋鱼:鲫鱼。 ⑫彘:猪。

尾巴红色,颈上的肉隆起如斗状,名字叫领胡,它的叫声像在喊自己的名字,吃了它的肉可以治疗癫狂症。山中有一种鸟,形状像雌野鸡,身上的花纹五彩斑斓,一身兼具雌雄二性,名字叫象蛇,它的叫声像在呼自己的名字。留水发源于阳山,向南流入黄河。水中有鲦鱼,它的形状像鲫鱼,长着鱼一样的头,猪一样的身子,吃了它的肉可以治疗呕吐。

▲图3-41 象蛇图,选自《中国清代宫廷版画》

3.50
又东三百五十里,曰贲(fèn)闻之山①,其上多苍玉②,其下多黄垩(è)③,多涅石④。

【注释】
①贲闻之山:即贲闻山,山名,一说指今河南济源市境内的岱嵋山。
②苍玉:灰白色的玉。
③垩:可用来涂饰的有色土。
④涅石:即黑矾石,可作染料。

【译文】
再向东三百五十里是贲闻山,山上有很多灰白色的玉,山下有很多可作涂料的黄色土,还有很多黑矾石。

▲图3-42 鲦父鱼图,选自绘于清代的《古今图书集成·禽虫典》

3.51 又北百里,曰王屋之山①,是多石。㴷(lián)水②出焉,而西北流注于泰泽③。

【注释】
①王屋之山:即王屋山,山名,在今山西垣曲县和河南济源市等之间。
②㴷水:水名,具体所指待考。
③泰泽:水名,具体所指待考。与3.19、3.25中的泰泽都不同。

【译文】
再向北一百里是王屋山,山中有很多石头。㴷水发源于王屋山,向西北流入泰泽。

3.52 又东北三百里,曰教山①,其上多玉而无石。教水②出焉,西流注于河,是水冬干而夏流,实惟干河。其中有两山,是山也,广员③三百步,其名曰发丸之山④,其上有金玉。

【注释】
①教山:山名,即历山,在今山西垣曲县北。
②教水:水名,在今山西垣曲县,经古城入黄河。
③员:同"圆"。
④发丸之山:即发丸山,山名,具体所指待考。

【译文】
再向东北三百里是教山,山上有很多玉,没有石头。教水发源于教山,向西流入黄河,这条河冬季干涸,夏季才有水流,实际上是一条干河。教水流经的地方有两座山,方圆为三百步,名字叫发丸山,山上有金和玉。

▲图3-43 薯蓣图,选自绘于明代的《补遗雷公炮制便览》

3.53 又南三百里,曰景山①,南望盐贩之泽②,北望少泽③。其上多草、**薯蓣**(yù)④,其草多秦椒⑤;其阴多赭(zhě)⑥,其阳多玉。有鸟焉,其状如蛇而四翼、六目、三足,名曰**酸与**⑦,

其鸣自詨（jiào）⑧，见（xiàn）则其邑（yì）⑨有恐。

【注释】
①景山：山名，在今山西闻喜县。 ②盐贩之泽：即盐贩泽，水名，也叫盐池，即今山西南部的解池。 ③少泽：水名，在今山西南部，具体所指待考。 ④薯藇：即"薯蓣（yù）"，多年生缠绕藤本植物，也叫山药。（见图3-43） ⑤秦椒：这里指辣椒。 ⑥赭：红土。 ⑦酸与：传说中的一种鸟。（见图3-44） ⑧詨：叫呼。 ⑨邑：城镇；县。

【译文】
再向南三百里是景山，南面可以看见盐贩泽，北面可以看见少泽。山上长着很多草，还有山药，所长的草多为辣椒；山的阴面有很多红土，阳面有很多玉。山中有一种鸟，形状像蛇，长着四只翅膀、六只眼睛、三只脚，名字叫酸与，它的鸣叫声仿佛在呼自己的名字，它在哪个地方出现，哪个地方就会有令人恐慌的事情发生。

▲图3-44 酸与图，选自《中国清代宫廷版画》

3.54 又东南三百二十里，曰孟门之山①，其上多苍玉②，多金；其下多黄垩（è）③，多涅石④。

【注释】
①孟门之山：即孟门山，山名，一说在今山西吉县与陕西宜川县之间；一说在今河南辉县西。
②苍玉：灰白色的玉。
③垩：可用来涂饰的有色土。
④涅石：见3.50注④。

【译文】
再向东南三百二十里是孟门山，山上有很多灰白色的玉，还有很多金；山下有很多可作涂料的黄色土，还有很多黑矾石。

3.55 又东南三百二十里,曰平山①。平水②出于其上,潜于其下,是多美玉。

【注释】
① 平山:山名,即今山西临汾市西的姑射山。
② 平水:水名,发源于姑射山,向东流入汾河。

【译文】
再向东南三百二十里是平山。平水发源于平山的山上,在平山山下潜流,这一带有很多美玉。

3.56 又东二百里,曰京山①,有美玉,多漆木②,多竹。其阳有赤铜,其阴有玄碥(sù)③。高水④出焉,南流注于河。

【注释】
① 京山:山名,一说指今山西翼城县的霍山。
② 漆木:见2.69注②。
③ 玄碥:黑色的磨刀石(玄:黑色。碥:磨刀石)。
④ 高水:水名,具体所指待考。一说应作"京水",指浍河。

【译文】
再向东二百里是京山,山中有美玉,长着很多漆树,还长着很多竹。山的阳面有赤铜,阴面有黑色的磨刀石。高水发源于京山,向南流入黄河。

3.57 又东二百里,曰虫尾之山①,其上多金玉,其下多竹,多青碧②。丹水③出焉,南流注于河;薄水④出焉,而东南流注于黄泽⑤。

【注释】
① 虫尾之山:即虫尾山,山名,一说在今山西晋城市北。
② 青碧:青色的玉石。
③ 丹水:水名,流经山西高平市、晋城市,在河南沁阳市入沁河。
④ 薄水:水名,一说即今波河,流入卫水。
⑤ 黄泽:水名,一

【译文】
再向东二百里是虫尾山,山上有很多金和玉,山下长着很多竹,还有很多青色的玉石。丹水发源于虫尾山,向南流入说在今河南新乡、辉县市附近,现已湮没不存。

黄河;薄水也发源于虫尾山,向东南流入黄泽。

3.58 又东三百里,曰彭毗(pí)之山①,其上无草木,多金玉,其下多水。蚤林之水②出焉,东南流注于河;肥水③出焉,而南流注于床水④,其中多肥遗之蛇⑤。

【注释】
①彭毗之山:即彭毗山(一说"彭"应为"鼓"),山名,具体所指待考。一说即今山西陵川县东的三雍山;一说在今河南境内。 ②蚤林之水:即蚤林水,水名,具体所指待考。 ③肥水:水名,具体所指待考。 ④床水:水名,一说即今河南北部的淇水。 ⑤肥遗之蛇:即肥遗蛇,见3.21注④。

【译文】
再向东三百里是彭毗山,山上不长草木,有很多金和玉,山下有很多水。蚤林水发源于彭毗山,向东南流入黄河;肥水也发源于彭毗山,向南流入床水,水中有很多肥遗蛇。

3.59 又东百八十里,曰小侯之山①。明漳之水②出焉,南流注于黄泽③。有鸟焉,其状如乌而白文,名曰**鸪鹛**(gūxí)④,食之不灂(jiào)⑤。

【注释】
①小侯之山:即小侯山,山名,在今河南北部,具体所指待考。 ②明漳之水:即明漳水,水名,一说指今河

【译文】
再向东一百八十里是小侯山。明漳水发源于小侯山,向南流入黄泽。山

▲图3-45 鸪鹛图,选自《中国清代宫廷版画》

南北部的汤河；一说指鹤壁河。③黄泽：见3.57注⑤。④䳡鹅：鸟名，一说指鹧鸪，体长约30厘米，羽毛大多黑白相杂。(见图3-45)⑤瞒：眼睛昏蒙。

中有一种鸟，形状像乌鸦，身上有白色的花纹，名字叫䳡鹅，吃了它的肉后眼睛就不会昏蒙。

3.60 又东三百七十里，曰泰头之山①。共水②出焉，南注于虖(hū)池③。其上多金玉，其下多竹箭④。

【注释】①泰头之山：即泰头山，山名，具体所指待考。一说在今山西境内；一说在今河南境内。②共水：水名，具体所指待考。③虖池：水名，即今滹沱河，位于河北西部，源出山西五台山东北泰戏山。④竹箭：见2.8注⑪。

【译文】再向东三百七十里是泰头山。共水发源于泰头山，向南流入虖池。山上有很多金和玉，山下长着很多小竹。

3.61 又东北二百里，曰轩辕之山①，其上多铜，其下多竹。有鸟焉，其状如枭(xiāo)②而白首，其名曰黄鸟③，其鸣自詨(jiào)④，食之不妒。

【注释】①轩辕之山：即轩辕山，山名，具体所指待考。一说在今河北献县；一说可能是今山西王屋山中的一座山。②枭：即"鸮(xiāo)"，指猫头鹰一类的鸟。③黄鸟：鸟名，具体所指待考。④詨：叫呼。

【译文】再向东北二百里是轩辕山，山上有很多铜，山下长着很多竹。山中有一种鸟，形状像猫头鹰，头部白色，名字叫黄鸟，它的鸣叫声像在喊自己的名字，吃了它的肉可以使人不嫉妒。

3.62 又北二百里，曰谒戾(lì)之山①，其上多松柏，有金玉。沁水②出焉，南流注于河。其东有林焉，名曰丹林。丹林之水③出焉，南流注于河；婴侯之水④出焉，北流注于汜（sì）水⑤。

【注释】
①谒戾之山：即谒戾山，山名，一说在今山西平遥县之南、介休市东南，现总名太岳山，最高峰为牛角鞍。
②沁水：水名，即今沁河，发源于山西沁源县，南流至今河南武陟（zhì）县南入黄河。
③丹林之水：即丹林水，水名，即今丹河，发源于山西高平县。
④婴侯之水：即婴侯水，水名，一说即今山西平遥县东南的中都河。
⑤汜水：水名，一说即今山西平遥县东部的贺河。

【译文】
再向北二百里是谒戾山，山上长着很多松树和柏树，还有金和玉。沁水发源于谒戾山，向南流入黄河。山的东面有一片树林，名字叫丹林。丹林水发源于这一带，向南流入黄河；婴侯水也发源于这一带，向北流入汜水。

3.63　东三百里，曰沮洳（jùrù）之山①，无草木，有金玉。濝（qí）水②出焉，南流注于河。

【注释】
①沮洳之山：即沮洳山，山名，一说即今河南北部的大号山；一说在今山西陵川县东北。
②濝水：水名，即淇水，在今河南北部，古为黄河支流，后成为卫河支流。

【译文】
向东三百里是沮洳山，山中不长草木，有金和玉。濝水发源于沮洳山，向南流入黄河。

3.64　又北三百里，曰神囷（qūn）之山①，其上有文石，其下有白蛇，有飞虫。黄水②出焉，而东流注于洹（huán）③；滏（fǔ）水④出焉，而东流注于欧水⑤。

【注释】

① 神囷之山：即神囷山，山名，一说在今河北磁县西北；一说在今河南北部。　② 黄水：水名，是今河南安阳河的上源。　③ 洹：水名，今名安阳河，源出山西长子县洹山。　④ 滏水：水名，今名滏阳河，在今河北西南部。　⑤ 欧水：水名，具体所指待考。

【译文】

再向北三百里是神囷山，山上有带花纹的石头，山下有白蛇，还有飞虫。黄水发源于这一带，向东流入洹水；滏水也发源于这一带，向东流入欧水。

3.65　又北二百里，曰发鸠之山①，其上多柘（zhè）木②。有鸟焉，其状如乌，文首、白喙（huì）③、赤足，名曰精卫④，其鸣自詨（jiào）⑤。是炎帝⑥之少女，名曰女娃。女娃游于东海⑦，溺而不返，故为精卫，常衔西山之木石，以堙（yīn）⑧于东海。漳水⑨出焉，东流注于河。

▲图3-46　精卫图，选自绘于明代的《三才图会》

【注释】

① 发鸠之山：即发鸠山，山名，亦名发苞山，在今山西长子县。　② 柘木：即柘树，见3.13注③。　③ 喙：鸟兽的嘴。　④ 精卫：神话传说中的一种鸟。(见图3-46)　⑤ 詨：叫呼。　⑥ 炎帝：传说中上古姜姓部落的首领，号烈山氏，与黄帝

【译文】

再向北二百里是发鸠山，山上长着很多柘树。山中有一种鸟，形状像乌鸦，头上有花纹，白色的嘴，红色的脚爪，名字叫精卫，它的鸣叫声像在喊自己的名字。精卫本是炎帝的小女儿，名字叫女娃。女娃一次去东海边游玩，不慎落入海中，再也没有回来，

一起被尊为中华民族的祖先。一说炎帝即神农氏,是农业和医药的发明者。 ⑦东海:见1.9"导读"。 ⑧堙:填塞。 ⑨漳水:水名,即漳河,在今河北、河南两省边境。有清漳河、浊漳河两源,均出今山西东南部,在河北南部合漳镇汇合后称漳河,流入卫河。

所以就化身为精卫,常常衔着西山上的树枝和石块,想要把东海填平。漳水发源于发鸠山,向东流入黄河。

3.66 又东北百二十里,曰少山①,其上有金玉,其下有铜。清漳之水②出焉,东流于浊漳之水③。

【注释】
①少山:山名,在今山西昔阳县境内。 ②清漳之水:即清漳水,水名,漳河的源头之一。 ③浊漳之水:即浊漳水,水名,漳河的另一个源头。

【译文】
再向东北一百二十里是少山,山上有金和玉,山下有铜。清漳水发源于少山,向东流入浊漳水。

3.67 又东北二百里,曰锡山①,其上多玉,其下有砥(dǐ)②。牛首之水③出焉,而东流注于滏(fǔ)水④。

【注释】
①锡山:山名,在今河北邯郸县西北。 ②砥:细的磨刀石。 ③牛首之水:即牛首水,水名,源出今河北邯郸县西北,上游名牛照水,流经县北称西河,流入滏阳河。 ④滏水:见3.64注④。

【译文】
再向东北二百里是锡山,山上有很多玉,山下有细磨刀石。牛首水发源于锡山,向东流入滏水。

3.68 又北二百里,曰景山①,有美玉。景水②出焉,东南流注于海泽③。

【注释】

① 景山：山名，在今河北武安市，具体所指待考。与3.53中的景山不同。
② 景水：水名，即今洺（míng）河，源出武安市西北。　③ 海泽：水名，具体所指待考。一说在今河北曲周县以北；一说可能指渤海边的沼泽地带。

【译文】

再向北二百里是景山，山中有美玉。景水发源于景山，向东南流入海泽。

3.69　又北百里，曰题首之山①，有玉焉，多石，无水。

【注释】

① 题首之山：即题首山，山名，在今河北武安市境内，具体所指待考。

【译文】

再向北一百里是题首山，山中有玉，有很多石头，没有水。

3.70　又北百里，曰绣山①，其上有玉、青碧②。其木多栒（xún）③，其草多芍药④、芎䓖（xiōngqióng）⑤。洧（wěi）水⑥出焉，而东流注于河，其中有鳠（hù）⑦、黾（měng）⑧。

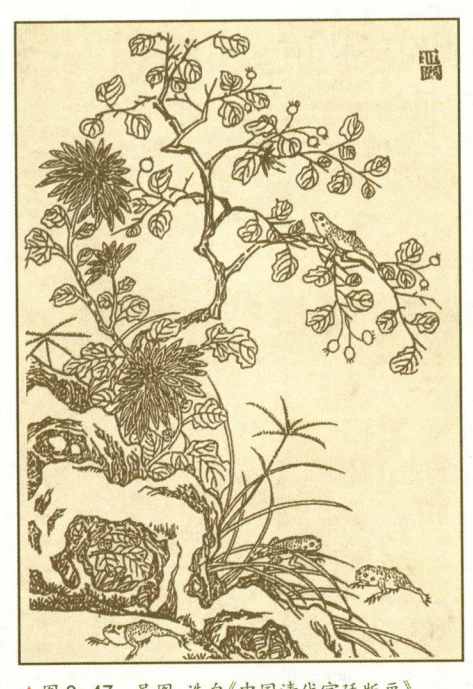

▲图3-47　黾图，选自《中国清代宫廷版画》

【注释】

① 绣山：山名，在今河北境内，具体所指待考。　② 青碧：青色的玉石。　③ 栒：即栒子木，落叶或常绿灌木，叶子卵形，花白色、粉红色或红色，果实球形，多为红色。　④ 芍药：多年生草本植物，小叶卵形或披针形，花大而美丽，有

【译文】

再向北一百里是绣山，山上有玉和青色的玉石。山中生长的树多为栒子木，生长的草多为芍药和芎

紫红、粉红、白等颜色,可供观赏。　⑤芎䓖:见2.69注⑥。　⑥洧水:水名,一说即今沙河,源出山西、河北交界处的太行山脉。　⑦鳠:鱼名,体较细长,长约30厘米,灰褐色,头平扁,口部有须四对,无鳞。　⑧黾:蛙的一种。(见图3-47)

䓖。洧水发源于绣山,向东流入黄河,水中有鳠鱼和黾。

3.71 又北百二十里,曰松山①。阳水②出焉,东北流注于河。

【注释】
①松山:山名,在今河北境内,具体所指待考。　②阳水:水名,一说源出河北邢台县,也名蓼(liǎo)水,今已湮。

【译文】
再向北一百二十里是松山。阳水发源于松山,向东北流入黄河。

3.72 又北百二十里,曰敦与之山①,其上无草木,有金玉。溹(suò)水②出于其阳,而东流注于泰陆之水③;泜(chí)水④出于其阴,而东流注于彭水⑤;槐水⑥出焉,而东流注于泜泽⑦。

【注释】
①敦与之山:即敦与山,山名,在今河北西部,具体所指待考。　②溹水:水名,一说即今河北内丘县的柳林河。　③泰陆之水:即泰陆水,水名,后称大陆泽,在今河北任县与巨鹿县之间。　④泜水:水名,今名泜河,源出河北临城县西,故道至任县界入漳河。　⑤彭水:水名,一说即位于今河北西南部的沙沟水。　⑥槐水:水名,今名槐沙河,又名槐河,出河北赞皇县西北。　⑦泜泽:水名,在

【译文】
再向北一百二十里是敦与山,山上不长草木,有金和玉。溹水发源于敦与山的阳面,向东流入泰陆水;泜水发源于敦与山的阴面,向东流入彭水;槐水发源于敦与山,向东流

今河北宁晋县附近，具体所指待考。　入泜泽。

3.73　又北百七十里，曰柘（zhè）山①，其阳有金玉，其阴有铁。历聚之水②出焉，而北流注于浘（wěi）水③。

【注释】
①柘山：山名，在今河北境内，具体所指待考。　②历聚之水：即历聚水，水名，具体所指待考。　③浘水：见3.70注⑥。一说此处指绵河，亦称桃河，源出山西境内。

【译文】
　　再向北一百七十里是柘山，山的阳面有金和玉，阴面有铁。历聚水发源于柘山，向北流入浘水。

3.74　又北三百里，曰维龙之山①，其上有碧玉，其阳有金，其阴有铁。肥水②出焉，而东流注于皋（gāo）泽③，其中多礨（lěi）④石。敞铁之水⑤出焉，而北流注于大泽⑥。

【注释】
①维龙之山：即维龙山，山名，一说在今河北井陉（xíng）县、获鹿县一带。　②肥水：水名，即今洨（xiáo）河，在河北藁（gǎo）城市。　③皋泽：水名，一说应相当于明清时宁晋泊的西北部，今已湮。　④礨：同"礧"，指巨石。　⑤敞铁之水：即敞铁水，水名，具体所指待考。　⑥大泽：水名，具体所指待考。

【译文】
　　再向北三百里是维龙山，山上有碧玉，山的阳面有金，阴面有铁。肥水发源于维龙山，向东流入皋泽，水中有很多巨石。敞铁水也发源于维龙山，向北流入大泽。

3.75　又北百八十里，曰白马之山①，其阳多石玉，其阴多铁，多赤铜。木马之水②出焉，而东北流注于虖（hū）沱③。

【注释】

① 白马之山：即白马山，山名，在今山西忻州市西南。
② 木马之水：即木马水，水名，今名牧马河，在今山西盂县东北。
③ 虖沱：即滹沱河，参见3.60注③。

【译文】

再向北一百八十里是白马山，山的阳面有很多石头和玉，阴面有很多铁和赤铜。木马水发源于白马山，向东北流入滹沱河。

3.76 又北二百里，曰空桑之山①，无草木，冬夏有雪。空桑之水②出焉，东流注于虖（hū）沱③。

【注释】

① 空桑之山：即空桑山，山名，即今云中山，在山西静乐县和忻州市之间。
② 空桑之水：即空桑水，水名，即今云中河。
③ 虖沱：见3.75注③。

【译文】

再向北二百里是空桑山，山中不长草木，无论冬天还是夏天都会下雪。空桑水发源于空桑山，向东流入滹沱河。

3.77 又北三百里，曰泰戏之山①，无草木，多金玉。有兽焉，其状如羊，一角一目，目在耳后，其名曰𪊽（dōng）𪊽②，其鸣自讯（jiào）③。虖（hū）沱之水④出焉，而东流注于溇（lóu）水⑤。液女之水⑥出于其阳，南流注于沁水⑦。

【注释】

① 泰戏之山：即泰戏山，山名，又名武夫山、戊夫山，在今山西繁峙县。
② 𪊽𪊽：传说中的一种兽。(见图

【译文】

再向北三百里是泰戏山，山中不长草木，有很多金和玉。山中有一种兽，

▲ 图3-48 𪊽𪊽图，选自日本绘制的《怪奇鸟兽图卷》

3-48）③訆：同"叫"，大声叫唤。 ④虖沱之水：即滹沱水，见 3.60 注③。 ⑤溇水：水名，一说即今河北西部的鹿泉河。 ⑥液女之水：即液女水，水名，具体所指待考。 ⑦沁水：水名，具体所指待考。与今所说的沁河不同。

形状像羊，长着一只角，一只眼睛，而且眼睛长在耳朵后面，名字叫㻬㻬，它的叫声就像在喊自己的名字。滹沱河发源于泰戏山，向东流入溇水。液女水发源于泰戏山的阳面，向南流入沁水。

3.78 又北三百里，曰石山①，多藏②金玉。濩（huò）濩之水③出焉，而东流注于虖（hū）沱④；鲜于之水⑤出焉，而南流注于虖沱。

【注释】

①石山：山名，在今山西境内，具体所指待考。 ②藏：见 2.45 注⑥。 ③濩濩之水：即濩濩水，水名，一说即今河北西部的大沙河。 ④虖沱：见 3.75 注③。 ⑤鲜于之水：即鲜于水，水名，一说指今清水河，源出五台山西南。

【译文】

再向北三百里是石山，山中有很多优质的金和玉。濩濩水发源于石山，向东流入滹沱河；鲜于水也发源于石山，向南流入滹沱河。

3.79 又北二百里，曰童戎之山①。皋（gāo）涂之水②出焉，而东流注于溇（lóu）液水③。

【注释】

①童戎之山：即童戎山，山名，具体所指待考。 ②皋涂之水：即皋涂水，水名，具体所指待考。 ③溇液水：水名，具体所指待考。一说可能指溇水和液女水，参见 3.77 注⑤、⑥。

【译文】

再向北二百里是童戎山。皋涂水发源于童戎山，向东流入溇液水。

3.80　又北三百里,曰高是之山①。滋水②出焉,而南流注于虖(hū)沱③。其木多棕④,其草多条⑤。滱(kòu)水⑥出焉,东流注于河。

【注释】
①高是之山:即高是山,山名,一说在今山西灵丘县西北。　②滋水:水名,即今滋河,源出河北阜平县。　③虖沱:见3.75注③。　④棕:见2.6注②。　⑤条:草名,参见2.5注④、2.6注④。　⑥滱水:水名,上游即今河北定州市以上唐河。

【译文】
再向北三百里是高是山。滋水发源于高是山,向南流入虖沱河。山中生长的树木多为棕榈,生长的草多为条草。滱水发源于高是山,向东流入黄河。

3.81　又北三百里,曰陆山①,多美玉。䢵(jiāng)水②出焉,而东流注于河。

【注释】
①陆山:山名,具体所指待考。一说在今河北境内。
②䢵水:水名,具体所指待考。

【译文】
再向北三百里是陆山,山中有很多美玉。䢵水发源于陆山,向东流入黄河。

3.82　又北二百里,曰沂山①。般水②出焉,而东流注于河。

【注释】
①沂山:山名,一说在今河北唐县东北。　②般水:水名,一说即今望都河,发源于河北唐县。

【译文】
再向北二百里是沂山。般水发源于沂山,向东流入黄河。

3.83　北百二十里,曰燕山①,多婴石②。燕水③出焉,东流注于河。

【注释】

①燕山：山名，位于今河北平原北侧，由潮白河河谷直至山海关。一说这里指今河北易县西南的山。②婴石：一种似玉的石头。③燕水：水名，一说指易水，即今雹河，源出河北易县；一说指今潮白河。

【译文】

向北一百二十里是燕山，山中有很多像玉的石头。燕水发源于燕山，向东流入黄河。

3.84 又北山行五百里，水行五百里，至于饶山①。是无草木，多瑶碧②，其兽多橐（tuó）驼③，其鸟多鶹（liú）④。历虢（guó）之水⑤出焉，而东流注于河。其中有**师鱼**⑥，食之杀人。

【注释】

①饶山：山名，一说即尧山，在今河北唐县。②瑶碧：美玉和青绿色的玉石。③橐驼：即骆驼。④鶹：即鸺（xiū）鶹，鸟名，羽毛棕褐色，有横斑，尾巴黑褐色，腿部白色。捕食鼠、兔等。⑤历虢之水：即历虢水，水名，一说指濡水，今名祁水，源出河北唐县。⑥师鱼：鱼名，一说即鲋鲋（见3.18注⑥）；一说为河豚（tún）鱼的一种。（见图3-49）

【译文】

再向北走五百里山路，五百里水路，就到了饶山。山中不长草木，有很多美玉和青绿色的玉石，山中的兽多为骆驼，鸟多为鸺鶹。历虢水发源于饶山，向东流入黄河。水中有师鱼，人吃了它的肉会中毒而死。

▲图3-49 师鱼一说即河豚鱼的一种，此为河豚鱼图，选自绘于明代的《补遗雷公炮制便览》

3.85 又北四百里，曰乾山①，无草木，其阳有金玉,其阴有铁而无水。有兽焉,其状如牛而三足,其名曰獂(huán)②,其鸣自詨(jiào)③。

【注释】
① 乾山:山名,具体所指待考。一说在今河北境内;一说在今内蒙古境内。
② 獂:同"貆(huán)",传说中的一种兽。一说指一种野猪。(见图3-50)
③ 詨:叫呼。

【译文】
再向北四百里是乾山,山中不长草木,山的阳面有金和玉,阴面有铁,但没有水。山中有一种兽,形状像牛,长着三条腿,名字叫獂,它的叫声像在喊自己的名字。

▲图3-50 獂图,选自清代吴任臣的《增补绘像山海经广注》

3.86 又北五百里,曰伦山①。伦水②出焉,而东流注于河。有兽焉,其状如麋(mí)③,其川④在尾上,其名曰羆(pí)⑤。

【注释】
① 伦山:山名,具体所指待考。一说可能指涞山,在今河北涞源县西部。
② 伦水:水名,一说即涞水,也叫拒马河,源出今河北涞源县。
③ 麋:即麋鹿,见2.36注②。
④ 川:这里指"窍",即肛门。
⑤ 羆:兽名。见2.14注⑨。
(见图3-51)

【译文】
再向北五百里是伦山。伦水发源于伦山,向东流入黄河。山中有一种兽,形状像麋鹿,肛门长在尾巴上,它的名字叫羆。

▲图3-51 羆图,选自清代吴任臣的《增补绘像山海经广注》

3.87 又北五百里,曰碣(jié)石之山①。

绳水②出焉，而东流注于河，其中多蒲夷之鱼③。其上有玉，其下多青碧④。

【注释】
①碣石之山：即碣石山，山名，一说在今河北昌黎县北。 ②绳水：水名，一说指今河北昌黎县蒲河。 ③蒲夷之鱼：即蒲夷鱼，鱼名，一说疑即"冉遗之鱼"（见2.76注⑤）；一说指中华鲟(yí)，体长10余厘米，前部平扁，后部侧扁，有小须四对。 ④青碧：青色的玉石。

【译文】
再向北五百里是碣石山。绳水发源于碣石山，向东流入黄河，水中有很多蒲夷鱼。山上有玉，山下有很多青色的玉石。

3.88　又北水行五百里，至于雁门之山①，无草木。

【注释】
①雁门之山：即雁门山，山名，一说在今山西阳高县境内；一说似应在今辽东半岛南端。

【译文】
再向北走五百里水路，就到了雁门山，山中不长草木。

3.89　又北水行四百里，至于泰泽①。其中有山焉，曰帝都之山②，广员③百里，无草木，有金玉。

【注释】
①泰泽：见3.19注③。 ②帝都之山：即帝都山，山名，具体所指待考。 ③员：同"圆"。

【译文】
再向北走四百里水路，就到了泰泽。泰泽中有一座山，名叫帝都山，方圆达一百里，山中不长草木，有金和玉。

3.90　又北五百里，曰錞(chún)于毋逢之山①，北望鸡号之山②，其风如飓(lì)③。西望幽都之山④，浴水⑤出焉。是有大蛇⑥,赤首白身,其音如牛,见(xiàn)则其邑(yì)⑦大旱。

【注释】
①錞于毋逢之山:即錞于毋逢山,山名,具体所指待考。一说在今山西境内;一说在今内蒙古境内。 ②鸡号之山:即鸡号山,山名,具体所指待考。 ③飇:风急速吹动的样子。 ④幽都之山:即幽都山,山名,一说可能指今内蒙古的阴山。 ⑤浴水:水名,具体所指待考。一说可能指塔布河,在今内蒙古四子王旗;一说应作"治水",治水的上游是桑干河,下游是永定河。 ⑥大蛇:这里指传说中的一种蛇。 ⑦邑:城镇;县。

【译文】
再向北五百里是錞于毋逢山,北面可以看见鸡号山,从那里吹来急骤的风。西面可以看见幽都山,浴水就发源于幽都山。山中有一种大蛇,红色的蛇头,白色的蛇身,发出的声音像牛叫。它在哪个地方出现,哪个地方就会发生大旱。

3.91 凡北次三经之首,自太行之山①以至于无逢之山②,凡四十六山,万二千三百五十里。其神状皆马身而人面者廿神。其祠③之:皆用一藻④茝(chǎi)⑤瘗(yì)⑥之。其十四神状皆彘(zhì)⑦身而载⑧玉。其祠之:皆玉,不瘗。其十神状皆彘身而八足蛇尾。其祠之:皆用一璧瘗之。大凡四十四神⑨,皆用稌(tú)⑩糈(xǔ)⑪米祠之,此皆不火食。

【注释】
①太行之山:见3.44注①。

【译文】
总计北次三经中的山,从首列太行山到

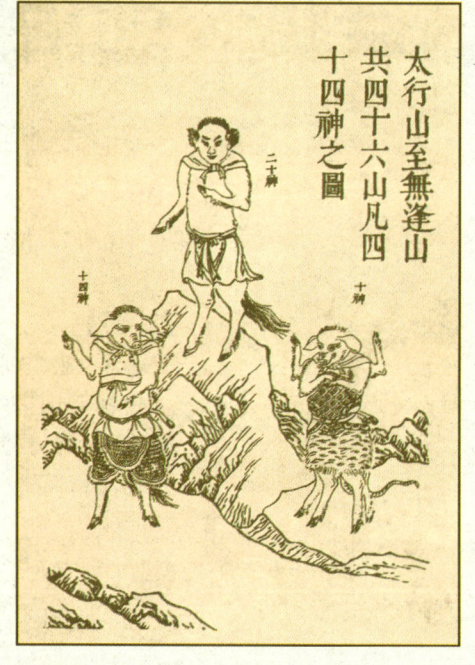

▲图3-52 北次三经山神图,选自《中国清代宫廷版画》

②无逢之山：即錞于毋逢之山，见3.90注①。
③祠：祭祀。
④藻：系有五彩丝绳的玉。一说指有水藻花纹的玉。
⑤茝：一种香草。
⑥瘗：埋藏。
⑦彘：猪。
⑧载：同"戴"。
⑨神：指山神。（见图3-52）
⑩稌：见1.10注⑩。
⑪糈：见1.10注⑨。

锞于毋逢山，共四十六座山，距离为一万二千三百五十里。这些山中有二十位山神的形状都是马身人面。祭祀他们的方法是：都用一块系有五彩丝绳的玉，把它与茝一起埋入地下。另外十四位山神都长着猪一样的身子，身上佩带着玉。祭祀他们的方法是：都用玉，但不需要埋入地下。还有十位山神都长着猪一样的身子，八条腿，蛇一样的尾巴。祭祀他们的方法是：都用一块璧玉，把它埋入地下。祭祀这四十四位山神时，都用粳稻米作祭祀用的精米，而且都不需要用火烧煮。

3.92 右①北经之山志②，凡八十七山，二万三千二百三十里。

【注释】
①右：见1.43注①。
②志：见1.43注②。

【译文】
　　以上是北山经中记载的山，共八十七座山，距离为二万三千二百三十里。

东山经包括东山一经、东次二经、东次三经、东次四经四篇，记述了主要位于中国东部的一系列山，以及发源于这些山的河流，在这些山上生长的植物、动物及其形状、特点，出产的矿物，掌管这些山的山神的形状、祭祀这些山神的方法(东次四经除外)等。东山经共记述了四十六座山，除了极少数山，绝大部分山的具体位置都难以考定，但它们大致位于今山东、安徽、江苏、河北境内及东部海域中。

东山经第四

一、东山一经

【导读】

东山一经记述了位于中国东部的十二座山,除了泰山、檄蠡（sùzhū）山等极少数山外,绝大多数山的具体位置都难以确考,但它们大致位于今山东、安徽境内。

东山一经中记述的奇禽怪兽不多,仅有形状像犬而六足的从从、形状像鸡而鼠毛的蚩（zī）鼠、形状像蛇而鱼翼的鯈鳙（tiáoyóng）三种。

山神(4.13)

鯈鳙(4.10)

蚩鼠(4.3)

从从(4.3)

狪狪(4.11)

鳙鳙鱼(4.1)

▲ 明代蒋应镐绘制的《山海经（图绘全像）》第二十六图,主要描绘了 4.1、4.3、4.10、4.11、4.13 中的鳙鳙鱼、从从、蚩鼠、鯈鳙、狪狪五种动物及山神

4.1 东山经之首,曰樕螽(sùzhū)之山①,北临乾昧②。食水③出焉,而东北流注于海。其中多鱅(yōng)鱅之鱼④,其状如犁牛⑤,其音如彘(zhì)⑥鸣。

▲图4-1 鱅鱅鱼图,选自《中国清代宫廷版画》

【注释】
①樕螽之山:即樕螽山,山名,即今山东淄博市的石门山,又名黄山。
②乾昧:山名,一说应作"干时",在今山东桓台县、博兴县境内。
③食水:水名,一说即时水,今名淄河,在淄博市附近。
④鱅鱅之鱼:即鱅鱅鱼,传说中的一种鱼。(见图4-1)
⑤犁牛:杂色牛。一说即耕牛。
⑥彘:猪。

【译文】
东山经首经的第一座山叫樕螽山,它的北面临近乾昧山。食水发源于这一带,向东北流入大海。水中有很多鱅鱅鱼,形状像犁牛,发出的声音像猪叫。

4.2 又南三百里,曰藟(lěi)山①,其上有玉,其下有金。湖水②出焉,东流注于食水③,其中多活师④。

【注释】
①藟山:山名,在今山东中部,具体所指待考。
②湖水:水名,具体所指待考。一说指今山东青州市、寿光市一带已经湮没的清水泊。
③食水:见4.1注③。
④活师:指蝌蚪。

【译文】
再向南三百里是藟山,山上有玉,山下有金。湖水发源于藟山,向东流入食水,水中有很多蝌蚪。

4.3 又南三百里,曰栒(xún)状之山①,其上多金玉,其下多青碧石②。有兽焉,其状如犬,六足,其名曰从从③,其鸣自詨(jiào)④。有鸟焉,其状如鸡而鼠毛⑤,其名曰䖪(zī)鼠⑥,见(xiàn)则其邑(yì)⑦大旱。泜(zhǐ)水⑧出焉,而北流注于湖水⑨。其中多箴(zhēn)鱼⑩,其状如儵(tiáo)⑪,其喙(huì)⑫如箴⑬,食之无疫疾。

【注释】

①枸状之山:即枸状山,山名,在今山东中部,具体所指待考。②青碧石:青绿色的石头。③从从:传说中的一种兽。(见图4-2)④詨:叫呼。⑤鼠毛:一说应作"鼠尾"。⑥䖪鼠:传说中的一种鸟。一说是鸡的一种。(见图4-3)⑦邑:城镇;县。⑧泜水:水名,一说可能指淄水,发源于今山东淄博市。⑨湖水:见4.2注②。⑩箴鱼:鱼名,一说即鱵(zhēn)鱼,又叫针鱼,体细长,近圆形,因下颌延长如针,故名。栖息于浅海河口。⑪儵:见3.29注⑨。⑫喙:鸟兽的嘴。⑬箴:同"针"。

【译文】

再向南三百里是枸状山,山上有很多金和玉,山下有很多青绿色的石头。山中有一种兽,形状像狗,长着六条腿,名字叫从从,它的叫声就像在喊自己的名字。山中有一种鸟,形状像鸡,长着鼠一样的尾巴,名字叫䖪鼠,它在哪个地方出现,哪个地方就会发生大旱。泜水发源于枸状山,向北流入湖水。水中有很多箴鱼,它的形状像儵鱼,嘴部延长如针,吃了它的肉后不会染上瘟疫。

▲图4-2 从从图,选自《中国清代宫廷版画》

▲图4-3 䖪鼠图,选自日本绘制的《怪奇鸟兽图卷》

4.4 又南三百里,曰勃齐之山①,无草木,无水。

【注释】
①勃齐之山:即勃齐山,山名,具体所指待考。

【译文】
再向南三百里是勃齐山,山中不长草木,也没有水。

4.5 又南三百里,曰番(fān)条之山①,无草木,多沙。减水②出焉,北流注于海,其中多鱤(gǎn)鱼③。

▲图4-4 鱤鱼图,选自《中国清代宫廷版画》

【注释】
①番条之山:即番条山,山名,一说指今山东的沂山;一说指今山东淄博市博山区西南的凤凰山。
②减水:水名,一说即今孝妇河。
③鱤鱼:鱼名,也叫黄钻、竿鱼等。体延长,亚圆筒形,长可达1米。青黄色,口大,眼小,性凶猛。(见图4-4)

【译文】
再向南三百里是番条山,山中不长草木,到处是沙。减水发源于番条山,向北流入大海,水中有很多鱤鱼。

4.6 又南四百里,曰姑儿之山①,其上多漆②,其下多桑、柘(zhè)③。姑儿之水④出焉,北流注于海,其中多鱤(gǎn)鱼⑤。

【注释】
①姑儿之山:即姑儿山,山名,一说指今山东章丘市、邹平县界上的长白山;一说在今山东诸城市东南。
②漆:见2.69注②。

【译文】
再向南四百里是姑儿山,山上长着很多漆树,山下长着很多桑树

③柘：见3.13注③。　④姑儿之水：即姑儿水，水名，一说即今獭河。　⑤鱣鱼：见4.5注③。

和柘树。姑儿水发源于姑儿山，向北流入大海，水中有很多鱣鱼。

4.7　又南四百里，曰高氏之山①，其上多玉，其下多箴（zhēn）石②。诸绳之水③出焉，东流注于泽，其中多金玉。

【注释】
①高氏之山：即高氏山，山名，具体所指待考。一说在今山东境内；一说在今安徽境内。　②箴石：可用来制针的石头（箴：同"针"）。　③诸绳之水：即诸绳水，水名，具体所指待考。

【译文】
再向南四百里是高氏山，山上有很多玉，山下有很多适合制针的石头。诸绳水发源于高氏山，向东流入湖泽，水中有很多金和玉。

4.8　又南三百里，曰岳山①，其上多桑，其下多樗（chū）②。泺（luò）水③出焉，东流注于泽，其中多金玉。

【注释】
①岳山：山名，一说指文峰山，在今山东泰山的北面。　②樗：臭椿树。　③泺水：水名，源出今山东济南市西南，向北流入古济水（此段古济水即今黄河）。

【译文】
再向南三百里是岳山，山上长着很多桑树，山下长着很多臭椿树。泺水发源于岳山，向东流入湖泽，水中有很多金和玉。

4.9　又南三百里，曰豺山①，其上无草木，其下多水，其中多堪䂁（xù）②之鱼。有兽焉，其状如夸父③而彘

（zhì）④毛，其音如呼，见（xiàn）则天下大水。

【注释】

①豺山：山名，具体所指待考。一说在今山东济南市附近。 ②堪豜：鱼名，具体所指待考。 ③夸父：一说即"举父"，见 2.39 注⑬。 ④彘：猪。

【译文】

再向南三百里是豺山，山上不长草木，山下有很多水，水中有很多堪豜鱼。山中有一种兽，形状像夸父，身上长着猪一样的毛，发出的声音像人在呼喊，只要它一出现，天下就会发大水。

4.10　又南三百里，曰独山①，其上多金玉，其下多美石。末涂之水②出焉，而东南流注于沔（miǎn）③，其中多䲦䗶（tiáoyóng）④，其状如黄蛇，鱼翼，出入有光，见（xiàn）则其邑（yì）⑤大旱。

【注释】

①独山：山名，具体所指待考。一说应在今山东济南市长清区境内。 ②末涂之水：即末涂水，水名，一说指源于今济南市长清区的长清河。 ③沔：水名，具体所指待考。与 2.14 中的沔不同。 ④䲦䗶：传说中的一种动物。（见图 4-5） ⑤邑：城镇；县。

【译文】

再向南三百里是独山，山上有很多金和玉，山下有很多美丽的石头。末涂水发源于独山，向东南流入沔，水中有很多䲦䗶，形状像黄色的蛇，长着鱼一样的鳍，从水中出入时身上发出光亮，它在哪个地方出现，哪个地方就会发生大旱。

▲图 4-5　䲦䗶图，选自《中国清代宫廷版画》

4.11 又南三百里，曰泰山①，其上多玉，其下多金。有兽焉，其状如豚（tún）②而有珠，名曰狪（tóng）狪③，其鸣自訆（jiào）④。环水⑤出焉，东流注于江⑥，其中多水玉⑦。

【注释】
①泰山：山名，在今山东泰安市北，别称岱、岱宗、岱岳，属五岳中的东岳。　②豚：小猪；也泛指猪。　③狪狪：传说中的一种兽。一说为野猪之类。　④訆：同"叫"，大声呼唤。　⑤环水：水名，发源于泰山。　⑥江：应作"汶"，水名，一说指大汶河，源出今山东莱芜市北。　⑦水玉：水晶。

【译文】
　　再向南三百里是泰山，山上有很多玉，山下有很多金。山中有一种兽，形状像猪，体内有珠子，名字叫狪狪，它的叫声像在喊自己的名字。环水发源于泰山，向东流入汶水，水中有很多水晶。

4.12 又南三百里，曰竹山①，錞（chún）②于江③，无草木，多瑶碧④。激水⑤出焉，而东南流注于娶檀之水⑥，其中多茈（zǐ）蠃⑦。

【注释】
①竹山：山名，具体所指待考。一说当在今山东大汶河南岸。与2.8中的竹山不同。　②錞：这里相当于"蹲"，指蹲踞。　③江：见4.11注⑥。　④瑶碧：美玉和青绿色的玉石。　⑤激水：水名，一说即接水，今称大清河。　⑥娶檀之水：即娶檀水，水名，具体所指待考。　⑦茈蠃：即紫螺（茈：同"紫"。蠃：应作"蠃"，即螺）。

【译文】
　　再向南三百里是竹山，它蹲踞在汶水岸边，山中不长草木，有很多美玉和青绿色的玉石。激水发源于竹山，向东南流入娶檀水，水中有很多紫色螺。

图4-6 东山一经山神图,选自《中国清代宫廷版画》

4.13 凡东山经之首,自樕䖝(sùzhū)之山①以至于竹山②,凡十二山,三千六百里。其神③状皆人身龙首。祠④:毛⑤用一犬祈,聃(èr)⑥用鱼。

【注释】

①樕䖝之山:见4.1注①。
②竹山:见4.12注①。
③神:指山神。(见图4-6)
④祠:祭祀。
⑤毛:见1.10注⑥。
⑥聃:用牲血涂器祭神。

【译文】

总计东山经首经中的山,从樕䖝山到竹山,共十二座山,距离为三千六百里。这些山的山神的形状都是人身龙首。祭祀他们的方法是:用一只狗做祭祀用的毛物进行祈祷,并把鱼血涂在祭器上。

二、东次二经

【导读】

东次二经记述了中国东部的十七座山，位于东山一经所记的山列的东面，几乎所有的山的具体位置都难以考定，但它们大致在今山东、江苏、安徽境内。

东次二经中记述的奇禽怪兽及怪鱼有：形状像鸳鸯而人足的鵹鹕（lí hú）、形状像狐而鱼翼的朱獳（rú），形状像狐而九尾、九首、虎爪的蠪（lóng）侄，形状像马而羊目、牛尾、四角的峳（yóu）峳，形状像肺而六足的珠鳖（biē）鱼，等等。

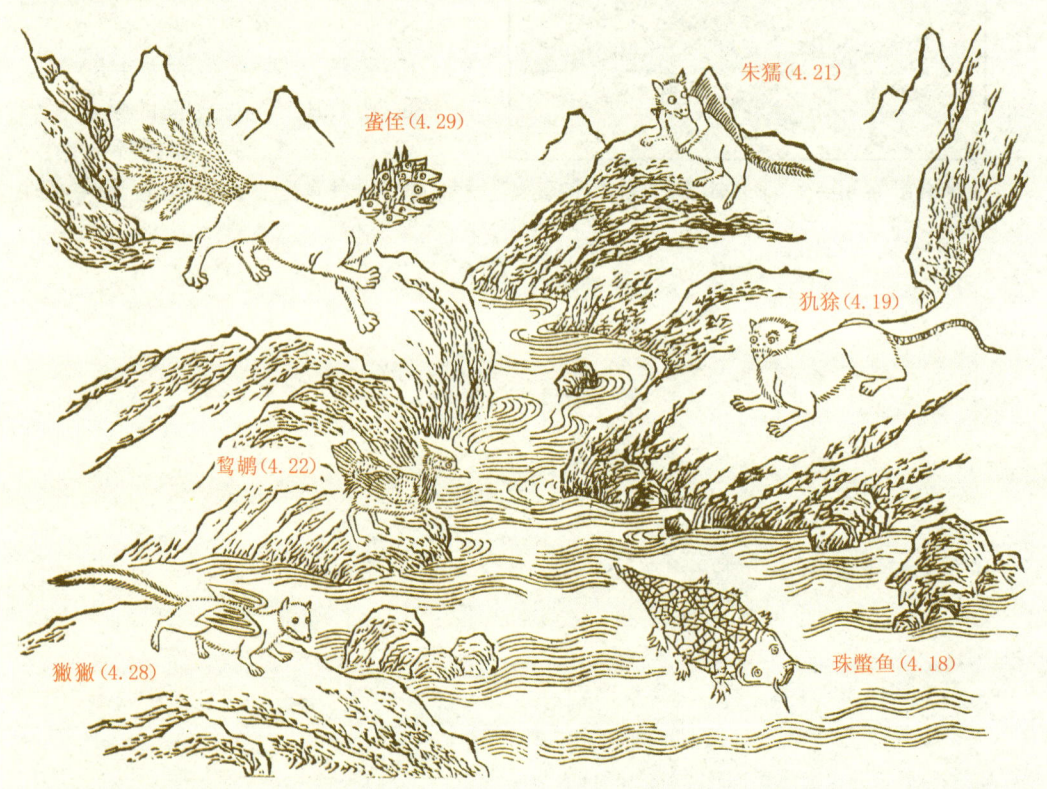

▲ 明代蒋应镐绘制的《山海经(图绘全像)》第二十七图，主要描绘了 4.18、4.19、4.21、4.22、4.28、4.29 中的珠鳖鱼、犰狳、朱獳、鵹鹕、峳峳、蠪侄六种动物

4.14 东次二经之首，曰空桑之山①，北临食水②，东望沮（jū）吴③，南望沙陵④，西望湣（mǐn）泽⑤。有兽焉，其状如牛而虎文，其音如钦⑥，其名曰軨（líng）軨⑦，其鸣自叫，见（xiàn）则天下大水。

▲图4-7 軨軨图，选自《中国清代宫廷版画》

【注释】

①空桑之山：即空桑山，山名，一说在今山东曲阜市北。与3.76中的空桑山不同。 ②食水：见4.1注③。 ③沮吴：山名，具体所指待考。 ④沙陵：沙丘。 ⑤湣泽：水名，一说当指大小汶河汇合处的水泽。 ⑥钦：通"吟"，指叹息、呻吟。 ⑦軨軨：传说中的一种兽。一说指鬣（liè）羚，体棕黄色，体长可达1.5米以上，角短而弯曲，颈有鬣毛。（见图4-7）

【译文】

东次二经中的首座山叫空桑山，它北面临近食水，东面可以看见沮吴，南面可以看见沙陵，西面可以看见湣泽。山中有一种兽，形状像牛，身上有虎一样的斑纹，发出的声音像人在呻吟，名字叫軨軨，它的叫声就像在喊自己的名字，只要它一出现，天下就会发大水。

4.15 又南六百里，曰曹夕之山①，其下多榖（gǔ）②而无水，多鸟兽。

【注释】

①曹夕之山：即曹夕山，山名，在今山东境内，具体所指待考。 ②榖：应作"榖"，见1.1注⑧。

【译文】

再向南六百里是曹夕山，山下长着很多构树，没有水，有很多鸟兽。

4.16 又西南四百里,曰崃皋(yì gāo)之山①,其上多金玉,其下多白垩(è)②。崃皋之水③出焉,东流注于激女之水④,其中多蜃(shèn)⑤珧(yáo)⑥。

【注释】
①崃皋之山:即崃皋山,山名,一说指今崃山,在山东邹城市东南。 ②垩:可用来涂饰的有色土。 ③崃皋之水:即崃皋水,水名,具体所指待考。 ④激女之水:即激女(一作"汝")水,水名,具体所指待考。 ⑤蜃:大蛤蜊。(见图4-8) ⑥珧:即江珧,软体动物,壳略呈三角形,表面苍黑色,直立插入泥沙中,终生不再移动。

【译文】
再向西南四百里是崃皋山,山上有很多金和玉,山下有很多白垩。崃皋水发源于崃皋山,向东流入激女水,水中有很多大蛤蜊和江珧。

▲图4-8 蜃指大蛤蜊,但在古代传说中,蜃可吐气成景,又说蜃形如蛇,腰以下尽为逆鳞。此为蜃图,选自绘于明代的《三才图会》

4.17 又南水行五百里,流沙三百里,至于葛山①之尾,无草木,多砥砺(dǐlì)②。

【注释】
①葛山:山名,具体所指待考。一说疑为今江苏邳(pī)州市西南的葛峄(yì)山。 ②砥砺:磨刀石。

【译文】
再向南走五百里水路,经过三百里流沙,就到了葛山的尾部,山中不长草木,有很多磨刀石。

4.18 又南三百八十里,曰葛山①之首,无草木。

澧（lǐ）水②出焉，东流注于余泽③，其中多**珠蟞**（biē）**鱼**④，其状如肺而有目，六足，有珠，其味酸甘，食之无疠（lì）⑤。

【注释】

① 葛山：见 4.17 注①。　② 澧水：水名，具体所指待考。　③ 余泽：水名，一说即徐泽，在今江苏邳（pī）州市境内，现已湮。　④ 珠蟞鱼：传说中的一种鱼。一说即中华鳖。（见图 4-9）　⑤ 疠：瘟疫；也指恶疮。

【译文】

再向南三百八十里是葛山的首端，山中不长草木。澧水发源于这一带，向东流入余泽，水中有很多珠蟞鱼，它的形状像肺，有眼睛，长着六只脚，体内有珠子，肉味酸甜，吃了以后不会得瘟疫。

▲图 4-9　珠蟞鱼图，选自《中国清代宫廷版画》

4.19　又南三百八十里，曰余峨之山①，其上多梓②楠③，其下多荆④芑（qǐ）⑤。杂余之水⑥出焉，东流注于黄水⑦。有兽焉，其状如菟（tù）⑧而鸟喙（huì）⑨，鸱（chī）⑩目蛇尾，见人则眠，名曰**犰狳**（qiúyú）⑪，其鸣自训（jiào）⑫，见（xiàn）则**螽**（zhōng）⑬、蝗为败。

【注释】

① 余峨之山：即余峨山，山名，具体所指待考。一说可能在今江苏徐州附近。　② 梓：见 1.24 注②。　③ 楠：见 1.24 注③。

【译文】

再向南三百八十里是余峨山，山上长着很多梓树和楠木，山下长着很多荆和枸杞。杂余水

▲图 4-10　犰狳图，选自《中国清代宫廷版画》

④荆:见1.24注④。
⑤芑:应作"杞",参见1.24注⑤。 ⑥杂余之水:即杂余水,水名,具体所指待考。 ⑦黄水:水名,具体所指待考。 ⑧菟:通"兔",指兔子。 ⑨喙:鸟兽的嘴。 ⑩鹗:见1.11注⑭。 ⑪犰狳:哺乳动物,身体分前、中、后三段,头顶、背部、尾部和四肢有角质鳞片,中段的鳞片有筋肉相连接,可以伸缩。趾爪锐利,善于掘土。昼伏夜出,吃昆虫、蚁和鸟卵等。(见图4-10) ⑫訆:同"叫",大声叫唤。 ⑬螽:即螽斯,一类昆虫,身体绿色或褐色,善跳跃,有的对农作物有害。(见图4-11)

发源于余峨山,向东流入黄水。山中有一种兽,形状像兔子,却长着鸟一样的嘴,鹞鹰一样的眼睛,蛇一样的尾巴,一见到人就躺下来装死,名字叫犰狳,它的叫声像在喊自己的名字,只要它一出现,就会有螽斯、蝗虫等造成灾害。

▲图4-11 螽图,选自绘于明代的《三才图会》

4.20 又南三百里,曰杜父之山①,无草木,多水。

【注释】
①杜父之山:即杜父山,山名,具体所指待考。

【译文】
再向南三百里是杜父山,山中不长草木,有很多水。

4.21 又南三百里,曰耿山①,无草木,多水碧②,多大蛇。有兽焉,其状如狐而鱼翼,其名曰朱獳(rú)③,其鸣自訆(jiào)④,见(xiàn)则其国有恐。

▶ 图 4-12 朱獳图，左图选自《中国清代宫廷版画》，右图选自日本绘制的《怪奇鸟兽图卷》

【注释】

①耿山：山名，具体所指待考。一说可能在今江苏境内。　②水碧：指水晶。　③朱獳：传说中的一种兽。一说指赤狐。（见图4-12）　④讻：同"叫"，大声叫唤。

【译文】

再向南三百里是耿山，山中不长草木，有很多水晶，还有很多大蛇。山中有一种兽，形状像狐狸，却长着鱼一样的鳍，名字叫朱獳，它的叫声像在喊自己的名字，它在哪个国家出现，哪个国家就会发生令人恐慌之事。

4.22 又南三百里，曰卢其之山①，无草木，多沙石。沙水②出焉，南流注于涔（cén）水③，其中多鴢鹕（líhú）④，其状如鸳鸯而人足，其鸣自讻（jiào）⑤，见（xiàn）则其国多土功⑥。

▲ 图 4-13 鴢鹕一说即鹈鹕，此为鹈鹕图，选自绘于明代的《补遗雷公炮制便览》

【注释】

①卢其之山：即卢其山，山名，具体所指待考。一说在今江苏境内。　②沙水：水名，具体所指待考。一说指今江苏灌云县大沙河。　③涔

【译文】

再向南三百里是卢其山，山中不长草木，遍地是沙和石头。沙水发源于卢其山，向南流入涔水，水中有

山海经　东山经第四⋯⋯东次二经

水:水名,具体所指待考。 ④鹕鸪:一说即鹈(tí)鹕,鸟名,翅膀大,嘴长,嘴下有一个可存食的皮囊,羽毛大多白色,善于游泳和捕鱼。(见图4-13) ⑤讯:同"叫",大声叫唤。 ⑥土功:土木工程。

很多鹕鸪,形状像鸳鸯,长着人一样的脚,它的鸣叫声像在喊自己的名字,它在哪个国家出现,哪个国家就会大兴土木。

4.23 又南三百八十里,曰姑射(yè)之山①,无草木,多水。

【注释】
①姑射之山:即姑射山,山名,即古石孔山,在今山西临汾西。

【译文】
再向南三百八十里是姑射山,山中不长草木,有很多水。

4.24 又南水行三百里,流沙百里,曰北姑射(yè)之山①,无草木,多石。

【注释】
①北姑射之山:即北姑射山,山名,具体所指待考。

【译文】
再向南走三百里水路,经过一百里流沙,就到了北姑射山,山中不长草木,有很多石头。

4.25 又南三百里,曰南姑射(yè)之山①,无草木,多水。

【注释】
①南姑射之山:即南姑射山,山名,具体所指待考。

【译文】
再向南三百里是南姑射山,山中不长草木,有很多水。

4.26 又南三百里,曰碧山①,无草木,多大蛇,多碧②、水玉③。

【注释】

① 碧山：山名，具体所指待考。
② 碧：青绿色的玉石。
③ 水玉：水晶。

【译文】

再向南三百里是碧山，山中不长草木，有很多大蛇，还有很多青绿色的玉石和水晶。

4.27 又南五百里，曰缑（gōu）氏之山①，无草木，多金玉。原水②出焉，东流注于沙泽③。

【注释】

① 缑氏之山：即缑氏山，山名，具体所指待考。非今河南偃师市的缑氏山。
② 原水：水名，具体所指待考。
③ 沙泽：水名，具体所指待考。

【译文】

再向南五百里是缑氏山，山中不长草木，有很多金和玉。原水发源于缑氏山，向东流入沙泽。

4.28 又南三百里，曰姑逢之山①，无草木，多金玉。有兽焉，其状如狐而有翼，其音如鸿雁，其名曰獙（bì）獙②，见（xiàn）则天下大旱。

【注释】

① 姑逢之山：即姑逢山，山名，具体所指待考。一说在今江苏境内。
② 獙獙：传说中的一种兽。（见图4-14）

【译文】

再向南三百里是姑逢山，山中不长草木，有很多金和玉。山中有一种兽，形状像狐狸，身上长着翅膀，叫声像鸿雁，它的名字叫獙獙，只要它一出现，天下就会大旱。

▲ 图4-14 獙獙图，选自清代吴任臣的《增补绘像山海经广注》

◀ 图 4-15 蠪侄图，左图选自绘于明代的《三才图会》，右图选自日本绘制的《怪奇鸟兽图卷》

4.29 又南五百里，曰凫（fú）丽之山①，其上多金玉，其下多箴（zhēn）石②。有兽焉，其状如狐而九尾、九首、虎爪，名曰蠪（lóng）侄③，其音如婴儿，是食人。

【注释】
① 凫丽之山：即凫丽山，山名，具体所指待考。一说在今安徽境内。 ② 箴石：见4.7注②。 ③ 蠪侄：传说中的一种兽。（见图4-15）

【译文】
再向南五百里是凫丽山，山上有很多金和玉，山下有很多适合制针的石头。山中有一种兽，形状像狐狸，长着九条尾巴、九个脑袋以及虎一样的爪子，名字叫蠪侄，它发出的声音像婴儿啼哭，会吃人。

4.30 又南五百里，曰硿（yīn）山①，南临硿水②，东望湖泽③。有兽焉，其状如马而羊目、四角、牛尾，其音如獆（háo）④狗，其名曰峳（yóu）峳⑤，见（xiàn）则其国多狡客⑥。有鸟焉，其状如凫（fú）⑦而鼠尾，善登木，其名曰絜（xié）钩⑧，见

▲ 图 4-16 峳峳图，选自清代吴任臣的《增补绘像山海经广注》

则其国多疫。

【注释】

① 硾山：山名，具体所指待考。一说可能指今安徽宿州市西北的睢阳山。② 硾水：水名，具体所指待考。一说可能指睢水，即今濉河，在睢阳山南面。③ 湖泽：水名，具体所指待考。④ 獆：同"嗥"，指野兽吼叫。⑤ 峳峳：传说中的一种兽。一说指鹅喉羚，尾短，四肢细长，背部灰黄色，腹及臀部白色。（见图4-16）⑥ 狡客：狡猾的人。⑦ 凫：见2.39注⑭。⑧ 絜钩：传说中的一种鸟。一说指啄木鸟。（见图4-17）

▲图4-17 絜钩图，选自日本绘制的《怪奇鸟兽图卷》

▲图4-18 东次二经山神图，选自《中国清代宫廷版画》

【译文】

再向南五百里是硾山，它南面临近硾水，东面可以看见湖泽。山中有一种兽，形状像马，长着羊一样的眼睛，四只角，牛一样的尾巴，发出的声音像狗在嗥叫，它的名字叫峳峳，它在哪个国家出现，哪个国家就会出现很多狡猾的人。山中有一种鸟，它的形状像野鸭，长着鼠一样的尾巴，擅长爬树，它的名字叫絜钩，它在哪个国家出现，哪个国家就会多发瘟疫。

4.31 凡东次二经之首，自空桑之山①至于硾（yīn）山②，凡十七山，六千六百四十里。其神③状皆兽身人面载④觡（gé）⑤。其祠⑥：毛⑦用一鸡祈，婴⑧用一璧，瘗（yì）⑨。

【注释】

① 空桑之山：见

【译文】

总计东次二经中

4.14 注①。
② 碙山:见 4.30 注①。
③ 神:指山神。(见图 4-18)
④ 载:同"戴"。
⑤ 觡:麋(mí)鹿等的角。
⑥ 祠:祭祀。
⑦ 毛:见 1.10 注⑥。
⑧ 婴:颈上的饰物。
⑨ 瘗:埋葬。

的山,从首座空桑山到碙山,共十七座山,距离为六千六百四十里。这些山的山神的形状都是兽身人面,头上有麋鹿一样的角。祭祀他们的方法是:以一只鸡为祭祀用的毛物并进行祈祷,用一块璧作为系在山神颈上的饰物,祭祀完毕后把它埋入地下。

三、东次三经

【导读】

东次三经记述了九座山，大致位于东次二经所记之山列的东面，这些山的具体位置都难以确定。有人认为，东次三经系燕昭王(?—前279年)时派人入海寻找海上三座仙山——蓬莱、方丈、瀛洲的考察记录。

东次三经篇幅很短，所记怪兽怪鱼亦很少，仅有形状如麋（mí）而鱼目的䂮（wǎn）胡和形状如鲤而六足鸟尾的鮯（gé）鮯鱼两种。

精精(4.39)　　　　　　　　山神(4.41)

䂮胡(4.32)

虎(4.33)

鮯鮯鱼(4.38)

▲ 明代蒋应镐绘制的《山海经（图绘全像）》第二十八图（此图稍有改动），主要描绘了4.32、4.33、4.38、4.39、4.41中的䂮胡、虎、鮯鮯鱼、精精四种动物及山神。

4.32 又①东次三经之首,曰尸胡之山②,北望羊羊(xiáng)山③,其上多金玉,其下多棘④。有兽焉,其状如麋(mí)⑤而鱼目,名曰䍐(wǎn)胡⑥,其鸣自訆(jiào)⑦。

【注释】
①又:此为衍字。 ②尸胡之山:即尸胡山,山名,一说指芝罘(fú)山,在今山东烟台市西北;一说在今河北境内。 ③羊羊山:山名,具体所指待考。一说疑为今山东蓬莱市北面的长岛。 ④棘:见3.20注③。 ⑤麋:即麋鹿,见2.36注②。 ⑥䍐胡:兽名,一说指白唇鹿,眼小,耳长而尖,体暗褐色。(见图4-19) ⑦訆:同"叫",大声叫唤。

【译文】
　　东次三经中的首座山叫尸胡山,它北面可以看见羊羊山,山上有很多金和玉,山下长着很多酸枣树。山中有一种兽,形状像麋鹿,却长着鱼一样的眼睛,名字叫䍐胡,它的叫声像在喊自己的名字。

▲图4-19 䍐胡图,选自《中国清代宫廷版画》

4.33 又南水行八百里,曰岐山①,其木多桃李,其兽多虎。

【注释】
①岐山:山名,具体所指待考。今陕西岐山县东北有岐山,山状如柱,亦称天柱山,与此处所指不同。

【译文】
　　再向南走八百里水路,就到了岐山,山中生长的树木多为桃树和李树,兽多为老虎。

4.34 又南水行五百里,曰诸钩之山①,无草木,多沙石。是山也,广员②百里,多寐鱼③。

【注释】
①诸钩之山:即诸钩山,山名,具体所指待考。
②员:同"圆"。
③寐鱼:即鲋(wèi)鱼,也叫嘉鱼,形状与鲤鱼相似,鳞细。

【译文】
再向南走五百里水路,就到了诸钩山,山中不长草木,到处是沙和石头。这座山方圆百里,水里有很多寐鱼。

4.35 又南水行七百里,曰中父之山①,无草木,多沙。

【注释】
①中父之山:即中父山,山名,具体所指待考。

【译文】
再向南走七百里水路,就到了中父山,山中不长草木,到处是沙子。

4.36 又东水行千里,曰胡射之山①,无草木,多沙石。

【注释】
①胡射之山:即胡射山,山名,具体所指待考。一说在今日本境内。

【译文】
再向东走一千里水路,就到了胡射山,山中不长草木,到处是沙子和石头。

4.37 又南水行七百里,曰孟子之山①,其木多梓②桐③,多桃李,其草多菌④蒲⑤,其兽多麋

▲图4-20 蒲即香蒲,此为香蒲图,选自绘于明代的《补遗雷公炮制便览》

（mí）鹿⑥。是山也，广员⑦百里，其上有水出焉，名曰碧阳⑧，其中多鳣（zhān）⑨鲔（wěi）⑩。

【注释】
①孟子之山：即孟子（一作"于"）山，山名，具体所指待考。 ②梓：见1.24注②。 ③桐：见3.6注③。 ④菌：指真菌，一类低等生物，不开花，没有茎和叶子，不含叶绿素，靠寄生生活。如蘑菇、香菇、木耳等。 ⑤蒲：即香蒲，多年生草本植物，生于浅水或池沼中，叶长而尖。（见图4-20） ⑥麋鹿：见2.36注②。 ⑦员：同"圆"。 ⑧碧阳：水名，具体所指待考。 ⑨鳣：见2.79注④。 ⑩鲔：鱼名，白鲟（xún）的古称，又名象鱼、剑鱼、琴鱼。体呈棱形，无鳞，头大，口大，眼小，吻突出呈剑状，长如象鼻，鳃盖膜发达，如象耳。（见图4-21）

【译文】
再向南走七百里水路，就到了孟子山，山中生长的树木多为梓树、桐树、桃树和李树，草多为菌类和香蒲，兽多为麋鹿。这座山方圆百里，有一条水流从山上流出，名字叫碧阳，水中有很多鳣鱼和白鲟。

▲图4-21 鲔图，选自绘于明代的《三才图会》

▲图4-22 鲐鲐鱼图，选自清代吴任臣的《增补绘像山海经广注》（此图稍有改动）

4.38 又南水行五百里，曰流沙，行五百里，有山焉，曰跂踵（qǐzhǒng）之山①，广员②二百里，无草木，有大蛇，其上多玉。有水焉，广员四十里皆涌，其名曰深泽③，其中多蠵（xī）龟④。有鱼焉，其状如鲤而六足鸟尾，名曰鲐（gé）鲐之鱼⑤，其名⑥自叫。

【注释】

①跂踵之山：即跂踵山，山名，具体所指待考。一说在今日本境内。
②员：同"圆"。
③深泽：水名，具体所指待考。
④蠵龟：也叫赤蠵龟，一种海龟，长约1米，背面褐色，杂有黄色纹，腹面淡黄，四肢呈桨状。
⑤鲐鲐之鱼：即鲐鲐鱼，传说中的一种鱼。（见图4-22）
⑥名：一说应作"鸣"。

【译文】

再向南走五百里水路，是一片流沙，再走五百里，就到了一座山，名字叫跂踵山，方圆有二百里，山中不长草木，有大蛇，山上有很多玉。有一个水泽，方圆达四十里，里面的水都在向上奔涌，它的名字叫深泽，水中有很多蠵龟。水中还有一种鱼，形状像鲤鱼，长着六只脚，鸟一样的尾巴，名字叫鲐鲐鱼，它的名字是人们根据它的叫声而取的。

4.39 又南水行九百里，曰䟄（mǔ）隅之山①，其上多草木，多金玉，多赭（zhě）②。有兽焉，其状如牛而马尾，名曰精精③，其鸣自叫。

▲图4-23 精精图，选自《中国清代宫廷版画》

【注释】

①䟄隅之山：即䟄隅山，山名，具体所指待考。一说在今日本境内。
②赭：红土。
③精精：兽名，一说指黄羊，体毛以棕黄为主，腹面白色，臀部有显著白斑，四肢细长，善于奔跑。（见图4-23）

【译文】

再向南走九百里水路，就到了䟄隅山，山上草木茂盛，有很多金和玉，还有很多红土。山中有一种兽，形状像牛，长着马一样的尾巴，名字叫精精，它的叫声像在喊自己的名字。

4.40 又南水行五百里,流沙三百里,至于无皋(gāo)之山①。南望幼海②,东望榑(fú)木③,无草木,多风。是山也,广员④百里。

【注释】
① 无皋之山:即无皋山,山名,具体所指待考。一说在今日本境内;一说可能是今山东青岛崂山。
② 幼海:水名,具体所指待考。一说指崂山西南的胶州湾。
③ 榑木:即扶桑,传说中的一种树,据说日出于扶桑之下。
④ 员:同"圆"。

【译文】
再向南走五百里水路,经过三百里流沙,就到了无皋山。山的南面可以看见幼海,东面可以看见扶桑,山中不长草木,常常刮风。这座山方圆有一百里。

4.41 凡东次三经之首,自尸胡之山①至于无皋(gāo)之山②,凡九山,六千九百里。其神③状皆人身而羊角。其祠④:用一牡羊⑤,米⑥用黍。是神也,见(xiàn)则风雨水为败。

【注释】
① 尸胡之山:见4.32注②。
② 无皋之山:见4.40注①。
③ 神:指山神。(见图4-24)
④ 祠:祭祀。
⑤ 牡羊:公羊。
⑥ 米:一说应作"糈",参见1.10注⑨。

【译文】
总计东次三经中的山,从首座尸胡山到无皋山,共九座山,距离为六千九百里。这些山的山神的形状都是人身羊角。祭祀他们的方法是:用一头公羊,米用黍米。只要这些神一出现,就会有风灾或水灾。

▲图4-24 东次三经山神图,选自《中国清代宫廷版画》

四、东次四经

【导读】

东次四经记述了位于中国东部的八座山，几乎所有山的具体位置都难以考定，但它们大致在今山东、河北、江苏境内。

东次四经篇幅很短，记述的山也很少，但几乎每座山上或与之相关的水域中都有一种怪异的动物，如在发源于东始山的泚（cǐ）水中，有一种一首而十身的茈（zǐ）鱼；在剡（shàn）山中，有一种形状如猪而人面的合窳（yǔ）；在太山中，有一种形状如牛、一目而蛇尾的蜚；等等。

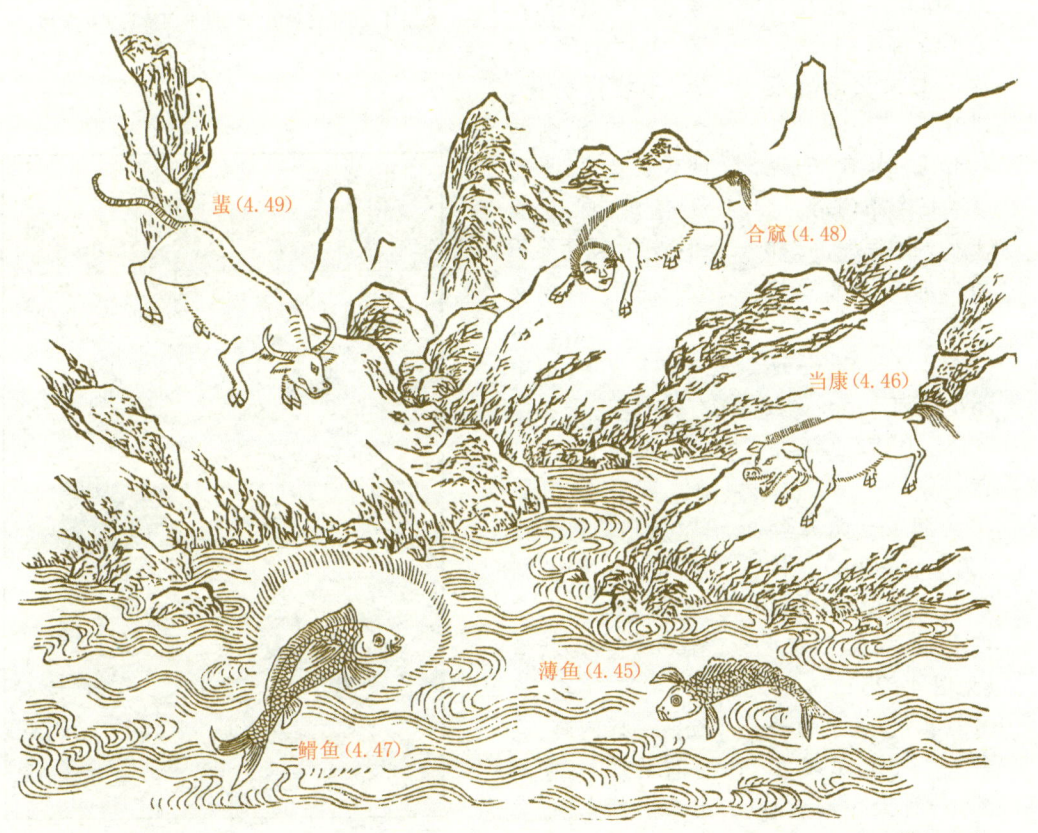

▲ 明代蒋应镐绘制的《山海经（图绘全像）》第三十图，主要描绘了4.45、4.46、4.47、4.48、4.49中的薄鱼、当康、鳙鱼、合窳、蜚五种动物

4.42 又①东次四经之首,曰北号之山②,临于北海③。有木焉,其状如杨,赤华,其实如枣而无核,其味酸甘,食之不疟④。食水⑤出焉,而东北流注于海。有兽焉,其状如狼,赤首鼠目,其音如豚(tún)⑥,名曰**獦狚**(géjū)⑦,是食人。有鸟焉,其状如鸡而白首,鼠足而虎爪,其名曰**𩿥**(qí)**雀**⑧,亦食人。

▲图4-25 獦狚图,选自《中国清代宫廷版画》

【注释】
① 又:此为衍字。
② 北号之山:即北号山,山名,一说应为今小清河畔一丘阜,临于山东北面的莱州湾。
③ 北海:水名,一说这里指今莱州湾。
④ 疟:指疟疾,一种周期性发冷发烧的传染病。
⑤ 食水:水名,一说指小清河。
⑥ 豚:小猪;也泛指猪。
⑦ 獦狚:一说应作"獦狚(gédàn)"。传说中的一种兽。一说即豺狗,又名红狼。(见图4-25)
⑧ 𩿥雀:传说中的一种鸟。一说即胡兀鹫,一种大型猛禽。(见图4-26)

【译文】
东次四经中的首座山叫做北号山,它临近北海。山中有一种树,形状像杨树,开红色的花,所结的果实像枣,里面没有核,味道酸甜,吃了以后就不会得疟疾。食水发源于北号山,向东北流入大海。山中有一种兽,形状像狼,长着红色的头,鼠一样的眼睛,发出的声音像猪叫,名字叫獦狚,会吃人。山中有一种鸟,形状像鸡,头部白色,长着鼠一样的脚,虎一样的爪子,它的名字叫𩿥雀,也会吃人。

▲图4-26 绘于清代的《钦定补绘萧云从〈离骚〉全图》中的𩿥雀形象(图中右侧动物)

▲ 图 4-27　鳑鱼图，选自清代的《山海经存》（此图稍有改动）

4.43　又南三百里，曰旄（máo）山①，无草木。苍体之水②出焉，而西流注于展水③，其中多鳑（qiū）鱼④，其状如鲤而大首，食者不疣（yóu）⑤。

【注释】
①旄山：山名，具体所指待考。一说在今河北张家口北；一说在今山东境内。②苍体之水：即苍体水，水名，具体所指待考。一说为今河北洋河的支流；一说可能是流经山东潍坊市区的潍坊西河。③展水：水名，具体所指待考。④鳑鱼：鱼名，一说指海鲇（nián），体长可达 1.5 米，头大，略扁平，眼小，无鳞。（见图 4-27）
⑤疣：见 3.2 注⑦。

【译文】
再向南三百里是旄山，山中不长草木。苍体水发源于旄山，向西流入展水，水中有很多鳑鱼，形状像鲤鱼，头很大，吃了它的肉后不会长瘊子。

▲ 图 4-28　茈鱼图，选自清代的《山海经存》。3.4 中有何罗鱼，也是一首十身的形状

4.44　又南三百二十里，曰东始之山①，上多苍玉②。有木焉，其状如杨而赤理，其汁如血，不实，其名曰芑（qǐ）③，可以服马④。泚（zǐ）水⑤出焉，而东北流注于海，其中多美贝，多茈（zǐ）鱼⑥，其状如鲋（fù）⑦，一首而十身，其臭（xiù）⑧如蘼芜（míwú）⑨，食之不糟（pì）⑩。

【注释】
①东始之山：即东始山，山名，具体所指待考。一说在今河北境内；一说在今山东境内。

【译文】
再向南三百二十里是东始山，山上有很多灰白色的玉。山

②苍玉:灰白色的玉。
③芑:古书上说的一种植物,一说指杞柳(也叫紫柳、红皮柳)。　④服马:使马驯服。
⑤泚水:水名,具体所指待考。一说指今河北的滋水;一说可能指今山东的北汶河。
⑥茈鱼:传说中的一种鱼。(见图4-28)　⑦鲋:鲫鱼。　⑧臭:气味。　⑨蘪芜:即蘼芜,参见2.9注⑨。
⑩糠:同"屁",指放屁。

中有一种树,形状像杨树,有红色的纹理,树的汁液像血一样,不结果实,名字叫芑,可以用它的汁液使马驯服。泚水发源于东始山,向东北流入大海,水中有很多美丽的贝类,还有很多茈鱼,它的形状像鲫鱼,一个脑袋,十个身子,发出像蘪芜一样的气味,吃了它的肉后就能不放屁。

4.45　又东南三百里,曰女烝(zhēng)之山①,其上无草木。石膏水②出焉,而西注于鬲(gé)水③,其中多薄鱼④,其状如鳝(shàn)⑤鱼而一目,其音如欧⑥,见(xiàn)则天下大旱。

【注释】

①女烝之山:即女烝山,山名,具体所指待考。一说指山东临朐(qú)县的石膏山;一说在今河北大名县一带。　②石膏水:水名,具体所指待考。
③鬲水:水名,具体所指待考。　④薄鱼:传说中的一种鱼。(见图4-29)
⑤鳝:通"鳝",指黄鳝。
⑥欧:通"呕",指呕吐。

【译文】

再向东南三百里是女烝山,山上不长草木。石膏水发源于女烝山,向西流入鬲水,水中有很多薄鱼,形状像黄鳝,只有一只眼睛,发出像呕吐一样的声音,只要它一出现,天下就会大旱。

▲图4-29　薄鱼图,选自清代吴任臣的《增补绘像山海经广注》

4.46　又东南二百里,曰钦山①,多金玉而无石。师水②出焉,而北流注于皋(gāo)泽③,其中多鳋(qiū)鱼④,多文贝。有兽焉,其状如豚(tún)⑤而有牙⑥,其名曰当康⑦,其鸣自叫,见(xiàn)则天下大穰(ráng)⑧。

▲图 4-30　当康图,选自日本绘制的《怪奇鸟兽图卷》

【注释】

①钦山:山名,具体所指待考。一说在今山东境内;一说在今江苏境内。　②师水:水名,具体所指待考。　③皋泽:水名,具体所指待考。3.74 中亦有皋泽。　④鳋鱼:见 4.43 注④。　⑤豚:小猪;也泛指猪。　⑥牙:这里指长牙或獠牙。　⑦当康:传说中的一种兽。(见图 4-30)　⑧穰:丰收。

【译文】

再向东南二百里是钦山,山中有很多金和玉,没有石头。师水发源于钦山,向北流入皋泽,水中有很多鳋鱼和带花纹的贝。山中有一种兽,形状像猪,长着长长的獠牙,名字叫当康,它的叫声像在喊自己的名字,只要它一出现,天下就会获大丰收。

4.47　又东南二百里,曰子桐之山①。子桐之水②出焉,而西流注于余如之泽③。其中多鳝(huá)鱼④,其状如鱼而鸟翼,出入有光,其音如鸳鸯,见(xiàn)则天下大旱。

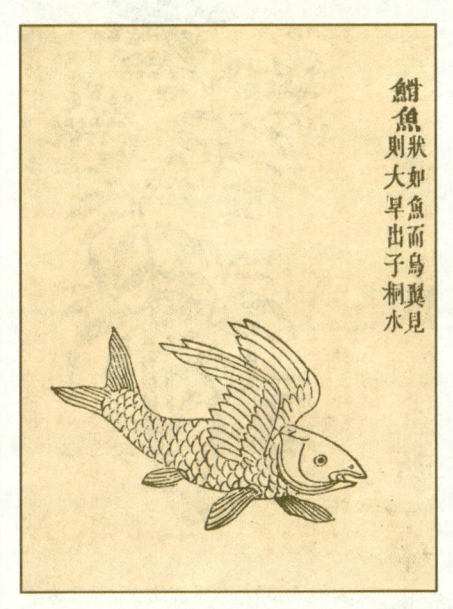

▲图 4-31　鳝鱼图,选自清代吴任臣的《增补绘像山海经广注》

【注释】

①子桐之山:即子桐山,山名,具体所指待考。一说在今山东境内;一说在今山西境内。　②

【译文】

再向东南二百里是子桐山。子桐水发源于子桐山,向西流入余如子桐之水：即子桐水，水名，具体所指待考。一说可能是今山东的潍河；一说是今山西的潇河。③余如之泽：即余如泽，水名，具体所指待考。④鳋鱼：传说中的一种鱼。与2.47中的鳋鱼不同。(见图4-31)

泽。水中有很多鳋鱼，它的形状像鱼，却长着鸟一样的翅膀，从水中出入时身上会发出光亮，它发出的声音像鸳鸯鸣叫，只要它一出现，天下就会大旱。

▲图4-32 合窳图，选自《中国清代宫廷版画》

4.48 又东北二百里，曰剡（shàn）山①，多金玉。有兽焉，其状如彘（zhì）②而人面，黄身而赤尾，其名曰**合窳**（yǔ）③，其音如婴儿。是兽也，食人，亦食虫蛇，见（xiàn）则天下大水。

【注释】
①剡山：山名，具体所指待考。一说在今山东境内。
②彘：猪。
③合窳：传说中的一种兽。一说是一种黄色野猪。(见图4-32)

【译文】
再向东北二百里是剡山，山中有很多金和玉。山中有一种兽，形状像猪，长着人一样的脸，黄色的身子，红色的尾巴，名字叫合窳，叫声像婴儿啼哭。这种兽会吃人，也吃昆虫和蛇，只要它一出现，天下就会发大水。

4.49 又东二百里，曰太山①，上多金玉、桢（zhēn）木②。有兽焉，其状如牛而白首，一目而蛇尾，其名曰**蜚**（fěi）③，行水则竭，行草则死，见（xiàn）则天下大疫。钩水④出焉，而北流注于劳水⑤，其中多鱃（qiū）鱼⑥。

▲图4-33 桢木即女贞，此为女贞图，选自绘于明代的《补遗雷公炮制便览》

▲图4-34 蜚图,选自《中国清代宫廷版画》

【注释】

① 太山:山名,一说指东泰山,在今山东临朐(qú)县东南;一说即今东岳泰山。② 桢木:即女贞,常绿大灌木或小乔木,高可达10米。叶卵形,开白色花,果实椭圆形。(见图4-33) ③ 蜚:传说中的一种兽。(见图4-34) ④ 钩水:水名,在今山东境内,具体所指待考。⑤ 劳水:水名,一说可能是今尧河。⑥ 鱃鱼:见4.43注④。

【译文】

再向东二百里是太山,山上有很多金和玉,还长着很多女贞树。山中有一种兽,形状像牛,头部白色,长着一只眼睛,蛇一样的尾巴,名字叫蜚,它在水中行走,水便会干涸;它在草丛中行走,草便会枯死。只要它一出现,天下就会发生大的瘟疫。钩水发源于太山,向北流入劳水,水中有很多鱃鱼。

4.50 凡东次四经之首,自北号之山①至于太山②,凡八山,一千七百二十里。

【注释】

① 北号之山:见4.42注②。② 太山:见4.49注①。

【译文】

总计东次四经中的山,从首座北号山到太山,共八座山,距离为一千七百二十里。

4.51 右①东经之山志②,凡四十六山,万八千八百六十里。

【注释】

① 右:见1.43注①。② 志:见1.43注②。

【译文】

以上是东山经中记载的山,共四十六座山,距离为一万八千八百六十里。

中山经自中山一经至中次十二经，共十二篇，记述了位于中国中部的一系列山，以及发源于这些山的河流，在这些山上生长的动物、植物及其形状、特点，出产的矿物，与这些山和水有关的神、历史人物，掌管这些山的山神的形状、祭祀这些山神的方法等。中山经是《山海经》的五篇山经中内容最多的一篇，共记述了一百九十七座山，它们位于今河南、山西、陕西、四川、重庆、安徽、湖北、湖南、江西境内，其中三分之一左右的山的具体位置可以确定。

中山经第五

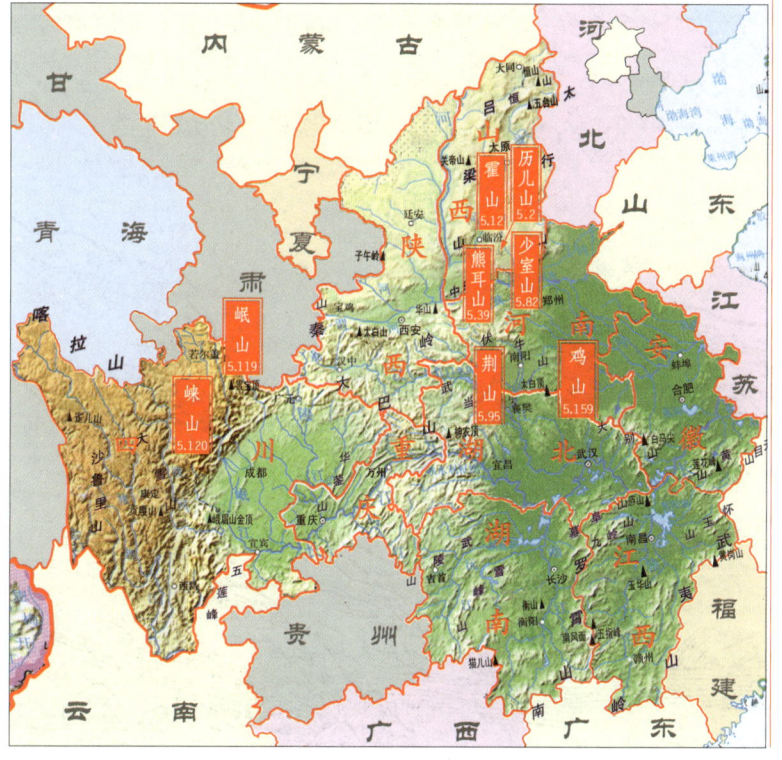

一、中山一经

【导读】

　　中山一经记述了位于中国中部的十五座山，它们基本上在今山西境内，且大部分山的具体位置都可以确定。

　　中山一经中无奇禽怪兽及怪鱼之类，但记载了不少动植物及其药用价值。如有一种豪鱼，吃了可以治疗白癣；有一种名叫豲（nài）的兽，吃了它的肉可治疗颈上的大瘤子；有一种鬼草，吃了能使人忘掉忧愁；有一种名叫雕棠的植物，吃了可以治疗耳聋；有一种枥（lì）木，吃了它的果实可以增强记忆力；等等。

▲ 明代蒋应镐绘制的《山海经（图绘全像）》第三十一图（此图稍有改动），主要描绘了5.1、5.3、5.11、5.12中的豲、豪鱼、飞鱼、肽肽四种动物

5.1 中山经薄山①之首,曰甘枣之山②。共水③出焉,而西流注于河。其上多枏(niǔ)④木,其下有草焉,葵本⑤而杏叶,黄华而荚⑥实,名曰箨(tuò)⑦,可以已⑧蕳(méng)⑨。有兽焉,其状如䶎(huī)鼠⑩而文题⑪,其名曰獜(nài)⑫,食之已瘿(yǐng)⑬。

【注释】

①薄山:山系名,一说即蒲山,位于今山西南部的中条山脉中。 ②甘枣之山:即甘枣山,山名,一说指今山西芮城县东北的甘桑山;一说在今山西永济市南。 ③共水:水名,具体所指待考。一说指今山西芮城县东北的朱石河。 ④枏:见2.7注②。 ⑤本:草木的茎或根。 ⑥荚:豆类植物的长形的果实。 ⑦箨:草名,具体所指待考。 ⑧已:治愈。 ⑨蕳:眼睛视物模糊。 ⑩䶎鼠:鼠名,具体所指待考。一说即大型的灰色鼠。 ⑪题:额头。 ⑫獜:兽名,一说指马来熊,也叫狗熊、太阳熊。(见图5-1) ⑬瘿:长在颈上的大瘤子。

【译文】

中山经中薄山山系的首座山叫甘枣山。共水发源于甘枣山,向西流入黄河。山上长着很多枏树,山下长着一种草,茎干像葵,叶子像杏叶,开黄色的花,结荚果,名字叫箨,可以治疗眼睛视物模糊的病。山中有一种兽,形状像䶎鼠,额上有花纹,名字叫獜,吃了它的肉可以治疗颈上长大瘤子的病。

▲图5-1 獜图,选自绘于清代的《古今图书集成·禽虫典》

5.2 又东二十里,曰历儿之山①,其上多橿(jiāng)②,多枥(lì)木③,是木也,方茎而员④叶,黄华而毛,其实如楝⑤,服之不忘。

【注释】

①历儿之山：即历儿山，山名，一说即历山，为中条山脉中的山峰，在今山西永济市境内。　②檀：见2.7注③。　③枥木：木名，具体所指待考。一说指甜槠(zhū)，常绿乔木，高可达20米，树皮灰褐色，叶椭圆状卵形或圆形，果实卵形，可食。　④员：同"圆"。　⑤拣：应作"楝(liàn)"，即楝树，落叶乔木，高可达15—20米，小叶卵形至椭圆形，果实黄色，长圆形或球形。

【译文】

再向东二十里是历儿山，山上有很多檀树，还有很多枥木，这种树的茎干呈方形，叶子圆形，开黄色的花，花瓣上有绒毛，所结的果实与楝树相似，吃了它能增强记忆力。

5.3　又东十五里，曰渠猪之山①，其上多竹。渠猪之水②出焉，而南流注于河。其中是多**豪鱼**③，状如鲔(wěi)④，赤喙(huì)⑤尾⑥赤羽，可以已⑦白癣⑧。

【注释】

①渠猪之山：即渠猪山，山名，在今山西芮城县北。　②渠猪之水：即渠猪水，水名，一说指今山西芮城县西的永乐河。　③豪鱼：鱼名，一说指鲟(xún)鱼，体近圆筒形，口小而尖，背部和腹部有大片硬鳞。(见图5-2)　④鲔：见4.37注⑩。　⑤喙：鸟兽的嘴。　⑥尾：一说"尾"前应有"赤"字。　⑦已：治愈。　⑧癣：由真菌引起的某些皮肤病的统称。

【译文】

再向东十五里是渠猪山，山上长着很多竹子。渠猪水发源于渠猪山，向南流入黄河。水中有很多豪鱼，形状像白鲟，长着红色的嘴，红色的尾巴，红色的鳍，吃了它的肉可以治疗白癣。

▲图5-2　豪鱼图，选自绘于清代的《古今图书集成·禽虫典》

5.4 又东三十五里，曰葱聋之山①，其中多大谷，是多白垩（è）②，黑、青、黄垩。

【注释】
①葱聋之山：即葱聋山，山名，在今山西芮城县北部。 ②垩：可用来涂饰的有色土。

【译文】
再向东三十五里是葱聋山，山中有很多巨大的山谷，还有很多白垩、黑垩、青垩和黄垩。

5.5 又东十五里，曰㟄（wō）山①，其上多赤铜，其阴多铁。

【注释】
①㟄山：山名，在今山西芮城县北。

【译文】
再向东十五里是㟄山，山上有很多赤铜，山的阴面有很多铁。

5.6 又东七十里，曰脱扈（hù）之山①。有草焉，其状如葵叶而赤华，荚②实，实如棕③荚，名曰植楮（chǔ）④，可以已⑤癙（shǔ）⑥，食之不眯（mì）⑦。

【注释】
①脱扈之山：即脱扈山，山名，在今山西芮城县北。 ②荚：见5.1注⑥。 ③棕：见2.6注②。 ④植楮：植物名，具体所指待考。 ⑤已：治愈。 ⑥癙：忧病。 ⑦眯：梦魇。

【译文】
再向东七十里是脱扈山。山中有一种草，形状像葵的叶子，开红色的花，结荚果，果实像棕榈的荚，名字叫植楮，可以用它来治疗抑郁症，吃了这种果实后就不会梦魇。

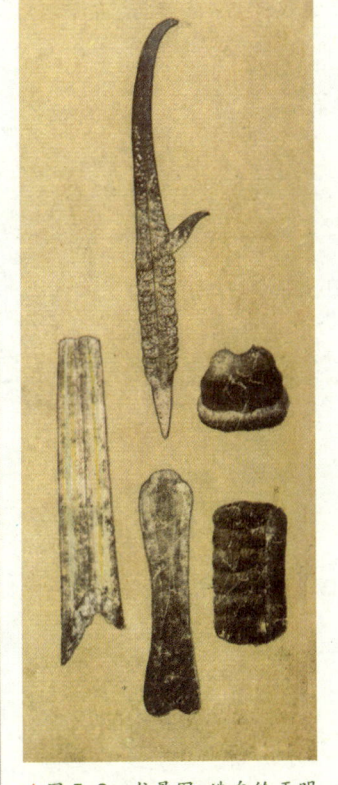

▲图5-3 龙骨图，选自绘于明代的《补遗雷公炮制便览》。图中的龙骨当指某种哺乳动物的化石

5.7 又东二十里，曰金星之山①，多天婴②，其状如龙骨③，可以已④痤（cuó）⑤。

【注释】

①金星之山:即金星山,山名,一说在今山西芮城县西。 ②天婴:一说指植物,具体所指待考;一说指天然的生物化石块。 ③龙骨:一说指植物,具体所指待考;一说指某些哺乳动物的化石。(见图5-3) ④已:治愈。 ⑤痤:痤疮,一种皮肤病,俗称粉刺。

【译文】

再向东二十里是金星山,山中有很多天婴,形状像龙骨,可以用来治疗痤疮。

5.8 又东七十里,曰泰威之山①,其中有谷,曰枭(xiāo)谷,其中多铁。

【注释】

①泰威之山:即泰威山,山名,在今山西平陆县西。

【译文】

再向东七十里是泰威山,山中有一个山谷,名叫枭谷,谷中有很多铁。

5.9 又东十五里,曰橿(jiāng)谷之山①,其中多赤铜。

【注释】

①橿谷之山:即橿谷山,山名,在今山西平陆县西北。

【译文】

再向东十五里是橿谷山,山中有很多赤铜。

5.10 又东百二十里,曰吴林之山①,其中多菅(jiān)②草。

【注释】

①吴林之山:即吴林山,山名,又叫吴山,在今山西平陆县境内。 ②菅:同"菅",见1.10注⑪。

【译文】

再向东一百二十里是吴林山,山中长着很多菅草。

▲ 图 5-4 飞鱼图,选自绘于明代的《三才图会》

5.11 又北三十里,曰牛首之山①。有草焉,名曰鬼草②,其叶如葵而赤茎,其秀③如禾④,服之不忧。劳水⑤出焉,而西流注于滫(jué)水⑥。是多飞鱼⑦,其状如鲋(fù)鱼⑧,食之已⑨痔⑩衕(dòng)⑪。

【注释】
①牛首之山:即牛首山,山名,在今山西临汾市境内。
②鬼草:草名,一说指鬼目草,多年生蔓性半灌木,茎长可达4—5米,花冠白色,浆果卵形。　③秀:谷类植物抽穗开花。
④禾:古代特指粟(谷子)。
⑤劳水:水名,在今山西浮山县北。与4.49中的劳水不同。　⑥滫水:水名,一说即今响水河,在山西襄汾县境内。　⑦飞鱼:鱼名,具体所指待考。在海中有飞鱼,翅如蝉翼。此处的飞鱼则指一种淡水鱼。(见图5-4)　⑧鲋鱼:鲫鱼。　⑨已:治愈。
⑩痔:痔疮。　⑪衕:腹泻。

【译文】
再向北三十里是牛首山。山中有一种草,名叫鬼草,叶子像葵叶,红色的茎,像粟一样抽穗开花,人吃了它就不会再忧愁。劳水发源于牛首山,向西流入滫水。水中有很多飞鱼,它的形状像鲫鱼,人吃了它的肉后可以治疗痔疮和腹泻。

▲ 图 5-5 𦙐𦙐图,选自《中国清代宫廷版画》

5.12 又北四十里,曰霍山①,其木多榖(gǔ)②。有兽焉,其状如狸③而白尾有鬣(liè)④,名曰𦙐(fěi)𦙐⑤,养之可以已⑥忧。

【注释】
①霍山:山名,在今山西霍州市东南。　②榖:见1.1注⑧。　③狸:见1.6注②。　④鬣:兽类颈上的长毛。　⑤朏朏:兽名,一说指白鼬(yòu),全身白色,四肢短小,爪长而尖。(见图5-5)　⑥已:治愈。

【译文】
再向北四十里是霍山,山中生长的树多为构树。山中有一种兽,形状像山猫,白色的尾巴,颈上有长毛,名字叫朏朏,喂养它可以治疗抑郁症。

5.13　又北五十二里,曰合谷之山①,是多薝(zhān)棘②。

【注释】
①合谷之山:即合谷山,山名,在今山西中南部,具体所指待考。　②薝棘:薝卜和棘,薝卜是一种花,植株高七八尺,叶子像李叶,开白色花;棘指酸枣树。一说薝棘为一种植物,具体所指待考。

【译文】
再向北五十二里是合谷山,山中长着很多薝卜和酸枣树。

5.14　又北三十五里,曰阴山①,多砺(lì)②石、文石。少水③出焉,其中多雕棠④,其叶如榆叶而方,其实如赤菽(shū)⑤,食之已⑥聋。

【注释】
①阴山:山名,一说可能指绵山,在今山西灵石县、沁源县交界处。　②砺:粗的磨刀石。　③少水:水名,一说即今沁河,见3.62注②。　④雕棠:植物名,具体所指待考。一说疑是枸骨,灌木或小乔木,叶长椭圆状四方形,开白色花,核果球形或

【译文】
再向北三十五里是阴山,山中有很多粗磨刀石和有花纹的石头。少水发源于阴山,这一带有很多雕棠,它的叶子像榆树叶,呈方形,所结的

椭圆形。　⑤ 菽：豆类的总称。　　　　果实像红豆，吃了以后可
⑥ 已：治愈。　　　　　　　　　　　　以治疗耳聋。

5.15
又东北四百里，曰鼓镫（dēng）之山①，多赤铜。有草焉，名曰荣草②，其叶如柳，其本③如鸡卵，食之已④风⑤。

【注释】

① 鼓镫之山：即鼓镫山，山名，在今山西境内，具体所指待考。　② 荣草：草名，具体所指待考。一说疑为葳蕤（wěiruí），即玉竹，多年生草本植物，地下茎具鞭状肉质块根。
③ 本：草木的茎或根。　④ 已：治愈。　⑤ 风：见3.11注⑨。

【译文】

再向东北四百里是鼓镫山，山中有很多赤铜。山中有一种草，名字叫荣草，叶子像柳叶，茎干像鸡蛋，吃了它可以治疗中风、痛风等疾病。

5.16
凡薄山①之首，自甘枣之山②至于鼓镫（dēng）之山③，凡十五山，六千六百七十里。历儿④，冢（zhǒng）⑤也，其祠⑥礼：毛⑦，太牢⑧之具，县⑨以吉玉⑩。其余十三山者，毛用一羊，县婴⑪用桑封⑫，瘗（yì）⑬而不糈（xǔ）⑭。桑封者，桑主⑮也，方其下而锐其上，而中穿之加金⑯。

【注释】

① 薄山：见5.1注①。　② 甘枣之山：见5.1注②。　③ 鼓镫之山：见5.15注①。　④ 历儿：指历儿山，见5.2注①。　⑤ 冢：见2.20注④。　⑥ 祠：祭祀。　⑦ 毛：见1.10注⑥。　⑧ 太牢：见2.20注⑥。　⑨ 县：同"悬"，指悬挂。　⑩ 吉

【译文】

总计薄山山系中的山，从首座甘枣山到鼓镫山，共十五座山，距离为六千六百七十里。历儿山是大的山神所在之处，祭祀其山神的仪式是：用牛、羊、猪三种毛物具备的太牢之礼，上面悬挂吉

玉:彩色的玉。 ⑪婴:颈上的饰物。 ⑫桑封:一说应作"藻珪",即带彩纹的圭(藻:彩色的花纹。珪:同"圭");一说指以桑为祭祀对象。 ⑬瘗:埋葬。 ⑭糈:见 1.10 注⑨。 ⑮桑主:一说应作"藻玉";一说以桑为神主。 ⑯加金:指以金为装饰。

玉。祭祀其余十三位山神的仪式是:用一头羊为毛物,用带彩纹的圭作为悬挂在山神颈上的饰物,祭祀完毕后把它们埋入地下,不用精米。所谓藻珪,也就是藻玉,它的下面是方的,上面是尖的,中间穿孔后再用金装饰。

二、中次二经

【导读】

中次二经记述了位于中国中部的九座山,除了鲜山、蓡(jiān)山、阳山等少数几座山,大部分山的具体位置都难以考定,但它们大致在今河南境内。

中次二经中记述了四种怪异的动物,包括人面虎身的马腹、形状像猪而有角的蛫蚳(lóngchí)、形状像蛇而有四翼的鸣蛇和人面豺身而有鸟翼的化蛇。

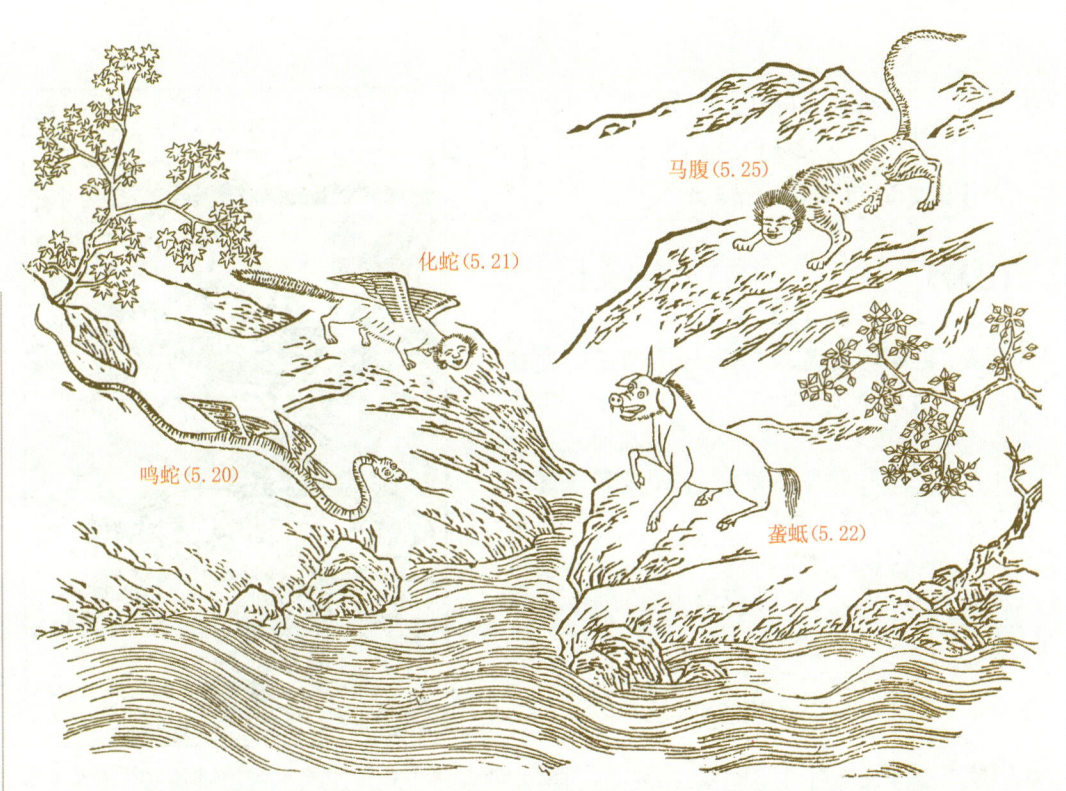

▲ 根据明代蒋应镐绘制的《山海经(图绘全像)》编辑而成的图,主要描绘了5.20、5.21、5.22、5.25中的鸣蛇、化蛇、蛫蚳、马腹四种动物

5.17 中次二经济山①之首,曰辉诸之山②,其上多桑,其兽多闾(lú)③麋(mí)④,其鸟多鹖(hé)⑤。

【注释】
①济山:山系名,具体所指待考。一说指济水所出的山。济水见13.34注①。
②辉诸之山:即辉诸山,山名,具体所指待考。一说在今河南境内。
③闾:见3.29注②。
④麋:即麋鹿,见2.36注②。
⑤鹖:鸟名,雉类,羽毛青色,善斗。一说即褐马鸡,也叫鹖鸡,体长约1米,羽毛大部分黑褐色兼带黄色,脚有硬距,善斗。

【译文】
中次二经中的济山山系的首座山叫做辉诸山,山上长着很多桑树,山中的兽多为闾和麋鹿,鸟多为鹖鸟。

5.18 又西南二百里,曰发视之山①,其上多金玉,其下多砥砺(dǐ lì)②。即鱼之水③出焉,而西流注于伊水④。

【注释】
①发视之山:即发视山,山名,具体所指待考。一说在今河南登封市西。
②砥砺:磨刀石。
③即鱼之水:即即鱼水,水名,具体所指待考。
④伊水:水名,即伊河,洛河的支流,在今河南西部。(见图5-6)

【译文】
再向西南二百里是发视山,山上有很多金和玉,山下有很多磨刀石。即鱼水发源于发视山,向西流入伊河。

▲图5-6 伊水是洛河的支流,此为绘于清代的《钦定书经图说》中的"导洛副图",描绘了大禹治水时疏通洛河及其支流伊水等时的情形

5.19 又西三百里,曰豪山①,其上多金玉而无草木。

【注释】

① 豪山：山名，具体所指待考。一说指狼㖒山，在今河南登封市西。

【译文】

再向西三百里是豪山，山上有很多金和玉，不长草木。

▲ 图5-7 鸣蛇图，选自《中国清代宫廷版画》

5.20 又西三百里，曰鲜山①，多金玉，无草木。鲜水②出焉，而北流注于伊水③。其中多**鸣蛇**④，其状如蛇而四翼，其音如磬（qìng），见（xiàn）则其邑（yì）⑤大旱。

【注释】

① 鲜山：山名，在今河南嵩县境内。② 鲜水：水名，具体所指待考。③ 伊水：见5.18注④。④ 鸣蛇：传说中的一种动物。（见图5-7）⑤ 邑：城镇；县。

【译文】

再向西三百里是鲜山，山中有很多金和玉，不长草木。鲜水发源于鲜山，向北流入伊河。水中有很多鸣蛇，它的形状像蛇，长着四只翅膀，发出的声音像击磬，它在哪个地方出现，哪个地方就会发生大旱。

▲ 图5-8 化蛇图，选自《中国清代宫廷版画》

5.21 又西三百里，曰阳山①，多石，无草木。阳水②出焉，而北流注于伊水③。其中多**化蛇**④，其状如人面而豺⑤身，鸟翼而蛇行，其音如叱⑥呼，见（xiàn）则其邑（yì）⑦大水。

【注释】

① 阳山：山名，在今河南嵩县境内。

【译文】

再向西三百里是阳山，山中有很多石

②阳水：水名，在今河南嵩县境内。与3.71中的阳水不同。　③伊水：见5.18注④。　④化蛇：传说中的一种动物。（见图5-8）　⑤豺：一种像狼的野兽，嘴比狼的短。　⑥叱：大声呵斥。　⑦邑：城镇；县。

头，不长草木。阳水发源于阳山，向北流入伊河。水中有很多化蛇，长着人一样的脸，豺一样的身子，鸟一样的翅膀，像蛇一样游动，发出的声音像人在大声叫骂，它在哪个地方出现，哪个地方就会发大水。

▲图5-9　蠪蛭图，选自《中国清代宫廷版画》

5.22　又西二百里，曰昆吾之山①，其上多赤铜。有兽焉，其状如彘（zhì）②而有角，其音如号③，名曰蠪蛭（lóngchí）④，食之不眯（mì）⑤。

【注释】
①昆吾之山：即昆吾山，山名，在今河南西部，具体所指待考。　②彘：猪。　③号：号哭。　④蠪蛭：传说中的一种兽。（见图5-9）　⑤眯：梦魇。

【译文】
再向西二百里是昆吾山，山上有很多赤铜。山中有一种兽，形状像猪，头上长着角，发出的声音像人号哭，名字叫蠪蛭，人吃了它的肉后不会梦魇。

5.23　又西百二十里，曰荔（jiān）山①。荔水②出焉，而北流注于伊水③，其上多金玉，其下多青雄黄④。有木焉，其状如棠⑤而赤叶，名曰芒草⑥，可以毒鱼。

【注释】

①蔜山：山名，在今河南栾川县。 ②蔜水：水名，一说即今栾川县的栾川河。 ③伊水：见5.18注④。 ④青雄黄：见2.34注②。 ⑤棠：见2.35注③。 ⑥芒草：也叫芒，多年生草本植物，状如茅，叶片绒状披针形，果实多毛。一说即莽草，一种有毒的植物，亦称水莽，常绿灌木或小乔木，果实有剧毒。

【译文】

再向西一百二十里是蔜山。蔜水发源于蔜山，向北流入伊河，山上有很多金和玉，山下有很多石青和雄黄。山中有一种树，形状像棠树，长着红色的叶子，名字叫芒草，可以用来毒杀鱼。

5.24 又西一百五十里，曰独苏之山①，无草木而多水。

【注释】

①独苏之山：即独苏山，山名，具体所指待考。一说在今河南栾川县西北。

【译文】

再向西一百五十里是独苏山，山中不长草木，有很多水。

5.25 又西二百里，曰蔓渠之山①，其上多金玉，其下多竹箭②。伊水③出焉，而东流注于洛④。有兽焉，其名曰**马腹**⑤，其状如人面⑥虎身，其音如婴儿，是食人。

▲图5-10 马腹图，选自清代吴任臣的《增补绘像山海经广注》

【注释】

①蔓渠之山：即蔓渠山，山名，一说指今河南栾川县的闷顿岭。 ②竹箭：见2.8注⑪。

【译文】

再向西二百里是蔓渠山，山上有很多金和玉，

③伊水:见5.18注④。
④洛:即洛河,见2.8注⑭。　⑤马腹:传说中的一种兽。一说指虎鼬(yòu),体长12—40厘米,四肢粗短有力,尾长为体长之半。(见图5-10)
⑥面:一作"而"。

山下长着很多小竹。伊河发源于蔓渠山,向东流入洛河。这一带有一种兽,名字叫马腹,形状是人面虎身,叫声像婴儿啼哭,会吃人。

辉諸山至蔓渠山共九山之神圖

5.26 凡济山①经②之首,自辉诸之山③至于蔓渠之山④,凡九山,一千六百七十里,其神⑤皆人面而鸟身。祠⑥用毛⑦,用一吉玉⑧,投而不糈(xǔ)⑨。

【注释】
①济山:见5.17注①。
②经:该字疑为衍文。
③辉诸之山:见5.17注②。　④蔓渠之山:见5.25注①。　⑤神:指山神。(见图5-11)　⑥祠:祭祀。　⑦毛:见1.10注⑥。　⑧吉玉:彩色的玉。　⑨糈:见1.10注⑨。

【译文】
　　总计济山山系中的山,从首座辉诸山到蔓渠山,共九座山,距离为一千六百七十里,这些山的山神的形状都是人面鸟身。祭祀他们时都用毛物,并用一块彩色的玉,把它投入山中,不用精米。

▲图5-11　中次二经山神图,选自《中国清代宫廷版画》

三、中次三经

【导读】

中次三经记述了中国中部的五座山，它们位于今河南境内，其中青要山、騩（guī）山、宜苏山的具体位置可以确定。

中次三经篇幅不长，除了记述一些常见的动植物、矿物，主要记述了熏池、武罗、泰逢三位神的形状特点，以及两种长得较怪的动物：一是形状像白鹿而有四角的夫诸，一是外形像猪的飞鱼。

▲ 明代蒋应镐绘制的《山海经（图绘全像）》第三十三图（此图稍有改动），主要描绘了5.27、5.28、5.29、5.31中的夫诸、䴐、飞鱼三种动物及武罗和泰逢神

5.27 中次三经萯（bèi）山①之首,曰敖岸之山②,其阳多㻬琈（tūfú）③之玉,其阴多赭（zhě）④、黄金。神熏池⑤居之。是常出美玉。北望河林⑥,其状如茜（qiàn）⑦如举⑧。有兽焉,其状如白鹿而四角,名曰**夫诸**⑨,见（xiàn）则其邑（yì）⑩大水。

【注释】
①萯山:山名,一说指今河南新安县西北的东首阳山。 ②敖岸之山:即敖岸山,山名,具体所指待考。一说在今河南渑（miǎn）池县西北。 ③㻬琈:美玉名。 ④赭:红土。 ⑤熏池:传说中的神名。 ⑥河林:指黄河岸边的树林。 ⑦茜:即茜草,多年生草本植物,根圆锥形,黄赤色,茎有倒生刺,叶心脏形或长卵形,花冠黄色,果实球形。 ⑧举:即"榉（jǔ）",榉树,落叶乔木,高可达30米,叶卵形或椭圆披针形。 ⑨夫诸:兽名,具体所指待考。（见图5-12） ⑩邑:城镇;县。

【译文】
中次三经中萯山山系的首座山叫做敖岸山,山的阳面有很多㻬琈玉,阴面有很多红土和黄金。名叫熏池的神住在这座山上。这一带经常出美玉。北面可以望见黄河岸边的树林,远远看去,好像是茜草或榉树。山中有一种兽,形状像白鹿,长着四只角,名字叫夫诸,它在哪个地方出现,哪个地方就会大水。

▲图5-12　夫诸图,选自《中国清代宫廷版画》

▲图5-13　禹父鲧化身为黄熊图,选自绘于清代的《钦定补绘萧云从〈离骚〉全图》

5.28 又东十里,曰青要之山①,实维帝②之密都③。北望河曲④,是多驾鸟⑤。南望墠渚（shànzhǔ）⑥,**禹父**⑦之所化,是

多仆累⑧、蒲卢⑨。魃（shén）⑩武罗⑪司之，其状人面而豹文，小要⑫而白齿，而穿耳以鐻（qú）⑬，其鸣如鸣玉。是山也，宜女子。畛（zhěn）水⑭出焉，而北流注于河。其中有鸟焉，名曰鴢（yǎo）⑮，其状如凫（fú）⑯，青身而朱目赤尾，食之宜子。有草焉，其状如葽（jiān）⑰而方茎、黄华、赤实，其本⑱如藁（gǎo）本⑲，名曰荀草⑳，服之美人色。

▲图5-14 武罗神图，选自《中国清代宫廷版画》

▲图5-15 鴢图，选自绘于明代的《三才图会》

【注释】

①青要之山：即青要山，山名，在今河南新安县境内。
②帝：见2.45注⑩。
③密都：秘密居住的行宫。
④河曲：黄河弯曲的地方。
⑤驾鸟：鸟名，具体所指待考。一说指鹅。
⑥墠渚：地名，具体所指待考（墠：经过整治的郊野平地。渚：水中间的小块陆地）。一说在今河南伊川县境内。
⑦禹父：大禹之父，即鲧（gǔn），号崇伯。曾奉尧命治水，因筑堤堵水，九年未治平，被舜杀死在羽山。传说鲧死后化身为黄熊。（见图5-13）
⑧仆累：

【译文】

再向东十里是青要山，这里其实是黄帝的秘密行宫。北面可以望见河曲，那里有很多驾鸟。南面可以望见墠渚，那里是大禹的父亲鲧死后化身的地方，有很多蜗牛和田螺。名叫武罗的山神掌管着这座山，他长着人一样的脸，身上有豹一样的斑纹，细小的腰，洁白的牙齿，耳朵上戴着金属制的耳饰，发出像玉器互相撞击一样的声音。这座山对女子最为适宜。畛水发源于青要山，向北流入黄河。山中蜗牛。 ⑨蒲卢：即果蠃(luó)，一种细腰的蜂。一说指蛤或田螺。 ⑩魑：指山神。 ⑪武罗：传说中的神名。(见图5-14) ⑫要：即"腰"。 ⑬镂：金属制的耳饰。 ⑭眕水：水名，在今河南新安县境内。 ⑮䳐：鸟名，一说指鱼鹰。(见图5-15) ⑯凫：见2.39注⑭。 ⑰荽：兰草，一种多年生草本植物，叶子卵圆形，花白色或带紫色，有香气。 ⑱本：草木的茎或根。 ⑲蘽本：似应作"藁本"，即"稿本"，指一种香草。 ⑳荀草：草名，一说应作"苞草"，具体所指待考。

有一种鸟，名字叫䳐，形状像野鸭，青色的身子，红色的眼睛，红色的尾羽，吃了它的肉后有利于生育。山中有一种草，形状像兰草，茎干呈方形，开黄色的花，结红色的果实，它的茎干像蘽本，名字叫荀草，人吃了它能使肤色美丽。

5.29 又东十里，曰䱱(guī)山①，其上有美枣，其阴有琈珻(tūfú)②之玉。正回之水③出焉，而北流注于河。其中多飞鱼④，其状如豚(tún)⑤而赤文，服之不畏雷，可以御兵。

【注释】
①䱱山：山名，在今河南新安县北。 ②琈珻：美玉名。 ③正回之水：即正回水，水名，一说即强川水，在今河南孟津县西北。 ④飞鱼：鱼名，与5.11中所说的飞鱼不同。一说指黄河鲤鱼。 ⑤豚：小猪；也泛指猪。

【译文】
再向东十里是䱱山，山上长着味道鲜美的枣，山的阴面有琈珻玉。正回水发源于䱱山，向北流入黄河。水中有很多飞鱼，形状像猪，身上有红色的斑纹，吃了它的肉后不怕惊雷，还可以防止兵器的伤害。

5.30 又东四十里，曰宜苏之山①，其上多金玉，其下多蔓居②之木。滽(yōng)滽之水③出焉，而北流注于河，是多黄贝。

【注释】

①宜苏之山：即宜苏山，山名，在今河南孟津县境内。
②蔓居：木名，具体所指待考。一说指蔓荆，又叫荆，落叶小灌木，高约3米，小叶阔卵形，花冠淡紫色。(见图5-16)
③潕潕之水：即潕潕水，水名，在今河南孟津县界。一说可能是今河南新安县北的横河。

【译文】

再向东四十里是宜苏山，山上有很多金和玉，山下长着很多蔓居木。潕潕水发源于宜苏山，向北流入黄河，水中有很多黄色的贝。

▲图5-16 蔓居木一说指蔓荆，此为蔓荆图，选自绘于明代的《补遗雷公炮制便览》

5.31 又东二十里，曰和山①，其上无草木而多瑶碧②，实惟河之九都③。是山也，五曲，九水出焉，合而北流注于河，其中多苍玉④。吉神**泰逢**⑤司之，其状如人而虎尾，是好居于萯(bèi)山⑥之阳，出入有光。泰逢神动天地气⑦也。

【注释】

①和山：山名，在今河南西北部，具体所指待考。
②瑶碧：美玉和青绿色的玉石。
③河之九都：黄河的九条支流的发源地。
④苍玉：灰白色的玉。
⑤泰逢：传说中的神名。(见图5-17)
⑥萯山：见5.27注①。
⑦动天地气：指能兴云作雨，改变天气。

【译文】

再向东二十里是和山，山上不长草木，有很多美玉和青绿色的玉石，它实际上是黄河的九条支流的发源地。这座山蜿蜒连绵，有五个大的弯曲处，九条水流发源于此，汇合后向北流入黄河，水中有很多灰白色的玉。名叫泰逢的吉祥之神掌管着这座山，他的形状像人，长着虎一样的尾巴，喜欢居住在萯山的阳面，出入时身上发出光亮。泰逢神神通广大，能兴云作雨，改变天气。

5.32 凡萯（bèi）山①之首,自敖岸之山②至于和山③,凡五山,四百四十里。其祠④:泰逢⑤、熏池⑥、武罗⑦皆一牡羊⑧副（pì）⑨,婴⑩用吉玉⑪。其二神用一雄鸡瘗（yì）⑫之,糈（xǔ）⑬用稌（tú）⑭。

【注释】

① 萯山:见5.27注①。
② 敖岸之山:见5.27注②。
③ 和山:见5.31注①。
④ 祠:祭祀。
⑤ 泰逢:见5.31注⑤。
⑥ 熏池:见5.27注⑤。
⑦ 武罗:见5.28注⑪。
⑧ 牡羊:公羊。
⑨ 副:剖开;破开。
⑩ 婴:颈上的饰物。
⑪ 吉玉:彩色的玉。
⑫ 瘗:埋葬。
⑬ 糈:见1.10注⑨。
⑭ 稌:见1.10注⑩。

【译文】

总计萯山山系中的山,从首座敖岸山到和山,共五座山,距离为四百四十里。祭祀这些山的山神的方法是:泰逢、熏池、武罗这三位山神都用一只剖开的公羊,用彩色的玉作为挂在山神颈上的饰物。其余两位山神用一只雄鸡,祭祀时把它埋入地下,用糯米作祭神用的精米。

▲图5-17 泰逢神图,选自《中国清代宫廷版画》

四、中次四经

【导读】

中次四经记述了中国中部的九座山,它们位于今河南和陕西境内,其中大部分山的具体位置可以确定。

中次四经中记述的怪兽有两种:一为䴤(yín),其状如貉(hé)而人目;一为獌(xié),其状如獳(nòu)犬而有鳞。此外,文中还记述了一些常见的动物、矿物及茇(bá)和葶苈(dǐngnìng)两种可用来毒鱼的植物等。

▲ 明代蒋应镐绘制的《山海经(图绘全像)》第三十三图(此图稍有改动),主要描绘了 5.34、5.35、5.42 中的䴤、犀渠、獌三种动物及山神

5.33 中次四经厘山①之首,曰鹿蹄之山②,其上多玉,其下多金。甘水③出焉,而北流注于洛④,其中多泠(líng)石⑤。

【注释】
①厘山:山系名,在今河南西北部。 ②鹿蹄之山:即鹿蹄山,山名,在今河南宜阳县。 ③甘水:水名,即甘河,发源于今河南宜阳县。 ④洛:即洛河,见2.8注⑭。 ⑤泠石:石名,具体所指待考。一说疑为"冷石",即滑石,色青白,质软而细,主要成分为硅酸镁。

【译文】
中次四经中的厘山山系的首座山是鹿蹄山,山上有很多玉,山下有很多金。甘水发源于鹿蹄山,向北流入洛河,水中有很多泠石。

5.34 西五十里,曰扶猪之山①,其上多礝(ruǎn)石②。有兽焉,其状如貉(hé)③而人目,其名曰䴦(yín)④。虢(guó)水⑤出焉,而北流注于洛⑥,其中多瓀(ruǎn)石⑦。

【注释】
①扶猪之山:即扶猪山,山名,在今河南宜阳县,一说即今半坡山。 ②礝石:即瓀石,指似玉的美石。 ③貉:兽名,毛棕灰色,耳小,嘴尖。 ④䴦:传说中的一种兽。一说指麖(xī)鹿,外形似鹿而非鹿,无角,体长50厘米左右,前肢短而后肢长。(见图5-18) ⑤虢水:水名,具体所指待

【译文】
向西五十里是扶猪山,山上有很多似玉的美石。山中有一种兽,形状像貉,长着人一样的眼睛,它的名字叫䴦。虢水发源于扶猪

▲图5-18 䴦图,选自绘于清代的《古今图书集成·禽虫典》

212

考。一说其在今河南宜阳县城东入洛河。 ⑥洛：即洛河，见2.8注⑭。 ⑦瑈石：似玉的美石。

山，向北流入洛河，水中有很多似玉的美石。

5.35 又西一百二十里，曰厘山①，其阳多玉，其阴多蒐（sōu）②。有兽焉，其状如牛，苍身，其音如婴儿，是食人，其名曰**犀渠**③。滽（yōng）滽之水④出焉，而南流注于伊水⑤。有兽焉，名曰**獭**（xié）⑥，其状如獳（nòu）⑦犬而有鳞，其毛如彘（zhì）⑧鬣（liè）⑨。

▲图5-19 犀渠图，选自《中国清代宫廷版画》

【注释】

①厘山：山名，在今河南西北部的熊耳山中。 ②蒐：即茜（qiàn）草，参见5.27注⑦。 ③犀渠：兽名，一说即犀牛之类。（见图5-19） ④滽滽之水：见5.30注③。 ⑤伊水：见5.18注④。 ⑥獭：兽名，一说即獭，有水獭和旱獭。（见图5-20） ⑦獳：狗发怒的样子。 ⑧彘：猪。 ⑨鬣：兽类颈上的长毛。

【译文】

再向西一百二十里是厘山，山的阳面有很多玉，阴面有很多茜草。山中有一种兽，形状像牛，青灰色的身子，叫声像婴儿啼哭，会吃人，它的名字叫犀渠。滽滽水发源于厘山，向南流入伊河。这一带有一种兽，名字叫獭，它的形状像发怒的狗，身上有鳞，毛像猪鬃。

▲图5-20 獭图，选自清代吴任臣的《增补绘像山海经广注》

5.36 又西二百里，曰箕（jī）尾之山①，多榖（gǔ）②，多涂石③，其上多㻬琈（tūfú）④之玉。

【注释】
①箕尾之山：即箕尾山，山名，一说在今河南嵩县西北，今名神灵寨山。
②榖：应作"榖"，见1.1注⑧。
③涂石：石名，一说即泠（líng）石，见5.33注⑤。
④㻬琈：美玉名。

【译文】
再向西二百里是箕尾山，山中长着很多构树，还有很多涂石，山上有很多㻬琈玉。

5.37 又西二百五十里，曰柄山①，其上多玉，其下多铜。滔雕之水②出焉，而北流注于洛③。其中多羬（qián）羊④。有木焉，其状如樗（chū）⑤，其叶如桐⑥而荚⑦实，其名曰茇（bá）⑧，可以毒鱼。

【注释】
①柄山：山名，即今巧女寨山，在河南西北部。
②滔雕之水：即滔雕水，水名，在今河南宜阳、洛宁、卢氏县境。
③洛：即洛河，见2.8注⑭。
④羬羊：见2.1注④。
⑤樗：臭椿树。
⑥桐：见3.6注③。
⑦荚：见5.1注⑥。
⑧茇：木名，具体所指待考。一说系"艾"字之误，指艾草。

【译文】
再向西二百五十里是柄山，山上有很多玉，山下有很多铜。滔雕水发源于柄山，向北流入洛河。山中有很多羬羊。山中有一种树，形状像臭椿树，叶子像桐树叶，结荚果，名字叫茇，可以用来毒杀鱼类。

5.38 又西二百里，曰白边之山①，其上多金玉，其下多青雄黄②。

【注释】
①白边之山：即白边山，山名，在今河南卢氏县。
②青雄黄：见2.34注②。

【译文】
再向西二百里是白边山，山上有很多金和玉，山下有很多石青和雄黄。

5.39 又西二百里,曰熊耳之山①,其上多漆②,其下多棕③。浮濠之水④出焉,而西流注于洛⑤,其中多水玉⑥,多人鱼⑦。有草焉,其状如苏⑧而赤华,名曰葶苎（dǐngnìng）⑨,可以毒鱼。

【注释】
① 熊耳之山：即熊耳山,山名,在今河南西北部,系秦岭东段支脉,因两峰状若熊耳,故名。主峰全宝山在洛宁县西南。
② 漆：见2.69注②。
③ 棕：见2.6注②。
④ 浮濠之水：即浮濠水,水名,具体所指待考。
⑤ 洛：即洛河,见2.8注⑭。
⑥ 水玉：水晶。
⑦ 人鱼：见2.8注⑯。
⑧ 苏：植物名,有紫苏和白苏,紫苏是一年生草本植物,茎方形,开淡紫色花；白苏也是一年生草本植物,茎有四棱,叶子卵圆形,开白色小花。
⑨ 葶苎：一种有毒的草。一说即醉鱼草,落叶灌木,高1—2.5米,叶卵圆形,花冠紫色,结蒴(shuò)果。

【译文】
　　再向西二百里是熊耳山,山上长着很多漆树,山下长着很多棕榈。浮濠水发源于熊耳山,向西流入洛河,水中有很多水晶,还有很多大鲵。山中有一种草,形状像苏,开红色的花,名字叫葶苎,可以用来毒杀鱼类。

5.40 又西三百里,曰牡山①,其上多文石,其下多竹箭②、竹䉋（mèi）③。其兽多㸲（zuó）牛④、㸉（qián）羊⑤,鸟多赤鷩（bì）⑥。

【注释】
① 牡山：一作"牝山",一作"壮山",山名,具体所指待考。一说在今河南卢氏县西。
② 竹箭：见2.8注⑪。
③ 竹䉋：即䉋竹。见2.7注⑧。
④ 㸲牛：见2.4注④。
⑤ 㸉羊：见2.1注④。
⑥ 鷩：见2.4注⑦。

【译文】
　　再向西三百里是牡山,山上有很多带花纹的石头,山下长着很多小竹、䉋竹。山中的兽多为㸲牛、㸉羊,鸟多为红色的锦鸡。

5.41 又西三百五十里,曰讙(huān)举之山①。洛水②出焉,而东北流注于玄扈(hù)之水③,其中多马肠之物④。此二山⑤者,洛间⑥也。

【注释】

①讙举之山:即讙举山,山名,在今陕西洛南县西北。 ②洛水:即洛河,见2.8注⑭。 ③玄扈之水:即玄扈水,水名,在今陕西洛南县。 ④马肠之物:一说即"马腹",见5.25注⑤;一说指两栖类蛙类所产成堆的呈带状的卵子。 ⑤二山:指讙举山和玄扈山,一说玄扈山即阳虚山,在今陕西洛南县,是玄扈水的发源处。 ⑥洛间:即夹在洛河之间。

【译文】

再向西三百五十里是讙举山。洛河发源于讙举山,向东北流入玄扈水,水中有很多马腹之类的东西。讙举山和玄扈山夹在洛河之间。

5.42 凡厘山①之首,自鹿蹄之山②至于玄扈(hù)之山③,凡九山,千六百七十里。其神④状皆人面兽身。其祠⑤之:毛⑥用一白鸡,祈而不糈(xǔ)⑦,以采⑧衣之。

【注释】

①厘山:见5.33注①。 ②鹿蹄之山:见5.33注②。 ③玄扈之山:即玄扈山,见5.41注⑤。 ④神:指山神。(见图5-21) ⑤祠:祭祀。 ⑥毛:见1.10注⑥。

【译文】

总计厘山山系中的山,从首座鹿蹄山到玄扈山,共九座山,距离为一千六百七十里。这些山的山神的形状都是人面兽身。祭祀他们的方法是:用一只白鸡

▲图5-21 中次四经山神图,选自《中国清代宫廷版画》

⑦糈：见1.10注⑨。
⑧采：有彩色花纹的丝织物。

为毛物，祈祷时不用精米，把有彩色花纹的丝织物披在鸡的身上。

五、中次五经

【导读】

中次五经记述了位于中国中部的十五座山,其中绝大部分山的具体位置都难以确定,但它们大致在今河南、山西、陕西境内。

中次五经中只记述了一种怪异的动物,它名叫䳗(dài)鸟,形状像枭(xiāo)而有三只眼睛,吃了它的肉可以治疗湿病。

䳗鸟(5.44)

▲ 根据明代蒋应镐绘制的《山海经(图绘全像)》编辑而成的图,主要描绘了5.44中的䳗鸟

5.43 中次五经薄山①之首,曰苟床之山②,无草木,多怪石。

【注释】
① 薄山:见5.1注①。
② 苟床之山:即苟床(一作"林")山,山名,具体所指待考。一说在今山西永济市西南。

【译文】
中次五经中的薄山山系的首座山是苟床山,山中不长草木,有很多形状奇特的石头。

▲ 图5-22 术包括苍术、白术等,此为苍术图,选自绘于明代的《补遗雷公炮制便览》

5.44 东三百里,曰首山①,其阴多榖(gǔ)②柞(zuò)③,草多茉(zhú)④芫(yán)⑤;其阳多㻬琈(tūfú)⑥之玉,木多槐。其阴有谷,曰机谷,多䴅(dài)鸟⑦,其状如枭(xiāo)⑧而三目,有耳,其音如录⑨,食之已⑩垫⑪。

【注释】
① 首山:山名,具体所指待考。一说指今山西永济市的首阳山。
② 榖:见1.1注⑧。 ③ 柞:见2.13注③。 ④ 茉:多年生草本植物,术(zhú)属植物如白术、苍术等的泛称。(见图5-22) ⑤ 芫:指芫荽(suī),即香菜。前人多谓指芫(yuán)花,但芫花是落叶灌木,不是草。 ⑥ 㻬琈:美玉名。 ⑦ 䴅鸟:传说中的一种鸟。(见图5-23) ⑧ 枭:即"鸮(xiāo)",指猫头鹰一类的鸟。 ⑨ 录:见2.49注⑩。 ⑩

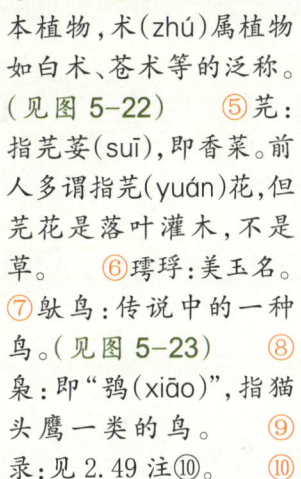

【译文】
向东三百里是首山,山的阴面长着很多构树和柞树,生长的草多为茉和芫荽;山的阳面有很多㻬琈玉,生长的树多为槐树。山的阴面有一个山谷,名叫机谷,谷中有很多䴅鸟,形状像猫头鹰,长着三只眼睛,

▲ 图5-23 䴅鸟图,选自清代吴任臣的《增补绘像山海经广注》

已：治愈。　⑪垫：湿病，又称湿邪，分为外湿和内湿两种。

有耳朵，叫声像鹿，吃了它的肉可以治疗湿病。

【导读】

　　本书5.44、5.58、5.135、5.144等中都提到首山或首阳山，它们或在今山西境内，或在今河南境内，对此有加以辨析的必要。首阳山又称首山，经常提到的有两处，一处在今山西永济市蒲州南，也叫雷首山，据传商朝末年的伯夷、叔齐就饿死于此；一处在今河南偃师市西北，北接孟津县界，是邙（máng）山最高处，因日出先照，故名。另外，在陕西、湖北亦有首阳山。

5.45　又东三百里，曰县㕒（zhú）之山①，无草木，多文石。

【注释】

①县㕒之山：即县㕒山，山名，具体所指待考。一说在今山西绛县境内。

【译文】

　　再向东三百里是县㕒山，山中不长草木，有很多带花纹的石头。

5.46　又东三百里，曰葱聋之山①，无草木，多𭷳（bàng）②石。

【注释】

①葱聋之山：即葱聋山，山名，一说与5.4中所说的葱聋山属于同一山中的不同峰岭。参见5.4注①。　②𭷳：同"玤"，指次于玉的美石。

【译文】

　　再向东三百里是葱聋山，山中不长草木，有很多比玉稍差的美石。

5.47　东北五百里，曰条谷之山①，其木多槐桐②，其草多芍药③、虋（mén）冬④。

【注释】
①条谷之山：即条谷山，山名，在今山西境内，具体所指待考。　②桐：见3.6注③。　③芍药：见3.70注④。　④䕞冬：同"虋(mén)冬"，指天门冬和麦门冬。(见图5-24)

【译文】
向东北五百里是条谷山，山中生长的树多为槐树和桐树，生长的草多为芍药、天门冬和麦门冬。

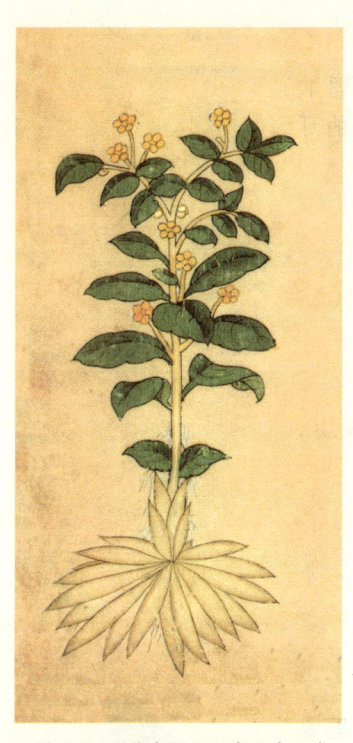

▲图5-24　䕞冬指天门冬和麦门冬，此为天门冬图，选自绘于明代的《补遗雷公炮制便览》

5.48　又北十里，曰超山①，其阴多苍玉②，其阳有井，冬有水而夏竭。

【注释】
①超山：山名，在今山西境内，具体所指待考。　②苍玉：灰白色的玉。

【译文】
再向北十里是超山，山的阴面有很多灰白色的玉，阳面有一口井，冬天里面有水而夏天则无水。

5.49　又东五百里，曰成侯之山①，其上多櫄(chūn)②木，其草多芁(péng)③。

【注释】
①成侯之山：即成侯山，山名，具体所指待考。一说可能在今山西境内。　②櫄：同"椿"，即椿树，包括香椿和臭椿。　③芁：一说指草茂密的样子；一说应作"芁(jiāo)"，即秦芁，多年生草本植物，高40—60厘米，茎圆柱形，直立，叶长圆状披针形。

【译文】
再向东五百里是成侯山，山上长着很多椿树，山中生长的草多为秦芁。

5.50　又东五百里，曰朝歌之山①，谷多美垩(è)②。

【注释】

①升山:山名,具体所指待考。一说在今陕西华阴市境内。 ②穀:见1.1注⑧。 ③柞:见2.13注③。 ④棘:见3.20注③。 ⑤薯藇:见3.53注④。 ⑥䓘:见2.14注⑫。 ⑦寇脱:通脱木的别名。常绿灌木或小乔木,叶大,开白色小花,核果近球形。俗称通草。(见图5-25) ⑧黄酸之水:即黄酸水,水名,具体所指待考。 ⑨璇玉:美玉。一说指次于玉的美石。

【译文】

再向东北二十里是升山,山中生长的树多为构树、柞树和酸枣树,生长的草多为山药和䓘草,还长着很多通脱木。黄酸水发源于升山,向北流入黄河,水中有很多璇玉。

5.57 又东十二里,曰阳虚之山①,多金,临于玄扈(hù)之水②。

【注释】

①阳虚之山:即阳虚山,山名,在今河南洛宁县。 ②玄扈之水:即玄扈水,水名,在今河南洛宁县。与5.41中所说之玄扈水不同。

【译文】

再向东十二里是阳虚山,山中有很多金,阳虚山临近玄扈水。

5.58 凡薄山①之首,自苟林之山②至于阳虚之山③,凡十六山,二千九百八十二里。升山④,冢(zhǒng)⑤也,其祠⑥礼:太牢⑦,婴⑧用吉玉⑨。首山⑩,䰠(shén)⑪也,其祠用稌(tú)⑫、黑牺⑬太牢之具、蘖(niè)⑭酿,干⑮儛(wǔ)⑯,置鼓,婴用一璧。尸水⑰,合天也,肥牲祠之,用一黑犬于上,用一雌鸡于下,刉(jī)⑱一牝羊⑲,献血。婴用吉玉,采⑳之,飨(xiǎng)㉑之。

【注释】

①薄山:见5.1注①。

【译文】

总计薄山山系中的山,从首座苟

②苟林之山：见5.43注②。
③阳虚之山：见5.57注①。
④升山：见5.56注①。
⑤冢：见2.20注④。 ⑥祠：祭祀。 ⑦太牢：见2.20注⑥。 ⑧婴：颈上的饰物。 ⑨吉玉：彩色的玉。 ⑩首山：见5.44注①。 ⑪魁：山神。这里指鬼之神者。 ⑫稌：见1.10注⑩。 ⑬牺：古代指供祭祀用的毛色纯一的牲畜。 ⑭蘖：酒母，制酒时所用的发酵物。 ⑮干：盾牌。 ⑯儛：跳舞。 ⑰尸水：见5.53注④。 ⑱刉：划破；割。 ⑲牝羊：雌羊。 ⑳采：有彩色花纹的丝织物。 ㉑飨：用酒食款待；也指祭祀。

林山到阳虚山，共十六座山，距离为二千九百八十二里。其中的升山是大的山神所在之处，祭祀其山神的仪式是：用牛、羊、猪三牲齐备的太牢之礼，以彩色的玉作为挂在山神颈上的饰物。首山的山神是鬼之神者，祭祀他时用糯米、纯黑色的牛、羊、猪三牲齐备的太牢之礼及用酒母酿造的酒，祭祀者手持盾牌起舞，并配以鼓乐，以一块璧作为挂在他颈上的饰物。尸水之神上与天合，要用很肥的牲畜来祭祀他，把一只黑狗供在上面，一只母鸡供在下面，再用刀割雌羊的血来祭献。以彩色的玉作为他颈上的饰物，把有彩色花纹的丝织物披在他身上，并请他享用祭品。

六、中次六经

【导读】

　　中次六经记述了位于中国中部的十四座山，其中绝大部分山的具体位置都可以确定，除了阳华山在今陕西境内，其余的山都在今河南境内。

　　中次六经中记述了骄虫神的形状特点，怪异的动物只有旋龟一种，其形状是鸟首而鳖尾。此外，文中还介绍了几种动植物的药用价值，如有一种名叫鸰䳒（língyāo）的鸟，吃了它的肉后不会梦魇；有一种修辟鱼，吃了以后可以治疗白癣；有一种名叫苦辛的草，可以治疗疟疾；等等。

▲ 根据明代蒋应镐绘制的《山海经（图绘全像）》编辑而成的图，主要描绘了5.59、5.61、5.66中的鸰䳒、旋龟两种动物及骄虫神

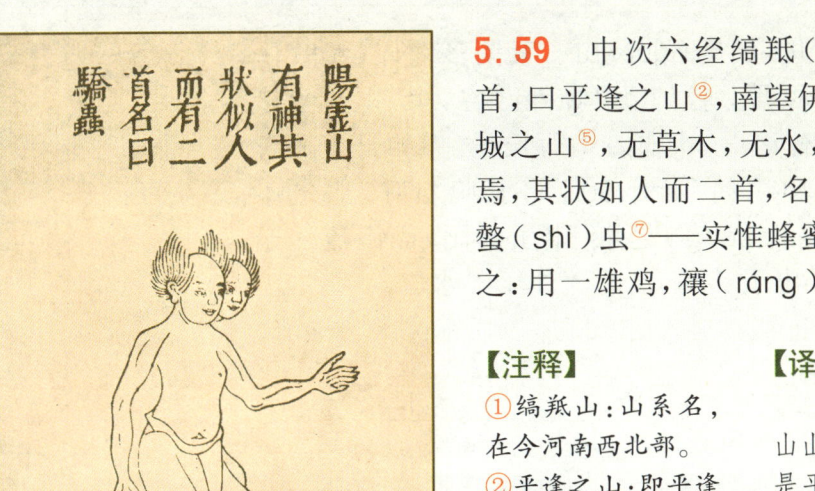

陽壺山
有神其
狀似人
而有二
首名曰
驕蟲

▲ 图 5-26　骄虫神图，选自绘于明代的《三才图会》

5.59　中次六经缟羝（gǎodī）山①之首，曰平逢之山②，南望伊③洛④，东望谷城之山⑤，无草木，无水，多沙石。有神焉，其状如人而二首，名曰**骄虫**⑥，是为螫（shì）虫⑦——实惟蜂蜜⑧之庐。其祠⑨之：用一雄鸡，禳（ráng）⑩而勿杀。

【注释】

①缟羝山：山系名，在今河南西北部。②平逢之山：即平逢山，山名，指位于今河南洛阳市北之北邙（máng）山（也叫芒山）。③伊：即伊水，见 5.18 注④。④洛：即洛河，见 2.8 注⑭。⑤谷城之山：即谷城山，山名，在今河南洛阳市西。⑥骄虫：一作"娇虫"，传说中的神名。（见图 5-26）⑦螫虫：尾部有毒针可刺人的虫。⑧蜜：这里指蜜蜂。⑨祠：祭祀。⑩禳：迷信的人祈祷以消除灾殃。

【译文】

中次六经缟羝山山系中的首座山是平逢山，向南可以望见伊河和洛河，向东可以望见谷城山，山中不长草木，没有水，到处是沙子和石头。山中有一位神，形状像人，长着两个脑袋，名字叫骄虫，这里是螫虫——实际上是各种蜂包括蜜蜂的巢穴所在。祭祀的方法是：用一只雄鸡为祭品来祈祷，不要把它杀死。

5.60　西十里，曰缟羝（gǎodī）之山①，无草木，多金玉。

【注释】

①缟羝之山：即缟羝山，山名，在今河南洛阳西，缟羝山系即据此山命名。

【译文】

向西十里是缟羝山，山中不长草木，有很多金和玉。

5.61 又西十里,曰厘(guī)山①,其阴多瑸珨(tūfú)②之玉。其西有谷焉,名曰藋(guàn)谷,其木多柳楮(chǔ)③。其中有鸟焉,状如山鸡而长尾,赤如丹火而青喙(huì)④,名曰鸰鹦(língyāo)⑤,其鸣自呼,服之不眯(mì)⑥。交觞(shāng)之水⑦出于其阳,而南流注于洛⑧;俞随之水⑨出于其阴,而北流注于谷水⑩。

【注释】
①厘山:山名,在今河南洛阳市西,也叫谷口山。 ②瑸珨:美玉名。 ③楮:见2.28注④。 ④喙:鸟兽的嘴。 ⑤鸰鹦:鸟名,一说指鹡(jí)鸰,背部羽毛颜色纯一,中央尾羽比两侧的长,停息时尾上下摆动。 ⑥眯:梦魇。 ⑦交觞之水:即交觞水,水名,一说指今河南洛阳市西的七里河。 ⑧洛:即洛河,见2.8注⑭。 ⑨俞随之水:即俞随水,水名,也叫孝水,在今河南洛阳市西。 ⑩谷水:水名,即今河南渑(miǎn)池南渑水及其下游涧水,东流至洛阳市西注入洛河。

【译文】
再向西十里是厘山,山的阴面有很多瑸珨玉。山的西面有一个山谷,名字叫藋谷,谷中生长的树多为柳树和构树。谷中还有一种鸟,形状像山鸡,尾巴很长,浑身红如丹火,嘴却是青色的,名字叫鸰鹦,它的鸣叫声像在喊自己的名字,吃了它的肉后不会梦魇。交觞水发源于这座山的阳面,向南流入洛河;俞随水发源于这座山的阴面,向北流入谷水。

5.62 又西三十里,曰瞻诸之山①,其阳多金,其阴多文石。谢(xiè)水②出焉,而东南流注于洛③;少水④出其阴,而东流注于谷水⑤。

【注释】
①瞻诸之山:即瞻诸山,山名,在今河南新安县境内。 ②谢水:水名,源出今河南新安县。 ③洛:即洛河,见2.8注⑭。

【译文】
再向西三十里是瞻诸山,山的阳面有很多金,阴面有很多带花纹的石头。谢水发源于瞻

④少水：水名，今名磁涧河。与5.14中的少水不同。　⑤谷水：见5.61注⑩。

诸山，向东南流入洛河；少水发源于瞻诸山的阴面，向东南流入谷水。

5.63　又西三十里，曰娄涿之山①，无草木，多金玉。瞻水②出于其阳，而东流注于洛③；陂（pí）水④出于其阴，而北流注于谷水⑤，其中多茈（zǐ）⑥石、文石。

【注释】
①娄涿之山：即娄涿山，山名，在今河南洛宁县和新安县之间。
②瞻水：水名，具体所指待考。
③洛：即洛河，见2.8注⑭。
④陂水：一作"波水"，又叫百答河。　⑤谷水：见5.61注⑩。
⑥茈：通"紫"，指紫色。

【译文】
　　再向西三十里是娄涿山，山中不长草木，有很多金和玉。瞻水发源于娄涿山的阳面，向东流入洛河；陂水发源于娄涿山的阴面，向北流入谷水，水中有很多紫色的石头和带花纹的石头。

5.64　又西四十里，曰白石之山①。惠水②出于其阳，而南流注于洛③，其中多水玉④。涧水⑤出于其阴，西北流注于谷水⑥，其中多麋（mí）石⑦、栌（lú）丹⑧。

【注释】
①白石之山：即白石山，山名，也叫广阳山、渑（miǎn）池山，在今河南新安县。
②惠水：水名，在今河南新安县东北。
③洛：即洛河，见2.8注⑭。　④水玉：水晶。　⑤涧水：水名，源出今河南新安县，具体所指待考。　⑥谷水：见5.61注⑩。　⑦麋石：即眉石（麋：通"眉"），也叫画眉石，指石墨、煤。　⑧栌丹：所指待考。一说疑为黑丹；一说是红栌，现名黄栌，一种落叶灌木或乔木。

【译文】
　　再向西四十里是白石山。惠水发源于白石山的阳面，向南流入洛河，水中有很多水晶。涧水发源于白石山的阴面，向西北流入谷水，水中有很多眉石和栌丹。

5.65 又西五十里,曰榖(gǔ)山①,其上多榖②,其下多桑。爽水③出焉,而西北流注于谷水④,其中多碧绿⑤。

【注释】
①榖山:山名,在今河南渑(miǎn)池县境内。　②榖:见1.1注⑧。
③爽水:水名,在今河南渑池县境内。
④谷水:见5.61注⑩。　⑤碧绿:即碧玉,矿物名,含铁的石英石,呈红色、褐色或绿色。也称碧石。

【译文】
再向西五十里是榖山,山上长着很多构树,山下长着很多桑树。爽水发源于榖山,向西北流入谷水,水中有很多碧玉。

5.66 又西七十二里,曰密山①,其阳多玉,其阴多铁。豪水②出焉,而南流注于洛③,其中多旋龟④,其状鸟首而鳖尾,其音如判木⑤。无草木。

【注释】
①密山:山名,在今河南新安县。　②豪水:水名,在今河南新安县。
③洛:即洛河,见2.8注⑭。　④旋龟:见1.4注⑩。　⑤判木:劈开木头。

【译文】
再向西七十二里是密山,山的阳面有很多玉,阴面有很多铁。豪水发源于密山,向南流入洛河,水中有很多旋龟,它长着鸟一样的头,鳖一样的尾巴,发出的声音像劈开木头一样。山中不长草木。

5.67 又西百里,曰长石之山①,无草木,多金玉。其西有谷焉,名曰共谷,多竹。共水②出焉,西南流注于洛③,其中多鸣石④。

【注释】
①长石之山:即长石山,山名,一说即今河南渑(miǎn)池县天池山;一说在今河南新安县。

【译文】
再向西一百里是长石山,山中不长草木,有很多金和玉。山的西面有

②共水：水名，具体所指待考。与3.60、5.1中所说的共水都不同。　③洛：即洛河，见2.8注⑭。　④鸣石：撞击后发出的声音能传出很远的石头。

一个山谷，名字叫共谷，谷中长着很多竹子。共水发源于长石山，向西南流入洛河，水中有很多鸣石。

5.68 又西一百四十里，曰傅山①，无草木，多瑶碧②。厌染之水③出于其阳，而南流注于洛④，其中多人鱼⑤。其西有林焉，名曰墦冢（fán zhǒng）。谷水⑥出焉，而东流注于洛，其中多㻬（yān）⑦玉。

【注释】
①傅山：山名，在今河南渑（miǎn）池县西。　②瑶碧：美玉和青绿色的玉石。　③厌染之水：即厌染水，水名，今名厌梁河，在今河南宜阳县北。　④洛：即洛河，见2.8注⑭。　⑤人鱼：见2.8注⑯。　⑥谷水：见5.61注⑩。　⑦㻬：玉名，具体所指待考。

【译文】
再向西一百四十里是傅山，山中不长草木，有很多美玉和青绿色的玉石。厌染水发源于傅山的阳面，向南流入洛河，水中有很多大鲵。傅山的西面有一大片树林，名字叫墦冢。谷水发源于傅山，向东流入洛河，水中有很多㻬玉。

▲图5-27　楮木一说指五倍子，此为五倍子图，选自绘于明代的《补遗雷公炮制便览》

5.69 又西五十里，曰橐（tuó）山①，其木多樗（chū）②，多楠（bèi）木③，其阳多金玉，其阴多铁，多萧④。橐水⑤出焉，而北流注于河，其中多**修辟之鱼**⑥，状如黾（měng）⑦而白喙（huì）⑧，其音如鸱（chī）⑨，食之已⑩白癣⑪。

【注释】

①橐山:山名,即今河南陕县东积草山。 ②樗:臭椿树。 ③楠木:木名,一说指五倍子,落叶小乔木或灌木,高可达6—10米,叶子长椭圆形,开黄白色小花。(见图5-27) ④萧:即艾蒿,多年生草本植物,叶子有香气,可入药。 ⑤橐水:水名,发源于橐山。 ⑥修辟之鱼:即修辟鱼,鱼名,具体所指待考。(见图5-28) ⑦鼋:蛙的一种。 ⑧喙:鸟兽的嘴。 ⑨鸱:见1.11注⑭。 ⑩已:治愈。 ⑪癣:由真菌引起的某些皮肤病的统称。

【译文】

再向西五十里是橐山,山中生长的树多为臭椿树和楠木,山的阳面有很多金和玉,阴面有很多铁,还长着很多艾蒿。橐水发源于橐山,向北流入黄河,水中有很多修辟鱼,形状像蛙,长着白色的嘴,发出的声音像鹞鹰叫,吃了它的肉可以治疗白癣。

▲图5-28 修辟鱼图,选自绘于清代的《古今图书集成·禽虫典》(此图稍有改动)

5.70 又西九十里,曰常烝(zhēng)之山①,无草木,多垩(è)②。潐(jiào)水③出焉,而东北流注于河,其中多苍玉④。菑(zī)水⑤出焉,而北流注于河。

【注释】

①常烝之山:即常烝山,山名,又名干山,在今河南陕县。 ②垩:可用来涂饰的有色土。 ③潐水:水名,今名干头河。 ④苍玉:灰白色的玉。 ⑤菑水:水名,一说即曹水,今名好阳涧。

【译文】

再向西九十里是常烝山,山中不长草木,有很多可作涂料的有色土。潐水发源于常烝山,向东北流入黄河,水中有很多灰白色的玉。菑水发源于常烝山,向北流入黄河。

5.71 又西九十里，曰夸父之山①，其木多棕②楠③，多竹箭④，其兽多㸲（zuó）牛⑤、羬（qián）羊⑥，其鸟多鷩（bì）⑦，其阳多玉，其阴多铁。其北有林焉，名曰桃林⑧，是广员⑨三百里，其中多马。湖水⑩出焉，而北流注于河，其中多珚（yān）⑪玉。

【注释】

①夸父之山：即夸父山，山名，曾名秦山，在今河南西北部。②棕：见2.6注②。 ③楠：见1.24注③。 ④竹箭：见2.8注⑪。 ⑤㸲牛：见2.4注④。 ⑥羬羊：见2.1注④。 ⑦鷩：见2.4注⑦。 ⑧桃林：地名，在今河南灵宝市西。 ⑨员：同"圆"。 ⑩湖水：水名，一说指今河南灵宝市境内的虢（guó）略河。 ⑪珚：见5.68注⑦。

【译文】

再向西九十里是夸父山，山中生长的树多为棕榈和楠木，还长着很多小竹，山中的兽多为㸲牛和羬羊，鸟多为锦鸡，山的阳面有很多玉，阴面有很多铁。山的北面有一大片树林，名字叫桃林，方圆达三百里，里面有很多马。湖水发源于夸父山，向北流入黄河，水中有很多珚玉。

【导读】

据《魏土地记》载，湖水又叫鼎湖，传说黄帝在荆山下铸鼎，鼎铸成后，有龙垂下胡髯来迎接黄帝，黄帝爬上了龙背，升仙而去。后人就称此黄帝铸鼎之地为鼎湖。

5.72 又西九十里，曰阳华之山①，其阳多金玉，其阴多青雄黄②，其草多薯荛（yù）③，多苦辛④，其状如楸（qiū）⑤，其实如瓜，其味酸甘，食之已⑥疟⑦。杨水⑧出焉，而西南流注于洛⑨，其中多人鱼⑩。门水⑪出焉，而东北流注于河，其中多玄㻬（sù）⑫。𧓍（jí）姑之水⑬出于其阴，而东流注于门水，其上多铜。门水出于河⑭，七百九十里入洛水。

【注释】

①阳华之山：即阳华山，山名，在今陕西洛南县至华山之间。　②青雄黄：见2.34注②。　③薯藇：见3.53注④。　④苦辛：一作"苦莘"，草名，一说指细辛，多年生草本植物，高12—24厘米，根茎细长，叶子心形或肾形。　⑤楠：同"楸"，楸树，又名梓桐，落叶乔木，高可达15米，叶子广卵形或卵状椭圆形，前端尖长。　⑥已：治愈。　⑦疟：见4.42注④。　⑧杨水：水名，一说为缔姑水之分流歧出者。　⑨洛：即洛河，见2.8注⑭。　⑩人鱼：见2.8注⑯。　⑪门水：水名，即今宏农涧，在河南灵宝市西南。　⑫玄礵：黑色的磨刀石（玄：黑色。礵：磨刀石）。　⑬缔姑之水：即缔姑水，水名，一说即今宏农涧的右涧（宏农涧分左右两涧）。　⑭门水出于河：此句难解，因为门水不可能是从黄河流出的。一说"出"应作"至"。

【译文】

再向西九十里是阳华山，山的阳面有很多金和玉，阴面有很多石青和雄黄，山中生长的草多为山药，还有很多细辛，它的形状像楸树，结的果实像瓜，味道酸甜，吃了以后可以治疗疟疾。杨水发源于阳华山，向西南流入洛河，水中有很多大鲵。门水发源于阳华山，向东北流入黄河，水中有很多黑磨刀石。缔姑水发源于阳华山的阴面，向东流入门水，岸上有很多铜。门水流出黄河后，经七百九十里流入洛河。

5.73　凡缟羝（gǎodī）山①之首，自平逢之山②至于阳华之山③，凡十四山，七百九十里。岳④在其中。以六月祭之，如诸岳之祠⑤法，则天下安宁。

【注释】

①缟羝山：见5.59注①。　②平逢之山：见5.59注②。　③阳华之山：见5.72注①。　④岳：指西岳华山。　⑤祠：祭祀。

【译文】

总计缟羝山山系中的山，从首座平逢山到阳华山，共十四座山，距离为七百九十里。西岳华山位于这一带。在每年的六月举行祭祀山神的活动，方法与祭祀其他岳的山神一样，天下就会太平安宁。

七、中次七经

【导读】

中次七经记述了位于中国中部的十九座山，它们大致在今河南境内，著名的有少室山、泰室山等，其中近一半之山的具体位置可以确定。

中次七经中记述了能带来怪风怪雨的天愚神，以及死后化身为䔄(yáo)草的天帝之女。怪异的动物有两种：一为三足龟；一为文文兽，形状如蜂而枝尾反舌。此外，中次七经中还记述了大量的动植物药，如可以疗毒的焉酸草、可以治疗疽疮的梨草、可以治疗蛊疾的鯑(tí)鱼、可以治疗瘘管的䲢(téng)鱼，等等。

山神Ⅰ(5.93)
山神Ⅱ(5.93)
三足龟(5.80)
鲐鱼(5.81)

▲ 明代蒋应镐绘制的《山海经(图绘全像)》第三十四图(此图稍有改动)，主要描绘了5.80、5.81、5.93中的三足龟、鲐鱼两种动物及山神

5.74 中次七经苦山①之首,曰休与之山②,其上有石焉,名曰帝台③之棋④,五色而文,其状如鹑(chún)⑤卵。帝台之石,所以祷百神者也,服之不蛊⑥。有草焉,其状如蓍(shī)⑦,赤叶而本⑧丛生,名曰夙条⑨,可以为簳(gǎn)⑩。

【注释】
①苦山:山系名,一说自今河南伊川县绵延至中牟县。
②休与之山:即休与山,山名,一说在今河南灵宝市。
③帝台:传说中的神名。
④棋:棋子;棋石。
⑤鹑:见2.7注⑪。
⑥蛊:毒热恶气。
⑦蓍:蓍草,俗名蚰蜒草或锯齿草,多年生草本植物,茎直立,我国古代用它的茎来占卜。(见图5-29)
⑧本:草木的茎或根。
⑨夙条:草名,具体所指待考。
⑩簳:箭。

【译文】
中次七经苦山山系的首座山是休与山,山上有一种石头,名叫帝台的棋子,五彩斑斓,并带有花纹,形状像鹌鹑蛋。帝台的这种石头是用来向百神祈祷的,吃了它可以不受毒热恶气的侵袭。山中有一种草,形状像蓍草,红色的叶子,茎干丛生,名字叫夙条,可以用来制箭。

▲图 5-29 蓍草图,选自绘于明代的《补遗雷公炮制便览》

5.75 东三百里,曰鼓钟之山①,帝台②之所以觞(shāng)③百神也。有草焉,方茎而黄华,员④叶而三成⑤,其名曰焉酸⑥,可以为毒⑦。其上多砺(lì)⑧,其下多砥(dǐ)⑨。

【注释】
①鼓钟之山:即鼓钟山,山名,一说在今河南嵩县境内。
②帝台:见5.74注③。
③觞:向人敬酒。
④员:

【译文】
向东三百里是鼓钟山,这是帝台请百神饮酒聚会的地方。山中有一同"圆"。　　⑤三成：三重（叶子）。　　⑥焉酸：一作"乌酸"。草名，具体所指待考。　⑦为毒：治毒，指解毒。　⑧砺：粗的磨刀石。　⑨砥：细的磨刀石。

种草，茎干呈方形，开黄色的花，叶子圆形，有三重，名字叫焉酸，可以用来疗毒。山上有很多粗磨刀石，山下有很多细磨刀石。

5.76　又东二百里，曰姑媱（yáo）之山①。帝女死焉，其名曰女尸，化为䔄（yáo）草②，其叶胥（xū）成③，其华黄，其实如菟（tù）丘④，服之媚于人。

【注释】

①姑媱之山：即姑媱山，山名，在今河南西北部，具体所指待考。
②䔄草：草名，具体所指待考。一说指香蒲，多年生草本植物，叶子狭长。
③胥成：相互重叠。
④菟丘：草名，即菟丝子，蔓生，茎细长，缠络于其他植物上，开淡红色花，种子圆形，细小。

【译文】

再向东二百里是姑媱山。天帝的女儿死在这里，她的名字叫女尸，死后化身为䔄草，这种草的叶子重叠在一起，开黄色的花，所结的果实与菟丝子的果实相似，吃了以后会使人有魅力。

5.77　又东二十里，曰苦山①。有兽焉，名曰山膏②，其状如逐③，赤若丹火，善詈（lì）。其上有木焉，名曰黄棘④，黄华而员⑤叶，其实如兰，服之不字⑦。有草焉，员叶而无茎，赤华而不实，名曰无条⑧，服之不瘿（yǐng）⑨。

▲图5-30　山膏图，选自《中国清代宫廷版画》

【注释】

①苦山：山名，一说在今河南伊川县西北。　②山膏：传说中的一种兽。一说指猩猩。（见图5-30）
③逐：同"豚（tún）"，指猪。
④黄棘：木名，具体所指待考。一说可能指刺黄柏，落叶灌木，高可达1—2米。
⑤员：同"圆"。　⑥兰：兰花或兰草。　⑦字：生育。
⑧无条：草名，具体所指待考。2.16中亦有"无条"，不知两者所指是否相同。
⑨瘿：长在颈上的大瘤子。

【译文】

再向东二十里是苦山。山中有一种兽，名字叫山膏，形状像猪，浑身红得像火，常常发出骂人一样的声音。山上有一种树，名字叫黄棘，开黄色的花，叶子圆形，所结的果实与兰的果实相似，吃了以后就不会生育。山中有一种草，叶子圆形，没有茎干，开红色的花，不结果实，名字叫无条，吃了以后颈上不会长大瘤子。

5.78　又东二十七里，曰堵山①，神天愚②居之，是多怪风雨。其上有木焉，名曰天楄（pián）③，方茎而葵状，服者不哽（yè）④。

【注释】

①堵山：山名，一说指伏堵岭，在今河南洛阳市东南。
②天愚：传说中的神名。（见图5-31）
③天楄：木名，具体所指待考。
④哽：噎食。

【译文】

再向东二十七里是堵山，有位名叫天愚的神住在这里，山里常常刮怪风，下怪雨。山上有一种树，名字叫天楄，茎干呈方形，形状像葵，人吃了它以后不会噎食。

▲图5-31　天愚神图，选自清代的《山海经存》

5.79　又东五十二里，曰放皋（gāo）之山①。明水②出焉，南流注于伊水③，其中多苍玉④。有木焉，其叶如槐，黄华而不实，其名曰蒙木⑤，服之不惑。有兽焉，其状如蜂，枝尾⑥而反舌⑦，善呼，其名曰**文文**⑧。

▲图5-32 文文图，选自《中国清代宫廷版画》

【注释】

① 放皋之山：即放皋山，山名，在今河南伊川县境内，具体所指待考。② 明水：水名，具体所指待考。③ 伊水：见5.18注④。④ 苍玉：灰白色的玉。⑤ 蒙木：木名，具体所指待考。一说指檬花树，落叶灌木，高约2米，叶长披针形，开黄色花，核果卵形。⑥ 枝尾：尾巴有分叉。⑦ 反舌：舌头倒长。⑧ 文文：传说中的一种兽。(见图5-32)

【译文】

再向东五十二里是放皋山。明水发源于放皋山，向南流入伊水，水中有很多灰白色的玉。山中有一种树，叶子像槐叶，开黄色的花，不结果实，名字叫蒙木，人吃了它以后脑子不会糊涂。山中有一种兽，形状像蜂，尾巴有分叉，舌头倒生，喜欢呼叫，名字叫文文。

5.80 又东五十七里，曰大䔄（kǔ）之山①，多㻬琈（tūfú）②之玉，多麋（mí）玉③。有草焉，其状叶如榆，方茎而苍伤④，其名曰牛伤⑤，其根苍文，服者不厌⑥，可以御兵。其阳狂水⑦出焉，西南流注于伊水⑧，其中多**三足龟**⑨，食者无大疾，可以已⑩肿⑪。

▲图5-33 三足龟图，选自清代吴任臣的《增补绘像山海经广注》

【注释】

① 大䯤之山：即大䯤山，山名，在今河南登封市境内，今名大熊山。　② 㻬琈：美玉名。　③ 麋玉：一说指眉玉（麋：通"眉"），亦即眉石。参见5.64注⑦。　④ 伤：这里指"刺"。　⑤ 牛伤：即牛棘，落叶小灌木，茎、枝多尖刺，小叶倒卵形，开白花，果实球状。　⑥ 厥：气闭；昏倒。　⑦ 狂水：水名，一说即白降河。与3.33中的狂水不同。　⑧ 伊水：见5.18注④。　⑨ 三足龟：三只脚的乌龟。（见图5-33）　⑩ 已：治愈。　⑪ 肿：毒疮。

【译文】

再向东五十七里是大䯤山，山中有很多㻬琈玉，还有很多麋玉。山中有一种草，它的叶子像榆叶，茎呈方形，长着苍色的刺，名字叫牛棘，它的根有苍色的纹理，人吃了它就不会昏厥，还可以防御兵器的伤害。狂水发源于大䯤山的阳面，向西南流入伊河，水中有很多三足龟，吃了它的肉后就不会生大病，还可以治疗毒疮。

5.81　又东七十里，曰半石之山①，其上有草焉，生而秀②，其高丈余，赤叶赤华，华而不实，其名曰嘉荣③，服之者不霆④。来需之水⑤出于其阳，而西流注于伊水⑥，其中多䱤（lún）⑦鱼，黑文，其状如鲋（fù）⑧，食者不睡。合水⑨出于其阴，而北流注于洛⑩，多𩶁（téng）鱼⑪，状如鳜（guì）⑫，居逵⑬，苍文赤尾，食者不痈（yōng）⑭，可以为瘘（lòu）⑮。

【注释】

① 半石之山：即半石山，山名，在今河南登封市西。　② 秀：谷类植物抽穗开花。　③ 嘉荣：

【译文】

再向东七十里是半石山，山上长着一种草，刚

▲ 图5-34　䱤鱼图，选自绘于清代的《古今图书集成·禽虫典》

草名,具体所指待考。一说即蘘(ráng)荷,一名蓴草,多年生草本植物,叶互生,椭圆状披针形,开白色或淡黄色花。 ④不霆:霆字前应有"畏"字,指不怕雷霆。 ⑤来需之水:即来需(一作"儒")水,水名,在今河南登封市西。 ⑥伊水:见5.18注④。 ⑦鲐:传说中的一种鱼。一说指鳊(biān)鱼,身体侧扁,头小而尖,鳞较细,生活在淡水中。(见图5-34) ⑧鲋:鲫鱼。 ⑨合水:水名,在今河南洛阳市东南。 ⑩洛:即洛河,见2.8注⑭。 ⑪䲄鱼:鱼名,也叫瞻星鱼,体呈亚圆筒形,后部侧扁,长达25厘米,青灰色,有褐色网状斑纹。头宽大平扁,口大,眼小。 ⑫鳜:鳜鱼,也作"桂鱼",体侧扁,尾鳍呈扇形,口大鳞细,体青黄色,有黑色斑点。 ⑬逵:四通八达的道路,这里指水下互相连通的孔穴。 ⑭痛:见3.4注⑤。 ⑮瘘:即瘰疬(luǒlì),病名,多发生在颈部,症状是局部发生硬块,溃烂后经常流脓。

长出来就吐穗开花,高可达一丈多,叶子红色,开红花,但是不结果实,名字叫嘉荣,吃了它可以不怕雷霆。来需水发源于半石山的阳面,向西流入伊河,水中有很多鲐鱼,身上有黑色的斑纹,形状像鲫鱼,吃了它的肉后可以不睡觉。合水发源于半石山的阴面,向北流入洛河,水中有很多䲄鱼,它的形状像鳜鱼,居住在水下互相连通的孔穴中,身上有苍色的斑纹,长着红色的尾巴,人吃了它的肉后就不会生毒疮,还可以治疗瘰疬。

5.82

又东五十里,曰少室之山①,百草木成囷(qūn)②。其上有木焉,其名曰帝休③,叶状如杨,其枝五衢④,黄华黑实,服者不怒。其上多玉,其下多铁。休水⑤出焉,而北流注于洛⑥,其中多䱱(tí)鱼⑦,状如盩蜼(zhōuwèi)⑧而长距⑨,足白而对⑩,食者无蛊⑪疾,可以御兵。

【注释】
①少室之山:即少室山,山名,在今河南登封市西北,是中岳嵩山中的山。 ②囷:圆形的

【译文】
再向东五十里是少室山,山中各种草木茂密生长,看上去像圆形的谷仓。

谷仓。③帝休：木名，具体所指待考。一说疑为梓树，落叶乔木，高可达10余米，叶子卵圆形。④五衢：像五条大路一样向外伸展(衢：大路)。⑤休水：水名，发源于少室山北麓。⑥洛：即洛河，见2.8注⑭。⑦鲭鱼：见3.45注④。⑧蛰蜼：一种形似猕猴的动物。⑨距：雄鸡爪后面突出像脚趾的部分。⑩对：一说指足趾相对；一说指两两成对。⑪蛊：毒热恶气。

山上长着一种树，名字叫帝休，它的叶像杨树叶，巨大的树枝像五条大路一样向外伸展，开黄色的花，结黑色的果实，吃了它的果实后就不会生气发怒。山上有很多玉，山下有很多铁。休水发源于少室山，向北流入洛河，水中有很多鲭鱼，它的形状像猕猴，长着长长的足爪，白色的脚，脚趾相对，吃了它的肉后就不会因受毒热恶气的侵袭而生病，还可以防御兵器的伤害。

5.83 又东三十里，曰泰室之山①，其上有木焉，叶状如梨而赤理，其名曰栯(yù)②木，服者不妒。有草焉，其状如苍(zhú)③，白华黑实，泽如蘡薁(yīngyù)④，其名曰菅(yáo)草⑤，服之不昧⑥。上多美石。

【注释】
①泰室之山：即泰室山，山名，又作太室山，在今河南登封市。②栯：木名，一说指郁李，又称白棣，落叶灌木，高1—1.5米，叶卵形或阔卵形，花粉红色或近白色，果实球形。(见图5-35)③苍：见5.44注④。④

【译文】
再向东三十里是泰室山，山上长着一种树，叶子像梨叶，有红色的纹理，名字叫栯木，人服用它以后就不会嫉妒。山中有一种草，形状像

▲图5-35 栯木一说指郁李，此为郁李图，选自绘于明代的《补遗雷公炮制便览》

蘡薁:落叶藤本植物,枝条细长,有棱角,叶掌状,有三到五个深裂,果实黑紫色,俗称野葡萄、山葡萄。
⑤藟草:草名,一说指葡萄。与5.76中的藟草不同。 ⑥眯:一作"眯(mì)",指梦魇。

苿,开白色的花,结黑色的果实,果实滑泽如野葡萄,它的名字叫藟草,人吃了以后就不会梦魇。山上有很多美丽的石头。

5.84 又北三十里,曰讲山①,其上多玉,多柘(zhè)②,多柏。有木焉,名曰帝屋③,叶状如椒④,反伤⑤,赤实,可以御凶。

【注释】
①讲山:山名,在今河南西北部,具体所指待考。
②柘:见3.13注③。
③帝屋:木名,一说指花椒。
④椒:见5.116注④。
⑤反伤:倒长着刺。

【译文】
再向北三十里是讲山,山上有很多玉,还长着很多柘树和柏树。山中有一种树,名字叫帝屋,叶子像椒叶,长着倒刺,结红色的果实,可以用来防御凶险。

5.85 又北三十里,曰婴梁之山①,上多苍玉②,錞(chún)③于玄④石。

【注释】
①婴梁之山:即婴梁山,山名,在今河南巩义市。 ②苍玉:灰白色的玉。 ③錞:这里有依附的意思。 ④玄:黑色。

【译文】
再向北三十里是婴梁山,山上有很多灰白色的玉,附着在黑色的石头上。

5.86 又东三十里,曰浮戏之山①。有木焉,叶状如樗(chū)②而赤实,名曰亢木③,食之不蛊④。汜(sì)

水⑤出焉，而北流注于河。其东有谷，因名曰蛇谷⑥，上多少辛⑦。

【注释】
①浮戏之山：即浮戏山，山名，一说在今河南巩义市、荥(xíng)阳市、郑州市一带。　②樗：臭椿树。　③苋木：木名，一说指卫矛，落叶灌木，高可达3米，叶子倒卵形，开淡黄绿色的小花。　④蛊：毒热恶气。　⑤汜水：水名，发源于今河南巩义市东南，北流经荥阳市汜水镇西入黄河。与3.62中的汜水不同。　⑥蛇谷：一说因谷中多蛇，故名；一说现名环翠谷。　⑦少辛：即细辛，多年生草本植物，叶通常为两枚，开紫色花。

【译文】
　　再向东三十里是浮戏山。山中有一种树，叶子的形状像臭椿叶，结红色的果实，名字叫苋木，吃了它的果实后不会受毒热恶气的侵袭。汜水发源于浮戏山，向北流入黄河。浮戏山的东面有一个山谷，谷中有很多蛇，因此命名为蛇谷，谷的上面长着很多细辛。

5.87　又东四十里，曰少陉(xíng)之山①。有草焉，名曰茼(gāng)草②，叶状如葵而赤茎白华，实如蘡薁(yīngyù)③，食之不愚。器难之水④出焉，而北流注于役水⑤。

【注释】
①少陉之山：即少陉山，山名，在今河南荥(xíng)阳市。　②茼草：草名，具体所指待考。一说茼草生长在水田中，苗似小麦而小。　③蘡薁：见5.83注④。　④器难之水：即器难水，水名，在今河南荥阳市。　⑤役水：水名，今名索河，在河南境内。

【译文】
　　再向东四十里是少陉山。山中有一种草，名叫茼草，叶子的形状像葵叶，红色的茎干，开白花，所结的果实像野葡萄，吃了以后能使人聪明。器难水发源于少陉山，向北流入役水。

5.88 又东南十里,曰太山①。有草焉,名曰梨②,其叶状如荻(dí)③而赤华,可以已④疽(jū)⑤。太水⑥出于其阳,而东南流注于役水⑦;承水⑧出于其阴,而东北流注于役⑨。

【注释】
① 太山:山名,不是东岳泰山,在今河南北部,具体所指待考。 ② 梨:梨是果树,此处说梨为草,当另有所指。 ③ 荻:多年生草本植物,生长在水边,叶子长形,与芦苇相似,开紫色花。 ④ 已:治愈。 ⑤ 疽:见3.3 注⑧。 ⑥ 太水:水名,具体所指待考。 ⑦ 役水:见5.87 注⑤。 ⑧ 承水:水名,具体所指待考。 ⑨ 役:即役水。

【译文】
　　再向东南十里是太山。山中有一种草,名字叫梨,它的叶子像荻叶,开红色的花,吃了以后可以治疗疽疮。太水发源于太山的阳面,向东南流入役水;承水发源于太山的阴面,向东北流入役水。

5.89 又东二十里,曰末山①,上多赤金。末水②出焉,北流注于役③。

【注释】
① 末山:一作"沫山",山名,一说在今河南中牟县。 ② 末水:一作"沫水",水名,具体所指待考。 ③ 役:指役水,见5.87 注⑤。

【译文】
　　再向东二十里是末山,山上有很多赤金。末水发源于末山,向北流入役水。

5.90 又东二十五里,曰役山①,上多白金,多铁。役水②出焉,北注于河。

【注释】
① 役山:山名,一说在今河南中牟县;一说在今河南新密市。

【译文】
　　再向东二十五里是役山,山上有很多白金和铁。

②役水：见5.87注⑤。　役水发源于役山，向北流入黄河。

5.91
又东三十五里，曰敏山①，上有木焉，其状如荆②，白华而赤实，名曰葪（jiè）柏③，服者不寒。其阳多㻬琈（tūfú）④之玉。

【注释】
①敏山：山名，一说即梅山，在今河南新郑市。　②荆：见1.24注④。　③葪柏：即蓟柏，也叫翠柏，丛生灌木，叶多为鳞片状，果实球形，红褐色。　④㻬琈：美玉名。

【译文】
再向东三十五里是敏山，山上有一种树，形状像荆，开白色的花，结红色的果实，名字叫葪柏，服用它后就不怕寒冷。山的阳面有很多㻬琈玉。

5.92
又东三十里，曰大騩（guī）之山①，其阴多铁、美玉、青垩（è）②。有草焉，其状如蓍（shī）③而毛，青华而白实，其名曰蒗（láng）④，服之不夭，可以为腹病。

【注释】
①大騩之山：即大騩山，山名，在今河南新密市。　②垩：可用来涂饰的有色土。　③蓍：见5.74注⑦。　④蒗：草名，具体所指待考。

【译文】
再向东三十里是大騩山，山的阴面有很多铁、美玉和青垩。山中长着一种草，它的形状像蓍草，叶子上有毛，开青色的花，结白色的果实，名字叫蒗，人吃了以后就不会夭亡，还可以治疗腹部的疾病。

5.93
凡苦山①之首，自休与之山②至于大騩（guī）之山③，凡十有九山，千一百八十四里。其十六神④者，皆豕（shǐ）⑤身而人面。其祠⑥：毛牷（quán）⑦用一羊羞⑧，婴⑨用一藻玉⑩瘗（yì）⑪。苦山、少室⑫、太室⑬皆冢（zhǒng）⑭也，其祠之：太牢⑮之具，婴以吉玉⑯。其神状皆人面而三首，其余属皆豕身人面也。

▲ 图5-36 中次七经山神图，选自《中国清代宫廷版画》

【注释】

① 苦山：见5.74注①。
② 休与之山：见5.74注②。
③ 大騩之山：见5.92注①。
④ 神：指山神。（见图5-36）
⑤ 豕：猪。
⑥ 祠：祭祀。
⑦ 毛牷：带毛的纯色的全牲（牷：纯色的全牲）。
⑧ 羞：进献食品。
⑨ 婴：颈上的饰物。
⑩ 藻玉：有彩纹的玉。
⑪ 瘗：埋葬。
⑫ 少室：即少室山，见5.82注①。
⑬ 太室：即泰室山，见5.83注①。
⑭ 冢：见2.20注④。
⑮ 太牢：见2.20注⑥。
⑯ 吉玉：彩色的玉。

【译文】

总计苦山山系中的山，从首座休与山到大騩山，共十九座山，距离为一千一百八十四里。其中十六座山的山神都是猪身人面。祭祀他们的方法是：用一整只纯色的羊为毛物，用一块有彩纹的玉作为山神颈上的饰物，祭祀后把它埋入地下。苦山、少室山、太室山都是大的山神居住的地方，祭祀这三座山的山神的方法是：用牛、羊、猪三牲齐备的太牢之礼，用彩色的玉作为挂在山神颈上的饰物。这三位山神的形状都是有三个脑袋，长着人一样的脸，其余十六位山神的形状都是猪身人面。

八、中次八经

【导读】

　　中次八经记述了中国中部的二十三座山,除了位于今湖北的荆山和河南的光山,其余绝大部分山的具体位置都难以考定,但它们大致在今湖北、安徽境内。

　　中次八经主要记述了鼍(tuó)围、计蒙、涉蠱三位神的形状特点,以及种类丰富的动物和植物,没有形状怪异的动物。

▲ 明代蒋应镐绘制的《山海经(图绘全像)》第三十五图,主要描绘了5.95、5.96、5.97、5.101、5.102中的鲛鱼、鸠两种动物及鼍围神、计蒙神和涉蠱神

5.94 中次八经荆山①之首,曰景山②,其上多金玉,其木多杼(shù)③檀④。雎(jū)水⑤出焉,东南流注于江⑥,其中多丹粟⑦,多文鱼。

【注释】

①荆山:山系名,在今湖北北部。 ②景山:山名,一说在今湖北房县,名聚龙山;一说即今望佛山,在湖北保康县。 ③杼:指栎(lì)木。 ④檀:见2.28注③。 ⑤雎水:水名,即沮水,发源于今湖北保康县。 ⑥江:指长江。 ⑦丹粟:见1.11注⑧。

【译文】

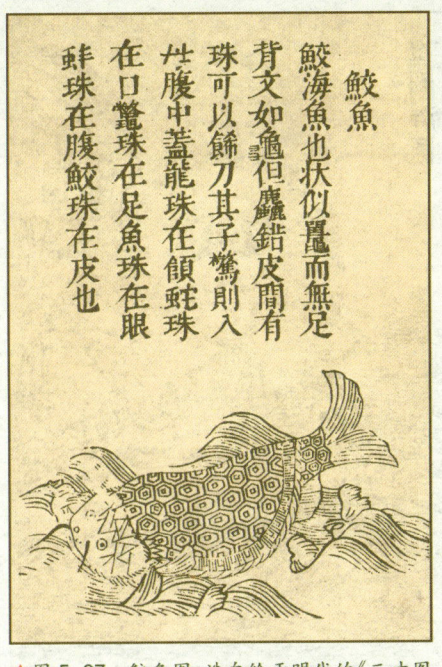

中次八经荆山山系中的首座山是景山,山上有很多金和玉,山中生长的树多为栎树和檀树。雎水发源于景山,向东南流入长江,水中有很多丹砂,还有很多身上有斑纹的鱼。

▲图5-37 鲛鱼图,选自绘于明代的《三才图会》

5.95 东北百里,曰荆山①,其阴多铁,其阳多赤金,其中多牦(máo)牛②,多豹虎,其木多松柏,其草多竹③,多橘櫾(yòu)④。漳水⑤出焉,而东南流注于雎(jū)⑥,其中多黄金,多鲛(jiāo)⑦鱼。其兽多闾(lǘ)⑧麋(mí)⑨。

【注释】

①荆山:山名,在今湖北南漳县西部。 ②牦牛:见2.18注⑤。 ③竹:见2.24注⑤。 ④櫾:同"柚",一种常绿乔木,种类很多,果

【译文】

向东北一百里是荆山,山的阴面有很多铁,阳面有很多赤金,山中有很多牦牛、豹和虎,山中生长的树

▲图5-38 鲛鱼即鲨鱼,此为鲨鱼图,选自绘于明代的《补遗雷公炮制便览》

实叫柚子,比橘子大。
⑤漳水:水名,发源于荆山,与沮水合流后称为沮漳河。与3.65中的漳水不同。 ⑥雎:即雎水,见5.94注⑤。
⑦鲛:即鲨鱼。一说指"蛟",也叫蛟龙,古代传说中的一种龙。(见图5-37、5-38) ⑧闾:见3.29注②。 ⑨麋:即麋鹿,见2.36注②。

多为松树和柏树,生长的草多为萹竹,还生长着很多橘树和柚树。漳水发源于荆山,向东南流入雎水,水中有很多黄金,还有很多鲛鱼。山中生长的兽多为闾和麋鹿。

▲图5-39 蠱围神图,选自《中国清代宫廷版画》

5.96 又东北百五十里,曰骄山①,其上多玉,其下多青䨼(huò)②,其木多松柏,多桃枝③钩端④。神**蠱**(tuó)围⑤处之,其状如人面,羊角虎爪,恒游于雎(jū)⑥漳⑦之渊,出入有光。

【注释】
①骄山:山名,在今湖北境内,具体所指待考。
②青䨼:见1.18注③。
③桃枝:见2.14注⑥。
④钩端:见2.14注⑦。
⑤蠱围:传说中的神名。(见图5-39)
⑥雎:即雎水,见5.94注⑤。
⑦漳:即漳水,见5.95注⑤。

【译文】
再向东北一百五十里是骄山,山上有很多玉,山下有很多可作青色颜料的矿物,山中生长的树多为松树和柏树,还长着很多桃枝竹和钩端竹。有位名叫蠱围的神居住在这里,他的形状是长着人一样的脸,羊一样的角,虎一样的爪子,经常在雎水和漳水的深潭中巡游,出入时身上发出光亮。

5.97 又东北百二十里，曰女几之山①，其上多玉，其下多黄金，其兽多豹虎，多闾（lǘ）②、麋（mí）③、麖（jīng）④、麂（jǐ）⑤，其鸟多白鹇（jiāo）⑥，多翟（dí）⑦，多鸩（zhèn）⑧。

▲图5-40 麂图，选自绘于明代的《补遗雷公炮制便览》

【注释】

①女几之山：即女几山，山名，具体所指待考。　②闾：见3.29注②。　③麋：即麋鹿，见2.36注②。　④麖：见5.53注③。　⑤麂：一种小型的鹿，腿细而有力，善跳跃，雄的有长牙和短角，有黄麂、黑麂、赤麂等。（见图5-40）　⑥鹇：鸟名，雉的一种，又称鹇雉。　⑦翟：长尾的野鸡。　⑧鸩：传说中的一种毒鸟，把它的羽毛泡在酒里，喝了可以把人毒死。

【译文】

再向东北一百二十里是女几山，山上有很多玉，山下有很多黄金，山中的兽多为豹和虎，还有很多闾、麋鹿、麖和麂，山中的鸟多为白色的鹇雉、长尾的野鸡和鸩鸟。

5.98 又东北二百里，曰宜诸之山①，其上多金玉，其下多青䨼（huò）②。洈（wéi）水③出焉，而南流注于漳④，其中多白玉。

【注释】

①宜诸之山：即宜诸山，山名，在今湖北境内，具体所指待考。　②青䨼：见1.18注③。　③洈水：水名，在今湖北境内，具体所指待考。　④漳：即漳水，见5.95注⑤。

【译文】

再向东北二百里是宜诸山，山上有很多金和玉，山下有很多可作青色颜料的矿物。洈水发源于宜诸山，向南流入漳水，水中有很多白玉。

5.99 又东北三百五十里,曰纶山①,其木多梓②楠③,多桃枝④,多柤(zhā)⑤、栗、橘、櫾(yòu)⑥,其兽多闾(lǘ)⑦、麈(zhǔ)⑧、羚⑨、㚟(chuò)⑩。

【注释】
①纶山:山名,一说指今湖北随州市的大洪山。 ②梓:见1.24注②。 ③楠:见1.24注③。 ④桃枝:见2.14注⑥。 ⑤柤:同"楂",指山楂。 ⑥櫾:见5.95注④。 ⑦闾:见3.29注②。 ⑧麈:鹿一类的动物,其尾可以做拂尘。(见图5-41) ⑨羚:见2.18注⑥。 ⑩㚟:兽名,一说指雪豹,豹的一种,毛长而密,全身灰白色,有黑色斑点和环纹,尾大,行动敏捷。

【译文】
再向东北三百五十里是纶山,山中生长的树多为梓树和楠木,还有很多桃枝竹、山楂、栗树、橘树和柚树,山中的兽多为闾、麈、羚羊和㚟。

5.100 又东北二百里,曰陆䣖(guǐ)之山①,其上多㻬琈(tūfú)②之玉,其下多垩(è)③,其木多杻(niǔ)④橿(jiāng)⑤。

【注释】
①陆䣖之山:即陆䣖山,山名,一说可能是今湖北孝感市的大悟山。 ②㻬琈:美玉名。 ③垩:可用来涂饰的有色土。 ④杻:见2.7注②。 ⑤橿:见2.7注③。

【译文】
再向东北二百里是陆䣖山,山上有很多㻬琈玉,山下有很多可作涂料的有色土,山中生长的树多为杻树和橿树。

5.101 又东百三十里,曰光山①,其

▲图5-41 麈图,选自绘于明代的《三才图会》

上多碧②，其下多木③。**神计蒙**④处之，其状人身而龙首，恒游于漳⑤渊，出入必有飘风⑥暴雨。

【注释】
① 光山：山名，在今河南光山县。
② 碧：青绿色的玉石。
③ 木：一说应作"水"。
④ 计蒙：传说中的神名。(见图5-42)
⑤ 漳：即漳水，见5.95注⑤。
⑥ 飘风：暴风；旋风。

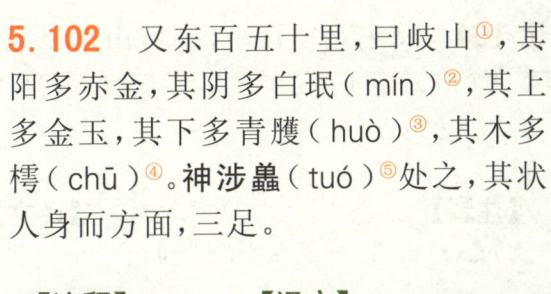

【译文】
再向东一百三十里是光山，山上有很多青绿色的玉石，山下长着很多树。有位名叫计蒙的神居住在这里，他的形状是人身龙首，他经常在漳水的深潭中巡游，出入时必然会伴有旋风和暴雨。

▲图5-42 计蒙神图，选自《中国清代宫廷版画》

5.102 又东百五十里，曰岐山①，其阳多赤金，其阴多白珉（mín）②，其上多金玉，其下多青雘（huò）③，其木多樗（chū）④。**神涉蠱**（tuó）⑤处之，其状人身而方面，三足。

【注释】
① 岐山：山名，一说在今湖北境内；一说在今安徽境内。
② 珉：似玉的美石。
③ 青雘：见1.18注③。
④ 樗：臭椿树。

【译文】
再向东一百五十里是岐山，山的阳面有很多赤金，阴面有很多白色的似玉的美石，山上有很多金和玉，山下有很多可作青色颜料的矿物，山中生长的树多为臭椿。有位名叫涉蠱的神居住在这里，他

▲图5-43 涉蠱神图，选自《中国清代宫廷版画》

⑤涉蟲:传说中的神名。(见图 5-43) 长着人一样的身体,脸部呈方形,有三只脚。

5.103

又东百三十里,曰铜山①,其上多金、银、铁,其木多榖(gǔ)②、柞(zuò)③、柤(zhā)④、栗、橘、櫾(yòu)⑤,其兽多犳(zhuó)⑥。

【注释】
①铜山:山名,具体所指待考。
②榖:见1.1注⑧。
③柞:见2.13注③。
④柤:同"楂",指山楂。
⑤櫾:见5.95注④。
⑥犳:见2.32注⑥。

【译文】
再向东一百三十里是铜山,山上有很多金、银和铁,山中生长的树多为构树、柞树、山楂、栗树、橘树和柚树,山中的兽多为犳。

5.104

又东北一百里,曰美山①,其兽多兕(sì)②牛,多闾(lǘ)③麈(zhǔ)④,多豕(shǐ)⑤鹿。其上多金,其下多青雘(huò)⑥。

【注释】
①美山:山名,一说在今湖北境内;一说在今安徽境内。②兕:见1.30注②。③闾:见3.29注②。④麈:见5.99注⑧。⑤豕:猪。⑥青雘:见1.18注③。

【译文】
再向东北一百里是美山,山中的兽多为兕和牛,还有很多闾、麈、猪和鹿。山上有很多金,山下有很多可作青色颜料的矿物。

5.105

又东北百里,曰大尧之山①,其木多松柏,多梓②桑,多机③;其草多竹④;其兽多豹、虎、羚⑤、𡤼(chuò)⑥。

【注释】

①大尧之山：即大尧山，具体所指待考。
②梓：见 1.24 注②。
③机：即机木，见 3.1 注②。
④竹：见 2.24 注⑤。
⑤羚：见 2.18 注⑥。
⑥臭：见 5.99 注⑩。

【译文】

再向东北一百里是大尧山，山中生长的树多为松树、柏树、梓树和桑树，还有很多机木树；生长的草多为蒿竹；兽多为豹、虎、羚羊和臭。

5.106 又东北三百里，曰灵山①，其上多金玉，其下多青䨼（huò）②，其木多桃、李、梅、杏。

【注释】

①灵山：山名，具体所指待考。一说在今湖北境内；一说在今安徽境内。 ②青䨼：见 1.18 注③。

【译文】

再向东北三百里是灵山，山上有很多金和玉，山下有很多可作青色颜料的矿物，山中生长的树多为桃树、李树、梅树和杏树。

5.107 又东北七十里，曰龙山①，上多寓木②，其上多碧③，其下多赤锡④，其草多桃枝⑤钩端⑥。

【注释】

①龙山：山名，在今安徽境内，具体所指待考。 ②寓木：寄生在别的树上的树。（见图 5-44） ③碧：青绿色的玉石。 ④赤锡：一说应为"赤铜"，因为没有红色的锡。 ⑤桃枝：见 2.14 注⑥。 ⑥钩端：见 2.14 注⑦。

【译文】

再向东北七十里是龙山，山上有很多寄生在别的树上的树，还有很多青绿色的玉石，山下有很多赤锡，山中生长的草多为桃枝竹和钩端竹。

▲图 5-44 寓木指寄生在别的树上的树，此为寄生在桑树上的一种树，选自绘于明代的《补遗雷公炮制便览》

5.108　又东南五十里,曰衡山①,上多寓木②、榖(gǔ)③、柞(zuò)④,多黄垩(è)⑤、白垩。

【注释】
①衡山:山名,在今安徽境内,具体所指待考。　②寓木:见5.107注②。　③榖:见1.1注⑧。　④柞:见2.13注③。　⑤垩:可用来涂饰的有色土。

【译文】
　　再向东南五十里是衡山,山上有很多寄生在别的树上的树、构树和柞树,还有很多黄垩和白垩。

5.109　又东南七十里,曰石山①,其上多金,其下多青䨼(huò)②,多寓木③。

【注释】
①石山:山名,在今安徽境内,具体所指待考。　②青䨼:见1.18注③。　③寓木:见5.107注②。

【译文】
　　再向东南七十里是石山,山上有很多金,山下有很多可作青色颜料的矿物,还有很多寄生在别的树上的树。

5.110　又南百二十里,曰若山①,其上多㻬琈(tūfú)②之玉,多赭(zhě)③,多邽(guī)④石,多寓木⑤,多柘(zhè)⑥。

【注释】
①若山:山名,一说可能指今安徽青阳县的九华山。　②㻬琈:美玉名。　③赭:红土。　④邽:通"圭",宝玉名。一说应作"封",参见5.136注④。　⑤寓木:见5.107注②。　⑥柘:见3.13注③。

【译文】
　　再向南一百二十里是若山,山上有很多㻬琈玉,有很多红土和邽石,还长着很多寄生在别的树上的树及柘树。

5.111　又东南一百二十里,曰彘(zhì)山①,多美石,多柘(zhè)②。

【注释】
①甗山：山名，一说即今安徽黄山市境内的黄山。
②柘：见 3.13 注③。

【译文】
再向东南一百二十里是甗山，山中有很多美丽的石头，还长着很多柘树。

5.112　又东南一百五十里，曰玉山①，其上多金玉，其下多碧②、铁，其木多柏。

【注释】
①玉山：山名，具体所指待考。一说在今安徽绩溪县东。
②碧：青绿色的玉石。

【译文】
再向东南一百五十里是玉山，山上有很多金和玉，山下有很多青绿色的玉石和铁，山中生长的树多为柏树。

5.113　又东南七十里，曰谨(huān)山①，其木多檀②，多邽(guī)③石，多白锡。郁水④出于其上，潜于其下，其中多砥砺(dǐlì)⑤。

【注释】
①谨山：山名，具体所指待考。②檀：见 2.28 注③。③邽：见 5.110 注④。④郁水：水名，一说可能指今浙江的新安江。⑤砥砺：磨刀石。

【译文】
再向东南七十里是谨山，山中生长的树多为檀树，山中还有很多邽石和白锡。郁水发源于谨山的山上，在山下潜流，水中有很多磨刀石。

5.114　又东北百五十里，曰仁举之山①，其木多榖(gǔ)②柞(zuò)③，其阳多赤金，其阴多赭(zhě)④。

【注释】

①仁举之山：即仁举山，山名，具体所指待考。
②榖：见1.1注⑧。
③柞：见2.13注③。
④赭：红土。

【译文】

再向东北一百五十里是仁举山，山中生长的树多为构树和柞树，山的阳面有很多赤金，阴面有很多红土。

5.115　又东五十里，曰师每之山①，其阳多砥砺（dǐlì）②，其阴多青䭆（huò）③。其木多柏，多檀④，多柘（zhè）⑤；其草多竹⑥。

【注释】

①师每之山：即师每山，山名，具体所指待考。一说在今安徽境内。
②砥砺：磨刀石。
③青䭆：见1.18注③。
④檀：见2.28注③。
⑤柘：见3.13注③。
⑥竹：见2.24注⑤。

【译文】

再向东五十里是师每山，山的阳面有很多磨刀石，阴面有很多可作青色颜料的矿物。山中生长的树多为柏树、檀树和柘树，草多为蓠竹。

5.116　又东南二百里，曰琴鼓之山①，其木多榖（gǔ）②、柞（zuò）③、椒④、柘（zhè）⑤；其上多白珉（mín）⑥，其下多洗石⑦；其兽多豕（shǐ）⑧鹿，多白犀；其鸟多鸩（zhèn）⑨。

【注释】

①琴鼓之山：即琴鼓山，山名，具体所指待考。一说在今浙江境内；一说在今安徽境内。
②榖：见1.1注⑧。
③柞：见2.13注③。
④椒：

【译文】

再向东南二百里是琴鼓山，山中生长的树多为构树、柞树、椒树和柘树；

▲图5-45　胡椒图，选自绘于明代的《补遗雷公炮制便览》

指某些果实或种子有刺激性味道的植物，如胡椒、花椒和辣椒。这里应指胡椒或花椒。(见图5-45) ⑤柘：见3.13注③。 ⑥珉：似玉的美石。 ⑦洗石：见2.1注③。 ⑧豕：猪。 ⑨鸩：见5.97注⑧。

山上有很多似玉的白石，山下有很多洗石；山中的兽多为猪和鹿，还有很多白犀；山中的鸟多为鸩鸟。

5.117 凡荆山①之首，自景山②至琴鼓之山③，凡二十三山，二千八百九十里，其神④状皆鸟身而人面。其祠⑤：用一雄鸡祈瘗（yì）⑥，用一藻圭⑦，糈（xǔ）⑧用稌（tú）⑨。骄山⑩，冢（zhǒng）⑪也，其祠：用羞⑫酒少牢⑬祈瘗，婴⑭毛⑮一璧。

【注释】

①荆山：见5.94注①。 ②景山：见5.94注②。 ③琴鼓之山：见5.116注①。 ④神：指山神。(见图5-46) ⑤祠：祭祀。 ⑥瘗：埋葬。 ⑦藻圭：有彩纹的圭。 ⑧糈：见1.10注⑨。 ⑨稌：见1.10注⑩。 ⑩骄山：见5.96注①。 ⑪冢：见2.20注④。 ⑫羞：进献食品。 ⑬少牢：见2.38注⑥。 ⑭婴：颈上的饰物。 ⑮毛：应作"用"。

【译文】

总计荆山山系中的山，从首座景山到琴鼓山，共二十三座山，距离为二千八百九十里，这些山的山神的形状都是鸟身人面。祭祀他们的方法是：用一只雄鸡为祭品，祈祷后埋入地下，用一块有彩纹的圭，用糯米作祭神的精米。骄山是大的山神居住的地方，祭祀其山神的方法是：用酒、猪、羊为祭品，祈祷后埋入地下，用一块璧作为挂在山神颈上的饰物。

▲图5-46 中次八经山神图，选自《中国清代宫廷版画》

九、中次九经

【导读】

　　中次九经记述了位于中国中部的十六座山,除了岷山、崃(lái)山、葛山等六座山外,其余的山的具体位置都难以确定,但它们大致在今四川、重庆、湖北境内。

　　中次九经中记述了种类丰富的动物和植物,无奇禽怪兽。较为引人注意的是在5.130中,说有一个熊居住的洞穴,它夏启冬闭,经常有神人从洞中出来。

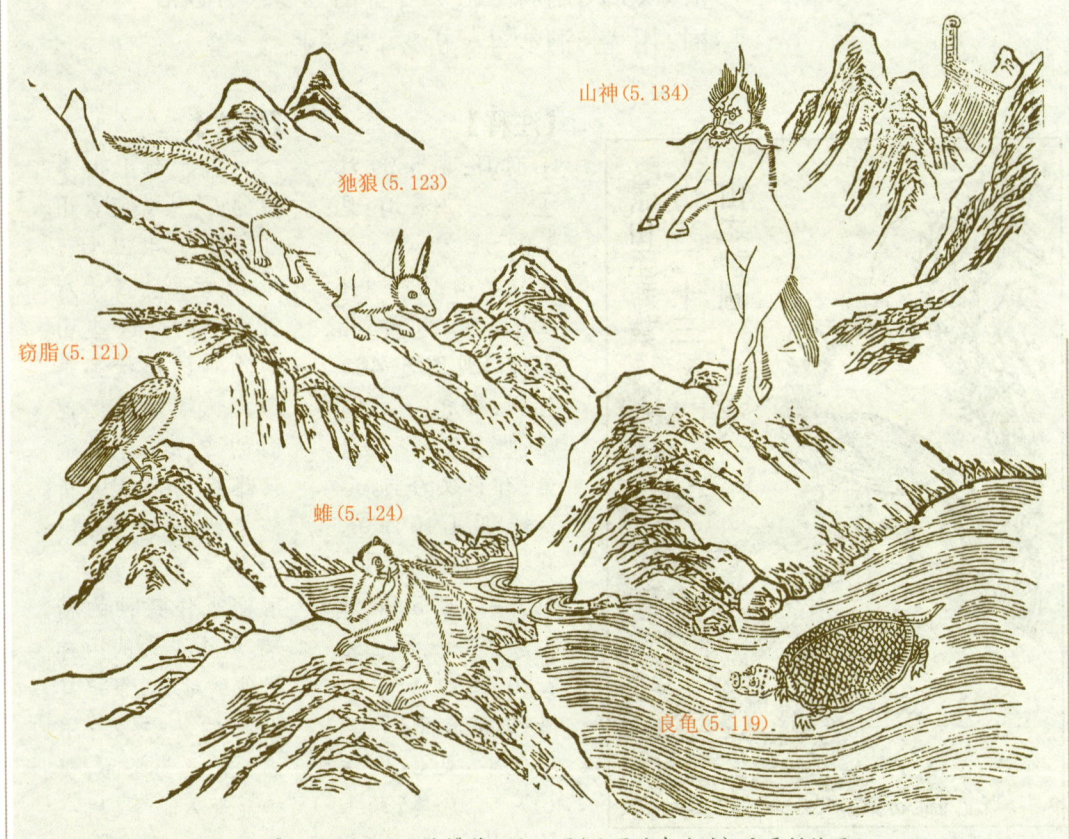

▲ 明代蒋应镐绘制的《山海经(图绘全像)》第三十六图(此图稍有改动),主要描绘了5.119、5.121、5.123、5.124、5.134中的良龟、窃脂、狙狼、雄四种动物及山神

▲ 图 5-47 绘于清代的《钦定书经图说》中的"导江副图",描绘了长江发源于岷山的情形

5.118　中次九经岷山①之首,曰女几之山②,其上多石涅③,其木多杻(niǔ)④檀(jiāng)⑤,其草多菊䕲(zhú)⑥。洛水⑦出焉,东注于江,其中多雄黄⑧,其兽多虎豹。

【注释】

①岷山:山系名,在今四川北部,绵延四川、甘肃两省边境,为长江和黄河的分水岭。　②女几之山:即女几山,山名,一说指今四川什邡(fāng)市的九顶山。与5.97中的女几山不同。　③石涅:见2.25注②。　④杻:见2.7注②。　⑤檀:见2.7注③。　⑥䕲:见5.44注④。　⑦洛水:水名,一说即今石亭江,是四川沱江的源头之一。　⑧雄黄:见2.24注③。

【译文】

中次九经岷山山系中的首座山是女几山,山上有很多石墨,山中生长的树多为杻树和檀树,生长的草多为菊和䕲。洛水发源于女几山,向东流入长江,水中有很多雄黄,这一带的兽多为虎和豹。

▲ 图 5-48　鼍图,选自清代的《山海经存》

5.119　又东北三百里,曰岷山①。江水②出焉,东北流注于海,其中多良龟③,多鼍(tuó)④。其上多金玉,其下多白珉(mín)⑤。其木多梅棠⑥;其兽多犀象,多夔(kuí)牛⑦;其鸟多翰⑧鷩(bì)⑨。

【注释】

①岷山:山名,在今四川松潘县北。(见图

5-47）　②江水:指长江。
③良龟:品种优良的龟。　④鼍:
鼍龙,即扬子鳄,爬行动物,是鳄的
一种,俗称猪婆龙。(见图5-48)
⑤珉:似玉的美石。　⑥棠:见
2.35注③。　⑦夔牛:传说中的
一种兽,体形似牛,重达数千斤。
⑧翰:即白翰,见2.14注⑩。
⑨鷩:见2.4注⑦。

长江发源于岷山,向东北流入大海,水中有很多品种优良的龟,还有很多扬子鳄。山上有很多金和玉,山下有很多似玉的白石。山中生长的树多为梅树和棠树,山中的兽多为犀牛、象和夔牛,鸟多为白翰和锦鸡。

5.120　又东北一百四十里,曰崃(lái)山①。江水②出焉,东流注大江③。其阳多黄金,其阴多麋(mí)④麈(zhǔ)⑤。其木多檀⑥柘(zhè)⑦,其草多薤(xiè)⑧韭,多药(yuè)⑨、空夺⑩。

【注释】
①崃山:山名,即邛(qióng)崃山,在今四川阿坝藏族羌族自治州。
②江水:指长江的支流,一说即青衣江。　③大江:指长江。　④麋:即麋鹿,见2.36注②。　⑤麈:见5.99注⑧。　⑥檀:见2.28注③。
⑦柘:见3.13注③。　⑧薤:见3.8注③。　⑨药:见2.69注④。
⑩空夺:一说指寇脱,见5.56注⑦;一说指蛇蜕,即蛇脱下的皮。

【译文】
　　再向东北一百四十里是邛崃山。江水发源于邛崃山,向东流入长江。山的阳面有很多黄金,阴面有很多麋鹿和麈。山中生长的树多为檀树和柘树,草多为薤和韭菜,还有很多白芷和空夺。

5.121　又东一百五十里,曰崌(jū)山①。江水②出焉,东流注于大江③,其中多怪蛇,多絷(zhì)鱼④。其木多楢(yóu)⑤杻(niǔ)⑥,多梅梓⑦,其兽多夔(kuí)牛⑧、羚⑨、㚟(chuò)⑩、犀、兕(sì)⑪。有鸟焉,状如鸮(xiāo)⑫而赤身白首,其名曰**窃脂**⑬,可以御火。

【注释】

① 崌山：山名，在今四川西部，邛崃（qiónglái）山之东。② 江水：长江的支流，一说指沫水，青衣江的上源之一。③ 大江：指长江。④ 鳖鱼：鱼名，一说指鲥（shí）鱼，体侧扁，银白色，长可达70厘米。⑤ 梍：木名，具体所指待考。据说古代常用它来制作车轮。⑥ 杻：见2.7注②。⑦ 梓：见1.24注②。⑧ 夔牛：见5.119注⑦。⑨ 羚：见2.18注⑥。⑩ 臭：见5.99注⑩。⑪ 咒：见1.30注②。⑫ 鸮：猫头鹰一类的鸟。⑬ 窃脂：鸟名，一说指一种曲嘴的小青雀。（见图5-49）

【译文】

再向东一百五十里是崌山。江水发源于崌山，向东流入长江，水中有很多怪蛇，还有很多鳖鱼。山中生长的树多为梍树、杻树、梅树和梓树，山中的兽多为夔牛、羚羊、臭和犀牛。山中有一种鸟，形状像猫头鹰，红色的身子，白色的头，名字叫窃脂，可以用来防火。

▲图5-49 窃脂图，选自《中国清代宫廷版画》

5.122 又东三百里，曰高粱之山①，其上多垩（è）②，其下多砥砺（dǐlì）③，其木多桃枝④钩端⑤。有草焉，状如葵而赤华，荚⑥实白柎（fū）⑦，可以走马⑧。

【注释】

① 高粱之山：即高粱山，山名，指今四川剑阁县北的大剑山。② 垩：可用来涂饰的有色土。③ 砥砺：磨刀石。④ 桃枝：见2.14注⑥。⑤ 钩端：见2.14注⑦。

【译文】

再向东三百里是高粱山，山上有很多可作涂料的有色土，山下有很多磨刀石，山中生长的树多为桃枝竹和钩端竹。山中有一种草，形状像葵，开红色的花，结荚果，花萼白色，

⑥ 芙：见5.1注⑥。
⑦ 柟：见2.39注⑧。
⑧ 走马：见2.15注⑯。

骑马的人把它佩带在身上，可以使马跑得快。

5.123 又东四百里，曰蛇山①，其上多黄金，其下多垩（è）②，其木多栒（xún）③，多豫章④，其草多嘉荣⑤、少辛⑥。有兽焉，其状如狐而白尾长耳，名狪（shì）狼⑦，见（xiàn）则国内有兵。

【注释】
① 蛇山：山名，具体所指待考。一说指今四川南江县北的光雾山。
② 垩：可用来涂饰的有色土。
③ 栒：见3.70注③。
④ 豫章：见2.32注④。
⑤ 嘉荣：见5.81注③。
⑥ 少辛：见5.86注⑦。
⑦ 狪狼：传说中的一种兽。一说指狼的一种。（见图5-50）

【译文】
再向东四百里是蛇山，山上有很多黄金，山下有很多可作涂料的有色土，山中生长的树多为栒树和樟树，生长的草多为嘉荣和细辛。山中有一种兽，形状像狐，长着白色的尾巴，耳朵很长，名字叫狪狼，只要它一出现，国内就会发生战争。

▲图5-50 狪狼图，选自《中国清代宫廷版画》

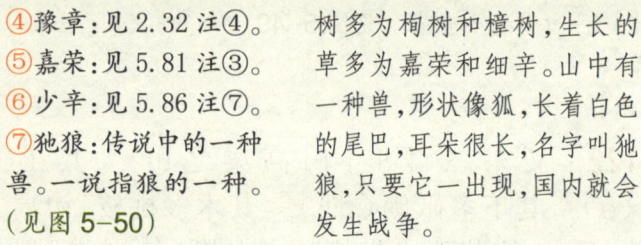

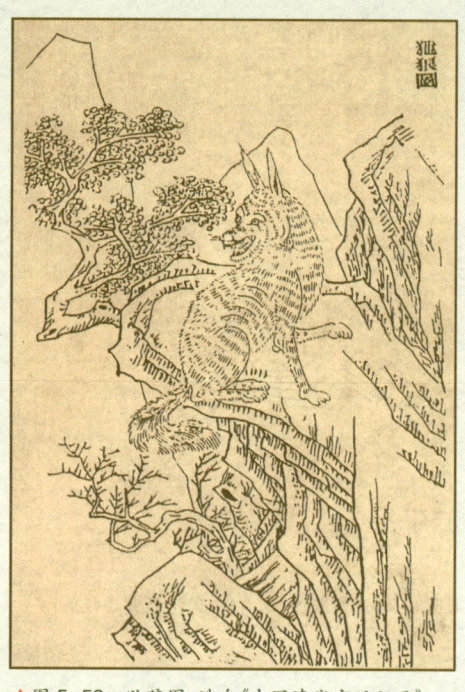

5.124 又东五百里，曰鬲（gé）山①，其阳多金，其阴多白珉（mín）②。蒲鸏（hōng）之水③出焉，而东流注于江，其中多白玉。其兽多犀、象、熊、罴（pí）④，多猿蜼（wěi）⑤。

【注释】
① 鬲山：山名，具体所指待考。 ② 珉：似玉的

【译文】
再向东五百里是鬲山，山的阳面有很多金，阴

美石。 ③蒲鹕之水：即蒲鹕水，水名，具体所指待考。 ④黑：见2.14注⑨。 ⑤蜼：一种长尾猿。

面有很多似玉的白色美石。蒲鹕水发源于鬲山，向东流入长江，水中有很多白玉。山中的兽多为犀牛、象和熊罴，还有很多猿和蜼。

5.125 又东北三百里，曰隅阳之山①，其上多金玉，其下多青䨼（huò）②，其木多梓③桑，其草多芷（zǐ）④。徐之水⑤出焉，东流注于江，其中多丹粟⑥。

【注释】
①隅阳之山：即隅阳山，山名，在今四川境内，具体所指待考。
②青䨼：见1.18注③。
③梓：见1.24注②。
④芷：即芷草，见2.63注②。
⑤徐之水：即徐水，水名，在今四川境内，具体所指待考。
⑥丹粟：见1.11注⑧。

【译文】
再向东北三百里是隅阳山，山上有很多金和玉，山下有很多可作青色颜料的矿物，山中生长的树多为梓树和桑树，生长的草多为紫草。徐水发源于隅阳山，向东流入长江，水中有很多丹砂。

5.126 又东二百五十里，曰岐山①，其上多白金，其下多铁，其木多梅梓②，多杻（niǔ）③楢（yóu）④。减水⑤出焉，东南流注于江。

【注释】
①岐山：山名，在今四川境内，具体所指待考。
②梓：见1.24注②。
③杻：见2.7注②。
④楢：见5.121注⑤。
⑤减水：水名，具体所指待考。与4.5中的减水不同。

【译文】
再向东二百五十里是岐山，山上有很多白金，山下有很多铁，山中生长的树多为梅树、梓树、杻树和楢树。减水发源于岐山，向东南流入长江。

5.127 又东三百里，曰勾㭁（nǐ）之山①，其上多玉，其下多黄金，其木多栎（lì）②柘（zhè）③，其草多芍药④。

【注释】
①勾㭁之山：即勾㭁山，山名，在今重庆奉节县。
②栎：见2.71注②。
③柘：见3.13注③。
④芍药：见3.70注④。

【译文】
再向东三百里是勾㭁山，山上有很多玉，山下有很多黄金，山中生长的树多为栎树和柘树，生长的草多为芍药。

5.128 又东一百五十里，曰风雨之山①，其上多白金，其下多石涅②，其木多椒（zōu）③樿（shàn）④，多杨。宣余之水⑤出焉，东流注于江，其中多蛇。其兽多闾（lú）⑥麋（mí）⑦，多麈（zhǔ）⑧、豹、虎，其鸟多白鹪（jiāo）⑨。

【注释】
①风雨之山：即风雨山，山名，一说可能指今重庆巫山县的巫山。
②石涅：见2.25注②。
③椒：木名，具体所指待考。
④樿：木名，木纹白色，又叫白理木。
⑤宣余之水：即宣余水，水名，一说可能指今重庆巫山县的大宁河。
⑥闾：见3.29注②。
⑦麋：即麋鹿，见2.36注②。
⑧麈：见5.99注⑧。
⑨鹪：见5.97注⑥。

【译文】
再向东一百五十里是风雨山，山上有很多白金，山下有很多石墨，山中生长的树多为椒树、樿树和杨树。宣余水发源于风雨山，向东流入长江，水中有很多蛇。山中的兽多为闾、麋鹿、麈、豹和虎，鸟多为白色的鹪雉。

5.129 又东北二百里，曰玉山①，其阳多铜，其阴多赤金，其木多豫章②、楢（yóu）③、杻（niǔ）④，其兽多豕（shǐ）⑤、鹿、羚⑥、臭（chuò）⑦，其鸟多鸩（zhèn）⑧。

【注释】

①玉山：山名，具体所指待考。一说在今重庆和湖北交界处。
②豫章：见2.32注④。　③楰：见5.121注⑤。　④杻：见2.7注②。　⑤豕：猪。　⑥羚：见2.18注⑥。　⑦臭：见5.99注⑩。　⑧鸩：见5.97注⑧。

【译文】

再向东北二百里是玉山，山的阳面有很多铜，阴面有很多赤金，山中生长的树多为樟树、楰树和杻树，兽多为猪、鹿、羚羊和臭，鸟多为鸩鸟。

5.130　又东一百五十里，曰熊山①。有穴焉，熊之穴，恒出神人，夏启而冬闭。是穴也，冬启乃必有兵。其上多白玉，其下多白金，其木多樗（chū）②柳，其草多寇脱③。

【注释】

①熊山：山名，在今湖北西部，具体所指待考。
②樗：臭椿树。
③寇脱：见5.56注⑦。

【译文】

再向东一百五十里是熊山。山中有一个洞穴，是熊住的地方，经常有神人从洞中出来，这个洞的洞门夏天开启，冬天关闭。如果洞门在冬天开启，就必然会发生战争。山上有很多白玉，山下有很多白金，山中生长的树多为臭椿树和柳树，生长的草多为通草。

5.131　又东一百四十里，曰騩（guī）山①，其阳多美玉、赤金，其阴多铁，其木多桃枝②、荆③、芭（bā）④。

【注释】

①騩山：山名，一说在今湖北秭归县境内。　②桃枝：见2.14注⑥。　③荆：见1.24注④。　④芭：芭蕉，多年生草本植物，高可达6米，叶片长圆形，长可达3米，叶柄很长。一说应作"芑"，通"杞"，指枸杞。

【译文】

再向东一百四十里是騩山，山的阳面有很多美玉和赤金，阴面有很多铁，山中生长的植物多为桃枝竹、荆和芭蕉。

5.132 又东二百里,曰葛山①,其上多赤金,其下多瑊(jiān)②石,其木多柤(zhā)③、栗、橘、櫾(yòu)④、楢(yóu)⑤、杻(niǔ)⑥,其兽多羚⑦、㚟(chuò)⑧,其草多嘉荣⑨。

【注释】
①葛山:山名,在今湖北兴山县。
②瑊:似玉的美石。　③柤:同"楂",指山楂。　④櫾:见5.95注④。　⑤楢:见5.121注⑤。
⑥杻:见2.7注②。　⑦羚:见2.18注⑥。　⑧㚟:见5.99注⑩。　⑨嘉荣:见5.81注③。

【译文】
　　再向东二百里是葛山,山上有很多赤金,山下有很多瑊石,山中生长的树多为山楂、栗树、橘树、柚树、楢树和杻树,山中的兽多为羚羊和㚟,草多为嘉荣。

5.133 又东一百七十里,曰贾超之山①,其阳多黄垩(è)②,其阴多美赭(zhě)③,其木多柤(zhā)④、栗、橘、櫾(yòu)⑤,其中多龙修⑥。

【注释】
①贾超之山:即贾超山,山名,一说在今湖北远安县。　②垩:可用来涂饰的有色土。　③赭:红土。
④柤:同"楂",指山楂。　⑤櫾:见5.95注④。　⑥龙修:即龙须草,多年生草本植物,茎青绿色,线形,高50厘米,茎上无叶,开淡绿色花,蒴(shuò)果长椭圆形。

【译文】
　　再向东一百七十里是贾超山,山的阳面有很多黄垩,阴面有很多优质的红土,山中生长的树多为山楂、栗树、橘树和柚树,山中还长着很多龙须草。

5.134 凡岷山①之首,自女几山②至于贾超之山③,凡十六山,三千五百里。其神④状皆马身而龙首。其祠⑤:毛⑥用一雄鸡瘗(yì)⑦,糈(xǔ)⑧用稌(tú)⑨。文山⑩、勾㭣(nǐ)⑪、风雨⑫、騩(guī)之山⑬,是皆冢(zhǒng)⑭

也，其祠之：羞⑮酒，少牢⑯具，婴⑰毛⑱一吉玉⑲。熊山⑳，席㉑也，其祠：羞酒，太牢㉒具，婴毛一璧。干㉓儛（wǔ）㉔，用兵以禳（ráng）㉕；祈，璆（qiú）㉖冕㉗舞。

【注释】

①岷山：见5.118注①。 ②女几山：见5.118注②。 ③贾超之山：见5.133注①。 ④神：指山神。（见图5-51） ⑤祠：祭祀。 ⑥毛：见1.10注⑥。 ⑦瘗：埋葬。 ⑧糈：见1.10注⑨。 ⑨稌：见1.10注⑩。 ⑩文山：即岷山，见5.119注①。 ⑪勾㭊：见5.127注①。 ⑫风雨：见5.128注①。 ⑬骢之山：即骢山，见5.131注①。 ⑭冢：见2.20注④。 ⑮羞：进献食品。 ⑯少牢：见2.38注⑥。 ⑰婴：颈上的饰物。 ⑱毛：应作"用"。 ⑲吉玉：彩色的玉。 ⑳熊山：见5.130注①。 ㉑席：一说应作"帝"。 ㉒太牢：见2.20注⑥。 ㉓干：盾牌。 ㉔儛：跳舞。 ㉕禳：迷信的人祈祷以消除灾殃。 ㉖璆：美玉。 ㉗冕：一种礼帽。

【译文】

总计岷山山系中的山，从首座女几山到贾超山，共十六座山，距离为三千五百里。这些山的山神的形状都是马身龙首。祭祀他们的方法是：以一只雄鸡为毛物，祭祀后把它埋入地下，用糯米作祭神用的精米。文山、勾㭊山、风雨山、骢山都是大的山神居住的地方，祭祀这些山神的方法是：向他们敬酒，用猪、羊二牲齐备的少牢之礼，用一块彩色的玉作为挂在山神颈上的饰物。熊山的山神是众山神之主，祭祀他的方法是：向他敬酒，用猪、羊、牛三牲齐备的太牢之礼，用一块璧作为挂在山神颈上的饰物。祭祀时，手持盾牌而舞，并手持兵器，以求消除灾殃；进行祈祷时，则手持美玉、头戴礼帽而起舞。

▲图5-51 中次九经山神图，选自《中国清代宫廷版画》

女几山至贾超山 共十六山之神图

十、中次十经

【导读】

中次十经记述了位于中国中部的九座山，所有的山的具体位置都难以确定，但它们大致位于今河南、湖北境内。

中次十经篇幅不长，除了记述一些常见的动植物及矿物，还记述了一种名叫跂踵（qǐzhǒng）的怪鸟，它的形状像鸮（xiāo），只有一条腿，长着猪一样的尾巴。

鹦䴗(5.141)

跂踵(5.139)

▲ 明代蒋应镐绘制的《山海经（图绘全像）》第三十七图（此图有改动），主要描绘了5.139、5.141中的跂踵、鹦䴗两种动物

5.135 中次十经之首,曰首阳之山①,其上多金玉,无草木。

【注释】
①首阳之山:即首阳山,山名,具体所指待考。一说在今河南偃师市;一说在今湖北黄石市。

【译文】
中次十经中的首座山是首阳山,山上有很多金和玉,不长草木。

5.136 又西五十里,曰虎尾之山①,其木多椒②楰(jū)③,多封石④,其阳多赤金,其阴多铁。

【注释】
①虎尾之山:即虎尾山,山名,具体所指待考。　②椒:见5.116注④。　③楰:见3.6注④。　④封石:一说应作"玤(bàng)石",一种比玉次的石;一说指一种植物,味甜,无毒。

【译文】
再向西五十里是虎尾山,山中生长的树多为椒树和楰树,还有很多封石;山的阳面有很多赤金,阴面有很多铁。

5.137 又西南五十里,曰繁缋(huì)之山①,其木多楢(yóu)②杻(niǔ)③,其草多枝勾④。

【注释】
①繁缋之山:即繁缋山,山名,具体所指待考。一说在今湖北鄂州市;一说在今河南洛阳东北。　②楢:见5.121注⑤。　③杻:见2.7注②。　④枝勾:草名,一说指桃枝(见2.14注⑥)和钩端(见2.14注⑦)。

【译文】
再向西南五十里是繁缋山,山中生长的树多为楢树和杻树,生长的草多为枝勾。

5.138 又西南二十里,曰勇石之山①,无草木,多白金,多水。

【注释】
①勇石之山:即勇石山,山名,具体所指待考。

【译文】
再向西南二十里是勇石山,山中不长草木,有很多白金,还有很多水。

5.139 又西二十里,曰复州之山①,其木多檀②,其阳多黄金。有鸟焉,其状如鸮(xiāo)③而一足,彘(zhì)④尾,其名曰跂踵(qǐzhǒng)⑤,见(xiàn)则其国大疫。

【注释】
①复州之山:即复州山,山名,具体所指待考。
②檀:见2.28注③。
③鸮:猫头鹰一类的鸟。
④彘:猪。　⑤跂踵:传说中的一种鸟。(见图5-52)

【译文】
再向西二十里是复州山,山中生长的树多为檀树,山的阳面有很多黄金。山中有一种鸟,形状像猫头鹰,长着一只脚,猪一样的尾巴,它的名字叫跂踵,只要它在哪个国家出现,哪个国家就会发生大的瘟疫。

◀ 图5-52 跂踵图,左图选自清代吴任臣的《增补绘像山海经广注》,右图选自绘于清代的《古今图书集成·禽虫典》

5.140 又西三十里,曰楮(chǔ)山①,多寓木②,多椒③、椐(jū)④,多柘(zhè)⑤,多垩(è)⑥。

【注释】
①楮山:山名,具体所指待考。一说在今河南孟津县。　②寓木:见5.107注②。　③椒:见5.116注④。　④椐:见3.6注④。　⑤柘:见3.13注③。　⑥垩:可用来涂饰的有色土。

【译文】
再向西三十里是楮山,山中有很多寄生在别的树上的树,有很多椒树、椐树和柘树,还有很多可作涂料的有色土。

5.141 又西二十里,曰又原之山①,其阳多青䨼(huò)②,其阴多铁,其鸟多鸜鹆(qúyù)③。

【注释】
①又原之山:即又原山,山名,具体所指待考。　②青䨼:见1.18注③。　③鸜鹆:同"鸲(qú)鹆",鸟名,即八哥。

【译文】
再向西二十里是又原山,山的阳面有很多可作青色颜料的矿物,阴面有很多铁,山中的鸟多为八哥。

5.142 又西五十里,曰涿山①,其木多榖(gǔ)②、柞(zuò)③、杻(niǔ)④,其阳多㻬琈(tūfú)⑤之玉。

【注释】
①涿山:山名,具体所指待考。一说即蜀山,在今甘肃境内。　②榖:见1.1注⑧。　③柞:见2.13注③。　④杻:见2.7注②。　⑤㻬琈:美玉名。

【译文】
再向西五十里是涿山,山中生长的树多为构树、柞树和杻树,山的阳面有很多㻬琈玉。

5.143 又西七十里，曰丙山①，其木多梓②檀③，多㸣（shěn）④杻（niǔ）⑤。

【注释】
①丙山：山名，具体所指待考。
②梓：见1.24注②。
③檀：见2.28注③。
④㸣：微笑，这里指略有弯曲。
⑤杻：见2.7注②。

【译文】
再向西七十里是丙山，山中生长的树多为梓树和檀树，还有很多树身弯曲的杻树。

5.144 凡首阳山①之首，自首山②至于丙山③，凡九山，二百六十七里。其神④状皆龙身而人面。其祠⑤之：毛⑥用一雄鸡瘗（yì）⑦，糈（xǔ）⑧用五种之糈⑨。堵山⑩，冢（zhǒng）⑪也，其祠之：少牢⑫具，羞⑬酒祠，婴⑭毛⑮一璧瘗。魁（guī）山⑯，帝也，其祠：羞酒，太牢⑰具，合巫⑱祝⑲二人儛（wǔ）⑳，婴一璧。

【注释】
①首阳山：见5.135注①。
②首山：即首阳山。
③丙山：见5.143注①。
④神：指山神。（见图5-53）
⑤祠：祭祀。
⑥毛：见1.10注⑥。
⑦瘗：埋葬。
⑧糈：见1.10注⑨。
⑨五种之糈：指去皮壳后的黍、稷、稻、粱、麦。

【译文】
总计首阳山山系中的山，从首座首山到丙山，共九座山，距离为二百六十七里。这些山的山神的形状都是龙身人面。祭祀他们的方法是：以一只雄鸡为毛物，祭祀后把它埋入地下，用去皮壳后的黍、稷、稻、粱、麦作为祭

▲图5-53 中次十经山神图，选自《中国清代宫廷版画》

首山至
丙山共
九山之
神图

⑩ 堵山：即楮山，见5.140注①。
⑪ 冢：见2.20注④。
⑫ 少牢：见2.38注⑥。
⑬ 羞：进献食品。
⑭ 婴：颈上的饰物。
⑮ 毛：应作"用"。
⑯ 騩山：见5.131注①。
⑰ 太牢：见2.20注⑥。
⑱ 巫：古代以求神、占卜等为职业的人。
⑲ 祝：宗庙中主持祭礼的人。
⑳ 儛：跳舞。

神用的精米。堵山，是大的山神居住的地方，祭祀这位山神的方法是：用猪、羊二牲齐备的少牢之礼，并向他献酒，用一块璧作为他颈上的饰物，祭祀后把它埋入地下。騩山的山神是众山神之主，祭祀他的方法是：向他献酒，用猪、羊、牛三牲齐备的太牢之礼，让巫和祝两个人一起跳舞，用一块璧作为山神颈上的饰物。

十一、中次十一经

【导读】

　　中次十一经记述了位于中国中部的四十八座山，其中绝大部分山的具体位置都难以确定，但它们大致在今河南、湖北、安徽境内。

　　中次十一经是《山海经》五篇山经的二十六篇小山经中篇幅最长、记述山的数目最多的一篇，但所记多为寻常的动植物及矿物。其中形状怪异的动物有三种：一为三足鳖，一为可引发洪水的蛟，一为形状如犬、虎爪有甲的獜(lìn)。另有一位名叫耕父的神，出入时有光；还有一种名叫帝女桑的树，树围达五丈，叶子有一尺多大。

▲ 明代蒋应镐绘制的《山海经(图绘全像)》第三十八图(此图稍有改动)，主要描绘了5.172、5.179、5.186 中的狙如、狪即、梁渠三种动物

▲ 图 5-54 蛟图，选自绘于明代的《三才图会》

5.145 中次一十一山经①荆山②之首，曰翼望之山③。湍水④出焉，东流注于济（jǐ）⑤；贶（kuàng）水⑥出焉，东南流注于汉⑦，其中多蛟⑧。其上多松柏，其下多漆⑨梓⑩，其阳多赤金，其阴多珉（mín）⑪。

【注释】

①山经：按前面体例，"山"字系衍文。
②荆山：山系名，在今河南西部，是熊耳山和伏牛山的合称。
③翼望之山：即翼望山，山名，在今河南内乡县北。与 2.60 中的翼望山不同。
④湍水：水名，即今湍河，源于河南伏牛山之老君山。
⑤济：即济（一作"淯"）水，一说今名白河，在河南，发源于老君山。
⑥贶水：水名，一说即今淅河，也叫浙江，在河南西部，源出卢氏县熊耳山。
⑦汉：即汉江，见 2.13 注⑨。
⑧蛟：即蛟龙，传说中能引发洪水的一种龙。（见图 5-54）
⑨漆：见 2.69 注②。
⑩梓：见 1.24 注②。
⑪珉：似玉的美石。

【译文】

中次十一经荆山山系的首座山是翼望山。湍水发源于翼望山，向东流入济水；贶水也发源于翼望山，向东南流入汉江，水中有很多蛟龙。山上长着很多松树和柏树，山下长着很多漆树和梓树，山的阳面有很多赤金，阴面有很多似玉的美石。

5.146 又东北一百五十里，曰朝歌之山①，潕（wǔ）水②出焉，东南流注于荥（xíng）③，其中多人鱼④。其上多梓⑤楠⑥，其兽多羚⑦麋（mí）⑧。有草焉，名曰莽草⑨，可以毒鱼。

【注释】

①朝歌之山：即朝歌山，山名，一说在今河南方城县。与5.50中的朝歌山不同。　②沃水：水名，一作舞水，源出今河南方城县东，东流经舞阳县南，至西平县东注入汝水。　③荥：水名，一说应作"汝"，指汝水，见5.166注③。　④人鱼：见2.8注⑯。　⑤梓：见1.24注②。　⑥楠：见1.24注③。　⑦羚：见2.18注⑥。　⑧麋：即麋鹿，见2.36注②。　⑨莽草：参见5.23注⑥。

【译文】

　　再向东北一百五十里是朝歌山，沃水发源于朝歌山，向东南流入荥水，水中有很多大鲵。山上长着很多梓树和楠木，山中的兽多为羚羊和麋鹿。山中有一种草，名叫莽草，可以用来毒杀鱼类。

5.147　又东南二百里，曰帝囷（qūn）之山①，其阳多瑀琈（tūfú）②之玉，其阴多铁。帝囷之水③出于其上，潜于其下，多鸣蛇④。

【注释】

①帝囷之山：即帝囷山，山名，一说在今河南舞阳县境内。　②瑀琈：美玉名。　③帝囷之水：即帝囷水，水名，具体所指待考。　④鸣蛇：见5.20注④。

【译文】

　　再向东南二百里是帝囷山，山的阳面有很多瑀琈玉，阴面有很多铁。帝囷水发源于帝囷山的山上，在山下潜流，水中有很多鸣蛇。

5.148　又东南五十里，曰视山①，其上多韭。有井焉，名曰天井，夏有水，冬竭。其上多桑，多美垩（è）②金玉。

【注释】

①视山：山名，一说即今河南桐柏县西的太白顶。　②垩：可用来涂饰的有色土。

【译文】

　　再向东南五十里是视山，山上长着很多韭菜。山中有一口井，名叫天井，夏天时井里有水，到冬天就枯竭。山上长着很多桑树，还有很多优质的可作涂料的有色土、金和玉。

278

5.149 又东南二百里,曰前山①,其木多楮(zhū)②,多柏,其阳多金,其阴多赭(zhě)③。

【注释】
① 前山:山名,一说即今河南信阳市西的坚山。 ② 楮:常绿乔木,叶子长椭圆形,开黄绿色花,果实球形,木质坚硬。 ③ 赭:红土。

【译文】
再向东南二百里是前山,山中生长的树多为楮树和柏树,山的阳面有很多金,阴面有很多红土。

5.150 又东南三百里,曰丰山①。有兽焉,其状如猿,赤目、赤喙(huì)②、黄身,名曰雍和③,见(xiàn)则国有大恐。神**耕父**④处之,常游清泠(líng)之渊⑤,出入有光,见则其国为败。有九钟焉,是知⑥霜鸣。其上多金,其下多榖(gǔ)⑦、柞(zuò)⑧、杻(niǔ)⑨、橿(jiāng)⑩。

▲图5-55 耕父神图,选自《中国清代宫廷版画》

【注释】
① 丰山:山名,一说在今河南南阳市东北。
② 喙:鸟兽的嘴。
③ 雍和:传说中的一种兽。一说即金丝猴。
④ 耕父:传说中的神名。(见图5-55)
⑤ 清泠之渊:即清泠渊,水名,在今河南南阳市。
⑥ 知:一作"和"。
⑦ 榖:见1.1注

【译文】
再向东南三百里是丰山。山中有一种兽,形状像猿,长着红色的眼睛,红色的嘴,黄色的身子,名字叫雍和,只要它一出现,国家就会发生大的令人恐慌之事。有位名叫耕父的神居住在丰山上,他常常去清泠渊巡游,出入时会发出光亮,他在哪个国家出现,哪个国家就会衰败。山中有九口钟,每当有霜出现,它

⑧。 ⑧柞:见2.13注③。 ⑨杻:见2.7注②。 ⑩檀:见2.7注③。

们就会鸣响。山上有很多金,山下长着很多构树、柞树、杻树和檀树。

5.151 又东北八百里,曰兔床之山①,其阳多铁,其木多薯藇(yù)②,其草多鸡谷(gǔ)③,其本④如鸡卵,其味酸甘,食者利于人。

【注释】

①兔床之山:即兔床山,山名,具体所指待考。 ②薯藇:见3.53注④。一说此处疑为"櫄(zhū,见5.149注②)芧(xù,栎的一种,即橡树)"。 ③鸡谷:草名,具体所指待考。一说指蒲公英。 ④本:草木的茎或根。

【译文】

再向东北八百里是兔床山,山的阳面有很多铁,山中生长的树多为薯藇,生长的草多为鸡谷,它的根像鸡蛋,味道酸甜,人吃了以后有利于健康。

【导读】

"又东北八百里,曰兔床之山",即从丰山向东北八百里,就是兔床山。对经中的这一说法,学者们多认为存在问题,因为按此计算,就进入了中次七经记述的地域。所以有人认为应改为"又东北八十里",有人认为应改为"又东北二百里",等等,但均难以令人信服。《山海经》中诸如此类的问题很多,它给后人考证经中提到的山或水的具体位置带来了极大的困难。

5.152 又东六十里,曰皮山①,多垩(è)②,多赭(zhě)③,其木多松柏。

【注释】

①皮山:山名,在今河南境内,具体所指待考。 ②垩:可用来涂饰的有色土。 ③赭:红土。

【译文】

再向东六十里是皮山,山中有很多可作涂料的有色土,还有很多红土,山中生长的树多为松树和柏树。

5.153 又东六十里，曰瑶碧之山①，其木多梓②楠③，其阴多青雘（huò）④，其阳多白金。有鸟焉，其状如雉，恒食蜚（fěi）⑤，名曰鸩（zhèn）⑥。

【注释】
①瑶碧之山：即瑶碧山，山名，在今河南境内，具体所指待考。　②梓：见1.24注②。
③楠：见1.24注③。　④青雘：见1.18注③。　⑤蜚：一种吃稻花的害虫，轻小似蚊。　⑥鸩：鸟名，一说指夜鹰，与5.97中所说的鸩不同。

【译文】
再向东六十里是瑶碧山，山中生长的树多为梓树与楠木，山的阴面有很多可作青色颜料的矿物，阳面有很多白金。山中有一种鸟，形状像野鸡，喜欢吃蜚，名字叫鸩。

5.154 又东四十里，曰支离之山①。济（jǐ）水②出焉，南流注于汉③。有鸟焉，其名曰婴勺④，其状如鹊，赤目、赤喙（huì）⑤、白身，其尾若勺，其鸣自呼。多㸲（zuó）牛⑥，多𢇭（qián）羊⑦。

【注释】
①支离之山：即支（一作"攻"）离山，山名，在今河南嵩县。　②济水：见5.145注⑤。　③汉：即汉江，见2.13注⑨。　④婴勺：鸟名，具体所指待考。（见图5-56）
⑤喙：鸟兽的嘴。
⑥㸲牛：见2.4注④。　⑦𢇭羊：见2.1注④。

【译文】
再向东四十里是支离山。济水发源于支离山，向南流入汉江。山中有一种鸟，名字叫婴勺，形状像喜鹊，长着红色的眼睛，红色的嘴，白色的身子，尾巴的形状像勺，它的鸣叫声像在叫自己的名字。山中还有很多㸲牛和𢇭羊。

▲图5-56　婴勺图，选自绘于清代的《古今图书集成·禽虫典》

5.155 又东北五十里,曰袟简(zhìdiāo)之山①,其上多松、柏、机②、柏③。

【注释】
①袟简之山:即袟简山,山名,一说在今河南方城县。 ②机:即机木,见3.1注②。 ③柏:一说应作"桓",木名,指无患子,落叶或常绿乔木,高可达25米,叶椭圆形,开淡绿色小花。

【译文】
再向东北五十里是袟简山,山上长着很多松树、柏树、桤木树和无患子树。

5.156 又西北一百里,曰堇(jìn)理之山①,其上多松柏,多美梓②,其阴多丹雘(huò)③,多金,其兽多豹虎。有鸟焉,其状如鹊,青身白喙(huì)④,白目白尾,名曰青耕⑤,可以御疫,其鸣自叫。

【注释】
①堇理之山:即堇理山,山名,一说在今河南内乡县。
②梓:见1.24注②。
③丹雘:见1.37注②。
④喙:鸟兽的嘴。
⑤青耕:鸟名,具体所指待考。(见图5-57)

【译文】
再向西北一百里是堇理山,山上长着很多松树和柏树,还有很多形状美观的梓树,山的阴面有很多可作涂料的红色矿物,还有很多金,山中的兽多为豹和虎。山中有一种鸟,形状像喜鹊,长着青色的身子、白色的嘴、白色的眼睛和白色的尾巴,名字叫青耕,可以用它来防御瘟疫,它的鸣叫声像在叫自己的名字。

▲图5-57 青耕图,选自绘于明代的《三才图会》

5.157 又东南三十里,曰依轱(gū)

……之山①，其上多杻（niǔ）②檀（jiāng）③，多苴（zhǎ）④。有兽焉，其状如犬，虎爪有甲，其名曰獜（lìn）⑤，善駚𤜵（yǎngfèn）⑥，食者不风⑦。

【注释】

① 依轱之山：即依轱山，山名，在今河南西南部，具体所指待考。
② 杻：见 2.7 注②。
③ 檀：见 2.7 注③。
④ 苴：通"柤"，见 5.99 注⑤。
⑤ 獜：传说中的一种兽。(见图 5-58)
⑥ 駚𤜵：跳跃扑击。
⑦ 风：见 3.11 注⑨。

【译文】

再向东南三十里是依轱山，山上长着很多杻树和檀树，还有很多山楂树。山中有一种兽，形状像狗，长着虎一样的爪子，身上有鳞甲，名字叫獜，擅长跳跃扑击，人吃了它的肉后不会得中风、痛风之类的病。

▲图 5-58　獜图，选自《中国清代宫廷版画》

5.158　又东南三十五里，曰即谷之山①，多美玉，多**玄豹**②，多闾（lǘ）③麈（zhǔ）④，多羚⑤㚑（chuò）⑥。其阳多珉（mín）⑦，其阴多青䨼（huò）⑧。

【注释】

① 即谷之山：即即谷山，山名，一说在今河南信阳市与湖北交界处。
② 玄豹：黑豹。(见图 5-59)
③ 闾：见 3.29 注②。
④ 麈：见 5.99 注⑧。
⑤ 羚：见 2.18 注⑥。

【译文】

再向东南三十五里是即谷山，山中有很多美玉，还有很多黑豹、闾、麈、羚羊和㚑。山的阳面有很多似玉的美石，阴面

▲图 5-59　玄豹图，选自绘于明代的《三才图会》

⑥臬:见5.99注⑩。　⑦珉:似玉
的美石。　⑧青䨼:见1.18注③。
⑦珉:似玉有很多可作青色颜料的矿物。

5.159　又东南四十里,曰鸡山①,其上多美梓②,多桑,其草多韭。

【注释】
①鸡山:山名,今名鸡公山,在今河南信阳市与湖北交界处。
②梓:见1.24注②。

【译文】
　　再向东南四十里是鸡山,山上长着很多外形美观的梓树,还有很多桑树,山中生长的草多为韭菜。

5.160　又东南五十里,曰高前之山①,其上有水焉,甚寒而清,帝台②之浆③也,饮之者不心痛。其上有金,其下有赭(zhě)④。

【注释】
①高前之山:即高前山,山名,一说在今河南内乡县。
②帝台:见5.74注③。
③浆:这里指水。
④赭:红土。

【译文】
　　再向东南五十里是高前山,山上有一眼泉水,里面的水又冷又清,这是帝台神饮用的水,人喝了这种水就不会得心痛的病。这座山的山上有金,山下有红土。

5.161　又东南三十里,曰游戏之山①,多杻(niǔ)②、橿(jiāng)③、榖(gǔ)④,多玉,多封石⑤。

【注释】
①游戏之山:即游戏山,山名,一说在今河南内乡县。　②杻:见2.7注②。

【译文】
　　再向东南三十里是游戏山,

③檀：见2.7注③。
④榖：见1.1注⑧。
⑤封石：见5.136注④。

山中长着很多杻树、檀树和构树，还有很多玉和封石。

5.162 又东南三十五里，曰从山①，其上多松柏，其下多竹。从水②出于其上，潜于其下，其中多三足鳖③，枝尾④，食之无蛊⑤疫。

【注释】
①从山：山名，具体所指待考。一说在今河南境内；一说在今湖北境内。　②从水：水名，具体所指待考。　③三足鳖：只有三只脚的甲鱼。（见图5-60）
④枝尾：尾巴有分叉。
⑤蛊：毒热恶气。

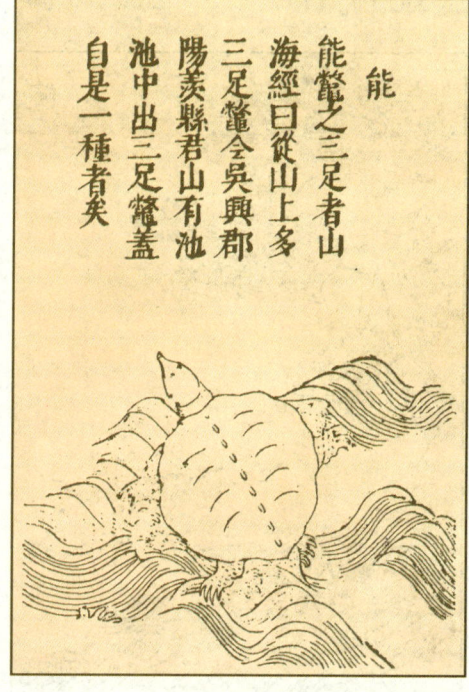

【译文】
再向东南三十五里是从山，山上长着很多松树和柏树，山下长着很多竹。从水发源于从山的山上，在山下潜流，水中有很多三只脚的鳖，鳖尾上有分叉，吃了它的肉后不会受毒热恶气的侵袭和得瘟疫。

▲图5-60 三足鳖图，选自绘于明代的《三才图会》

5.163 又东南三十里，曰婴硘（yīn）之山①，其上多松柏，其下多梓②櫄（chūn）③。

【注释】
①婴硘之山：即婴硘山，山名，一说在今河南南阳市西南；一说在今河南与湖北交界的大别山北麓。
②梓：见1.24注②。
③櫄：见5.49注②。

【译文】
再向东南三十里是婴硘山，山上长着很多松树和柏树，山下长着很多梓树和椿树。

5.164 又东南三十里,曰毕山①。帝苑之水②出焉,东北流注于视③,其中多水玉④,多蛟⑤。其上多㻬琈(tūfú)⑥之玉。

【注释】
①毕山:山名,一说可能指今河南泌阳县的旱山。 ②帝苑之水:即帝苑水,水名,具体所指待考。 ③视:水名,即溠(qìn)水,指今河南泌阳、遂平县境内的沙河。 ④水玉:水晶。 ⑤蛟:见5.145注⑧。 ⑥㻬琈:美玉名。

【译文】
再向东南三十里是毕山。帝苑水发源于毕山,向东北流入视水,水中有很多水晶和蛟龙。山上有很多㻬琈玉。

5.165 又东南二十里,曰乐马之山①。有兽焉,其状如汇②,赤如丹火,其名曰㺄(lì)③,见(xiàn)则其国大疫。

【注释】
①乐马之山:即乐马山,山名,在今河南中南部,具体所指待考。 ②汇:指刺猬。 ③㺄:传说中的一种兽。一说指鼩鼱(qú jīng),哺乳动物,身体小,外形像老鼠。(见图5-61)

【译文】
再向东南二十里是乐马山。山中有一种兽,形状像刺猬,浑身红得像火,名字叫㺄,它在哪个国家出现,哪个国家就会发生大的瘟疫。

▲图5-61 㺄图,选自《中国清代宫廷版画》

5.166 又东南二十五里,曰葴(zhēn)山①。视水②出焉,东南流注于汝水③,其中多人鱼④,多蛟⑤,多颉(xié)⑥。

【注释】
①葳山：山名，一说指今河南与湖北交界处的桐柏山或其中的山峰。　②视水：见 5.164 注③。　③汝水：水名，源出今河南鲁山县大盂山，注入淮河。　④人鱼：见 2.8 注⑯。　⑤蛟：见 5.145 注⑧。　⑥頡：即"獭"，见 5.35 注⑥。

【译文】
再向东南二十五里是葳山。视水发源于葳山，向东南流入汝水，水中有很多大鲵、蛟龙和獭。

5.167　又东四十里，曰婴山①，其下多青䨼（huò）②，其上多金玉。

【注释】
①婴山：山名，具体所指待考。一说在今湖北境内；一说在今河南境内。
②青䨼：见 1.18 注③。

【译文】
再向东四十里是婴山，山下有很多可作青色颜料的矿物，山上有很多金和玉。

5.168　又东三十里，曰虎首之山①，多苴（zhǎ）②、椆（chóu）③、椐（jū）④。

【注释】
①虎首之山：即虎首山，山名，具体所指待考。一说在今湖北境内；一说在今河南境内。　②苴：通"柤"，见 5.99 注⑤。
③椆：木名，具体所指待考。一说指包栎（lì）树（也叫椆木树），乔木，叶革质。　④椐：见 3.6 注④。

【译文】
再向东三十里是虎首山，山中长着很多山楂树、椆树和椐树。

5.169　又东二十里，曰婴侯之山①，其上多封石②，其下多赤锡③。

【注释】

①婴侯之山：即婴侯山，山名，具体所指待考。
②封石：见5.136注④。
③赤锡：见5.107注④。

【译文】

再向东二十里是婴侯山，山上有很多封石，山下有很多赤锡。

5.170　又东五十里，曰大孰之山①。杀水②出焉，东北流注于视水③，其中多白垩（è）④。

【注释】

①大孰之山：即大孰山，山名，在今河南中南部，具体所指待考。
②杀水：水名，一说指沙河，源出今河南泌阳县；一说指浉（shī）河，源出河南、湖北两省交界处的桐柏山支脉，流入淮河。
③视水：见5.164注③。
④垩：可用来涂饰的有色土。

【译文】

再向东五十里是大孰山。杀水发源于大孰山，向东北流入视水，水中有很多白垩。

5.171　又东四十里，曰卑山①，其上多桃、李、苴（zhǎ）②、梓③，多累④。

【注释】

①卑山：山名，在今河南东南部，具体所指待考。　②苴：通"柤"，见5.99注⑤。　③梓：见1.24注②。
④累：虎豆、狸豆之类，也叫紫藤，高大的木质藤本植物，缠绕他物生长，结荚果。

【译文】

再向东四十里是卑山，山上长着很多桃树、李树、山楂树和梓树，还长着很多紫藤。

5.172　又东三十里，曰倚帝之山①，其上多玉，其下多金。有兽焉，其状如𪕬（fèi）②鼠，白耳白喙（huì）③，名曰狙（jū）如④，见（xiàn）则其国有大兵。

【注释】
①倚帝之山：即倚帝山，山名，在今河南镇平县。
②猷：鼠的一种，一说指艾鼬（yòu），别名地狗，体黑色，以鼠类、鸟类等为食。
③喙：鸟兽的嘴。
④狙如：兽名，一说指伶鼬，体小尾短，夏季毛褐色，冬季白色。（见图5-62）

【译文】
再向东三十里是倚帝山，山上有很多玉，山下有很多金。山中有一种兽，形状像猷鼠，长着白色的耳朵，白色的嘴，名字叫狙如，只要它在哪个国家出现，哪个国家就会发生大的战争。

▲图5-62 狙如图，选自《中国清代宫廷版画》

5.173 又东三十里，曰鲵山①。鲵水②出于其上，潜于其下，其中多美垩（è）③。其上多金，其下多青䨼（huò）④。

【注释】
①鲵山：山名，在今河南镇平县。
②鲵水：水名，在今河南镇平县。
③垩：可用来涂饰的有色土。
④青䨼：见1.18注③。

【译文】
再向东三十里是鲵山。鲵水发源于鲵山的山上，在山下潜流，水中有很多优质的可用于涂饰的有色土。山上有很多金，山下有很多可作青色颜料的矿物。

5.174 又东三十里，曰雅山①。澧（lǐ）水②出焉，东流注于视水③，其中多大鱼。其上多美桑，其下多苴（zhǎ）④，多赤金。

【注释】

①雅山：山名，亦名雉山或雉衡山，在今河南方城县北。
②澧水：水名，源出今河南方城县北，流至周口镇与颍河合。
③视水：见 5.164 注③。一说这里指"汧（xiàn）水"，发源于今河南叶县。
④苴：通"柤"，见 5.99 注⑤。

【译文】

再向东三十里是雅山。澧水发源于雅山，向东流入视水，水中有很多大鱼。山上有很多外形美观的桑树，山下有很多山楂树，还有很多赤金。

5.175 又东五十五里，曰宣山①。沦水②出焉，东南流注于视水③，其中多蛟④。其上有桑焉，大五十尺，其枝四衢⑤，其叶大尺余，赤理、黄华、青柎（fū）⑥，名曰帝女之桑⑦。

【注释】

①宣山：山名，在今河南东南部，具体所指待考。②沦水：水名，具体所指待考。一说指今舞钢东河。③视水：见 5.164 注③。④蛟：见 5.145 注⑧。⑤四衢：像四条大路一样向外伸展（衢：大路）。⑥柎：见 2.39 注⑧。⑦帝女之桑：即帝女桑，桑树名，一说帝女指传说中的赤帝之女。

【译文】

再向东五十五里是宣山。沦水发源于宣山，向东南流入视水，水中有很多蛟龙。山上长着一棵桑树，树围达五丈，巨大的树枝像四条大路一样向外伸展，叶子有一尺多长，红色的纹理，开黄色的花，青色的花萼，名字叫帝女桑。

5.176 又东四十五里，曰衡山①，其上多青䨼（huò）②，多桑，其鸟多鸲鹆（qúyù）③。

【注释】

①衡山：山名，在今河南西南部，非南岳衡山。一说即今安徽霍山

【译文】

再向东四十五里是衡山，山上有很多可作

县南的霍山。
②青䧸：见 1.18 注③。
③鹳鹆：见 5.141 注③。

青色颜料的矿石，还长着很多桑树，山中的鸟多为八哥。

5.177 又东四十里，曰丰山①，其上多封石②，其木多桑，多羊桃③，状如桃而方茎，可以为皮张④。

【注释】
①丰山：山名，一说即 5.150 中的丰山；一说此处的丰山应在大别山北麓。　②封石：见 5.136 注④。　③羊桃：阳桃和猕猴桃等植物的别称。阳桃是一种常绿乔木，叶卵形，开白色或淡紫色花，果实椭圆形，绿色或黄绿色，有五条棱。(见图 5-63)
④皮张：皮肤肿起。

【译文】
　　再向东四十里是丰山，山上有很多封石，山中生长的树多为桑树，还有很多羊桃树，它的形状像桃树，茎干呈方形，可以用来治疗皮肤肿起的病。

▲ 图 5-63　羊桃图，选自绘于明代的《补遗雷公炮制便览》

5.178 又东七十里，曰姁（kōu）山①，其上多美玉，其下多金，其草多鸡谷②。

【注释】
①姁山：山名，在今河南南阳市。一说在今安徽霍山县。　②鸡谷：同"鸡榖"，见 5.151 注③。

【译文】
　　再向东七十里是姁山，山上有很多美玉，山下有很多金，山中生长的草多为鸡谷。

5.179 又东三十里，曰鲜山①，其木多楢（yóu）②、杻（niǔ）③、苴（zhǎ）④，其草多亹

（mén）冬⑤，其阳多金，其阴多铁。有兽焉，其状如膜大⑥，赤喙（huì）⑦、赤目、白尾，见（xiàn）则其邑（yì）⑧有火，名曰狕（yí）即⑨。

【注释】
①鲜山：山名，具体所指待考。一说在今河南西南部；一说在今安徽霍山县。　②楢：见5.121注⑤。　③杻：见2.7注②。　④苴：通"柤"，见5.99注⑤。　⑤蘴冬：见5.47注④。　⑥膜大：兽名，具体所指待考。一说"大"应作"犬"，指沙漠中的犬（膜：指西膜，地名，在沙漠中）。　⑦喙：鸟兽的嘴。　⑧邑：城镇；县。　⑨狕即：传说中的一种兽。一说指小熊猫，外形像猫，全身红褐色。（见图5-64）

【译文】
再向东三十里是鲜山，山中生长的树多为楢树、杻树和山楂树，生长的草多为天门冬和麦门冬，山的阳面有很多金，阴面有很多铁。山中有一种兽，形状像膜大，长着红色的嘴，红色的眼睛，白色的尾巴，它在哪个地方出现，哪个地方就会发生火灾，它的名字叫狕即。

▲图5-64　狕即图，选自《中国清代宫廷版画》

5.180　又东三十里，曰章山①，其阳多金，其阴多美石。皋（gāo）水②出焉，东流注于澧（lǐ）水③，其中多脆石④。

【注释】
①章山：一说应作"皋山"，在今河南境内，具体所指待考。　②皋水：水名，在今河南境

【译文】
再向东三十里是章山，山的阳面有很多金，阴面有很多美

内,具体所指待考。
水:见5.174注②。
③澧
④脆石:一种松软易碎的石头。

丽的石头。皋水发源于章山,向东流入澧水,水中有很多脆石。

5.181 又东二十五里,曰大支之山①,其阳多金,其木多榖(gǔ)②柞(zuò)③,无草木④。

【注释】
①大支之山:即大支山,山名,具体所指待考。 ②榖:见1.1注⑧。 ③柞:见2.13注③。 ④木:该字系衍文。

【译文】
再向东二十五里是大支山,山的阳面有很多金,山中生长的树多为构树和柞树,不长草。

5.182 又东五十里,曰区(ōu)吴之山①,其木多苴(zhǎ)②。

【注释】
①区吴之山:即区吴山,山名,具体所指待考。与1.25中的区吴山不同。 ②苴:通"柤",见5.99注⑤。

【译文】
再向东五十里是区吴山,山中生长的树多为山楂树。

5.183 又东五十里,曰声匈之山①,其木多榖(gǔ)②,多玉,上多封石③。

【注释】
①声匈之山:即声匈山,山名,具体所指待考。一说可能在今河南西平县;一说在今安徽岳西县。 ②榖:见1.1注⑧。 ③封石:见5.136注④。

【译文】
再向东五十里是声匈山,山中生长的树多为构树,山中有很多玉,山上有很多封石。

5.184 又东五十里,曰大騩(guī)之山①,其阳多赤金,其阴多砥(dǐ)②石。

【注释】
①大騩之山:即大騩山,山名,一说在今河南泌阳县。与5.92之大騩山不同。
②砥:细的磨刀石。

【译文】
再向东五十里是大騩山,山的阳面有很多赤金,阴面有很多细磨刀石。

5.185 又东十里,曰踵(zhǒng)曰之山①,无草木。

【注释】
①踵曰之山:即踵曰(一作"白")山,山名,在今河南境内,具体所指待考。

【译文】
再向东十里是踵曰山,山中不长草木。

5.186 又东北七十里,曰历石之山①,其木多荆②芑(qǐ)③,其阳多黄金,其阴多砥(dǐ)④石。有兽焉,其状如狸⑤而白首虎爪,名曰**梁渠**⑥,见(xiàn)则其国有大兵。

【注释】
①历石之山:即历(一作"磨")石山,山名,具体所指待考。 ②荆:见1.24注④。 ③芑:见4.19注⑤。 ④砥:细的磨刀石。

【译文】
再向东北七十里是历石山,山中生长的树多为荆和枸杞,山的阳面有很多黄金,阴面有很多细磨刀石。山中有一种兽,形状像山猫,长着白色

▲图5-65 梁渠图,选自绘于清代的《古今图书集成·禽虫典》

⑤狸：见 1.6 注②。
⑥梁渠：传说中的一种兽。一说指花面狸。（见图 5-65）

的脑袋，虎一样的爪子，名字叫梁渠，它在哪个国家出现，哪个国家就会发生大的战争。

5.187 又东南一百里，曰求山①。求水②出于其上，潜于其下，中有美赭（zhě）③。其木多苴（zhǎ）④，多䈽（mèi）⑤。其阳多金，其阴多铁。

【注释】

①求山：山名，具体所指待考。一说属于大别山脉中的山。 ②求水：水名，具体所指待考。 ③赭：红土。 ④苴：通"柤"，见 5.99 注⑤。 ⑤䈽：见 2.7 注⑧。

【译文】

再向东南一百里是求山。求水发源于求山的山上，在山下潜流，水中有优质的红土。山中生长的树多为山楂树，还有很多䈽竹。山的阳面有很多金，阴面有很多铁。

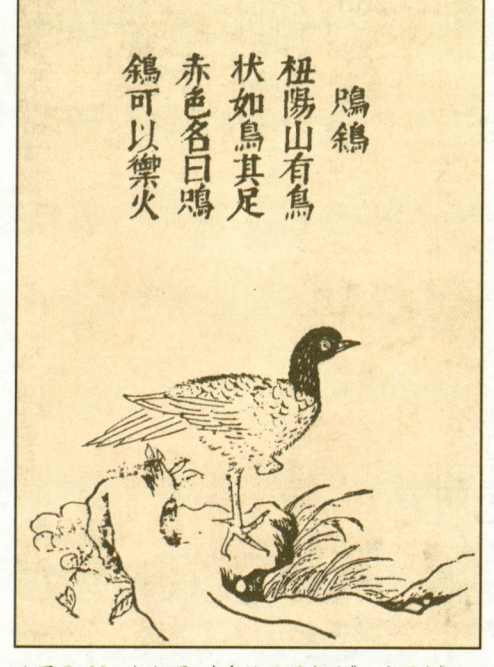

5.188 又东二百里，曰丑阳之山①，其上多椆（chóu）②椐（jū）③。有鸟焉，其状如乌而赤足，名曰𪁣𪃑（zhǐtú）④，可以御火。

【注释】

①丑阳之山：即丑阳山，山名，一说在今河南光山县。 ②椆：见 5.168 注③。 ③椐：见 3.6 注④。 ④𪁣𪃑：传说中的

【译文】

再向东二百里是丑阳山，山上长着很多椆树和椐树。山中有一种鸟，形状像乌鸦，红色的脚，名字叫𪁣

▲图 5-66 𪁣𪃑图，选自绘于明代的《三才图会》

一种鸟。(见图 5-66) 鵌,可以用它来防御火灾。

5.189 又东三百里,曰奥山①,其上多柏、杻(niǔ)②、橿(jiāng)③,其阳多㻬琈(tūfú)④之玉。奥水⑤出焉,东流注于视水⑥。

【注释】
①奥山:山名,具体所指待考。一说在今河南境内;一说在今安徽境内。
②杻:见 2.7 注②。　③橿:见 2.7 注③。　④㻬琈:美玉名。　⑤奥水:水名,具体所指待考。　⑥视水:见 5.164 注③。一说此处可能指河南舞阳县的洪河。

【译文】
　　再向东三百里是奥山,山上长着很多柏树、杻树和橿树,山的阳面有很多㻬琈玉。奥水发源于奥山,向东流入视水。

5.190 又东三十五里,曰服山①,其木多苴(zhǎ)②,其上多封石③,其下多赤锡④。

【注释】
①服山:山名,在今安徽西部,具体所指待考。　②苴:通"柤",见 5.99 注⑤。　③封石:见 5.136 注④。　④赤锡:见 5.107 注④。

【译文】
　　再向东三十五里是服山,山中生长的树多为山楂树,山上有很多封石,山下有很多赤锡。

5.191 又东百十里①,曰杳山②,其上多嘉荣③草,多金玉。

【注释】
①百十里:一作"三百里"。
②杳山:山名,在今安徽西部,具体所指待考。
③嘉荣:见 5.81 注③。

【译文】
　　再向东一百一十里是杳山,山上长着很多嘉荣草,还有很多金和玉。

▶图 5-67 闻獜图,左图选自明代胡文焕的《山海经图》,右图选自日本绘制的《怪奇鸟兽图卷》

5.192 又东三百五十里,曰凡山①,其木多楢(yóu)②、檀③、杻(niǔ)④,其草多香⑤。有兽焉,其状如彘(zhì)⑥,黄身、白头、白尾,名曰**闻獜**(lín)⑦,见(xiàn)则天下大风。

【注释】

①凡山:一作"几山",山名,一说在今安徽庐江县境内。
②楢:见 5.121 注⑤。
③檀:见 2.28 注③。
④杻:见 2.7 注②。
⑤香:指香草。
⑥彘:猪。
⑦闻獜:传说中的一种兽。一说指一种黄色野猪。(见图 5-67)

【译文】

再向东三百五十里是凡山,山中生长的树多为楢树、檀树和杻树,生长的草多为香草。山中有一种兽,形状像猪,长着黄色的身子,白色的脑袋,白色的尾巴,名字叫闻獜,只要它一出现,天下就会刮大风。

5.193 凡**荆山**①之首,自翼望之山②至于凡山③,凡四十八山,三千七百三十二里。其**神**④状皆彘(zhì)⑤身人首。其祠⑥:毛⑦用一雄鸡祈瘗(yì)⑧,用⑨一珪(guī)⑩,糈(xǔ)⑪用五种之精⑫。禾山⑬,帝也,其祠:太牢⑭之具，羞⑮瘗，倒毛⑯；用一璧，牛无常⑰。堵山⑱、玉山⑲，冢（zhǒng）⑳也，皆倒祠㉑，羞毛㉒少牢㉓，婴㉔毛吉玉㉕。

【注释】
① 荆山：见5.145注②。
② 翼望之山：见5.145注③。
③ 凡山：见5.192注①。
④ 神：指山神。（见图5-68）
⑤ 彘：猪。
⑥ 祠：祭祀。
⑦ 毛：见1.10注⑥。
⑧ 瘗：埋葬。
⑨ 用：前面当有"婴"字。
⑩ 珪：见2.20注⑯。
⑪ 糈：见1.10注⑨。
⑫ 五种之精：指去皮壳后的黍、稷、稻、粱、麦(5.144作"五种之糈")。
⑬ 禾山：中次十一经中无禾山，可能是帝囷山（见5.147）或求山（见5.187）之误。
⑭ 太牢：见2.20注⑥。
⑮ 羞：进献食品。
⑯ 倒毛：把祭祀后的毛物倒转身子埋葬。
⑰ 牛无常：祭祀时不一定非用牛作祭品。
⑱ 堵山：中次十一经中无堵山，中次十经中有楮山（见5.140）。
⑲ 玉山：见5.112注①、

【译文】
总计荆山山系中的山，从首座翼望山到凡山，共四十八座山，距离为三千七百三十二里。这些山的山神的形状都是猪身人首。祭祀他们的方法是：用一只雄鸡为毛物，祈祷后把它埋入地下，用一块圭作为挂在山神颈上的饰物，用去皮壳后的黍、稷、稻、粱、麦作为祭祀用的精米。禾山的山神是众山神之主，祭祀他的方法是：用牛、羊、猪三牲齐备的太牢之礼，敬献后把它们倒转身子埋入地下；用一块璧玉，不一定要用牛作

▲图5-68 中次十一经山神图，选自《中国清代宫廷版画》

5.129 注①。
⑳ 冢：见 2.20 注④。
㉑ 倒祠：所指不详。一说即倒毛。
㉒ 毛：应作"用"。
㉓ 少牢：见 2.38 注⑥。
㉔ 婴：颈上的饰物。
㉕ 吉玉：彩色的玉。

祭品。堵山、玉山是大的山神居住的地方，都用把祭祀后的毛物倒转身子埋入地下的方法来祭祀，用牛、羊作为敬献的祭品，用彩色的玉作为挂在山神颈上的饰物。

十二、中次十二经

【导读】

　　中次十二经记述了中国中部的十五座山，除了位于今湖南的洞庭山和湖北的真陵山，其余之山的具体位置均难以确定，但它们大致在今湖北、湖南、江西境内。

　　中次十二经中记述了于儿神的形状特点，以及死后化身为神的尧帝的两个女儿娥皇和女英，其余所记多为寻常的动植物及矿物。该篇是中山经的最后一篇，也是五篇山经的结束篇，在该篇的末尾，有一段假借大禹之口说出的总结性的文字，内容包括天下名山的数目、出水之山的数目、出铜之山的数目、出铁之山的数目以及大地自东至西、自南至北的总长度，等等。

▲ 根据明代蒋应镐绘制的《山海经(图绘全像)》编辑而成的图，主要描绘了5.199、5.202中的于儿神及蜼

5.194 中次十二经洞庭山①之首,曰篇遇之山②,无草木,多黄金。

【注释】
①洞庭山:山系名,在今湖南岳阳市。②篇遇之山:即篇遇山,山名,具体所指待考。

【译文】
中次十二经洞庭山山系中的首座山是篇遇山,山中不长草木,有很多黄金。

5.195 又东南五十里,曰云山①,无草木。有桂竹②,甚毒,伤人必死。其上多黄金,其下多㻬琈(tū fú)③之玉。

【注释】
①云山:山名,具体所指待考。一说在今湖南境内;一说在今湖北境内。②桂竹:竹名,具体所指待考。一说因产于湖南桂阳,故名。③㻬琈:美玉名。

【译文】
再向东南五十里是云山,山中不长草木。山中长着一种桂竹,毒性很强,人一旦被它所伤,就必死无疑。山上有很多黄金,山下有很多㻬琈玉。

5.196 又东南一百三十里,曰龟山①,其木多榖(gǔ)②、柞(zuò)③、椆(chóu)④、椐(jū)⑤,其上多黄金,其下多青雄黄⑥,多扶竹⑦。

【注释】
①龟山:山名,具体所指待考。一说在今湖北境内;一说在今湖南境内。②榖:见1.1注⑧。③柞:见2.13注③。④椆:见5.168注③。⑤椐:见3.6注④。⑥青雄黄:见2.34注②。⑦扶竹:竹名,也叫邛(qióng)竹,出产于邛山,适合做拐杖,又叫扶老竹。

【译文】
再向东南一百三十里是龟山,山中生长的树多为构树、柞树、椆树和椐树,山上有很多黄金,山下有很多石青和雄黄,还长着很多扶竹。

5.197 又东七十里，曰丙山①，多筀（guì）竹②，多黄金、铜、铁，无木。

【注释】
①丙山：山名，具体所指待考。一说在今湖北境内；一说在今湖南境内。与5.143中的丙山不同。　②筀竹：即桂竹，见5.195注②。

【译文】
再向东七十里是丙山，山中长着很多桂竹，还有很多黄金、铜和铁，不长树木。

5.198 又东南五十里，曰风伯之山①，其上多金玉，其下多痠（suān）石②、文石，多铁，其木多柳、杻（niǔ）③、檀④、楮（chǔ）⑤。其东有林焉，名曰莽浮之林，多美木鸟兽。

【注释】
①风伯之山：即风伯山，山名，在今湖北境内，具体所指待考。　②痠石：石名，具体所指待考。一说指砭石的一种，能用来治病。　③杻：见2.7注②。　④檀：见2.28注③。　⑤楮：见2.28注④。

【译文】
再向东南五十里是风伯山，山上有很多金和玉，山下有很多痠石和带花纹的石头，还有很多铁，山中生长的树多为柳树、杻树、檀树和构树。山的东面有一片树林，名叫莽浮林，林中有很多外形美观的树木和鸟兽。

▲图5-69　于儿神图，选自《中国清代宫廷版画》

5.199 又东一百五十里，曰夫夫之山①，其上多黄金，其下多青雄黄②，其木多桑楮（chǔ）③，其草多竹④、鸡鼓⑤。神于儿⑥居之，其状人身而身⑦操两蛇，常游于江渊，出入有光。

【注释】

①夫夫之山：即夫（一作"大"）夫山，山名，具体所指待考。一说在今湖南境内；一说在今湖北境内。 ②青雄黄：见2.34注②。 ③楮：见2.28注④。 ④竹：见2.24注⑤。 ⑤鸡鼓：同"鸡彀"，见5.151注③。 ⑥于儿：传说中的神名。（见图5-69） ⑦身：一作"手"，当改为"手"。

【译文】

再向东一百五十里是夫夫山，山上有很多黄金，山下有很多石青和雄黄，山中生长的树多为桑树和构树，生长的草多为蒹竹和鸡鼓。有位名叫于儿的神居住在这座山上，他长着人一样的身子，手中握着两条蛇，常常在江水的深潭中巡游，出入时会发出光亮。

5.200 又东南一百二十里，曰洞庭之山①，其上多黄金，其下多银铁，其木多柤（zhā）②、梨、橘、櫾（yòu）③，其草多葌（jiān）④、蘪芜（míwú）⑤、芍药⑥、芎䓖（xiōngqióng）⑦。**帝之二女**⑧居之，是常游于江渊。澧（lǐ）⑨、沅（yuán）⑩之风，交潇湘⑪之渊，是在九江⑫之间，出入必以飘风⑬暴雨。是多怪神，状如人而载⑭蛇，左右手操蛇。多怪鸟。

▲图5-70 帝之二女指娥皇和女英，此为明代画家文徵明绘制的《湘君湘夫人图》，这里的湘君和湘夫人指的就是娥皇和女英

【注释】
① 洞庭之山：即洞庭山，山名，即今湖南岳阳市洞庭湖畔的君山。
② 柤：同"楂"，指山楂。　③ 櫾：见 5.95 注④。　④ 葧：见 5.10 注②。　⑤ 蘪芜：见 4.44 注⑨。
⑥ 芍药：见 3.70 注④。　⑦ 芎䓖：见 2.69 注⑥。　⑧ 帝之二女：指尧帝的两个女儿娥皇和女英。（见图 5-70）　⑨ 澧：水名，即澧水，源出今湖南西北部的桑植县，在澧县新洲附近流入洞庭湖。
⑩ 沅：水名，即沅江，在今湖南西部，上游叫清水江，源出今贵州云雾山，东北流经湖南常德市到汉寿县入洞庭湖。　⑪ 潇湘：指湘江，湖南最大的河流，源出广西。
⑫ 九江：九条江河，一说在今湖北武穴市、黄梅县一带；一说指注入鄱阳湖的赣江及其八大支流；一说指注入洞庭湖的湘江、沅江等河流。　⑬ 飘风：暴风；旋风。
⑭ 载：即"戴"。

【译文】
再向东南一百二十里是洞庭山，山上有很多黄金，山下有很多银和铁，山中生长的树多为山楂树、梨树、橘树和柚树，生长的草多为葧草、蘪芜、芍药和川芎。尧帝的两个女儿居住在洞庭山中，她们常常去江水的深潭中游玩。从澧水和沅江刮来的风，在湘江的深潭处交汇，这个地方位于九条江河之间，她们俩出入时，必然伴有狂风暴雨。这一带有很多怪神，他们的形状像人，头上盘着蛇，左右两只手上也握着蛇。这一带还有很多怪鸟。

5.201　又东南一百八十里，曰暴山①，其木多棕②、楠③、荆④、芑（qǐ）⑤、竹箭⑥、䉬（mèi）⑦、箘（jùn）⑧，其上多黄金、玉，其下多文石、铁，其兽多麋（mí）鹿⑨、麂（jǐ）⑩、就⑪。

【注释】
① 暴山：山名，可能指今湖南平江县东北的幕阜山。　② 棕：见 2.6 注②。　③ 楠：见 1.24 注③。

【译文】
再向东南一百八十里是暴山，山中生长的树多为棕榈、

④荆：见 1.24 注④。　⑤芑：见 4.19 注⑤。　⑥竹箭：见 2.8 注⑪。　⑦蒻：见 2.7 注⑧。　⑧箘：竹名，适合制箭。　⑨麕鹿：见 2.36 注②。　⑩麖：即"麂（jǐ）"，见 5.97 注⑤。　⑪就：通"鹫"，雕的别名。"就"前疑缺"其鸟多"三个字。

楠木、荆、枸杞和小竹、篃竹、箘竹，山上有很多黄金和玉，山下有很多带花纹的石头和铁，山中的兽多为麕鹿、麖，鸟多为鹫。

5.202　又东南二百里，曰即公之山①，其上多黄金，其下多㻬琈（tūfú）②之玉，其木多柳、杻（niǔ）③、檀④、桑。有兽焉，其状如龟而白身赤首，名曰蛫（guǐ）⑤，是可以御火。

【注释】

①即公之山：即即公山，山名，在今湖北东南部，具体所指待考。　②㻬琈：美玉名。　③杻：见 2.7 注②。　④檀：见 2.28 注③。　⑤蛫：兽名，具体所指待考。一说指缺齿鼹（yǎn），外形似鼠，生活在地下，体棕红色。（见图 5-71）

【译文】

再向东南二百里是即公山，山上有很多黄金，山下有很多㻬琈玉，山中生长的树多为柳树、杻树、檀树和桑树。山中有一种兽，形状像龟，白色的身子，红色的脑袋，名字叫蛫，可以用它来防御火灾。

▲图 5-71　蛫图，选自《中国清代宫廷版画》

5.203　又东南一百五十九里，曰尧山①，其阴多黄垩（è）②，其阳多黄金，其木多荆③、芑（qǐ）④、柳、檀⑤，其草多薯蓣（yù）⑥、苵（zhú）⑦。

【注释】

①尧山：山名，具体所指待考。一说在今湖南境内；一说在今湖北境内。②垩：可用来涂饰的有色土。③荆：见1.24注④。 ④芑：见4.19注⑤。 ⑤檀：见2.28注③。 ⑥薯藇：见3.53注④。 ⑦荣：见5.44注④。

【译文】

再向东南一百五十九里是尧山，山的阴面有很多黄垩，阳面有很多黄金，山中生长的树多为荆、枸杞、柳树和檀树，生长的草多为山药和荣。

5.204　又东南一百里，曰江浮之山①，其上多银、砥砺（dǐlì）②，无草木，其兽多豕（shǐ）③、鹿。

【注释】

①江浮之山：即江浮山，山名，在今湖北境内，具体所指待考。②砥砺：磨刀石。③豕：猪。

【译文】

再向东南一百里是江浮山，山上有很多银和磨刀石，山中不长草木，山中的兽多为猪和鹿。

5.205　又东二百里，曰真陵之山①，其上多黄金，其下多玉，其木多榖（gǔ）②、柞（zuò）③、柳、杻（niǔ）④，其草多荣草⑤。

【注释】

①真陵之山：即真陵山，山名，在今湖北阳新县境内。②榖：应作"榖"，见1.1注⑧。 ③柞：见2.13注③。 ④杻：见2.7注②。 ⑤荣草：见5.15注②。一说即嘉荣，见5.81注③。

【译文】

再向东二百里是真陵山，山上有很多黄金，山下有很多玉，山中生长的树多为构树、柞树、柳树和杻树，生长的草多为荣草。

5.206　又东南一百二十里，曰阳帝之山①，多美铜，其木多橿（jiāng）②、杻（niǔ）③、㮚（yǎn）④、楮（chǔ）⑤，其兽多羚⑥、麝（shè）⑦。

【注释】

①阳帝之山：即阳帝山，山名，一说在今湖北阳新县境内。
②橿：见2.7注③。　③杻：见2.7注②。　④㮚：木名，即山桑，木质坚硬，可用来制弓或车辕。　⑤楮：见2.28注④。　⑥羚：见2.18注⑥。
⑦麝：见2.18注⑦。

【译文】

再向东南一百二十里是阳帝山，山中有很多优质的铜，山中生长的树多为橿树、杻树、山桑和构树，山中的兽多为羚羊和香獐子。

5.207　又南九十里，曰柴桑之山①，其上多银，其下多碧②，多泠（líng）石③、赭（zhě）④，其木多柳、芑（qǐ）⑤、楮（chǔ）⑥、桑，其兽多麋（mí）鹿⑦，多白蛇、飞蛇⑧。

【注释】

①柴桑之山：即柴桑山，山名，在今江西九江市境内，一说即庐山。
②碧：青绿色的玉石。
③泠石：见5.33注⑤。
④赭：红土。
⑤芑：见4.19注⑤。
⑥楮：见2.28注④。
⑦麋鹿：见2.36注②。
⑧飞蛇：即螣（téng）蛇，传说中一种能兴云驾雾而飞的蛇。（见图5-72）

【译文】

再向南九十里是柴桑山，山上有很多银，山下有很多青绿色的玉石、泠石和红土，山中生长的树多为柳树、枸杞、构树和桑树，山中的兽多为麋鹿，还有很多白蛇和螣蛇。

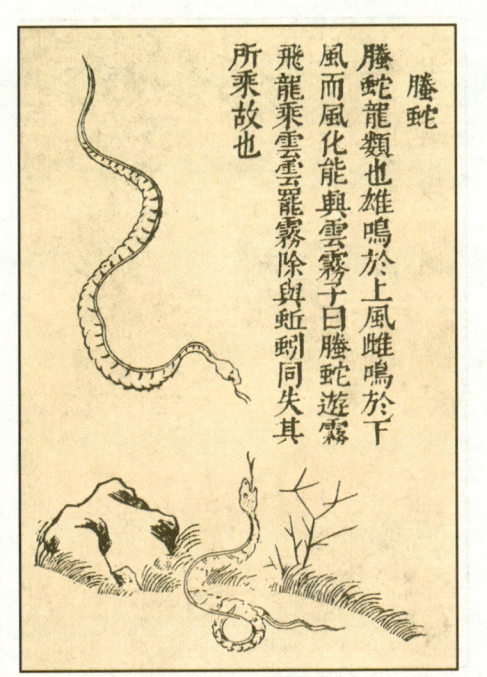

▲图5-72　飞蛇即螣蛇，此为螣蛇图，选自绘于明代的《三才图会》

5.208　又东①二百三十里，曰荣余之

山②，其上多铜，其下多银，其木多柳芑（qǐ）③，其虫多怪蛇、怪虫。

【注释】
①东：一说后面应有"南"字。 ②荣余之山：即荣余山，山名，在今江西北部，具体所指待考。 ③芑：见4.19注⑤。

【译文】
再向东二百三十里是荣余山，山上有很多铜，山下有很多银，山中生长的树多为柳树和枸杞，山中的动物多为怪蛇和怪虫。

5.209 凡洞庭山①之首，自篇遇之山②至于荣余之山③，凡十五山，二千八百里。其神④状皆鸟身而龙首。其祠⑤：毛⑥用一雄鸡、一牝豚（tún）⑦刉（jī）⑧，糈（xǔ）⑨用稌（tú）⑩。凡夫夫之山⑪、即公之山⑫、尧山⑬、阳帝之山⑭，皆冢（zhǒng）⑮也，其祠：皆肆⑯瘗（yì）⑰，祈用酒，毛用少牢⑱，婴⑲毛⑳一吉玉㉑。洞庭㉒、荣余㉓山神也，其祠：皆肆瘗，祈酒，太牢㉔祠，婴用圭璧十五，五采惠㉕之。

【注释】
①洞庭山：见5.194注①。
②篇遇之山：见5.194注②。
③荣余之山：见5.208注②。
④神：指山神。(见图5-73)
⑤祠：祭祀。
⑥毛：见1.10注⑥。
⑦牝豚：母猪。

【译文】
总计洞庭山山系中的山，从首座篇遇山到荣余山，共十五座山，距离为二千八百里。这些山的山神的形状都是鸟身龙首。祭祀这些山神的方法是：用一只雄鸡和一头母猪为毛物，割取它

▲图5-73 中次十二经山神图，选自《中国清代宫廷版画》

⑧ 刉：同"刏(jī)"，指划破、割。
⑨ 糈：见1.10注⑨。
⑩ 稌：见1.10注⑩。
⑪ 夫夫之山：见5.199注①。
⑫ 即公之山：见5.202注①。
⑬ 尧山：见5.203注①。
⑭ 阳帝之山：见5.206注①。
⑮ 冢：见2.20注④。
⑯ 肆：陈设；陈列。
⑰ 瘗：埋葬。
⑱ 少牢：见2.38注⑥。
⑲ 婴：颈上的饰物。
⑳ 毛：应作"用"。
㉑ 吉玉：彩色的玉。
㉒ 洞庭：即洞庭山，见5.200注①。
㉓ 荣余：即荣余山，见5.208注②。
㉔ 太牢：见2.20注⑥。
㉕ 惠：通"绘"，指绘饰。

们的血来祭祀，用糯米作祭神用的精米。夫夫山、即公山、尧山和阳帝山是大的山神所在的地方，祭祀这些山的山神的方法是：先陈列祭品，然后把这些祭品埋入地下，祈祷时要敬献酒，用以猪、羊这两种毛物为祭品的少牢之礼，用一块彩色的玉作为挂在山神颈上的饰物。洞庭山和荣余山的山神很灵验，祭祀这两位山神的方法是：先陈列祭品，然后把这些祭品埋入地下，祈祷时敬献酒，用猪、羊、牛三牲齐备的太牢之礼来祭祀，用十五块圭和璧作为挂在山神颈上的饰物，在这些圭和璧上都要绘上青、赤、白、黑、黄五种颜色。

5.210 右①中经之山志②，大凡百九十七山，二万一千三百七十一里。

【注释】
① 右：见1.43注①。
② 志：见1.43注②。

【译文】
以上是中山经上记载的山，共一百九十七座山，从首座山到最后一座山的距离为二万一千三百七十一里。

5.211 大凡天下名山五千三百七十，居地①大凡六万四千五十六里。

【注释】

①居地：经过的地方或分布的地方（居：经过）。

【译文】

总计天下的名山有五千三百七十座，分布的地方从头至尾共计六万四千零五十六里。

5.212 禹①曰：天下名山，经②五千三百七十山，六万四千五十六里，居地③也。言其五臧④，盖其余小山甚众，不足记云。天地之东西二万八千里，南北二万六千里，出水之山者八千里，受水者八千里，出铜之山四百六十七，出铁之山三千六百九十。此天地之所分壤⑤树谷⑥也，戈矛之所发也，刀铩（shā）⑦之所起也，能者有余，拙者不足。封⑧于太山⑨，禅于梁父⑩，七十二家，得失之数⑪，皆在此内，是谓国用⑫。

【注释】

①禹：传说中夏朝的第一个国王，鲧（gǔn）的儿子。因治理大洪水成功而闻名。舜把帝位禅让给他，他死后，他的儿子启即位，开始了世袭制度。（见图5-74）
②经：经过。
③居地：见5.211注①。
④五臧：即"五藏"，指南山经、西山经、北山经、东山经、中山经五种山经。

【译文】

禹说：天下的名山，我走过五千三百七十座，共计六万四千零五十六里，它们分布在各个地方。上述五种山经中记述了一些有代表性的山，因为其他的小山实在太多，记不胜记。天地间从东到西为两万八千里，从南

▲图5-74 绘于明代的《真武灵应图册》中的"紫霄禹迹"图，描绘了大禹平定洪水后分治九州、立名山大川之神的情形

⑤ 分壤：划分疆域。
⑥ 树谷：种植五谷。
⑦ 铩：古兵器，即铍（pī），一种长矛。
⑧ 封：指在泰山上筑坛祭天。
⑨ 太山：即今东岳泰山。
⑩ 禅于梁父：在梁父山上辟场祭地（梁父：梁父山，在泰山的南面）。
⑪ 数：规律；道理。
⑫ 国用：指为国所用。

到北为两万六千里，河流发源的山有八千里，河流流经的地方有八千里，出产铜的山有四百六十七座，出产铁的山有三千六百九十座。这是天地用来划分疆域、种植五谷的地方，戈和矛因此而产生，刀和铩由此而兴起，它使有能力的人富足有余，使愚笨的人匮乏不足。古代在泰山上筑坛祭天，在梁父山上辟场祭地的，共有七十二家，有关成败利害的道理都在其中，它们可以为治理国家提供借鉴。

5.213　右①五臧②山经五篇，大凡一万五千五百三字③。

【注释】

① 右：见 1.43 注①。　② 五臧：见 5.212 注④。　③ 一万五千五百三字：实际字数超过此数，一说为两万一千二百六十五个字。

【译文】

　　以上是五篇山经，共计一万五千五百零三个字。

海外南经所记述的地域大致应在今中国的南方，而且是在南山经所记述的地域的南面，具体位置难以确定。海外南经系因图为文，并从西南方向东南方逐次展开叙述。透过这些简略的文字，我们可以看到一幅奇特而怪异的画面。其中有结匈国、羽民国、讙（huān）头国等十三个国家，这些国家的人长得奇形怪状，他们或身生羽毛，或一身三首，或胸部有孔，或鸟喙（huì）人面，或口中喷火；有形状怪异的比翼鸟和毕方鸟；有树叶皆为珍珠的三株树；……在海外南经中，值得我们注意的还有其中提到的一些历史人物和神话传说，如帝尧、帝喾（kù）、周文王，羿（yì）和凿齿战于寿华之野，乘龙而行的火神祝融，等等。

海外南经第六

*《山海经》中以"海外"冠名的有海外南经、海外西经、海外北经、海外东经四篇,亦可统称为海外经。海外经中的文字系依据古图而作,所以显得比较简洁、具象。遗憾的是,海外经依据的古图早已失传,因此,我们无法了解它的真实面貌。大致说来,海外经成书当在先秦时期,叙述的多为中国中心区域之外的东南西北四方地域中的国家、风物、传说等。

  需要特别说明的是,"海外"(包括《山海经》)中的"海"字,不能简单地理解为大海或海洋,它更多地是指古代中国中心区域外不开化或尚未充分被人了解的四方极远之地。

6.1 地之所载，六合①之间，**四海**之内，照之以日月，经②之以星辰，纪之以四时③，要④之以太岁⑤，神灵所生，其物异形，或夭或寿，唯圣人能通其道。

【注释】
①六合：指天地及东南西北四方。 ②经：经过；经历；循行。 ③四时：春夏秋冬四季。 ④要：矫正；更正。 ⑤太岁：古代天文学中假设的一个星名，与岁星（即木星）相对应，也称岁阴或太阴，并以每年太岁在黄道上的位置来纪年。

【译文】
　　大地上所承载的，天地四方之间，四海之内，用日月来照耀，让星辰在天空中循行，用四季来表示季节的更替，用太岁星来矫正年度的变化，由神灵所产生的物体，它们的形状各不相同，寿命或长或短，这其中的道理，只有圣人才能掌握。

【导读】
　　"四海"一词的含义较为复杂，但它主要指古人的一种地域观念，即认为中华大地的四周有海洋环绕，便称这些海洋为四海，本为泛指，后人则分别称之为东海、南海、西海和北海；于是有了把中国称为海内、外国称为海外的说法。不过，有时也把华夏族四周各族的居住地域称为四海。

6.2 海外①自西南陬（zōu）②至东南陬者。

【注释】
①海外：指海外南经所记载的地方。 ②陬：隅；角落。

【译文】
　　海外南经所记载的地方从西南角到东南角。

▲图6-1　结匈国图，选自绘于清代的《古今图书集成·边裔典》

6.3 结匈国①在其②西南，其为人结匈③。

【注释】

① 结匈国：即结胸国（匈：同"胸"），传说中的国名。因其国中之人胸部的骨肉向外凸出而得名。大致方位当在今云南或云南以南地区。（见图6-1） ② 其：指海外南经。 ③ 结匈：指胸部的骨肉向前凸出。

【译文】

结匈国在海外南经所记之地的西南部，这里的人胸部的骨肉都向前凸出。

6.4　南山①在其②东南。自此山来，虫为③蛇，蛇号为鱼。一曰④南山在结匈东南。

【注释】

① 南山：山名，具体所指待考。一说在中国西南部的横断山脉南端；一说指中南半岛。 ② 其：指结匈国，见6.3注①。 ③ 为：称为。 ④ 一曰："一曰"及其后面的文字当不是经文，而是后人的注解。下同。

【译文】

南山在结匈国的东南。从南山这个地方开始，人们把虫称为蛇，把蛇称为鱼。一说南山在结匈国的东南。

6.5　比翼鸟①在其②东，其为鸟青、赤两鸟比翼③。一曰在南山东。

【注释】

① 比翼鸟：即蛮蛮，见2.39注⑮。这里指比翼鸟栖息的地方。（见图6-2） ② 其：指南山，见6.4注①。 ③ 比翼：翅膀并在一起。

【译文】

比翼鸟栖息的地方在南山的东边，这种鸟是一青一红两只鸟的翅膀并在一起。一说比翼鸟栖息的地方在南山的东边。

▲图6-2　比翼鸟图，选自绘于明代的《三才图会》

▶ 图 6-3 身生羽翼是人类一直抱有的幻想，此为两种不同类型的羽人形状，左图为西汉时期的羽人器件插座，右图为唐代的羽人瓦当

6.6 羽民国①在其②东南，其为人长头，身生羽。一曰在比翼鸟东南，其为人长颊③。

【注释】
①羽民国：传说中的国名，因其国中之人身上长着羽毛而得名。（见图6-3、6-4）
②其：指比翼鸟，见6.5注①。
③颊：脸颊。

【译文】
羽民国在比翼鸟栖息之地的东南，这个国家的人脑袋很长，身上长着羽毛。一说羽民国在比翼鸟栖息之地的东南，这个国家的人脸颊很长。

▲ 图 6-4 羽民国图，选自绘于明代的《三才图会》

6.7 有神人二八①，连臂②，为帝③司夜④于此野。在羽民⑤东。其为人小颊⑥赤肩，尽⑦十六人。

【注释】
①二八：指十六人。
②连臂：挽着胳膊。
③帝：见2.39注④。
④司夜：守夜。
⑤羽民：即羽民国，

【译文】
有十六位神人，他们互相挽着胳膊为黄帝在野外守夜。他们居住在羽民国的东边。他们长着小小的脸颊，见6.6注①。　⑥颊：脸颊。　⑦尽：所有的。　红色的肩膀，总共只有十六个人。

6.8 毕方鸟①在其②东，青水③西，其为鸟人面一脚。一曰在二八神东。

【注释】

①毕方鸟：2.53中有毕方鸟，但其形状为如鹤而一足，此处则是人面一脚。这里指毕方鸟栖息的地方。(见图6-5)

②其：指十六位神人居住的地方。参见6.7。

③青水：水名，一说指今云南的怒江；一说指青水河，是红河的支流之一。

【译文】

毕方鸟栖息的地方在十六位神人居住之地的东边，青水的西边，这种鸟长着人一样的脸，只有一只脚。一说毕方鸟栖息的地方在十六位神人居住之地的东边。

▲图6-5　毕方鸟图，选自绘于清代的《古今图书集成·禽虫典》

6.9 讙（huān）头国①在其②南，其为人人面有翼，鸟喙（huì）③，方捕鱼。一曰在毕方东。或曰讙朱国。

【注释】

①讙头国：传说中的国名。讙即"鹳（guàn）"，一种形状像鹤的鸟。因其国中之人长着鹳一样的头，故名。(见图6-6)

②其：指毕方鸟，见6.8注①。

③喙：鸟兽的嘴。

【译文】

讙头国在毕方鸟栖息之地的南边，这个国家的人长着人一样的脸，身上有翅膀，嘴像鸟嘴，正在捕鱼。一说讙头国在毕方鸟栖息之地的东边。有人说是讙朱国。

▲图6-6　讙头国图，选自清代吴任臣的《增补绘像山海经广注》

6.10 厌火国①在其国②南,兽③身黑色,生④火出其口中。一曰在讙(huān)朱东。

【注释】
①厌火国:传说中的国名,因其国中之人能口中吐火,故名。(见图6-7) ②其国:指讙头国,见6.9注①。一说"国"字系衍文。 ③兽:该字前当有"其为人"三个字。 ④生:该字疑为衍文。

【译文】
厌火国在讙头国的南边,这个国家的人长着兽一样的身子,浑身黑色,能从口中喷出火来。一说厌火国在讙朱国的东边。

▲图6-7 厌火国图,选自日本绘制的《怪奇鸟兽图卷》

6.11 三株树①在厌火②北,生赤水③上,其为树如柏,叶皆为珠。一曰其为树若彗④。

【注释】
①三株树:一作"三珠树"。这里指长着三株树的地方。 ②厌火:指厌火国,见6.10注①。 ③赤水:水名,一说可能指位于中国云南和越南的红河;一说指发源于云贵高原的盘江,是西江的上源。 ④彗:彗星,俗称扫帚星。

【译文】
三株树在厌火国的北边,生长在赤水岸上,这种树的形状像柏树,树叶都是珍珠。一说这种树的形状像扫帚星。

【导读】
在《庄子·天地》篇中,有黄帝寻找玄珠的故事,似是附会此节内容而成。《庄子》中说,黄帝去赤水的北面游览,登上昆仑山顶向南而望,但在返回时丢失了身上带着的玄珠。他让知(寓意知识)去寻找,没有找到;让喫(chī)诟(寓意善辩)去寻找,也没有找到;最后让象罔(寓意无视、无闻、无知)去寻找,却找到了。《庄子》中的赤水、玄珠与此节中的赤水、三株树叶皆为珠当有关联,只是发挥出了只有无知、无闻、无视才能与道冥合的意思。

6.12 三苗国①在赤水②东,其为人相随③。一曰三毛国。

【注释】
①三苗国:三苗是古族名,也称有苗或苗民,原住长江中游一带。传说尧把帝位禅让给舜,三苗之君不服,尧杀了三苗之君,三苗之民便叛入南海,称为三苗国。 ②赤水:见6.11注③。 ③相随:指互相跟随。一说描述的是三苗之民相随南迁的情形。

【译文】
三苗国位于赤水的东边,这个国家的人前后相随而行。一说是三毛国。

▲图6-8 载国图,选自《中国清代宫廷版画》

6.13 载(dié)国①在其②东,其为人黄,能操弓射蛇。一曰载国在三毛东。

【注释】
①载国:传说中的国名。一说在今广西境内;一说在今老挝北。(见图6-8)
②其:指三苗国,见6.12注①。

【译文】
载国在三苗国的东边,这个国家的人都是黄色的皮肤,能用弓箭来射蛇。一说载国在三毛国的东边。

6.14 贯匈国①在其②东,其为人匈有窍③。一曰在载(dié)国东。

▲图6-9 贯匈国图,选自绘于明代的《三才图会》

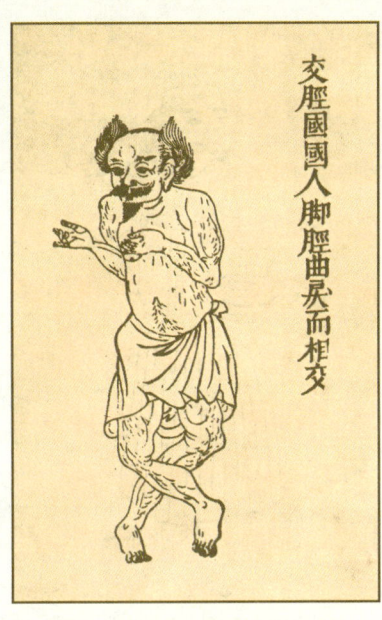

▲ 图 6-10 交胫国图,选自绘于明代的《三才图会》

▲ 图 6-11 不死民图,选自清代的《山海经绘图广注》

【注释】
①贯匈国:即贯胸国(匈:同"胸"),传说中的国名,因其国中之人胸部有洞贯穿,故名。(见图 6-9) ②其:指载国,见 6.13 注①。 ③匈有窍:胸部有一个洞。

【译文】
贯匈国在载国的东边,这个国家的人胸部都有一个洞。一说贯匈国在载国的东边。

6.15 交胫国①在其②东,其为人交胫③。一曰在穿匈④东。

【注释】
①交胫国:传说中的国名。因其国中之人的小腿互相交叉,故名。一说即交趾国,在今两广、越南北部一带。(见图 6-10) ②其:指贯匈国,见 6.14 注①。 ③交胫:小腿交叉(胫:小腿)。 ④穿匈:即贯匈国。

【译文】
交胫国在贯匈国的东边,这个国家的人的两条小腿天生就互相交叉。一说交胫国在贯匈国的东边。

6.16 不死民①在其②东,其为人黑色,寿,不死。一曰在穿匈国③东。

【注释】
①不死民:传说中的国名,因其国中之人长生不死,故名。(见图 6-11) ②其:指交胫国,见 6.15 注①。 ③穿匈国:即贯匈国,见 6.14 注①。

【译文】
不死民在交胫国的东边,这个国家的人浑身黑色,长生不死。一说不死民在贯匈国的东边。

6.17 岐舌国①在其②东。一曰在不死民东。

【注释】
①岐舌国：传说中的国名，又作反舌国。岐舌指舌头有分叉，反舌指舌头倒着长。因其国中之人岐舌，故名。(见图6-12)
②其：指不死民，见6.16注①。

【译文】
　　岐舌国在不死民的东边。一说岐舌国在不死民的东边。

6.18 昆仑虚①在其②东，虚③四方。一曰在岐舌东，为虚四方。

【注释】
①昆仑虚：山名，一说指东海中的方丈山；一说指马来半岛之东的昆仑山诸岛；一说"昆仑虚"置于此处系错简所致。
②其：指岐舌国，见6.17注①。
③虚：即"墟"，指山丘。

【译文】
　　昆仑虚在岐舌国的东边，山呈四方形。一说昆仑虚在岐舌国的东边，山呈四方形。

▲图6-12　岐舌国图，选自《中国清代宫廷版画》

6.19 羿(yì)①与凿齿②战于寿华③之野，羿射杀之。在昆仑虚④东。羿持弓矢，凿齿持盾，一曰戈。

【注释】
①羿：即后羿，是夏朝有穷氏的首长，善于射箭，曾推翻夏代统治，后因沉溺于狩猎，被家臣射死。另有"后羿射日"的传说。
②凿齿：古代传说中的野人，据说他的牙齿像凿，长五六尺。(见图6-13)

【译文】
　　羿与凿齿在寿华的原野上交战，羿用箭射死了凿齿。交战的地点位于昆仑虚的东边。当时羿的手中拿着弓

▲图6-13　凿齿图，选自《中国清代宫廷版画》

③寿华：一作"畴华"，泽名，具体所指待考。
④昆仑虚：见6.18注①。

箭，凿齿的手中拿着盾牌，一说凿齿拿的是戈。

▲ 图6-14 三首国图，选自绘于明代的《三才图会》

6.20 三首国①在其②东，其为人一身三首。一曰在凿齿③东④。

【注释】
①三首国：传说中的国名，因其国中之人长着三个脑袋，故名。(见图6-14)
②其：指寿华泽，见6.19注③。一说指凿齿国。
③凿齿：这里指凿齿所在之地，见6.19注②。
④一曰在凿齿东：郝懿行本无此句，系脱漏。

【译文】
三首国在寿华泽的东边，这个国家的人一个身子上长着三个脑袋。一说三首国在凿齿所在之地的东边。

6.21 周饶国①在其②东，其为人短小，冠带③。一曰焦侥国在三首东。

【注释】
①周饶国：也叫僬(jiāo)侥国、焦侥国，传说中由矮人组成的国家，在中国的南方。
②其：指三首国，见6.20注①。
③冠带：戴帽束带。

【译文】
周饶国在三首国的东边，这个国家的人长得非常矮小，人人戴帽束带。一说焦侥国在三首国的东边。

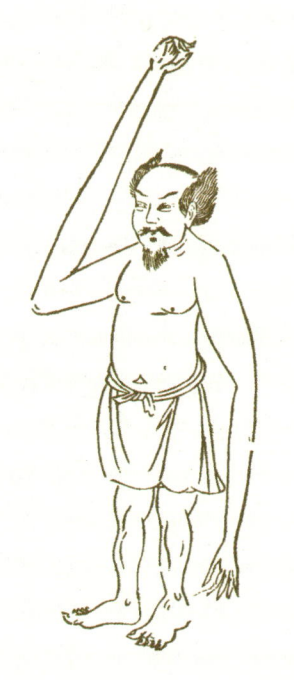

▲ 图6-15 长臂国图，选自绘于明代的《三才图会》

6.22 长臂国①在其②东，捕鱼水中，两手各操一鱼。一曰在焦侥东，捕鱼海中。

323

【注释】

① 长臂国：传说中的国名，据说这个国家的人的手臂长得比身子还要长。(见图6-15)
② 其：指周饶国，见6.21注①。

【译文】

长臂国在周饶国的东边，这个国家的人在水中捕鱼，两只手中各抓着一条鱼。一说长臂国在焦饶国的东边，他们在海中捕鱼。

6.23 狄山①，帝尧②葬于阳，**帝喾**(kù)③葬于阴。爰(yuán)④有熊、罴(pí)⑤、文虎、蜼(wěi)⑥、豹、离朱⑦、视肉⑧、吁咽⑨、文王⑩皆葬其所。一曰汤山⑪。一曰爰有熊、罴、文虎、蜼、豹、离朱、鸱(chī)久⑫、视肉、虖(hū)交⑬。其⑭范林⑮方三百里。

▲图6-16 帝喾与其妻子简狄，选自绘于清代的《钦定补绘萧云从〈离骚〉全图》

【注释】

① 狄山：山名，具体所指待考。一说可能是九疑山，又名苍梧山，在今湖南宁远南，相传虞舜葬于此处。 ② 帝尧：即尧，传说中远古时期的部落联盟首领，号陶唐氏，名放勋，史称唐尧。他死后由舜继位。 ③ 帝喾：传说中的五帝之一，黄帝之子玄嚣的后裔，居亳，号高辛氏。(见图6-16) ④ 爰：这里；那里。 ⑤ 罴：见2.14注⑨。 ⑥ 蜼：一种长尾猿。 ⑦ 离朱：传说中的一种神禽。 ⑧ 视肉：一说又叫聚肉，形状像牛肝，长着两只眼睛，从它身上割去一块肉，很快又会长出来。 ⑨ 吁咽：所指待考。一说指舜。 ⑩ 文王：指周文王，商朝末年周

【译文】

狄山，帝尧葬在这座山的阳面，帝喾葬在这座山的阴面。这座山中有熊、罴、有斑纹的虎、长尾猿、豹、离朱和视肉，吁咽和周文王也都葬在这里。一说狄山也叫汤

族首领,姓姬,名昌。他先后征服了邻近的一些部落,为武王灭纣、建立周朝打下了基础。 ⑪汤山:山名,指狄山。 ⑫鸱久:即鸱鹠(qúliú),鸟名,猫头鹰的一种。 ⑬虖交:所指待考。应是一种动物。 ⑭其:一说应作"有"。 ⑮范林:所指待考。似应指树林或森林。

山。一说这座山中有熊、罴、有斑纹的虎、长尾猿、豹、离朱、鸱鹠、视肉和虖交。这一带有方圆三百里的范林。

6.24 南方祝融①,兽身人面,乘两龙。

【注释】

①祝融:传说中楚国君主的祖先,名重黎,是颛顼(zhuānxū)的后代,帝喾(kù)时任掌管火的官,后人尊他为火神。(见图6-17)

【译文】

南方的火神祝融,长着兽一样的身子,人一样的脸,驾乘着两条龙。

▶图6-17 明代蒋应镐绘制的《山海经(图绘全像)》中的祝融图

海外西经所记述的地域大致应在中国的西部，具体位置难以确定。海外南经系以结匈国为起点，按向东或东南的顺序逐一展开叙述；海外西经则是以结匈国为起点，向北逐次展开叙述。经中记述了三身国、一臂国、奇肱（jīgōng）国等十个国家，这些国家中的人或一首三身，或一臂一目一鼻孔，或一臂三目，与人们的常识大异。经中还介绍了一些怪异的动物，如形状如猪、前后皆有首的并封，形状如狐、背上有角的乘黄，形状如狸、生活在山陵中的龙鱼，等等。在海外西经中，形天被天帝砍掉脑袋后，仍以乳为目、以脐为口、操干戚而舞的故事在历史上有很大的影响，形天甚至因此而有"战神"之美誉。

海外西经第七

7.1 海外①自西南陬(zōu)②至西北陬者。

【注释】
①海外:指海外西经所记载的地方。　②陬:隅;角落。

【译文】
　　海外西经所记载的地方从西南角到西北角。

7.2 灭蒙鸟①在结匈国②北,为鸟青,赤尾。

【注释】
①灭蒙鸟:鸟名,一说又叫孟鸟、狂鸟、蒙鸟等,属于高空飞翔的鸟类;一说属凤凰一类的鸟。这里指灭蒙鸟栖息的地方。　②结匈国:见6.3注①。

【译文】
　　灭蒙鸟栖息的地方在结匈国的北边,这种鸟青色,长着红色的尾巴。

7.3 大运山①高三百仞(rèn)②,在灭蒙鸟③北。

【注释】
①大运山:山名,在今中国的西南部,具体所指待考。　②仞:古时以八尺或七尺为一仞。　③灭蒙鸟:见7.2注①。

【译文】
　　大运山高达三百仞,在灭蒙鸟栖息之地的北边。

7.4 大乐之野①,**夏后启**②于此儛(wǔ)③九代④,乘两龙,云盖⑤三层⑥。左手操翳(yì)⑦,右手操环⑧,佩玉璜(huáng)⑨。在大运山⑩北。一曰大遗之野。

【注释】
①大乐之野:地名,也叫大穆之野、大遗之野等,具体所指待考。一说在今四川乐山市一带。　②夏后启:即禹之子启,夏代国君。传说禹曾选定东夷族的伯益为继承人,

【译文】
　　大乐之野,夏代国君启在此举行名为"九

▶ 图 7-1 明代蒋应镐绘制的《山海经（图绘全像）》中的夏后启图

禹死后，启自继王位，与伯益争斗，杀伯益，并确立帝位传子制度。(见图 7-1)

③儛：跳舞。　④九代：一说指乐名；一说指马名。　⑤云盖：呈盖状的云，或指一种仪仗。　⑥层：重。　⑦翳：用羽毛做的华盖。　⑧环：玉环。　⑨璜：半璧形的玉。　⑩大运山：见 7.3 注①。

代"的歌舞，他乘着两条龙，周围是三层云盖。启的左手举着用羽毛做的华盖，右手拿着玉环，身上佩着玉璜。大乐之野在大运山的北边。一说启举行歌舞的地方是大遗之野。

7.5　三身国①在夏后启②北，一首而三身。

【注释】

①三身国：传说中的国名，因其国中之人长着三个身子，故名。(见图 7-2)
②夏后启：这里指启举行歌舞的地方，即大乐之野，见 7.4 注①、②。

【译文】

　　三身国在大乐之野的北边，这个国家的人长着一个脑袋、三个身子。

▲ 图 7-2　三身国图，选自绘于明代的《三才图会》

山海经　海外西经第七

7.6 一臂国①在其②北,一臂、一目、一鼻孔。有黄马,虎文,一目而一手③。

【注释】
①一臂国:传说中的国名,因其国中之人只有一只胳膊,故名。(见图7-3)
②其:指三身国,见7.5注①。
③手:指腿。

【译文】
一臂国在三身国的北边,这个国家的人只长一只胳膊、一只眼睛和一个鼻孔。有一种黄马,身上有虎一样的斑纹,只长一只眼睛、一条腿。

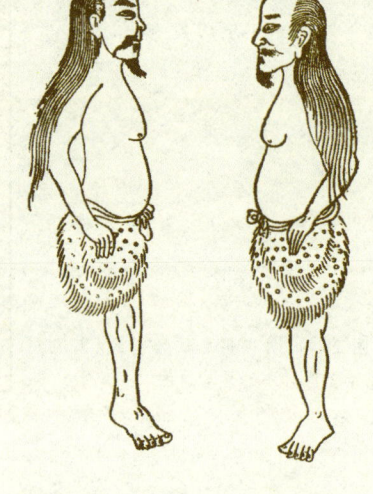

▲图7-3 一臂国图,选自绘于明代的《三才图会》

7.7 奇肱(jīgōng)之国①在其②北,其人一臂三目,有阴有阳③,乘文马。有鸟焉,两头,赤黄色,在其旁。

【注释】
①奇肱之国:即奇肱国,传说中的国名,因其国中之人只有一只胳膊(奇:数目不成双的,这里指一。肱:胳膊),故名。(见图7-4)
②其:指一臂国,见7.6注①。
③有阴有阳:一身兼具阴阳两性。一说眼睛有阴有阳,阴在上,阳在下。

【译文】
奇肱国在一臂国的北边,这个国家的人长着一只胳膊,三只眼睛,一身兼具阴阳两性,乘着有斑纹的马。有一种鸟,长着两个脑袋,赤黄色,伴随在他们身边。

7.8 形天①与帝②至此③争神④,帝断其首,葬之常羊之山⑤。乃以乳为目,以脐为口,操干⑥戚⑦以舞。

▲图7-4 奇肱国图,选自清代的《山海经绘图广注》

形天神圖

▲ 图7-5 形天图，选自《中国清代宫廷版画》

【注释】
① 形天：又作刑天，神话传说中的人物，因与天帝争权，被砍掉脑袋。(见图7-5) ② 帝：见2.39注④。 ③ 至此：一说系衍文。 ④ 争神：指争权、争地位。 ⑤ 常羊之山：即常羊山，山名，具体所指待考。一说在今陕西之南、四川之北。 ⑥ 干：盾牌。 ⑦ 戚：古代兵器名，即大斧。

【译文】
形天与黄帝争权，黄帝砍下了他的脑袋，并把它埋入常羊山中。形天于是以双乳为眼睛，以肚脐为嘴，挥舞着手中的盾牌和大斧。

7.9 女祭、女戚①在其②北，居两水③间，戚操鱼鱓(shàn)④，祭操俎(zǔ)⑤。

【注释】
① 女祭、女戚：一说为两个女子之名；一说为两个以女性为主的氏族之名。 ② 其：指黄帝砍掉形天脑袋的地方。 ③ 两水：两条河流。 ④ 鱓：即"鳝"，指黄鳝。 ⑤ 俎：古代祭祀时放祭品的器物。也指切肉、菜的砧(zhēn)板。

【译文】
女祭、女戚在黄帝砍掉形天脑袋之地的北边，她们处于两条河流之间，女戚手中捧着黄鳝，女祭手中捧着俎。

7.10 鸐(cí)①鸟、䳦(dǎn)②鸟，其色青黄，所经国亡。在女祭③北。鸐鸟人面，居山上。一曰维鸟④，青鸟、黄鸟所集⑤。

【注释】
① 鸐：传说中的一种鸟。

【译文】
鸐鸟和䳦鸟，这两种鸟

②鸱：鸟名，猫头鹰之类。 ③女祭：见7.9注①。 ④维鸟：一说指鸾鸟和鸱鸟的统称；一说指地名。 ⑤集：一说指群鸟栖止树上；一说指聚集之地。

的羽毛青中带黄，凡是它们经过的国家都会灭亡。这两种鸟的栖息地在女祭的北边。鸾鸟长着人一样的脸，栖息在山上。一说是维鸟，是青鸟和黄鸟的聚集之地。

7.11
丈夫国①在维鸟②北，其为人衣冠③带剑。

【注释】
①丈夫国：传说中的国名，据说国中之人均为男性，故名。
②维鸟：见7.10注④。
③衣冠：指衣帽整齐。

【译文】
丈夫国在维鸟的北边，这个国家的人个个衣帽整齐，身上佩剑。

▲图7-6 女丑尸图，选自清代的《山海经存》

7.12
女丑①之尸，生而十日②炙杀之。在丈夫③北。以右手鄣（zhàng）④其面。十日居上，女丑居山之上。

【注释】
①女丑：人名。（见图7-6）
②十日：十个太阳。
③丈夫：指丈夫国，见7.11注①。
④鄣：同"障"，指遮蔽、遮盖。

【译文】
有一具女丑的尸体，她是被十个太阳活活烤死的。女丑所处之地位于丈夫国的北边。女丑用右手遮着自己的脸。十个太阳高悬空中，女丑则处在山上。

▲图7-7 巫咸国中的众巫师，选自绘于清代的《钦定补绘萧云从〈离骚〉全图》

▲ 图 7-8 并封图，选自《中国清代宫廷版画》

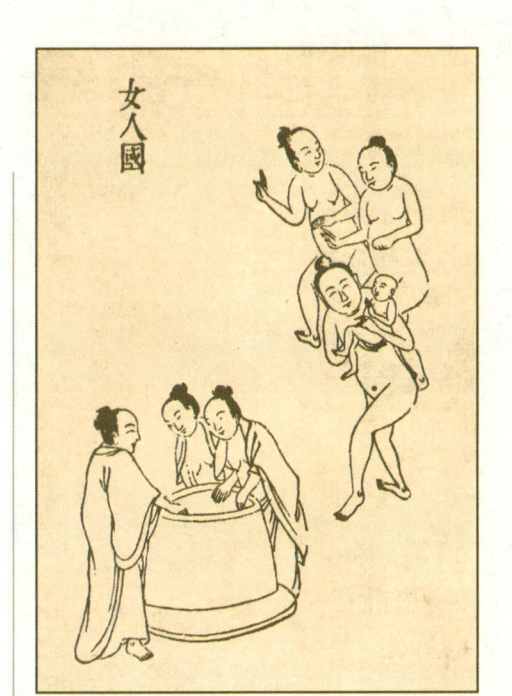

▲ 图 7-9 女人国图，选自绘于明代的《三才图会》

7.13 巫咸国①在女丑②北，右手操青蛇，左手操赤蛇，在登葆山③，群巫所从上下也。

【注释】
①巫咸国：传说中的国名，因其国中之人都是巫师（巫咸即咸巫，意为都是巫师），故名。一说巫咸为古代的神巫。（见图7-7）　②女丑：见7.12注①。　③登葆山：山名，也叫登备山，具体所指待考。一说从此山可上达天庭。

【译文】
巫咸国在女丑所处之地的北边，这个国家中的人右手握着青蛇，左手握着赤蛇，国中有座登葆山，它是群巫们上下天庭的地方。

7.14 并封①在巫咸②东，其状如彘（zhì）③，前后皆有首，黑。

【注释】
①并封：传说中的一种动物，也叫屏蓬或屏逢。（见图7-8）　②巫咸：见7.13注①。　③彘：猪。

【译文】
并封生活在巫咸国的东边，这种动物的形状像猪，前后各有一个脑袋，浑身黑色。

7.15 女子国①在巫咸②北，两女子居，水周之。一曰居一门中。

【注释】
①女子国：传说中的国名，因其

【译文】
女子国在巫咸国的北边，两个女子住在

国中之人皆为女性,故名。(见图7-9) ②巫咸:见7.13注①。

一起,四周有水环绕。一说她们住在同一个门中。

7.16 轩辕之国①在此②穷山③之际,其不寿者八百岁。在女子国④北。人面蛇身,尾交首上。

【注释】
①轩辕之国:即轩辕国,国名,一说因黄帝(见2.42注⑩)生长于此,故名。 ②此:该字系衍文。 ③穷山:山名,具体所指待考。一说即邛崃(qiónglái)山,在今四川境内。 ④女子国:见7.15注①。

【译文】
轩辕国位于穷山附近,这个国家中寿命短的人都能活到八百岁。它位于女子国的北边。轩辕国的人长着人一样的脸,蛇一样的身子,尾巴盘绕在头顶上。

7.17 穷山①在其②北,不敢西射,畏轩辕之丘③。在轩辕国北。其丘方,四蛇相绕。

【注释】
①穷山:见7.16注③。 ②其:指轩辕国,见7.16注①。 ③轩辕之丘:丘名,具体所指待考。一说当在今四川境内。似与2.50中的轩辕丘不在同一地。

【译文】
穷山在轩辕国的北边,这里的人因为敬畏轩辕丘,不敢向西方射箭。轩辕丘在轩辕国的北边。丘呈方形,上面有四条蛇互相环绕。

7.18 此①诸夭之野②,鸾鸟③自歌,凤鸟④自舞。凤皇⑤卵,民食之;甘露⑥,民饮之,所欲自从也。百兽相与群居。在四蛇①北。其人两手操卵食之,两鸟居前导之。

【注释】
①此：该字似系衍文。
②诸夭之野：一说"夭"应作"沃"，指传说中的一片沃野。
③鸾鸟：见2.25注⑤。
④凤鸟：雄的凤凰。参见1.31注⑤。
⑤凤皇：见1.31注⑤。
⑥甘露：甜美的雨露。
⑦四蛇：指有四条蛇环绕的轩辕丘，见7.17。

【译文】
有一个名叫诸夭之野的地方，鸾鸟在那里歌唱，凤鸟在那里起舞。凤凰生下的蛋，老百姓可以吃；甜美的雨露，老百姓可以喝，一切都可随心所欲。各种野兽都成群居住在这里。这个地方在有四条蛇环绕的轩辕丘的北边。有人正双手捧着凤凰蛋在吃，有两只鸟在前面引导。

7.19 龙鱼①陵居②在其③北，状如狸④。一曰鰕（xiā）⑤。即有神圣乘此以行九野⑥。一曰鳖鱼⑦在夭野⑧北，其为鱼也如鲤。

【注释】
①龙鱼：鱼名，具体所指待考。一说指穿山甲之类；一说是古鱼类化石。（见图7-10）
②陵居：居住在山陵中。
③其：指诸夭之野，见7.18注②。
④狸：见1.6注②。一说应作"鲤"，指鲤鱼。
⑤鰕：即大鲵，一种两栖类动物，俗名娃娃鱼。
⑥九野：指九州之地。
⑦鳖鱼：甲鱼，此处似不应指甲鱼，具体所指待考。
⑧夭野：指诸夭之野。

【译文】
在山陵中居住的龙鱼在诸夭之野的北边，它的形状像山猫。一说形状像大鲵。有神圣乘着龙鱼在九州之地巡行。一说鳖鱼在诸夭之野的北边，这种鱼的形状像鲤鱼。

▲图7-10 龙鱼一说指穿山甲之类，此为穿山甲图，选自绘于明代的《补遗雷公炮制便览》

7.20 白民之国①在龙鱼②北，白身被（pī）③

发。有**乘黄**④,其状如狐,其背上有角,乘之寿二千岁。

【注释】
①白民之国:即白民国,传说中的国名,因其国中之人浑身雪白,故名。　②龙鱼:见7.19注①。　③被:同"披",指披散。　④乘黄:传说中的一种兽。一说指双峰驼。(见图7-11)

【译文】
　　白民国在龙鱼居住的山陵的北边,这个国家的人浑身雪白,披散着头发。有一种名叫乘黄的兽,它的形状像狐,背上长着角,人若能骑在它的身上,便可寿达两千岁。

▲图7-11　乘黄图,选自日本绘制的《怪奇鸟兽图卷》

7.21　肃慎之国①在白民②北。有树名曰雄常③,先入伐帝,于此取之④。

【注释】
①肃慎之国:即肃慎国,国名。肃慎是古族名,古代居住在中国东北地区,周武王、周成王时他们曾以楛(kǔ)矢石砮(nǔ)来贡,与此处的肃慎国不同。　②白民:见7.20注①。　③雄常:或作雄棠、洛棠,树名,一说指棠梨,见2.35注③。　④先入伐帝,于此取之:句意颇为难解。人们或改作"先人代帝,于此取衣",或改作"先入代立,于此取之",或改作"圣人代立,于此取衣",等等。今据最后一种改法作解。

【译文】
　　肃慎国在白民国的北边。这里有一种树,名字叫雄常,一旦有圣人称帝,这种树便会长出可做衣服的树皮来。

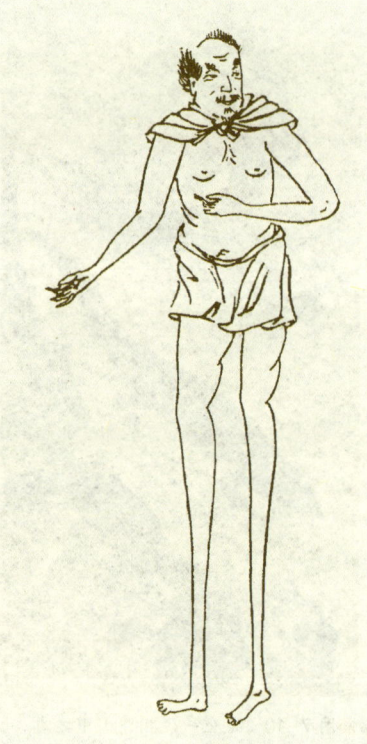

▲图7-12　长股国图,选自清代的《山海经存》

7.22　**长股之国**①在雄常②北,被(pī)③发。一曰长脚。

【注释】
①长股之国：即长股国，传说中的国名，因其国中之人的腿很长（股：大腿），故名。（见图7-12） ②雄常：这里指雄常树生长的地方，见7.21注③。 ③被：同"披"，指披散。

【译文】
长股国在长着雄常树之地的北边，这个国家中的人都披散着头发。一说是长脚国。

7.23 西方蓐(rù)收①，左耳有蛇，乘两龙。

【注释】
①蓐收：传说中的神名，参见2.59注②。（见图7-13）

【译文】
西方之神蓐收，左耳中有一条蛇，骑乘着两条龙。

▲图7-13 蓐收图，选自明代蒋应镐绘制的《山海经（图绘全像）》。2.59中也提到有蓐收神，但未描述其形状

海外北经所记述的地域大致应在中国的北方，具体位置难以确定。海外北经系紧接海外西经中的长股国，向东逐次展开叙述。经中记述了无䏿(qǐ)国、一目国、柔利国等九个国家，这些国家中的人或没有小腿肚，或只有一手一足，或长得很高而没有肠子，或只有一只眼睛。在海外北经中，值得我们注意的是三则神话故事：一是夸父逐日的故事；二是禹杀共工之臣相柳氏的故事；三是关于钟山之神烛阴的传说。

海外北经第八

8.1 海外①自东北陬(zōu)②至西北陬者。

【注释】
① 海外:指海外北经所记载的地方。
② 陬:隅;角落。

【译文】
海外北经所记载的地方从东北角至西北角。

【导读】
根据文中叙述的顺序,海外北经应为从西北向东北展开介绍,而不是"自东北陬至西北陬"。

8.2 无𦙶(qǐ)之国①在长股②东,为人无𦙶。

【注释】
① 无𦙶之国:即无𦙶国,传说中的国名,因其国中之人没有小腿肚(𦙶:小腿肚),故名。
② 长股:即长股国,见7.22注①。

【译文】
无𦙶国在长股国的东边,这个国家中的人没有小腿肚子。

8.3 钟山①之神,名曰**烛阴**②,视为昼,瞑③为夜;吹为冬,呼为夏。不饮,不食,不息④,息为风,身长千里。在无𦙶(qǐ)⑤之东。其为物人面蛇身,赤色,居钟山下。

【注释】
① 钟山:山名,具体所指待考。
② 烛阴:传说中的神名,即烛龙,据传它张开眼睛就

【译文】
钟山的山神名叫烛阴,他睁眼视物,天下就变成了白天;他一闭上眼睛,天下就变成了黑夜;他吹一口气,天下就成了冬天;他呼一口气,天下就成了夏天。他不喝水,

▲图8-1 烛阴图,选自日本绘制的《怪奇鸟兽图卷》

能照亮天下。(见图 8-1)。
③瞑：闭眼。
④息：呼吸。
⑤无䏿：见 8.2 注①。

不吃东西，也不呼吸，只要他一呼吸，天下就会刮风，他的身子长达一千里。烛阴居住在无䏿国的东边。他长着人一样的脸，蛇一样的身子，浑身红色，居住在钟山下。

▲图 8-2　一目国图，选自《中国清代宫廷版画》

8.4　一目国①在其②东，一目中其面而居。一曰有手足。

【注释】
①一目国：传说中的国名，因其国中之人只长着一只眼睛，故名。(见图 8-2)　②其：指钟山，见 8.3 注①。

【译文】
　　一目国在钟山的东边，这个国家的人只有一只眼睛，眼睛生在脸的正中。一说一目国的人长着手和脚。

8.5　柔利国①在一目②东，为人一手一足，反膝③，曲足居上④。一云留利之国⑤，人足反折⑥。

【注释】
①柔利国：传说中的国名。(见图 8-3)　②一目：指一目国，见 8.4 注①。
③反膝：膝盖反着长。
④曲足居上：脚弯曲，脚心朝上。　⑤留利之国：即留利国，亦即柔利国。
⑥反折：向反方向弯折。

【译文】
　　柔利国在一目国的东边，这个国家的人只长着一只手、一只脚，膝盖反着长，脚弯曲，脚心朝上。一说是留利国，国中之人的脚向反方向弯折。

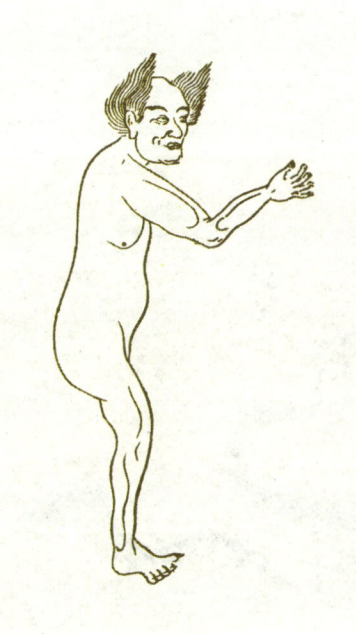

▲图 8-3　柔利国图，选自绘于明代的《三才图会》

8.6　共工①之臣曰相柳氏②，九首，以食于九

山海经　海外北经第八

山。相柳之所抵③，厥④为泽谿(xī)⑤。禹⑥杀相柳，其血腥，不可以树⑦五谷种。禹厥之，三仞(rèn)⑧三沮(jǔ)⑨，乃以为众帝⑩之台。在昆仑⑪之北，柔利之东。相柳者，九首人面，蛇身而青。不敢北射，畏共工之台。台在其⑫东。台四方，隅有一蛇，虎色⑬，首冲南方。

▲图8-4 绘于清代的《钦定补绘萧云从〈离骚〉全图》中的共工怒触不周山图

【注释】
①共工：神话传说中的人物。据传他与颛顼(zhuānxū)争夺帝位，发怒而触撞不周山，导致天崩地裂。（见图8-4） ②相柳氏：神话传说中的人物，又叫相繇(yáo)。（见图8-5） ③抵：触。 ④厥：通"掘"，指挖掘。 ⑤谿：同"溪"。 ⑥禹：见5.212注①。 ⑦树：种植。 ⑧仞：通"牣(rèn)"，指满。 ⑨沮：毁坏，这里指向下陷。 ⑩众帝：指帝尧、帝喾(kù)、帝舜等帝王。 ⑪昆仑：山名，具体所指待考。一说此处可能指阴山，在今内蒙古境内。

【译文】
共工的一位臣子名叫相柳氏，他长着九个脑袋，从九座山上取食。相柳的身子所触的地方，都会变成池泽和溪流。禹杀了相柳，相柳身上流出的血腥臭不堪，凡是它的血浸泡过的地方都不能种植五谷。禹掘土填埋这块地方，填满了三次，却塌陷了三次，于是禹在这块地方筑起了帝尧、帝喾、帝舜等众帝之台。这些帝台在昆仑山的北边，柔利国的东边。相柳长着九个脑袋，人一样的脸，蛇一样的身子，浑身青色。这里的人因为敬畏位于北面的共工之台，都不敢向北射箭。共

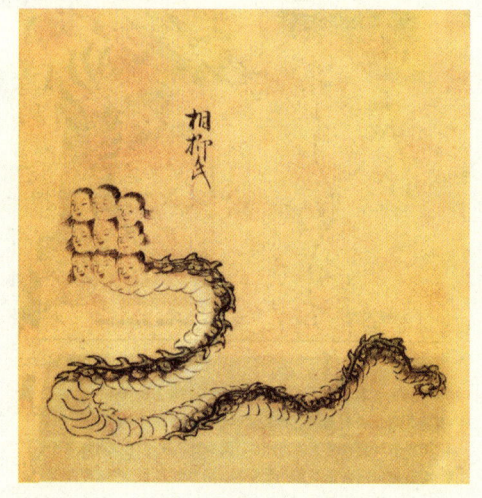

▲图8-5 相柳氏图，选自日本绘制的《怪奇鸟兽图卷》

⑫其:指众帝之台。 ⑬虎色:虎一样的斑纹。

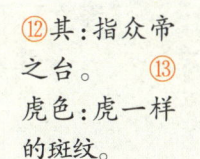

工之台在众帝之台的东边。台呈四方形,台角有一条蛇,身上有虎一样的斑纹,头朝着南方。

▲图8-6 无肠国图,选自《中国清代宫廷版画》

8.7 深目国①在其②东,为人举一手,一目③。在④共工台东。

【注释】

①深目国:传说中的国名,因其国中之人双目深陷,故名。 ②其:指共工台。一说指相柳氏所处之地。参见8.6。 ③为人举一手,一目:一说应作"为人深目,举一手"。 ④在:前面当有"一曰"两字。

【译文】

深目国在共工台的东边,这个国家的人举着一只手,只有一只眼睛。一说深目国在共工台的东边。

8.8 无肠之国①在深目②东,其为人长而无肠。

【注释】

①无肠之国:即无肠国,传说中的国名,因其国中之人没有肠子,故名。(见图8-6) ②深目:即深目国,见8.7注①。

【译文】

无肠国在深目国的东边,这个国家的人个子很高,但肚子里没有肠子。

▲图8-7 聂耳国图,选自《中国清代宫廷版画》

8.9 聂(shè)耳之国①在无肠国②东,使两文虎,为人两手聂其耳,县③居海水中,及④水所出入奇物。两虎在其东。

山海经 海外北经第八

【注释】

① 聂耳之国：即聂耳国，传说中的国名，因其国中之人常常双手抓着耳朵（聂耳：抓着耳朵，聂通"摄"，指抓握），故名。一说聂耳亦作"儋(dān)耳"或"耽耳"。（见图8-7）　② 无肠国：见8.8注①。　③ 县：通"悬"。一说即"邑(yì)"。　④ 及：到，这里指到海中捕捉或捞取。

【译文】

聂耳国在无肠国的东边，这个国家的人驱使两只有斑纹的老虎，而且总是用双手抓着耳朵，他们孤零零地住在海中的小岛上，到海中捕捉或捞取各种奇异之物。在聂耳国的东边有两只老虎。

8.10　夸父①与日逐走②，入日。渴欲得饮，饮于河渭③，河渭不足，北饮大泽。未至，道渴而死。弃其杖，化为邓林④。

【注释】

① 夸父：神话传说中的人物，据传他与太阳赛跑，最后因口渴而死。（见图8-8）　② 逐走：追赶着跑。

【译文】

夸父追着太阳跑，离太阳越来越近。这时，他口中干渴，想要喝水，便去喝黄河和渭河中的水，把黄河和渭河的水都喝干了，他还是觉得渴，便想去喝北边的大泽中的水。但是还没赶到大泽，他便在路上渴死了。夸父

◀图8-8　明代蒋应镐绘制的《山海经(图绘全像)》中的夸父逐日图

▲图8-9 博父国图,选自《中国清代宫廷版画》

③渭:见2.2注③。
④邓林:树林名,一说即桃林。

临死前扔掉了手中的手杖,这根手杖变成了邓林。

8.11 博父国①在聂(shè)耳②东,其为人大,右手操青蛇,左手操黄蛇。邓林③在其东,二树木④。一曰博父。

【注释】

①博父国:传说中的国名,因其国中之人身材高大,故名。一说应作"夸父国"。(见图8-9)
②聂耳:即聂耳国,见8.9注①。
③邓林:见8.10注④。
④二树木:这里指由两棵树组成的树林。

【译文】

博父国在聂耳国的东边,这个国家的人身材高大,右手握着青蛇,左手握着黄蛇。邓林在博父国的东边,它由两棵树组成。一说是博父国。

8.12 禹所积石之山①在其②东,河水所入③。

【注释】

①禹所积石之山:即禹所积石山,山名,意为禹堆石而成的山。一说应在今河北境内。
②其:指博父国,见8.11注①。
③河水所入:指黄河从它的下面流过。

【译文】

禹所积石山在博父国的东边,黄河从它的下面流过。

▲图8-10 拘缨国图,选自绘于清代的《古今图书集成·边裔典》

8.13 拘缨之国①在其②东,一手把缨。

一曰利③缨之国。

【注释】
①拘缨之国:即拘缨国,因其国中之人常常用手托着脖子上的大肉瘤(缨:应作"瘿",指颈上的肉瘤。一说缨指帽带子,拘缨指用手抓着帽带子),故名。(见图8-10)
②其:指禹所积石山,见8.12注①。
③利:这里有托或捋(lǚ)的意思。

【译文】
拘缨国在禹所积石山的东边,这个国家的人用一只手托着颈上的大肉瘤。一说是利缨国。

8.14 寻木①长千里,在拘缨②南,生河上西北。

【注释】
①寻木:一种极其高大的树。 ②拘缨:即拘缨国,见8.13注①。

【译文】
寻木高达千里,生长在拘缨国的南边,黄河上游的西北方。

8.15 跂踵(qǐzhǒng)国①在拘缨②东,其为人大,两足亦大。一曰大③踵。

【注释】
①跂踵国:传说中的国名,因其国中之人跂起脚跟走路(跂踵:跂起脚跟),故名。 ②拘缨:即拘缨国,见8.13注①。
③大:一说应作"反"。

【译文】
跂踵国在拘缨国的东边,这个国家的人身材十分高大,两只脚也很大。一说是大踵国。

8.16 欧丝①之野在大踵(zhǒng)②东,一女子跪据③树欧丝。

▲图8-11 呕丝女子图,选自《中国清代宫廷版画》

【注释】

①欧丝：即呕丝，指吐丝。（见图8-11）　②大踵：见8.15。　③据：靠着。

【译文】

欧丝野在大踵国的东边，有一位女子跪在地上靠着树吐丝。

8.17　三桑①无枝，在欧丝②东，其木长百仞（rèn）③，无枝。

【注释】

①三桑：见3.41注②。　②欧丝：指欧丝之野，见8.16注①。　③仞：古时以八尺或七尺为一仞。

【译文】

有个地方长着三棵没有树枝的桑树，在欧丝野的东边，桑树高达百仞，没有树枝。

8.18　范林①方三百里，在三桑②东，洲③环其下。

【注释】

①范林：一说即泛林，树木生长在海中的浮土上，能随着海浪摆动。似与6.23中的范林不同。　②三桑：见3.41注②。　③洲：水中的陆地。

【译文】

范林方圆达三百里，在长着三棵没有树枝的桑树之地的东边，周围有陆地环绕。

8.19　务隅之山①，帝颛顼（zhuānxū）②葬于阳，九嫔葬于阴。一曰爰（yuán）③有熊、罴（pí）④、文虎、离朱⑤、鸱（chī）久⑥、视肉⑦。

【注释】

①务隅之山：即务隅山，山名，具体所指待考。　②颛顼：传说中古代部族首领，号高阳氏，生于若水，居于帝丘（今

【译文】

务隅山，帝颛顼葬在这座山的阳面，他的九

河南濮阳市西南)。　③爰:这里;那里。　④罴:见2.14注⑨。　⑤离朱:见6.23注⑦。　⑥鸱久:见6.23注⑫。　⑦视肉:见6.23注⑧。

位嫔妃葬在山的阴面。一说这座山中有熊、罴、有斑纹的虎、离朱、鸱鹠和视肉。

8.20　平丘①在三桑②东,爰(yuán)③有遗玉④、青鸟⑤、视肉⑥、杨柳、甘柤(zhā)⑦、甘华⑧,百果所生,有⑨两山夹上⑩谷,二大丘居中,名曰平丘。

【注释】
①平丘:意为平整的丘陵地,所在之地待考。　②三桑:见3.41注②。　③爰:这里;那里。　④遗玉:玉石名,一说即瑿(yī),一种黑色的琥珀,是琥珀中最珍贵的。　⑤青鸟:一作"青马"。　⑥视肉:见6.23注⑧。　⑦甘柤:植物名,具体所指待考。一说这种植物的树干、树枝皆为红色,叶子白色,开黄色的花,结黑色的果实。　⑧甘华:植物名,具体所指待考。一说这种植物的枝干皆为红色,叶子黄色;一说属于柑橘类。　⑨有:一作"在"。　⑩上:大。

【译文】
平丘在长着三棵没有树枝的桑树之地的东边,那里有遗玉、青鸟、视肉、杨树、柳树、甘柤和甘华,生长着各种各样的果树,有两座山夹着一个大山谷,中间是两个大的丘陵,名字叫平丘。

8.21　北海①内有兽,其状如马,名曰騊駼(táotú)②。有兽焉,其名曰驳③,状如白马,锯牙,食虎豹。有素兽焉,状如马,名曰蛩(qióng)蛩④。有青兽焉,状如虎,名曰罗罗⑤。

【注释】
①北海:古代泛指北方僻远之地。秦汉时也指里海、贝加尔湖

【译文】
北海内有一种兽,形状像马,名字叫騊駼。还有

等大泽。 ②駒騟:马名,一说即普氏野马,性格暴烈,原产蒙古草原。 ③駮:见2.77注③。 ④蛮蛮:传说中的一种兽。 ⑤罗罗:兽名,一说即黑虎。

一种兽,名字叫駮,形状像白马,牙齿像锯,能吃虎和豹。另有一种白色的兽,形状像马,名字叫蛮蛮。另外还有一种青色的兽,形状像虎,名字叫罗罗。

8.22 北方**禺强**①,人面鸟身,珥(ěr)②两青蛇,践③两青蛇。

【注释】
①禺强:传说中的海神名,又叫禺京。(见图8-12)
②珥:耳饰,这里作动词。
③践:踩;踏。

【译文】
　　北方有禺强神,长着人一样的脸,鸟一样的身子,以两条青蛇为耳饰,脚下踩着两条青蛇。

▶ 图8-12　禺强图,选自明代蒋应镐绘制的《山海经(图绘全像)》

海外东经所记述的地域大致应在中国的东部，具体位置难以确定。海外东经系紧接海外南经中的狄山，向北逐次展开叙述。经中记述了大人国、君子国、青丘国等八个国家，这些国家中的人除了或身生长毛，或全身皆黑，或手操两蛇，其形状与普通人似无什么不同。此外，海外东经中还记述了八首八面的天吴神、鸟身人面的句芒神、兽身人面的奢比尸神，以及十个太阳共同沐浴的汤（yáng）谷和居住的扶桑树。

海外东经第九

9.1 海外①自东南陬（zōu）②至东北陬者。

【注释】
①海外：指海外东经所记载的地方。 ②陬：隅；角落。

【译文】
海外东经所记载的地方从东南角到东北角。

9.2 䁗（jiē）丘①，爰（yuán）②有遗玉③、青马、视肉④、杨柳⑤、甘柤（zhā）⑥、甘华⑦，甘果所生，在东海⑧。两山夹丘，上有树木。一曰嗟丘。一曰百果所在，在尧葬⑨东。

【注释】
①䁗丘：地名，具体所指待考。 ②爰：这里；那里。 ③遗玉：见8.20注④。 ④视肉：见6.23注⑧。 ⑤杨柳：一作"杨桃"，杨桃即阳桃，见5.177注③。 ⑥甘柤：见8.20注⑦。 ⑦甘华：见8.20注⑧。 ⑧东海：见1.9"导读"。 ⑨尧葬：帝尧所葬的地方，帝尧见6.23注②。

【译文】
䁗丘，这个地方有遗玉、青色的马、视肉、杨树、柳树、甘柤、甘华，各种果实甜美的果树在此生长，它位于东海之中。它的边上是两座山，中间是土山，上面长着树木。一说是嗟丘。一说是各种果树生长的地方，位于帝尧所葬之地的东边。

9.3 大人国①在其②北，为人大，坐而削船③。一曰在䁗（jiē）丘北。

【注释】
①大人国：传说中的国名，因其国中之人身材

【译文】
大人国在䁗丘的北边，这

▲图9-1 大人国图，选自《中国清代宫廷版画》

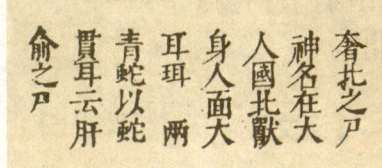

▶ 图 9-2 奢比尸图，左图选自绘于明代的《三才图会》，右图选自日本绘制的《怪奇鸟兽图卷》

特别高大，故名。(见图 9-1) ②其：指瑳丘，见 9.2 注①。③削船：一说指刻削船只；一说指划船。

个国家的人身材特别高大，坐在那里用刀削船。一说大人国在瑳丘的北边。

9.4 奢比之尸①在其②北，兽身、人面、大耳，珥(ěr)③两青蛇。一曰肝榆之尸在大人北。

【注释】
①奢比之尸：即奢比尸，传说中的神名。(见图 9-2)
②其：指大人国，见 9.3 注①。
③珥：耳饰，这里作动词。

【译文】
奢比尸在大人国的北边，他长着兽一样的身体，人一样的脸，耳朵很大，以两条青蛇为耳饰。一说是肝榆尸在大人国的北边。

▲ 图 9-3 君子国图，选自绘于明代的《三才图会》

9.5 君子国①在其②北，衣冠③带剑，食兽,使二大虎④在旁,其人好让不争。有薰华草⑤,朝生夕死。一曰在肝榆之尸北。

【注释】
① 君子国:传说中的国名,因其国中之人讲究礼仪揖让,故名。(见图9-3)
② 其:指奢比尸所在之地,见9.4注①。
③ 衣冠:指衣帽整齐。
④ 大虎:应作"文虎"。
⑤ 薰华草:草名,具体所指待考。一说薰华即"蕣(shùn)花",指木槿(jǐn)花,木槿是一种落叶灌木,夏秋开红白或紫色花,早开晚落。

【译文】
君子国在奢比尸所在之地的北边,这个国家的人衣帽整齐,身上佩剑,吃兽肉,驱使两只有斑纹的虎,他们好谦让,不争斗。君子国中有一种薰华草,早上刚长出来,到晚上就死了。一说君子国在肝榆尸所在之地的北边。

9.6 虹虹①在其②北,各有两首。一曰在君子国北。

【注释】
① 虹虹:当指虹霓,一种有内外环的虹,内环称虹,也称正虹、雄虹;外环称霓,也称副虹、雌虹。
② 其:指君子国,见9.5注①。

【译文】
虹虹在君子国的北边,每条虹都有两个脑袋。一说虹虹在君子国的北边。

9.7 朝阳之谷①,神曰**天吴**②,是为水伯③。在虹虹④北两水⑤间。其为兽也,八首人面,八足八尾,皆⑥青黄。

▲图9-4 天吴神图,选自《中国清代宫廷版画》

【注释】

①朝阳之谷:即朝阳谷,谷名,具体所指待考。②天吴:传说中的神名。(见图9-4) ③水伯:水神。④虹虹:见9.6注①。⑤两水:两条河流。⑥皆:一作"背"。

【译文】

朝阳谷有位名叫天吴的神,他是一位水神。朝阳谷位于虹虹北边的两条河流之间。天吴作为兽的形象是:有八个脑袋,每个脑袋上都是人一样的脸,有八条腿,八条尾巴,全身都是青黄色。

9.8 青丘国①在其②北,其狐③四足九尾。一曰在朝阳北。

【注释】

①青丘国:国名,具体所指待考。②其:指朝阳谷,见9.7注①。③其狐:一说在"其狐"前应有"其人食五谷,衣丝帛"几个字。

【译文】

青丘国在朝阳谷的北边,国中有一种狐,长着四条腿,九条尾巴。一说青丘国在朝阳谷的北边。

9.9 帝①命竖亥②步③,自东极至于西极,五亿十选④九千八百步。竖亥右手把算⑤,左手指青丘⑥北。一曰禹令竖亥。一曰五亿十万九千八百步。

【注释】

①帝:天帝。一说指禹(见5.212注①)。②竖亥:神话传说中的人物。也作竖竑(hài)。③步:以脚步测量距离。④选:万。⑤算:通"筭(suàn)",古代计数用的筹码。⑥青丘:指青丘国,见9.8注①。

【译文】

天帝命令竖亥用脚步测量大地,从最东边到最西边,一共为五亿十万九千八百步。竖亥右手拿着算筹,左手指着青丘国的北边。一说是禹命令竖亥用脚步测量大地。一说为五亿十万九千八百步。

9.10 黑齿国①在其②北,为人黑③,食稻啖(dàn)④蛇,一赤一青,在其旁。一曰在竖亥北,为人黑首,食稻使蛇,其一蛇赤。

【注释】
①黑齿国:传说中的国名,因其国中之人的牙齿皆为黑色,故名。(见图9-5) ②其:指竖亥所处之地,见9.9注②。 ③黑:该字后应有"齿"字。 ④啖:吃。

【译文】
黑齿国在竖亥所处之地的北边,这个国家的人的牙齿都是黑色的,他们吃稻米和蛇,有一红一青两条蛇伴在身边。一说黑齿国在竖亥所处之地的北边,这个国家的人长着黑色的脑袋,吃稻米,会驱使蛇,其中的一条蛇是红色的。

9.11 下有汤(yáng)谷①,汤谷上有**扶桑**②,十

▲图9-5 黑齿国人图,选自绘于清代的《钦定补绘萧云从〈离骚〉全图》

▲图9-6 扶桑树、长人和十个太阳图,选自绘于清代的《钦定补绘萧云从〈离骚〉全图》

日所浴，在黑齿③北。居水中，有大木，九日居下枝，一日居上枝。

【注释】
① 汤谷：即旸(yáng)谷，传说中的日出之处。
② 扶桑：神话传说中的一种树。(见图9-6)
③ 黑齿：指黑齿国，见9.10注①。

【译文】
黑齿国的下面是汤谷，汤谷上有一棵扶桑树，那里是十个太阳洗浴的地方，位于黑齿国的北边。在水中有一棵大树，下面的树枝上住着九个太阳，上面的树枝上住着一个太阳。

▲ 图9-7 雨师妾图，选自清代吴任臣的《增补绘像山海经广注》

9.12 雨师妾①在其②北，其为人黑，两手各操一蛇，左耳有青蛇，右耳有赤蛇。一曰在十日北，为人黑身人面，各操一龟。

【注释】
① 雨师妾：传说中的国名。(见图9-7)
② 其：指汤谷，见9.11注①。

【译文】
雨师妾在汤谷的北边，这个国家的人长着黑色的皮肤，两只手分别握着一条蛇，左耳有一条青蛇，右耳有一条赤蛇。一说雨师妾在十个太阳所居之地的北边，那里的人长着黑色的身子，人一样的脸，手中各拿着一只龟。

9.13 玄股之国①在其②北，其为人③，衣鱼食䴲(ōu)④，使⑤两鸟夹之。一曰在雨师妾北。

▲ 图9-8 玄股国图，选自《中国清代宫廷版画》

【注释】
① 玄股之国：即玄股国，传说中的国名，因其国中之人的大腿是黑色的，故名。(见图9-8)　② 其：指雨师妾，见9.12注①。
③ 人：一说该字后应有"股黑"两字。　④ 䴅：同"鸥"，一种水鸟，羽毛多为白色，生活在湖或海上。
⑤ 使：一说该字系衍文。

【译文】
　　玄股国在雨师妾的北边，这个国家的人身穿鱼皮做的衣服，以鸥鸟为食，他们的身边有一左一右两只鸟相随。一说玄股国在雨师妾的北边。

9.14　毛民之国①在其②北，为人身生毛。一曰在玄股北。

【注释】
① 毛民之国：即毛民国，传说中的国名，因其国中之人浑身有长毛，故名。(见图9-9)
② 其：指玄股国，见9.13注①。

【译文】
　　毛民国在玄股国的北边，这个国家的人浑身长满了长毛。一说毛民国在玄股国的北边。

▲图9-9　毛民国图，选自绘于清代的《古今图书集成·边裔典》

9.15　劳民国①在其②北，其为人黑③。或曰教民。一曰在毛民北，为人面目手足尽黑。

【注释】
① 劳民国：传说中的国名，一说因其国中之人勤劳，故名。(见图9-10)

【译文】
　　劳民国在毛民国的北边，这个国家的人长得很黑。有人说是教民国。

▲图9-10　劳民国图，选自《中国清代宫廷版画》

358

▲图 9-11 句芒图,选自绘于清代的《钦定补绘萧云从〈离骚〉全图》

②其:指毛民国,见 9.14 注①。
③黑:一说该字后应有"食果草实也。有一鸟两头"数字。

一说劳民国在毛民国的北边,那里的人面部、眼睛、手和脚都是黑色的。

9.16 东方句芒①,鸟身人面,乘两龙。

【注释】
①句芒:传说中的木神,身穿白色的衣服。(见图 9-11)

【译文】
东方有句芒神,长着鸟一样的身子,人一样的脸,驾乘着两条龙。

9.17 建平元年①四月丙戌,待诏太常属臣望②校治③,侍中光禄勋臣龚④、侍中奉车都尉光禄大夫臣秀⑤领主省⑥。

【注释】
①建平元年:公元前 6 年。
②望:一说疑为丁望,人名,事迹待考。　③校治:考订整理。
④龚:指王龚,人名,事迹待考。
⑤秀:指刘歆(xīn,?—23 年),字子骏,后改名秀,字颖叔。汉末沛县(今属江苏)人。刘向之子,曾奉命与刘向一起校宫中藏书。
⑥领主省:负责主要的工作。

【译文】
建平元年四月丙戌,待诏太常属臣丁望考订整理,侍中光禄勋臣王龚、侍中奉车都尉光禄大夫臣刘歆负责主要的工作。

海内南经所记述的地域基本上位于海外南经所记之地的北面，大致在今浙江、福建、湖北、湖南、四川、广东、广西、海南一带，个别则在今西北地区。海内南经所记内容较为庞杂，其中既有国家，如伯虑国、雕题国、开题国、匈奴等；也有动物，如犀牛、兕（sì）、猩猩，以及能吞象的巴蛇、形状如龙的窫窳（yàyǔ）；还有怪异的植物，如有一种叫建木的树，形状像牛，树皮像黄蛇；另外还涉及到一些历史人物，如帝舜、帝丹朱、夏后启等。从文中我们也可以得知，在中国古代，在今湖南、湖北、四川一带，曾经生活过犀牛、猩猩等动物。

海内南经第十

*《山海经》中以"海内"冠名的除了该书的最后一章,有海内南经、海内西经、海内北经、海内东经四篇,亦可统称为海内经。海内经的文字亦系依据古图而作,只是古图早已亡佚。海内经所记的地域大多在海外经所记地域之内侧。另外,海外经在叙述时有明确的方向和顺序,海内经则显得较为杂乱。

10.1　海内①东南陬（zōu）②以西者。

【注释】
①海内：指海内南经所记载的地方。　②陬：隅；角落。

【译文】
海内南经所记载的是东南角以西的地方。

10.2　瓯（ōu）①居海中。闽②在海中，其西北有山。一曰闽中山③在海中。

【注释】
①瓯：古代地区名，在今浙江温州一带，后为温州的别称。　②闽：古种族名，生活在今浙江南部和福建一带。后因称福建为闽。　③闽中山：闽一带的山。

【译文】
瓯位于海中。闽在海中，它的西北方有山。一说闽一带的山在海中。

10.3　三天子鄣（zhāng）山①在闽②西海③北。一曰在海中。

【注释】
①三天子鄣山：山名，一说在今安徽歙（shè）县。　②闽：见10.2注②。　③海：该字疑为衍文。

【译文】
三天子鄣山在闽的西北。一说该山在海中。

10.4　桂林①八树在番（pān）隅②东。

【注释】
①桂林：林名，非今广西桂林。　②番隅：即番禺，见13.29注③。

【译文】
桂林的八棵树在番禺的东边。

10.5　伯虑国①、离耳国②、雕题国③、北朐（qú）国④皆在郁水[5]南。郁水出湘陵[6]南海[7]。一曰相虑[8]。

【注释】
①伯虑国：国名，一说又称婆利国、婆黎国等，在今印尼爪哇岛东的巴厘岛；一说指加里曼丹岛。 ②离耳国：国名，一说即儋(dān)耳国，在今海南岛儋县。 ③雕题国：国名，具体所指待考。雕题意为在额上文刻。一说应在今广东、广西一带。（见图10-1） ④北朐国：国名，具体所指待考。
⑤郁水：水名，指今广西的右江、郁江、浔(xún)江及广东的西江。 ⑥湘陵：地名，具体所指待考。一说即"湘漓"。
⑦南海：一说应作"南山"；一说前面应有"入"字。 ⑧相虑：一说应作"柏虑"，柏虑即伯虑。

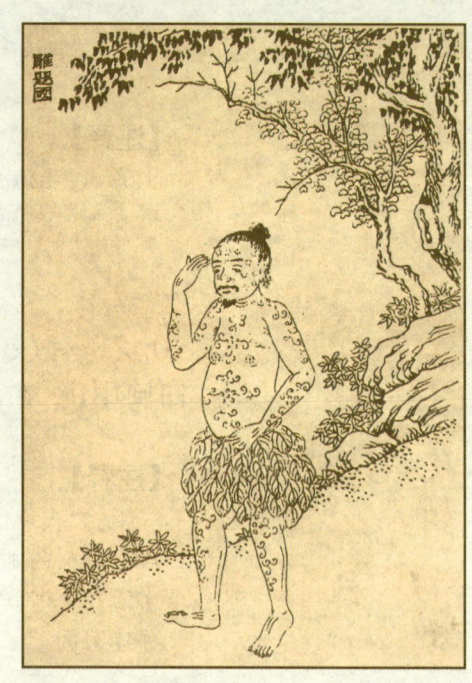

【译文】
伯虑国、离耳国、雕题国、北朐国都在郁水的南边。郁水发源于湘陵，流入南海。一说伯虑应作相虑。

▲图10-1 雕题国图，选自《中国清代宫廷版画》

10.6　枭(xiāo)阳国①在北朐(qú)②之西，其为人人面长唇，黑身有毛，反踵(zhǒng)③，见人笑亦笑④，左手操管。

【注释】
①枭阳国：国名，具体所指待考。一说在今广西；一说在今中南半岛中部。（见图10-2）
②北朐：即北朐国，见10.5注④。

【译文】
枭阳国在北朐国的西边，这个国家的人长着人一样的脸，嘴唇很长，浑身黑色，身上

▲图10-2 枭阳国图，选自绘于清代的《古今图书集成·边裔典》

③踵：脚后跟。
④笑亦笑：一说应作"则笑"。

有浓密的毛，脚跟长在前面，见到别人笑就跟着笑，左手拿着竹管。

10.7 兕（sì）①在舜②葬东，湘水③南，其状如牛，苍黑，一角。

【注释】
①兕：见1.30注②。　②舜：传说中的上古帝王，有虞氏，姓姚，名重华，简称虞舜。以孝闻名。尧把帝位禅让给他，他在晚年又把帝位禅让给禹。
③湘水：即湘江，湖南省最大的河流，上源海洋河出广西东北海洋山西麓，东北流贯湖南省东部，最后入洞庭湖。

【译文】
兕生活在舜所葬之地的东边，湘江的南边，它的形状像牛，苍黑色，长着一只角。

10.8 苍梧之山①，帝舜②葬于阳，帝丹朱③葬于阴。

【注释】
①苍梧之山：即苍梧山，山名，又叫九疑山，在今湖南宁远南。　②帝舜：即舜，见10.7注②。　③丹朱：传说中帝尧之子，名朱，因居丹水，名为丹朱。据说他傲慢荒淫，故尧不传位于他，而是传给了舜。（见图10-3）

【译文】
苍梧山，帝舜葬在这座山的阳面，帝丹朱葬在这座山的阴面。

▲图10-3　绘于清代的《钦定书经图说》中的"丹朱慢（漫）游图"

10.9 泛林①方三百里，在狌（xīng）狌②东。

【注释】　　　　　【译文】
①泛林:即范林,见8.18注①。　　泛林方圆三百里,在
②狌狌:见1.1注⑫。　　　　　猩猩生活之地的东边。

10.10　狌(xīng)狌①知人名,其为兽如豕(shǐ)②而人面,在舜③葬西。

【注释】　　　　　【译文】
①狌狌:见1.1注⑫。　　　猩猩知道人的名字,它的形状
②豕:猪。　　　　　像猪,长着人一样的脸,生活在舜所
③舜:见10.7注②。　　葬之地的西边。

10.11　狌(xīng)狌①西北有犀牛,其状如牛而黑。

【注释】　　　【译文】
①狌狌:见1.1　　猩猩生活之地的西北方有犀牛,犀
注⑫。　　　　牛的形状像牛,浑身黑色。

10.12　夏后启①之臣曰孟涂②,是司神③于巴④。人请讼于孟涂之所,其衣有血者乃执之,是请生⑤。居山上,在丹山⑥西。丹山在丹阳⑦南,丹阳居⑧属也。

【注释】　　　　　　　　　【译文】
①夏后启:见7.4注②。　②孟　　夏代国君启的
涂:人名,据传启曾派他去巴地负责　臣子名叫孟涂,到巴
诉讼之事。　③司神:主管之神。　地任主管之神。当地
④巴:古族名,主要分布在今川东、　人去孟涂那里请他
鄂西一带。周初封为子国,称巴子　审理案件,他把衣服
国。　⑤请生:请求活命。一说指　上沾有血的人抓了
好生,即爱护生命。　⑥丹山:山　起来,被抓之人就向
名,即今巫山,在重庆、湖北边境,因　他请求饶命。孟涂住

山势曲折盘错，形如"巫"字，故名。⑦丹阳：古都邑名，在今湖北秭归东南。⑧居：应作"巴"。

在山上，他所住的山在巫山的西边。巫山位于丹阳的南边，丹阳是巴的属地。

10.13 窫窳（yàyǔ）①龙首，居弱水②中，在狌（xīng）狌③知人名之西，其状如龙④首，食人。

▲图10-4 窫窳图，选自《中国清代宫廷版画》，其形状与经文中的描述有出入

【注释】

①窫窳：古代传说中的一种怪兽。与3.18中的窫窳有区别。（见图10-4）②弱水：水名，名叫弱水的河流很多。古人也把浅而不能载舟的水流称为弱水。③狌狌：见1.1注⑫。④龙：一说该字前应有"貙（chū）"字，貙即貙虎，像狗一样大，身上有狸一样的斑纹。

【译文】

窫窳长着龙一样的脑袋，居住在弱水中，位于能知道人的名字的猩猩所居之地的西边，它的形状像貙，长着龙一样的脑袋，会吃人。

10.14 有木，其状如牛，引①之有皮，若缨②、黄蛇。其叶如罗③，其实如栾④，其木若苬（qiū）⑤，其名曰建木⑥。在窫窳（yàyǔ）⑦西弱水⑧上。

▲图10-5 栾即栾华，此为栾华图，选自绘于明代的《补遗雷公炮制便览》

【注释】

①引：牵引；牵拉。②缨：一种带子，用来系冠、捆绑或作装饰物等。③罗：所指待考。一说指一种稀疏而柔软的丝织品；一说指网罗；一说通"萝"，指女萝。④栾：木名，即栾

【译文】

有一种树，形状像牛，牵拉它时上面有皮，皮像缨

木,又叫栾华,落叶乔木,高可达 20 米,羽状复叶,开黄色花。蒴(shuò)果囊状中空,三角状卵形,种子球形。(见图 10-5)　⑤荌:即乌荌,菼(tǎn)的别称。菼指初生的荻(dí),似苇而小。荻是多年生草本植物,根状茎外有鳞片,叶线状披针形。一说指刺榆,落叶乔木,高可达 10 米,树的老枝上有粗长的刺。
⑥建木:传说中的一种树。
⑦窫窳:见 10.13 注①。
⑧弱水:见 10.13 注②。

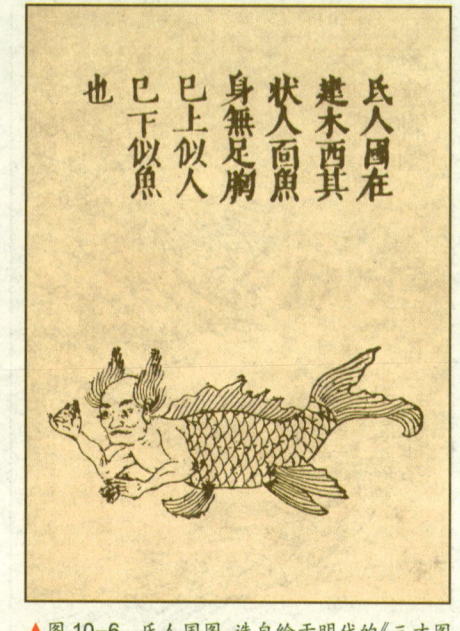

带或黄色的蛇。它的叶子像罗,结像栾华一样的果实,树干像荌,它的名字叫建木。生长在窫窳所居之地西边弱水的岸上。

▲图 10-6　氐人国图,选自绘于明代的《三才图会》

10.15　氐(dī)人国①在建木②西,其为人人面而鱼身,无足。

【注释】
①氐人国:传说中的国名,具体所指待考。氐是我国古代民族,居住在今西北一带。(见图 10-6)　②建木:见 10.14 注⑥。

【译文】
氐人国在长有建木之地的西边,这个国家的人长着人一样的脸,鱼一样的身子,没有脚。

10.16　巴蛇①食象,三岁而出其骨,君子服之②,无心腹之疾。其为蛇青黄赤黑。一曰黑蛇青首,在犀牛③西。

【注释】
①巴蛇:古代传

【译文】
巴蛇吞吃了大象,

▲图 10-7　巴蛇食象图,选自绘于清代的《钦定补绘萧云从〈离骚〉全图》

说中的一种大蛇。（见图10-7）②服之：指吃巴蛇吐出的象骨。③犀牛：这里指犀牛生活的地方，见10.11。

三年后才把象骨吐出来，君子吃了这种骨头，便不会得心脏和腹部的疾病。巴蛇的身上有青、黄、红、黑四种颜色。一说是黑蛇，长着青色的脑袋，在犀牛生活之地的西边。

▲图10-8 旄马图，选自绘于明代的《三才图会》

10.17 旄（máo）马①，其状如马，四节②有毛。在巴蛇③西北，高山④南。

【注释】

①旄马：兽名，具体所指待考。（见图10-8）
②四节：四肢的关节。
③巴蛇：见10.16注①。
④高山：山名，具体所指待考。一说指今四川西部的大雪山。

【译文】

旄马的形状像马，四肢的关节部位都长着长毛。它生活在巴蛇所居之地的西北，高山的南边。

10.18 匈奴①、开题之国②、列人之国③并在西北。

【注释】

①匈奴：古族名，亦称胡，战国时活动于燕、赵、秦以北地区，历史上曾多次南下侵入中原地区。
②开题之国：即开题国，国名，具体所指待考。一说在今新疆乌鲁木齐附近。
③列人之国：即列人国，国名，具体所指待考。

【译文】

匈奴、开题国、列人国都在西北地区。

海内西经所记述的地域较广，大致为从昆仑山地区到今陕西、山西、河北、内蒙古、辽宁一带。海内西经记述了东胡、流黄酆（fēng）氏国、貊（mò）国等国家，雁门山、钟山等山名，但其记述的重点主要集中在昆仑山地区，包括发源于昆仑山的河流：赤水、黄河、洋水、黑水等；昆仑山上的神兽：虎身、九首、人面的开明兽；昆仑山周边的动物（如凤凰、鸾鸟）、植物（如珠树、不死树、服常树）；发生在昆仑山地区的神话故事：贰负之臣危杀窫窳（yàyǔ），巫彭、巫阳等六巫用不死之药救治窫窳；等等。

海内西经第十一

11.1 海内①西南陬（zōu）②以北者。

【注释】
①海内：指海内西经所记载的地方。
②陬：隅；角落。

【译文】
海内西经所记载的是西南角以北的地方。

11.2 贰负①之臣曰危②，危与贰负杀窫窳（yàyǔ）③。帝④乃梏（gù）⑤之疏属之山⑥，桎（zhì）⑦其右足，反缚两手与发⑧，系之山上木。在开题⑨西北。

【注释】
①贰负：传说中的神名，形状为人面蛇身。（见图11-1）　②危：贰负神的臣属。（见图11-2）　③窫窳：见10.13注①。　④帝：见2.39注④。　⑤梏：古代木制的手铐，这里指拘禁。　⑥疏属之山：即疏属山，山名，一说在今陕西绥德县；一说指今陕西富县和洛川县间的雕山。　⑦桎：脚镣，这里作动词。　⑧与发：一说此两字系衍文。　⑨开题：即开题国，见10.18注②。

【译文】
贰负有位臣子名叫危，危与贰负一起杀了窫窳。天帝知道后，便把危拘禁在疏属山中，把他的右足戴上脚镣，把他的双手与头发反缚在一起，并捆到山上的一棵树上。疏属山在开题国的西北。

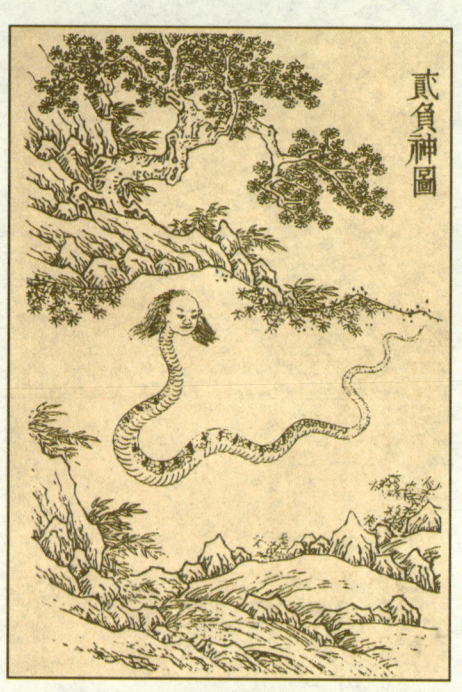

▲ 图11-1　贰负图，选自《中国清代宫廷版画》

▲ 图11-2　危图，选自《中国清代宫廷版画》

11.3 大泽方百里，群鸟所生及所解①。在雁门②北。

【注释】
①解:指鸟脱换羽毛。
②雁门:山名,又名雁门塞,在今山西代县西北。因两山对峙,雁从其间飞过而得名。

【译文】
有一个方圆百里的大泽,众多的鸟类在这里繁殖并脱换羽毛。它位于雁门山的北边。

11.4　雁门山①,雁出其间②。在高柳③北。

【注释】
①雁门山:见11.3注②。
②间:一作"门"。　③高柳:地名,在今山西阳高县。

【译文】
雁门山,雁从它两座对峙的山中飞过。它位于高柳的北边。

11.5　高柳①在代②北。

【注释】
①高柳:见11.4注③。　②代:古国名,在今河北蔚县。

【译文】
高柳在代的北边。

11.6　后稷①之葬,山水环之。在氐(dī)国②西。

【注释】
①后稷:见2.45注⑲。
②氐国:即氐人国,见10.15注①。

【译文】
后稷所葬之地,周围有山水环绕。它位于氐国的西边。

11.7　流黄酆(fēng)氏之国①,中方三百里,有涂②四方,中有山。在后稷葬③西。

【注释】
①流黄酆氏之国:即流黄

【译文】
流黄酆氏国,国土方圆三

郦氏国,国名,具体所指待考。　②涂:通"途",指路。　③后稷葬:后稷所葬之地,见11.6。

百里,有道路通向四方,国家的中部有山。它位于后稷所葬之地的西边。

11.8　流沙①出钟山②,西行又南行昆仑之虚③,西南入海④,黑水之山⑤。

【注释】
①流沙:见2.44注③。　②钟山:山名,一说即今内蒙古阴山;一说在今新疆境内。　③昆仑之虚:一作"昆仑之墟",指昆仑山,见2.43注⑤。　④海:这里指位于西北地区的水泽,如青海湖、罗布泊等,具体所指待考。　⑤黑水之山:即黑水山,山名,具体所指待考。

【译文】
　　流沙起自钟山,向西再向南一直延伸到昆仑山,并向西南进入海及黑水山。

11.9　东胡①在大泽②东。

【注释】
①东胡:古族名,因居于匈奴(古称胡)以东而得名。　②大泽:大的水泽,具体所指待考。一说即11.3中所说的大泽。

【译文】
　　东胡在大泽的东边。

11.10　夷①人在东胡②东。

【注释】
①夷:中国古代对东方各族的泛称,也泛指四方的少数民族。　②东胡:见11.9注①。

【译文】
　　夷人居住之地在东胡的东边。

11.11　貊(mò)①国在汉水②东北,地近于燕③,灭之。

【注释】

①貊:古族名,初分布在中国北方地区,秦汉前,居今长城以内者,或迁东北,或与当地居民融合;居今关外者,分布在松嫩平原、鸭绿江流域及朝鲜半岛。 ②汉水:水名,一说指朝鲜半岛的汉江;一说可能指松花江。 ③燕:古国名,公元前11世纪周分封的诸侯国,在今河北北部和辽宁西端,公元前3世纪为秦所灭。

【译文】

貊国在汉水的东北,与燕国接近,后被燕国所灭。

11.12 孟鸟①在貊(mò)②国东北,其鸟文赤、黄、青,东乡③。

【注释】

①孟鸟:鸟名,一说即灭蒙鸟,见7.2注①。 ②貊:见11.11注①。 ③乡:通"向",指朝向。

【译文】

孟鸟在貊国的东北,这种鸟的羽毛有红、黄、青三种花纹,它面朝东方而立。

11.13 海内①昆仑之虚②在西北,帝③之下都④。昆仑之虚方八百里,高万仞(rèn)⑤。上有木禾⑥,长五寻⑦,大五围⑧。面⑨有九井,以玉为槛(jiàn)⑩;面有九门,门有开明兽⑪守之,百神之所在。在八隅之岩⑫,赤水⑬之际,非仁羿(yì)⑭莫能上冈之岩。

【注释】

①海内:见11.1注①。 ②昆仑之虚:见11.8注③。 ③帝:见2.39注④。 ④下都:在下界的都城。 ⑤仞:古代以八尺或七尺为一仞。 ⑥木禾:传说中一种高大的谷类植物。 ⑦寻:古代的长度单位,八尺或七尺为一寻。 ⑧围:两臂合抱或两

【译文】

海内西经中所记载的昆仑山位于西北地区,是黄帝在下界的都城。昆仑山方圆八百里,高万仞。上面长着一种木禾,有五寻长,五围大。山的每一面都有九口井,每口井都以

手拇指、食指相合为一围。 ⑨面：一作"上"。 ⑩槛：栏杆。 ⑪开明兽：传说中的一种神兽，也叫陆吾，参见2.46注④。 ⑫八隅之岩：八个方位的岩石洞穴。 ⑬赤水：水名，具体所指待考。一说指红色的水流。 ⑭羿：见6.19注①。

玉为栏杆；每一面都有九道门，每道门都有开明兽守卫，是百神所在的地方。百神居住在八个方位的岩石洞穴中，在赤水岸边，不是仁德如后羿那样的人是无法登上这些山冈上的岩石的。

11.14 赤水①出东南隅，以行其②东北③。

【注释】
①赤水：见11.13注⑬。 ②其：指昆仑山，见2.43注⑤。 ③北：一说后面应有"西南流，注南海厌火东"数字。

【译文】
赤水发源于昆仑山的东南角，并向山的东北方向流去。

11.15 河水出东北隅，以行其①北，西南又入渤海②；又出海外③，即西而北，入禹④所导⑤积石山⑥。

【注释】
①其：指昆仑山，见2.43注⑤。 ②渤海：一说指蒲昌海，即今新疆东南部的罗布泊。 ③海外：具体所指待考。一说指异族所居之地。 ④禹：见5.212注①。 ⑤导：疏导。 ⑥积石山：见2.51注①。

【译文】
黄河发源于昆仑山的东北角，然后向北而流，折向西南后流入渤海；又流出海外，向西向北，流入禹所疏导的积石山。

11.16 洋水①、黑水②出西北隅，以东，东行，又东北，南入海③，羽民④南。

【注释】
①洋水：水名，具体所指待考。一说

【译文】
洋水和黑水发源于

可能是叶尔羌河。②黑水：水名，具体所指待考。一说可能是喀什喀尔河。③海：水名，一说可能指罗布泊。④羽民：即羽民国，见6.6注①。

昆仑山的西北角，向东流，继而向东北流，再折向南流后入海，在羽民国的南边。

11.17 弱水①、青水②出西南隅，以东，又北，又西南，过毕方鸟③东。

【注释】
①弱水：水名，具体所指待考。②青水：水名，具体所指待考。
③毕方鸟：见6.8注①。

【译文】
　　弱水和青水发源于昆仑山的西南角，向东流，又向北流，再折向西南，流过毕方鸟生活之地的东边。

11.18 昆仑①南渊深三百仞（rèn）②。开明兽③身大类虎而九首，皆人面，东向立昆仑上。

【注释】
①昆仑：见2.43注⑤。
②仞：古代以八尺或七尺为一仞。
③开明兽：见11.13注⑪。但11.13中没有描绘开明兽的形状。（见图11-3）

【译文】
　　昆仑山南边的深渊深达三百仞。开明兽的大小与虎相似，有九个脑袋，每个脑袋上都长着人一样的脸，面向东站立在昆仑山上。

▲图11-3 开明兽图，选自《中国清代宫廷版画》

11.19 开明①西有凤皇②、鸾鸟③，皆戴蛇践④蛇，膺⑤有赤蛇。

【注释】

① 开明:指开明兽,见 11.13 注⑪。　② 凤皇:见 1.31 注⑤。　③ 鸾鸟:见 2.25 注⑤。　④ 践:踏;踩。　⑤ 膺:胸。

【译文】

开明兽所在之地的西边有凤凰、鸾鸟,它们的头上盘着蛇,脚下踩着蛇,胸前有赤蛇。

11.20　开明①北有视肉②、珠树③、文玉树④、玗(yú)琪树⑤、不死树⑥。凤皇⑦、鸾鸟⑧皆戴瞂(fá)⑨。又有离朱⑩、木禾⑪、柏树、甘水⑫、圣木曼兑⑬,一曰挺木牙交⑭。

【注释】

① 开明:指开明兽,见 11.13 注⑪。　② 视肉:见 6.23 注⑧。　③ 珠树:长有珍珠的树。一说指三珠树,见 6.11 注①。　④ 文玉树:五彩玉树。　⑤ 玗琪树:长有红玉的树(玗琪:红色的玉)。　⑥ 不死树:吃了长在上面的果实后可使人不死的树。　⑦ 凤皇:见 1.31 注⑤。　⑧ 鸾鸟:见 2.25 注⑤。　⑨ 瞂:盾。　⑩ 离朱:见 6.23 注⑦。　⑪ 木禾:见 11.13 注⑥。　⑫ 甘水:甘甜的泉水。　⑬ 圣木曼兑:一说指一种名叫曼兑的圣木,曼兑所指待考。　⑭ 挺木牙交:所指待考。

【译文】

开明兽所在之地的北边有视肉、长有珍珠的树、五彩玉树、长有红玉的树和吃了上面的果实后可使人不死的树。这里的凤凰、鸾鸟的头上都戴着盾。这里还有离朱、木禾、柏树、甘甜的泉水和圣木曼兑。一说圣木曼兑即挺木牙交。

11.21　开明①东有巫彭、巫抵、巫阳、巫履、巫凡、巫相②,夹窫窳(yàyǔ)③之尸,皆操不死之药以距④之。窫窳者,蛇身人面,贰负⑤臣所杀也。

【注释】

① 开明:指开明兽,见 11.13 注⑪。　② 巫彭……巫相:此六人

都是古代的巫师。 ③窫窳：见 10.13 注①。 ④距：通"拒"，指抗拒、抵御，这里指不让窫窳死。 ⑤贰负：见 11.2 注①。

着不死之药，试图把窫窳救活过来。窫窳长着蛇一样的身子，人一样的脸，他是被贰负的臣子危杀死的。

11.22 服常树①，其上有三头人，伺②琅玕（lánggān）树③。

【注释】
①服常树：树名，具体所指待考。一说可能是沙棠，见 2.46 注⑬。
②伺：守候。
③琅玕树：即珠树，长有珍珠的树。

【译文】
有一种服常树，它的上面有长着三个脑袋的人，在守候着琅玕树。

11.23 开明①南有树鸟②、六首蛟③、蝮④、蛇、蜼（wěi）⑤、豹、鸟秩树⑥，于表池⑦树木⑧，诵鸟⑨、鹣（sǔn）⑩、视肉⑪。

【注释】
①开明：指开明兽，见 11.13 注⑪。
②树鸟：传说中的一种鸟。
③六首蛟：长着六个脑袋的蛟龙。（见图 11-4）
④蝮：指蝮蛇。
⑤蜼：一种长尾猿。
⑥鸟秩树：树名，具体所指待考。
⑦表池：一说指华表池，即中间立有华表的池子。
⑧树木：种树。
⑨诵鸟：鸟名，具体所指待考。
⑩鹣：即雕，一类很凶猛的鸟。
⑪视肉：见 6.23 注⑧。

【译文】
开明兽所在之地的南边有树鸟、长着六个脑袋的蛟龙、蝮蛇、蛇、长尾猿、豹和鸟秩树，在华表池的边上种着树，这一带还有诵鸟、雕和视肉。

▲图 11-4 六首蛟图，选自清代的《山海经绘图广注》

海内北经记述的地域大致为从昆仑山地区向东,经陕西、河北、朝鲜一直到东部的大海中。海内北经主要记述了三个方面的内容:一是昆仑山地区的动物(如蛟、三青鸟)、人文景观(如帝尧台、帝舜台)和神话故事(如西王母的传说);二是一些形状怪异的动物,如虎身有翼的穷奇、人面兽身的阘(tà)非、兽首人身的环狗;三是东部大海中的一些山(如列姑射山、蓬莱山)、国家(如射姑国)、动物(如大蟹、陵鱼)、植物(如明组邑)和景物(如大人之市)。

海内北经第十二

12.1 海内①西北陬（zōu）②以东者。

【注释】
①海内：指海内北经所记载的地方。 ②陬：隅；角落。

【译文】
海内北经所记载的是西北角以东的地方。

12.2 蛇巫之山①，上有人操杯（bēi）②而东向立。一曰龟山。

【注释】
①蛇巫之山：即蛇巫山，山名，一说位于昆仑山附近；一说在今四川、湖北边境。
②杯：同"杯"。一说指棒。

【译文】
有一座蛇巫山，山上有一个人，手中拿着杯子，面向东而立。一说是龟山。

12.3 西王母①梯②几③而戴胜杖④，其南有三青鸟⑤，为西王母取食。在昆仑虚⑥北。

【注释】
①西王母：见2.49注②。 ②梯：

【译文】
西王母身

◀图12-1 明代蒋应镐绘制的《山海经（图绘全像）》中的西王母和三青鸟

凭；依着。 ③几：古人坐时凭依或搁置物件的小桌。④戴胜杖：一说"杖"字疑为衍文。戴胜即头戴首饰（胜：古代妇女的首饰）。 ⑤三青鸟：传说中的一种鸟。亦见于2.56。一说指三只青鸟。（见图12-1） ⑥昆仑虚：即昆仑山，见2.43注⑤。

倚桌几，头戴首饰，手中持杖，在她的南边有三青鸟，专门为她取食。西王母住在昆仑山的北边。

▲图12-2 犬封国图，选自绘于明代的《三才图会》

12.4 有人曰大行伯①，把戈。其东有**犬封国**②。贰负③之尸在大行伯东。

【注释】

①大行伯：人名，一说可能指共工的儿子，名叫脩（xiū），以酷好远游著称。
②犬封国：传说中的国名。据传帝喾（kù）高辛氏时，有人作乱，高辛氏的家犬盘瓠（hù）杀了此作乱之人，于是高辛氏封盘瓠为会稽侯，并赏它五名美女。盘瓠与美女生下不少子女，并不断繁衍，便成为犬封国。（见图12-2）
③贰负：见11.2注①。

【译文】

　　有一个人，名叫大行伯，手中拿着戈。大行伯所居之地的东边有一个犬封国。贰负的尸体在大行伯所居之地的东边。

▲图12-3 明代蒋应镐绘制的《山海经（图绘全像）》中的犬戎国

12.5 犬封国曰**犬戎国**①，状如犬。有一女子，方跪进柸（bēi）②食。有文马，缟（gǎo）③身朱鬣（liè）④，目若黄金，名曰吉量⑤，乘之寿千岁。

【注释】

①犬戎国：传说中的国名，一说即犬封国（见12.4注②），一说两者并不相同。（见图12-3）
②柸：同"杯"。
③缟：一种白色的丝织品。
④鬣：兽类颈上的长毛。
⑤吉量：传说中的一种马。

【译文】

　　犬封国又叫犬戎国，这个国家中的人长得像狗。有一位女子，正手持杯子，跪着进献食物。有一种带斑纹的马，全身白色，鬣毛红色，眼睛像黄金一样闪闪发亮，名字叫吉量，骑过它的人可寿达千岁。

12.6　鬼国①在贰负②之尸北，为物人面而一目。一曰贰负神在其③东，为物人面蛇身。

【注释】

①鬼国：传说中的国名，一说指一目国，见8.4注①；一说指鬼方，是古代游牧于中国北方的民族。（见图12-4）
②贰负：见11.2注①。
③其：指鬼国。

【译文】

　　鬼国在贰负的尸体所在之地的北边，它的国民都长着人一样的脸，只有一只眼睛。一说贰负神在鬼国的东边，鬼国的国民都长着人一样的脸，蛇一样的身子。

12.7　蜪（táo）犬①如犬，青，食人从首始。

【注释】

①蜪犬：兽名，一说指野狗。

【译文】

　　蜪犬的样子像狗，浑身青色，吃人时先吃头。

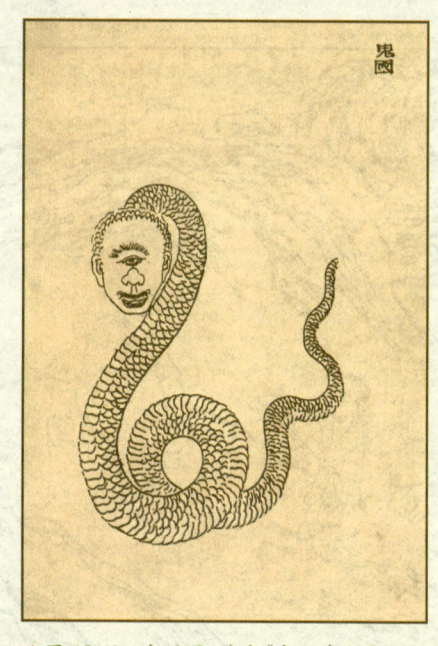

▲图12-4　鬼国图，选自《中国清代宫廷版画》

▲图12-5 汉代画像石中的怪兽形象,形状如虎,身上有翼,与穷奇类似

12.8 穷奇①状如虎,有翼,食人从首始,所食被(pī)②发。在蜪(táo)犬③北。一曰从足。

【注释】
①穷奇:传说中的一种兽。2.78亦有穷奇,但说"其状如牛"。(见图12-5)
②被:同"披",指披散。
③蜪犬:见12.7注①。

【译文】
穷奇的形状像虎,长着翅膀,吃人时先吃头,它正在吃的这个人披散着头发。穷奇生活在蜪犬生活之地的北边。一说穷奇吃人时先吃脚。

12.9 帝尧①台、帝喾(kù)②台、帝丹朱③台、帝舜④台,各二台,台四方,在昆仑⑤东北。

【注释】
①帝尧:见6.23注②。
②帝喾:见6.23注③。
③丹朱:见10.8注③。
④帝舜:即舜,见10.7注②。
⑤昆仑:见2.43注⑤。

【译文】
帝尧台、帝喾台、帝丹朱台、帝舜台,这四座台每座都由两个台组成,台呈四方形,位于昆仑山的东北。

12.10 大蜂,其状如螽(zhōng)①;朱蛾②,其状如蛾③。

【注释】
①螽:见4.19注⑬。
②朱蛾:一说指红色的大蚂蚁(蛾:蚍蜉,即大蚂蚁);一说指天蛾,一种大型蛾

【译文】
有一种大蜂,它的形状像螽斯;有一种红

类。③蛾：即蛾子，昆虫，腹部短而粗，有四个带鳞片的翅膀。

色的大蚂蚁，它的形状像蛾子。

12.11
蟜（jiǎo）①，其为人虎文，胫②有胼（qǐ）③，在穷奇④东。一曰状如人。昆仑虚⑤北所有。

【注释】
①蟜：虫名，这里应指国名或地名。
②胫：小腿。
③胼：小腿肚子。
④穷奇：见12.8注①。
⑤昆仑虚：即昆仑山，见2.43注⑤。

【译文】
蟜，这里的人身上有虎一样的斑纹，小腿肚子很发达，在穷奇生活之地的东边。一说形状像人。生活在昆仑山的北边。

▲图12-6　阘非图，选自清代的《山海经绘图广注》

12.12
阘（tà）非①，人面而兽身，青色。

【注释】
①阘非：动物名，具体所指待考。一说即"阘耳"，古部族名。（见图12-6）

【译文】
阘非，长着人一样的脸，兽一样的身子，浑身青色。

12.13
据比①之尸，其为人折颈被（pī）②发，无一手。

▲图12-7　明代蒋应镐绘制的《山海经（图绘全像）》中的据比尸图

【注释】

①据比：一说即诸比，天神名。（见图12-7）

②被：同"披"，指披散。

【译文】

据比的尸体，是一个折断了脖子、头发披散、只有一只手的人的形状。

▲ 图12-8　明代蒋应镐绘制的《山海经（图绘全像）》中的环狗图

12.14 环狗①，其为人兽首人身。一曰猬状如狗，黄色。

【注释】

①环狗：这里当指环狗国，传说中的国名。（见图12-8）

【译文】

有一个环狗国，这个国家的人长着兽一样的头，人一样的身子。一说形状像刺猬，又像狗，浑身黄色。

12.15 袜①，其为物人身、黑首、从（zòng）目②。

【注释】

①袜：同"魅"，指鬼怪。

②从目：即纵目，指眼睛竖着长。

【译文】

袜，这种东西长着人一样的身体，黑色的脑袋，眼睛竖着长。

▲ 图12-9　明代蒋应镐绘制的《山海经（图绘全像）》中的戎图

12.16 戎①，其为人人首三角。

【注释】

①戎：古族名，殷周时有鬼戎、西戎等，位于

【译文】

戎这个地方的人长

我国西北地区。这里指传说中的国名或部族名。(见图12-9) 　　着人一样的脑袋,脑袋上有三只角。

12.17　林氏国①有珍兽,大若虎,五采毕具,尾长于身,名曰䮝(zōu)吾②,乘之日行千里。

【注释】
①林氏国:国名,一说又称林胡、林戎,大约在今河北北部一带。　②䮝吾:传说中的一种兽。(见图12-10)

【译文】
　　林氏国中有一种珍奇的兽,长得像虎一样大,身上五彩斑斓,尾巴比身子还长,名字叫䮝吾,骑着它可以日行千里。

▲图12-10　䮝吾图,选自日本绘制的《怪奇鸟兽图卷》

12.18　昆仑虚①南所,有泛林②方三百里。

【注释】
①昆仑虚:即昆仑山,见2.43注⑤。　②泛林:分布十分广泛的树林。

【译文】
　　在昆仑山的南边有一片分布极广的树林,方圆达三百里。

12.19　从极之渊①深三百仞(rèn)②,维③冰夷④恒都⑤焉。冰夷人面,乘两龙。一曰忠极之渊。

【注释】
①从极之渊:即从极渊,传说中的深渊名。　②仞:古代以八尺或七尺为一仞。　③维:只;仅。　④冰夷:又作冯(píng)夷、无夷,

【译文】
　　从极渊深达三百仞,只有水神冰夷一直住在这里。冰夷长着人一

▶ 图 12-11 冰夷图，选自明代蒋应镐绘制的《山海经（图绘全像）》

也叫河伯，传说中的水神名。（见图 12-11）　⑤都：居住。

样的脸，乘着两条龙。一说是忠极渊。

12.20　阳污之山①，河出其中；凌门之山②，河出其中。

【注释】
①阳污之山：即阳污山，山名，一说即潼关。
②凌门之山：即凌门山，山名，又叫龙门山，在今陕西韩城市附近。

【译文】
　　阳污山，是黄河的发源地之一；凌门山，也是黄河的发源地之一。

12.21　王子夜①之尸，两手、两股、胸、首、齿皆断异处。

【注释】
①王子夜：一说可能指王亥，参见 14.21 注③。

【译文】
　　王子夜的尸体，两只手、两条腿、胸部、脑袋和牙齿都被砍下并被抛到不同的地方。

12.22 舜①妻登比②氏生宵明、烛光③,处河大泽,二女之灵能照此所方百里。一曰登北氏。

【注释】
①舜:见10.7注②。
②登比:舜的三位妃子之一,另两位是尧的女儿娥皇和女英。
③宵明、烛光:传说中舜的两个女儿,因能给人们带来光明,故名。

【译文】
　　舜的妻子登比氏生下了宵明、烛光两个女儿,她们居住在黄河边的一个大泽中,这两位女子发出的光能照亮附近方圆百里的地方。一说舜的妻子名叫登北氏。

12.23 盖国①在钜(jù)燕②南,倭③北。倭属燕。

【注释】
①盖国:国名,具体所指待考。
②钜燕:即大燕(钜:通"巨",指大),指燕国,见11.11注③。
③倭:古代指日本。

【译文】
　　盖国在大燕国的南边,倭的北边。倭从属于燕国。

12.24 朝鲜①在列阳②东,海③北山④南。列阳属燕⑤。

【注释】
①朝鲜:位于今朝鲜半岛。
②列阳:地名,"列"指列水,一说即今朝鲜大同江,"列阳"指位于列水南边的地方。
③海:指黄海。
④山:一说可能指长白山。
⑤燕:见11.11注③。

【译文】
　　朝鲜在列阳的东边,位于黄海的北边和山的南边。列阳属于燕国之地。

12.25 列姑射(yè)①在海河州②中。

【注释】

①列姑射：所指待考。一说指山名，意为一系列姑射山，包括姑射山、南姑射山、北姑射山等；一说指今朝鲜半岛北汉江下游江华列岛所在地；一说指今朝鲜大同江以南的一些地方。

②海河州：所指待考。一说指大海与河流交汇处的山地；一说指黄海和北汉江交汇处的山地；一说疑指朝鲜半岛。

【译文】

列姑射位于大海与河流交汇处的山地中。

12.26 射（yè）姑国①在海中，属列姑射②，西南山环之。

【注释】

①射姑国：国名，具体所指待考。一说应作"姑射国"。

②列姑射：见12.25注①。

【译文】

射姑国在大海中的岛屿上，属于列姑射的一部分，西南部有山环绕。

▲图12-12 陵鱼图，选自《中国清代宫廷版画》

12.27 大蟹①在海中。

【注释】

①大蟹：巨大的蟹，据说广达千里。

【译文】

大蟹生活在海中。

12.28 陵鱼①人面、手足、鱼身，在海中。

【注释】

①陵鱼：传说中的一种鱼。一说指儒艮，体长

【译文】

陵鱼长着人一样的

可达 1.5—2.5 米，前肢鳍状，后肢退化，是生活在海中的哺乳动物。（见图 12-12）脸，有手和脚，鱼一样的身子，生活在海中。

12.29 大鳊（biān）①居海中。

【注释】
①鳊：鱼名，一说即鲂（fáng），银灰色，长达 50 余厘米，略呈菱形。但鲂是淡水鱼，此处的鳊则生活在海中。

【译文】
大鳊鱼生活在海中。

12.30 明组邑（yì）①居海中。

【注释】
①明组邑：所指待考。一说指海生类植物，如海带、裙带菜之类；一说指地名或聚落名。

【译文】
明组邑生活在海中。

12.31 蓬莱山①在海中。

【注释】
①蓬莱山：古代传说位于东海中的一座神山，上面有神仙居住。（见图 12-13）

【译文】
蓬莱山位于大海中。

12.32 大人之市①在海中。

▲图 12-13 清代画家袁江绘制的《蓬莱仙岛图》

【注释】

① 大人之市：一说指身材特别高大的人的集市；一说指海市，系发生在海边的一种幻景。

【译文】

大人的集市在海中。

海内东经中的内容分为两部分，一为 13.1—13.11，其成书时间与前面的海内南经、海内西经、海内北经相同；一为 13.12—13.37，其非《山海经》正文，当系晋代学者郭璞所撰《水经》中的文字。

在 13.1—13.11 中，主要介绍了中国东部从河北到浙江一带的某些国家、山名、地名和神名，如燕国、会(kuài)稽山、都州、雷神等；也涉及位于西北地区的一些山和国家，如西胡白玉山、昆仑山、大夏国、月支国等，内容较为简略。

在 13.12—13.37 中，则介绍了一些较著名的河流如岷江、浙江、淮河、渭河等的发源地、流向及流经的地域，所述水名、山名、地名等的具体位置多能确定。

海内东经第十三

13.1 海内①东北陬(zōu)②以南者。

【注释】
①海内:指海内东经所记载的地方。 ②陬:隅;角落。

【译文】
海内东经所记载的是东北角以南的地方。

13.2 钜(jù)燕①在东北陬(zōu)②。

【注释】
①钜燕:见12.23注②。 ②陬:隅;角落。

【译文】
大燕国在东北角。

13.3 国在流沙①中者埻(zhǔn)端②、玺睆(huàn)③,在昆仑虚④东南。一曰海内⑤之郡,不为郡县,在流沙中。

【注释】
①流沙:见2.44注③。
②埻端:国名,一说可能指敦煌。 ③玺睆:国名,具体所指待考。 ④昆仑虚:即昆仑山,见2.43注⑤。
⑤海内:国境之内。

【译文】
位于流沙中的国家有埻端和玺睆,它们在昆仑山的东南边。一说埻端和玺睆属于国内的郡,只是因为处在流沙中,所以才不称为郡县。

13.4 国在流沙①外者,大夏②、竖沙③、居繇(yáo)④、月支⑤之国。

【注释】
①流沙:见2.44注③。 ②大夏:国名,位于中亚,由本居中国的大夏人(属羌族的一支)建立。 ③竖沙:国名,具体所指待考。一说在今新疆莎车县一带;一说在今阿富汗

【译文】
位于流沙以外的国家有大夏、竖沙、居繇

境内。　④居繇：国名，具体所指待考。一说在今阿富汗境内。　⑤月支：即月氏(zhī)，又叫大月氏，古族名，原居于中国西北地区，秦汉时远迁至中亚阿富汗一带。和月支。

13.5　西胡①白玉山②在大夏③东，苍梧④在白玉山西南，皆在流沙⑤西，昆仑虚⑥东南。昆仑山在西胡西，皆在西北。

【注释】
①西胡：我国古代泛称北方边地与西域的民族为胡，西胡即位于西边的胡人，相对于东胡而言。　②白玉山：山名，具体所指待考。一说疑即玉山，玉山见 2.49 注①。　③大夏：见 13.4 注②。　④苍梧：山名，位于西北地区，与 10.8 中的苍梧不同，一说为昆仑山的群山之一。　⑤流沙：见 2.44 注③。　⑥昆仑虚：即昆仑山，见 2.43 注⑤。

【译文】
位于西胡境内的白玉山在大夏的东边，苍梧山在白玉山的西南边，都在流沙的西边，昆仑山的东南边。昆仑山在西胡的西边，它们都在西北地区。

▲ 图 13-1　明代绘画雷神作法图

13.6　雷泽①中有**雷神**②，龙身而人头，鼓③其腹。在吴④西。

【注释】
①雷泽：古泽名，称为雷泽的地方有二：一在今山东荷泽市

【译文】
雷泽里面有一位雷

东北,又称雷夏;一在今山西永州市蒲州南,源出雷首山,南流入黄河。一说这里指震泽,即太湖。　②雷神:中国古代神话中的司雷之神,又叫雷公、雷师。(见图13-1)　③鼓:敲击。　④吴:地名,一说即古吴都(今江苏苏州市)。

神,他长着龙一样的身子,人一样的脑袋,只要敲击自己的腹部,便会发出雷声。雷泽在吴的西边。

13.7　都州①在海中。一曰郁州②。

【注释】
①都州:一说应作"郁山",郁山又叫郁林山,即今江苏连云港之云台山。　②郁州:又作郁洲,古洲名,相传秦末田横曾居此地,故又名田横岛,在今江苏连云港市东云台山一带。古时在海中,后来才与大陆相连。

【译文】
　　都州位于海中。一说是郁州。

13.8　琅(láng)邪台①在渤海②间,琅邪③之东,其北有山。一曰在海间。

【注释】
①琅邪台:山名,在今山东胶南市海边,因其状如台,故名。
②渤海:这里应指黄海。
③琅邪:古邑(yì)名,春秋时属齐国,在今山东胶南市。

【译文】
　　琅邪台在渤海海岸间,琅邪的东边,它的北边有山。一说琅邪台在海岸间。

13.9　韩雁①在海中,都州②南。

【注释】
①韩雁:所指待考。可能指鸟名,也可能指国名。　②都州:见13.7注①。

【译文】
　　韩雁在大海中,位于都州的南边。

13.10 始鸠①在海中,辕厉②南。

【注释】
①始鸠:一说指鸟名,即尸鸠,见2.12注⑥;一说指国名。
②辕厉:所指待考。一说应作"韩雁"。

【译文】
　　始鸠在大海中,位于辕厉的南边。

13.11 会(kuài)稽山①在大楚②南。

【注释】
①会稽山:见1.19注①。　②楚:周代诸侯国名,楚文王时建都于郢(yǐng,今湖北荆州纪南城)。一说应作"越"。

【译文】
　　会稽山位于大楚国的南边。

13.12 岷①三江:首大江②出汶山③,北江④出曼山⑤,南江⑥出高山⑦。高山在城⑧都西,入海在长州⑨南。

【注释】
①岷:指岷江,长江上游支流,在今四川中部,源出岷山南麓,东源出弓杠岭,西源出郎架岭,南流经松潘、汶川等县到都江堰市出峡,自此以下称都江、汶江。　②大江:这里指岷江的主流。　③汶山:即岷山,见5.118注①。　④北江:水名,一说即青衣江,又叫雅河,在今四川中部,是大渡河的支流。　⑤曼山:山名,一说指蒙山,在今四川名山县西北;一说指崌(jū)山,崌山见5.121注①。　⑥南江:水名,一说指大渡河。　⑦高山:山名,一说指邛崃(qiónglái)山;一说指大雪山。　⑧城:应为"成"。　⑨长州:一说指今江苏如皋(gāo)市东的沙洲。

【译文】
　　岷江包括三条江:首条是岷江的主流,发源于汶山;北江发源于曼山;南江发源于高山。高山位于成都的西边,长江的入海处位于长州的南边。

13.13 浙江①出三天子都②,在其③东,在闽④西北,入海,余暨⑤南⑥。

【注释】
①浙江:水名,即钱塘江,是今浙江省最大的河流,上游为新安江,源出今安徽休宁县。
②三天子都:山名,即三天子鄣(zhāng),见10.3注①。一说此处指黄山山脉、玉山山脉和缙(jìn)云山等。
③其:应作"蛮",蛮是中国古代对长江中游及其以南地区少数民族的泛称。
④闽:见10.2注②。
⑤余暨:汉时县名,今属浙江杭州市萧山区。
⑥南:应作"北"。

【译文】
浙江发源于三天子都山,位于蛮人居住地的东边,福建的西北,在余暨的南边(应在北边)入海。

13.14 庐江①出三天子都②,入江,彭泽③西。一曰天子鄣(zhāng)。

【注释】
①庐江:一说指江西庐源水,源出今江西婺(wù)源县西北庐岭山;一说即青弋江,在今安徽东南部,上源为清溪河。
②三天子都:即三天子鄣,见10.3注①。
③彭泽:即彭蠡(lǐ),古泽薮(sǒu)名,今名鄱阳湖。

【译文】
庐江发源于三天子都山,在彭泽西边流入长江。一说三天子都即天子鄣。

13.15 淮水①出余山②,余山在朝阳③东,义乡④西,入海,淮浦⑤北。

【注释】
①淮水:即淮河,源出今河南桐柏山,东流经河南、安徽等省到江苏入洪泽湖。下游原有入海河道,1194年黄河夺淮后,逐渐以入长江为主。(见

【译文】
淮河发源于余山,余山

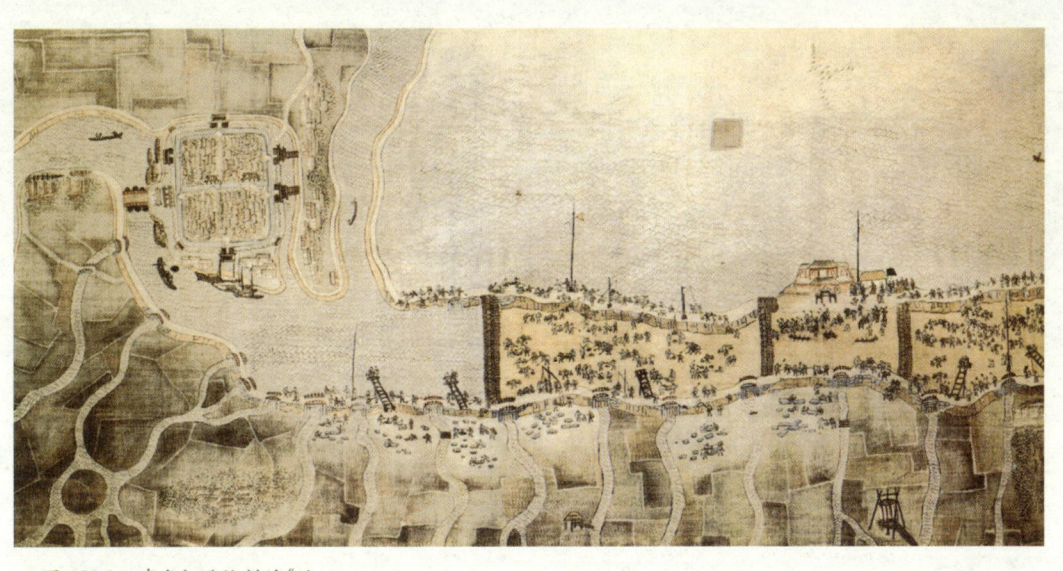

▲ 图 13-2 清代赵澄绘制的《治淮图》（局部），描绘了古代治理淮河的情形

图 13-2）。　②余山：山名，一说即今河南桐柏山中的大复山。　③朝阳：古县名，治今河南邓州市东南。　④义乡：所指待考。一说即义阳，郡、国名，始置于三国魏文帝时，后屡有改变，或治新野（今河南新野），或治平阳（今河南信阳）等。　⑤淮浦：汉时县名，在今江苏涟水县。

位于朝阳的东边，义乡的西边，在淮浦的北边流入大海。

13.16　湘水①出舜葬②东南陬（zōu）③，西环之，入洞庭④下⑤。一曰东南西泽⑥。

【注释】

①湘水：见 10.7 注③。　②舜葬：即舜所葬之地，舜葬在苍梧山，即九疑山，在今湖南宁远南。　③陬：隅；角落。　④洞庭：指洞庭湖，在今湖南北部，有湘江、资水、沅（yuán）江、澧（lǐ）水等注入。湖水在岳阳的城陵矶（jī）注入长江。　⑤下：一说洞庭是一个巨大的地穴，位于水的底下，无所不通，故说"下"。　⑥东南西泽：所指待考。一说疑原文有脱误；一说可能为洞庭湖的别名。

【译文】

湘江发源于舜所葬的苍梧山的东南角，并环绕山的西侧流过，最后流入洞庭湖。一说是流入东南西泽。

13.17　汉水①出鲋（fù）鱼之山②，帝颛顼（zhuānxū）③葬于阳，九嫔葬于阴，四蛇卫之。

【注释】
①汉水：见 2.13 注⑨。一说此处应作"濮（pú）水"，濮水又称濮渠水，上游分两支，合流于今河南长垣县西。
②鲋鱼之山：又作务隅山（见 8.19 注①）、附禺山（见 17.1 注②）。一说即嶓冢（bōzhǒng）山（见 2.14 注①）。
③颛顼：见 8.19 注②。

【译文】
　　汉水发源于鲋鱼山，帝颛顼葬在这座山的阳面，他的九位嫔妃葬在山的阴面，有四条蛇守卫在那里。

13.18　濛水①出汉阳②西，入江，聂阳③西。

【注释】
①濛水：水名，一说即今乌江，汉时称延江水。　②汉阳：汉时县名，属犍为（qiánwéi）郡，在今贵州省。　③聂阳：地名，具体所指待考。

【译文】
　　濛水发源于汉阳的西边，在聂阳的西边流入长江。

13.19　温水①出崆峒（kōngtóng）山②，在临汾③南，入河，华阳④北。

【注释】
①温水：水名，具体所指待考。一说因其水常温，故名。　②崆峒山：甘肃平凉西有崆峒山，属六盘山，此处所指与此不同。一说指山西绛县的太阴山；一说属于太岳山（在今山西中南部，汾河东岸）。　③临汾：汉时县名，治今山西新绛县东北。　④华阳：地名，具体所指待考。一说可能指华山之阳。

【译文】
　　温水发源于崆峒山，位于临汾的南边，在华阳的北边流入黄河。

13.20　颖水①出少室②,少室山在雍氏③南,入淮西④鄢(yān)⑤北。一曰缑(gōu)氏⑥。

【注释】
①颖水:即颖河,淮河的最大支流,在今安徽西北部及河南东部,源出河南登封市嵩山西南。　②少室:即少室山,见5.82注①。　③雍氏:一说即雍梁邑(yì),在今河南禹州市东北;一说应作"缑氏"。　④淮西:淮河流域西部。　⑤鄢:古国名、邑名,后改称鄢陵,在今河南鄢陵西北。　⑥缑氏:古县名,秦置,治今河南偃师市东南。

【译文】
颖水发源于少室山,少室山在雍氏的南边,颖水在淮河流域的西边、鄢陵的北边流入淮河。一说雍氏即缑氏。

13.21　汝水①出天息山②,在梁③勉乡④西南,入淮极西北⑤。一曰淮在期思⑥北。

【注释】
①汝水:见5.166注③。　②天息山:山名,具体所指待考。一说在今河南鲁山县南。　③梁:古县名,在今河南汝州市。　④勉乡:乡邑(yì)名,属古梁县。　⑤淮极西北:所指待考。一说"淮极"是地名;一说"极西"为地名,即"期思"。　⑥期思:古县名,在今河南淮滨县。

【译文】
汝水发源于天息山,天息山位于梁县勉乡的西南,汝水在极西的北边流入淮河。一说淮河在期思的北边。

13.22　泾水①出长城北山②,山在郁郅(zhì)③长垣④北,北入渭⑤,戏⑥北。

【注释】
①泾水:见2.24注⑥。　②长城北山:长城附近的一座山,具体所指待考。

【译文】
泾水发源于长城北山,此山在

③郁郅：古县名，在今甘肃庆阳市。 ④长垣：即长城。 ⑤渭：见2.2注③。 ⑥戏：地名，在今陕西西安市临潼区东。

郁郅境内的长城的北边，泾水从北面流入渭河，位置在戏的北边。

13.23 渭水①出鸟鼠同穴山②，东注河，入华阴③北。

【注释】
①渭水：见2.2注③。
②鸟鼠同穴山：见2.79注①。
③华阴：古县名，在今陕西华阴市。

【译文】
渭水发源于鸟鼠同穴山，在华阴的北边向东流入黄河。

13.24 白水①出蜀②，而东南注江，入江州③城下。

【注释】
①白水：即今白水江，源出四川松潘东北，向东南流经甘肃文县，至四川广元市西南入今嘉陵江。
②蜀：蜀山，在今四川西北。
③江州：古县名，战国时治今重庆市区嘉陵江北岸，三国蜀汉时移治嘉陵江南岸，即今重庆市区。

【译文】
白水发源于蜀山，向东南流到江州城下后入长江。

13.25 沅（yuán）水山①出象郡②镡（xín）城③西，入东注江④，入下隽⑤西，合洞庭⑥中。

【注释】
①沅水山："山"字系衍文。沅水即沅江，见5.200注⑩。 ②象郡：郡名，秦时置，治临尘（今广西崇左市境内）。 ③镡城：古县名，一说治今湖南靖州西南。 ④入东注江："入"字一说系衍文，一说应作"又"。此句似应移至文

【译文】
沅水发源于象郡镡城的西边，在下隽的西

末，因沅水系流入洞庭湖后再入长江。⑤下隽：古县名，西汉置，因隽水而得名，治今湖北通城县西北。　⑥洞庭：见13.16注④。

边流入洞庭湖，向东流入长江。

13.26　赣水①出聂都②东山，东北注江，入彭泽③西。

【注释】
①赣水：即赣江，今江西最大的河流，东源贡水出武夷山，西源章水出大庾(yǔ)岭，在赣州汇合后称赣江。　②聂都：一说在今江西大余县；一说应作"雩(yú)都"，雩都是古县名，在今江西于都县；一说为聂都山，在今江西南康市西南。　③彭泽：见13.14注③。

【译文】
　　赣水发源于聂都东边的山，向东北从彭泽的西边流入长江。

13.27　泗(sì)水①出鲁东北而南，西南过湖陵②西而东南，注东海③，入淮阴④北。

【注释】
①泗水：水名，在今山东西南部，源出山东泗水县东蒙山南麓，因四源并发，故名。（见图13-3）　②湖陵：古县名，在今山东鱼台县东南。　③东海：见1.9"导读"。　④淮阴：郡名，辖境约相当于今江苏淮阴市及洪泽县、盱眙(xūyí)县、淮阴区。

【译文】
　　泗水发源于山东东北部，向南、再向西南流过湖陵西边，再向东南流经淮阴的北边入东海。

▲图13-3　绘于清代的《钦定书经图说》中的"导淮副图"，描绘了淮水、泗水、沂水三条河流

13.28 郁水①出象郡②,而西南注南海,入须陵③东南。

【注释】
①郁水:见10.5注⑤。一说汉代的郁水只指今广东的西江。 ②象郡:见13.25注②。 ③须陵:所指待考。一说应作"猛陵",猛陵是古县名,属苍梧郡,参见18.24注①。

【译文】
郁水发源于象郡,向西南流经须陵东南后入南海。

13.29 肄(yì)水①出临晋②西南,而东南注海,入番禺③西。

【注释】
①肄水:即溱(zhēn)水,源出今湖南临武县西南,北流与武溪水合。
②临晋:应作"临武"。
③番禺:古县名,在今广东广州市番禺区。

【译文】
肄水发源于临武西南,向东南流经番禺西边后入海。

13.30 潢(huáng)水①出桂阳②西北山,东南注肄(yì)水③,入敦浦④西。

【注释】
①潢水:一作"湟(huáng)水"。也叫洭(kuāng)水,古水名,即今广东西北的湟江、连江。 ②桂阳:古县名,汉置,治今广东连州市。 ③肄水:见13.29注①。 ④敦浦:一作"郭浦",具体所指待考。一说指洭浦关。

【译文】
潢水发源于桂阳西北的山中,向东南流经敦浦西边入肄水。

13.31 洛水①出洛西山②,东北注河,入成皋(gāo)③之西。

【注释】

①洛水：即洛河，见2.8注⑭。　②洛西山：一说指今陕西的谨(huān)举山(见5.41注①)；一说"洛"指洛阳，在今河南洛阳市。　③成皋：古县名，汉置，治今河南荥(xíng)阳市汜(sì)水镇西。

【译文】

洛河发源于洛阳西部的山，向东北流经成皋的西边入黄河。

13.32　汾水①出上窳(yǔ)②北，而西南注河，入皮氏③南。

【注释】

①汾水：见3.27注①。　②上窳：地名，具体所指待考。一说在今山西静乐县北。　③皮氏：古县名，在今山西河津县。

【译文】

汾水发源于上窳的北面，向西南流经皮氏的南边入黄河。

13.33　沁水①出井陉(xíng)山②东，东南注河，入怀③东南。

【注释】

①沁水：见3.62注②。　②井陉山：山名，具体所指待考。今河北石家庄市西部有井陉山，此处所指井陉山则应在山西。　③怀：古县名，在今河南焦作市境内。

【译文】

沁水发源于井陉山的东面，向东南流经怀县的东南入黄河。

13.34　济(jǐ)水①出共山②南东丘，绝③钜(jù)鹿泽④，注渤海，入齐⑤琅(láng)槐⑥东北。

【注释】

①济水：水名，包括黄河南北两部分，河北部分源出今河

【译文】

济水发源于共山南面的东丘，穿过巨野泽，流经

南济源市西王屋山,河南部分本系从黄河分出的一条支流。(见图13-4) ②共山:山名,具体所指待考。 ③绝:穿过;经过。 ④钜鹿泽:"鹿"应作"野",又叫巨野泽,即大野泽,在今山东巨野县北。 ⑤齐:地区名,今山东泰山以北黄河流域及胶东半岛地区,为战国时齐地,汉以后沿称齐。 ⑥琅槐:古县名,在今山东利津县东南。

齐地琅槐的东北入渤海。

▲图13-4 绘于清代的《钦定书经图说》中的"导沈(yǎn)副图",描绘了济水、沈水两条河流

13.35 潦水①出卫皋(gāo)②东,东南注渤海,入潦阳③。

【注释】
①潦水:即辽河,中国东北地区南部大河,流贯辽宁省中部,经盘锦市入渤海。 ②卫皋:山名,具体所指待考。 ③潦阳:即辽阳,古县名,在今辽宁辽中县。

【译文】
潦水发源于卫皋的东面,向东南流经潦阳入渤海。

13.36 虖(hū)沱水①出晋阳②城南,而西至阳曲③北,而东注渤海,入越④章武⑤北。

【注释】
①虖沱水:见3.75注③。 ②晋阳:古县名,在今山

【译文】
滹沱河发源于晋阳城的南边,西流至阳曲县的北边,

西太原市。　③阳曲：古县名，在今山西太原市北部，包括定襄县、阳曲县等。　④越：一说疑为衍文；一说应作"赵"；一说章武在春秋时属越，故有此说。　⑤章武：古县名，汉置，治今河北黄骅(huá)市西北。

再向东流经章武的北边入渤海。

13.37　漳水①出山阳②东，东注渤海，入章武③南。

【注释】

①漳水：见 3.65 注⑨。　②山阳：一说在河南修武县；一说疑为"阳邑(yì)"之讹，阳邑是古县名，在今山西榆次市南边。　③章武：见 13.36 注⑤。

【译文】

漳河发源于山阳的东面，向东流经章武的南边入渤海。

13.38　建平元年四月丙戌，待诏太常属臣望校治，侍中光禄勋臣龚、侍中奉车都尉光禄大夫臣秀领主省。*

＊此节注释及译文同 9.17。

大荒东经所记述的内容十分庞杂，但细加综合和归纳，我们还是可以得出以下一些结论：1.大荒东经中有不少内容与海外东经相同，如大人国、君子国、青丘国、黑齿国、奢比尸、汤（yáng）谷和扶桑树，这些在海外东经中都提到过，由此可见，大荒东经所记述的地域应与海外东经相同，大致位于中国的东部；2.大荒东经中的女丑尸又见海外西经，大蟹又见海内北经，因此，女丑尸和大蟹放在此处可能系错简所致；3.大荒东经中的内容与海外东经并非完全或基本相同，总起来看，大荒东经的内容比海外东经要丰富得多；4.大荒东经在提到大言山、明星山、合虚山、鞠陵于天山等时，特别强调它们是日月所出之山，反映了古人对日月活动规律的重视；5.大荒东经中关于有易国君杀王亥以及黄帝以夔（kuí）皮为鼓的记载，从一个侧面反映了上古时期的历史，值得我们重视。

大荒东经第十四

*《山海经》中以"大荒"冠名的有大荒东经、大荒南经、大荒西经、大荒北经四篇,亦可统称为大荒经。大荒经所记述的内容与海外经重合之处较多,应是与海外经依据相同或相似的古图而创作的。但与海外经相比,大荒经有两个特点:一是显得较为杂乱,这应是缺乏系统整理所致;二是内容显得比海外经要丰富些,而且蕴含了不少中华文明起源的信息。

14.1　东海①之外大壑,少昊(shàohào)②之国。少昊孺③帝颛顼(zhuānxū)④于此,弃其琴瑟。有甘山⑤者,甘水⑥出焉,生甘渊。

【注释】
①东海:见1.9"导读"。
②少昊:见2.52注③。
③孺:这里有养育的意思。
④颛顼:见8.19注②。
⑤甘山:山名,具体所指待考。
⑥甘水:水名,具体所指待考。

【译文】
　　东海之外有一个大壑,少昊建国于此。少昊在这里养育颛顼,并把琴瑟丢在这里。有一座甘山,是甘水发源的地方;甘水流出后,形成了一个渊,名叫甘渊。

14.2　大荒①东南隅有山,名皮母地丘②。

【注释】
①大荒:最荒远的地方。
②皮母地丘:山名,具体所指待考。

【译文】
　　最荒远之地的东南角有一座山,名叫皮母地丘。

14.3　东海①之外,大荒②之中,有山名曰大言③,日月所出。

【注释】
①东海:见1.9"导读"。
②大荒:最荒远的地方。
③大言:山名,具体所指待考。

【译文】
　　东海之外,最荒远之地中,有一座山,名叫大言,是日月升起的地方。

14.4　有波谷山①者,有大人之国②。有大人之市③,名曰大人之堂④。有一大人踆(cún)⑤其上,张其两耳⑥。

【注释】
①波谷山：山名，具体所指待考。　②大人之国：即大人国，见9.3注①。　③大人之市：见12.32注①。　④大人之堂：一说指山名，山的形状如堂屋；一说指大人之市中用来交易的堂屋。　⑤踆：通"蹲"。　⑥耳：一说应作"臂"。

【译文】
　　有一座波谷山，是大人国所在的地方。国中有一个大人做买卖的集市，名叫大人堂。有一个大人张着两只手臂蹲在大人堂的上面。

東方有小人國名曰埒長九寸海鶴遇而吞之故出則郡行

▲图14-1　小人国图，选自绘于明代的《三才图会》

14.5　有小人国①，名靖人②。

【注释】
①小人国：传说中的国名，因其国中之人身材十分矮小，故名。（见图14-1）　②靖人：也叫诤人、净（jìng）人，古代传说中的小人。

【译文】
　　有一个小人国，国中的人被称为靖人。

14.6　有神，人面兽身，名曰犁䰠（líng）之尸①。

【注释】
①犁䰠之尸：即犁䰠尸，传说中的神名。（见图14-2）

【译文】
　　有一位神，长着人一样的脸，兽一样的身子，名字叫犁䰠尸。

14.7　有㵎（jué）山①，杨水②出焉。有蔿（wěi）国③，黍食，使四鸟④：虎、豹、熊、罴（pí）⑤。

▲图14-2　犁䰠之尸图，选自《中国清代宫廷版画》

【注释】
①𣵠山：山名，具体所指待考。　②杨水：水名，具体所指待考。与5.72中的杨水不同。　③𦭞国：国名，一说即妫（guī）国，妫为传说中舜所居之地，所以𦭞国中的人当为舜的后裔。　④鸟：这里指兽。　⑤罴：见2.14注⑨。

【译文】
有一座𣵠山，杨水发源于此。有一个𦭞国，国中之人以黍为食物，会驱使四种野兽：虎、豹、熊和罴。

14.8 大荒①之中，有山名曰合虚②，日月所出。

【注释】
①大荒：最荒远的地方。
②合虚：山名，具体所指待考。

【译文】
最荒远之地中有一座山，名叫合虚，是日月升起的地方。

14.9 有中容之国①，帝俊②生③中容，中容人食兽、木实，使四鸟④：豹、虎、熊、罴（pí）⑤。

【注释】
①中容之国：即中容国，具体所指待考。　②帝俊：一说即帝舜（见10.7注②）；一说指帝喾（kù，见6.23注③）；一说指颛顼（zhuānxū，见8.19注②）。　③生：生育。一说这里并不指亲生，而是表明是其后裔。　④鸟：这里指兽。　⑤罴：见2.14注⑨。

【译文】
有一个中容国。帝俊生了中容，中容国的人以兽肉和树木的果实为食，会驱使四种野兽：豹、虎、熊和罴。

14.10 有东口之山①。有君子之国②，其人衣冠③带剑。

【注释】
①东口之山：即东口山，山名，具体所指待考。　②君子之国：即君子

【译文】
有一座东口山。有一个君子国，这个

国,见9.5注①。　③衣冠:指衣帽整齐。　国家的人衣帽整齐,身上佩剑。

14.11　有司幽之国①。帝俊②生晏龙③,晏龙生司幽。司幽生思士,不妻;思女,不夫。食黍,食兽,是使四鸟④。

【注释】
①司幽之国:即司幽国,国名,具体所指待考。　②帝俊:见14.9注②。　③晏龙:晏龙亦见于18.35,称他发明了琴瑟。本节中的司幽、思士、思女皆为人名,事迹待考。　④四鸟:即豹、虎、熊、罴(pí)四种兽。

【译文】
　　有一个司幽国。帝俊生了晏龙,晏龙生了司幽。司幽生了思士,思士不娶妻子;司幽生了思女,思女不嫁丈夫。司幽国的人吃黍和兽肉,会驱使豹、虎、熊、罴四种野兽。

14.12　有大阿之山①者。大荒②中有山名曰明星③,日月所出。

【注释】
①大阿之山:即大阿山,山名,具体所指待考。
②大荒:最荒远的地方。
③明星:山名,具体所指待考。

【译文】
　　有一座大阿山。最荒远之地中有一座山,名叫明星,是日月升起的地方。

14.13　有白民之国①。帝俊②生帝鸿③,帝鸿生白民。白民销姓,黍食,使四鸟④:虎、豹、熊、罴(pí)⑤。

【注释】
①白民之国:即白民国,国名,具体所指待考。7.20中亦有白民之国。
②帝俊:见14.9注②。　③帝鸿:

【译文】
　　有一个白民国。帝俊生了帝鸿,帝鸿生了白民。白民国的一说指黄帝；一说指黄帝的后裔。 ④鸟：这里指兽。
⑤黑：见 2.14 注⑨。

人姓销，以黍为食物，会驱使四种野兽：虎、豹、熊和黑。

14.14　有青丘之国①，有狐，九尾。

【注释】
①青丘之国：即青丘国，见 9.8 注①。

【译文】
　　有一个青丘国，国中有一种狐，长着九条尾巴。

14.15　有柔仆民①，是维嬴土②之国。

【注释】
①柔仆民：国名，具体所指待考。
②嬴土：肥沃的土地。

【译文】
　　有一个柔仆民，这是一个土地肥沃的国家。

14.16　有黑齿之国①。帝俊②生黑齿，姜姓，黍食，使四鸟③。

【注释】
①黑齿之国：即黑齿国，见 9.10 注①。
②帝俊：见 14.9 注②。
③四鸟：指虎、豹、熊、黑(pí)四种兽。

【译文】
　　有一个黑齿国。帝俊生了黑齿，黑齿国的人姓姜，以黍为食物，会驱使虎、豹、熊、黑四种野兽。

▲图 14-3　盖余国图，选自《中国清代宫廷版画》。该图与文中内容有出入，似为天吴神的形象，但天吴神有八个脑袋

14.17　有夏州之国①。有**盖余之国**②。有神人，八首人面，虎身十尾，名曰天吴③。

【注释】
① 夏州之国：即夏州国，国名，具体所指待考。
② 盖余之国：即盖余国，国名，具体所指待考。一说即盖国，见12.23注①。（见图14-3）
③ 天吴：见9.7注②。

【译文】
　　有一个夏州国。有一个盖余国。有一位神人，长着八个脑袋，每个脑袋上都有人一样的脸，长着虎一样的身子，有十条尾巴，名字叫天吴。

14.18　大荒①之中，有山名曰鞠陵于天、东极、离瞀（mào）②，日月所出。名③曰折丹④——东方曰折，来风曰俊⑤——处东极以出入风⑥。

【注释】
① 大荒：最荒远的地方。
② 鞠陵于天、东极、离瞀：均为山名，具体所指待考。一说"东极离瞀"不指山，而是对"鞠陵于天"的解释。　③ 名：一说该字前当有"有神"两字。　④ 折丹：传说中的神名。
⑤ 俊：一说即俊风，指春季从东方刮来的风。　⑥ 出入风：指掌管风的出入。

【译文】
　　最荒远之地有三座山，分别是鞠陵于天、东极和离瞀，那里是日月升起的地方。有一位名叫折丹的神——东方称为折，春季从东方刮来的风称为俊——在大地的最东端掌管风的出入。

14.19　东海①之渚（zhǔ）②中有神，人面鸟身，珥（ěr）③两黄蛇，践④两黄蛇，名曰禺䝞（hào）⑤。黄帝⑥生禺䝞，禺䝞生禺京⑦。禺京处北海⑧，禺䝞处东海，是惟海神。

【注释】
① 东海：见1.9"导读"。

【译文】
　　东海的小岛上

▲图14-4　禺䝞图，选自清代的《山海经存》

▲ 图 14-5 王亥图，选自《中国清代宫廷版画》

②渚：水中间的小块陆地。　③珥：耳饰，这里作动词。　④践：踩；踏。　⑤禺䝞：传说中的海神名。(见图 14-4)　⑥黄帝：见 2.42 注⑩。　⑦禺京：即"禺强"，见 8.22 注①。　⑧北海：见 8.21 注①。

有一位神，长着人一样的脸，鸟一样的身子，以两条黄蛇为耳饰，脚下踩着两条黄蛇，名字叫禺䝞。黄帝生了禺䝞，禺䝞生了禺京。禺京住在北海，禺䝞住在东海，他们都是海神。

14.20　有招摇山①，融水②出焉。有国曰玄股③，黍食，使四鸟④。

【注释】

①招摇山：山名，一说即 1.1 中所说的招摇山。
②融水：水名，一说即融江，是位于今广东的西江的支流。
③玄股：国名，一说即 9.13 中的玄股国。
④四鸟：指虎、豹、熊、罴(pí)四种兽。

【译文】

　　有一座招摇山，融水发源于此。有一个名叫玄股的国家，国中之人以黍为食物，会驱使虎、豹、熊、罴四种野兽。

▲ 图 14-6 王亥把牛托于有易图，选自绘于清代的《钦定补绘萧云从〈离骚〉全图》

14.21　有困民①国，勾姓而②食。有人曰**王亥**③，两手操鸟，方食其头。王亥托④于有易⑤、河伯⑥仆牛⑦，**有易杀王亥**，取仆牛。河念⑧有易，有易潜出，为国于兽——方食之——名曰摇民。帝舜⑨生戏⑩，戏生摇民。

【注释】
① 困民：国名，应作"因民"，"因民"即下文的"摇民"，亦为 18.19 中的"赢民"。　② 而：一说应作"黍"。　③ 王亥：商汤的七世祖，相传他去黄河北岸放牧，被有易首领绵臣杀死，牛羊被夺走。（见图 14-5、14-6）　④ 托：寄托。　⑤ 有易：国名，一说在今河北易县附近。　⑥ 河伯：人名，具体所指待考。　⑦ 仆牛：一说指大的牛群（仆：大）；一说应作"服牛"，指驯养牛群。　⑧ 念：顾念；怜念。这里指殷主上甲微兴师与河伯一起为王亥报仇，杀了有易的国君，河伯顾念与有易的交情。另：念前当有"伯"字。　⑨ 帝舜：即舜，见 10.7 注②。　⑩ 戏：一说即有易。

【译文】
　　有一个因民国，国中之人姓勾，以黍为食物。有一个名叫王亥的人，两只手抓着鸟，正在吃鸟的头。王亥把一大群牛寄养在有易国和河伯那里，有易国的人杀了王亥，夺走了这群牛。后来，殷主为王亥报仇，杀了有易国的国君，河伯顾念与有易国的交情，帮助有易国的人偷偷跑了出来，有易国的人在野兽成群出没的地方重新建立了一个国家——他们正在吃兽肉——名叫摇民。帝舜生了戏，戏生了摇民。

【导读】
　　在《周易·旅第五十六》中有"丧牛于易"一句，对于其中的"易"字，历来多解释为轻易或容易。其实，结合《山海经》该节的记述，就可以发现，"丧牛于易"指的是商汤的七世祖王亥去黄河北岸放牛，被有易国的国君杀死，牛群被有易人夺走之事。

14.22　海内①有两人，名曰女丑②。女丑有大蟹③。

【注释】
① 海内：所指待考。　② 名曰女丑：此处文字似有脱漏，因女丑仅为一人。女丑见 7.12。　③ 大蟹：见 12.27 注①。

【译文】
　　海内有两个人，名字叫女丑。女丑所处之地有大蟹。

14.23 大荒①之中，有山名曰孽摇頵羝（yūndī）②，上有扶木③，柱④三百里，其叶如芥⑤。有谷曰温源谷⑥、汤（yáng）谷⑦，上有扶木，一日方至，一日方出，皆载于乌⑧。

【注释】
①大荒：最荒远的地方。 ②孽摇頵羝：山名，具体所指待考。 ③扶木：即榑（fú）木，又叫扶桑，见4.40注③。 ④柱：直立高耸。 ⑤芥：芥菜，一年或二年生草本植物，开黄色花，茎叶及块根可食用。 ⑥温源谷：谷名，一说即汤谷。 ⑦汤谷：见9.11注①。 ⑧乌：乌鸦，古代传说太阳中有三足乌。

【译文】
最荒远之地有一座山，名叫孽摇頵羝，上面长着扶木，直立高耸达三百里，树叶像芥菜的叶子。那里有一个山谷，名叫温源谷或汤谷，谷上长着扶木，一个太阳刚接近扶木，一个太阳就离开扶木上升，它们都载在三足乌的身上。

【导读】
"一日方至，一日方出，皆载于乌"的说法反映了古人对日出及太阳状况的理解：一是认为天上出现的不是同一个太阳，而是十个不同的太阳的循环运行，就像上班的人轮班一样；二是认为太阳是由乌鸦负载着在天空中运动的。太阳与乌鸦发生联系，当源于古人对太阳黑子活动的认识，如东汉的张衡就曾说过："日者阳精之宗，积而成乌，像乌而有三趾。"另外，在长沙马王堆出土的汉代帛画中，也有对日中有乌的形象描绘。

14.24 有神，人面，犬①耳，兽身，珥（ěr）②两青蛇，名曰奢比尸③。

【注释】
①犬：一作"大"。 ②珥：耳饰，这里作动词。 ③奢比尸：见9.4注①。

【译文】
有一位神，长着人一样的脸，狗一样的耳朵，兽一样的身子，以两条青蛇为耳饰，名字叫奢比尸。

14.25 有五采之鸟①,相乡②弃沙③。惟帝俊④下友⑤。帝下两坛,采鸟是司⑥。

【注释】
①五采之鸟:即身上的羽毛五彩斑斓的鸟。(见图14-7) ②相乡:相对。 ③弃沙:一说指婆娑(suō),盘旋舞动的样子。 ④帝俊:见14.9注②。 ⑤下友:一说指下界的朋友;一说指从天上下来交朋友。 ⑥司:管理;掌管。

【译文】
有一种五彩斑斓的鸟,常常相对起舞。它们是帝俊在下界的朋友。帝俊在下界的两座坛,就是由这种鸟掌管的。

▲图14-7 五采鸟图,选自清代的《山海经绘图广注》

14.26 大荒①之中,有山名曰猗(yī)天苏门②,日月所生。有埙(xūn)民之国③。

【注释】
①大荒:最荒远的地方。 ②猗天苏门:山名,具体所指待考。 ③埙民之国:即埙民国,国名,具体所指待考。

【译文】
最荒远之地有一座山,名叫猗天苏门,是日月升起的地方。那里有一个埙民国。

14.27 有綦(qí)山①,又有摇山②。有䰝(zèng)山③,又有门户山④,又有盛山⑤,又有待山⑥。有五采之鸟。

【注释】
①綦山:山名,具体所指待考。

【译文】
有綦山,

②摇山：山名，具体所指待考。　③䚂山：即甑(zèng)山，山名，具体所指待考。　④门户山：山名，具体所指待考。　⑤盛山：山名，具体所指待考。　⑥待山：山名，具体所指待考。

又有摇山。有甑山，又有门户山、盛山和待山。那里有五彩斑斓的鸟。

14.28　东荒①之中，有山名曰壑明俊疾②，日月所出。有中容之国③。

【注释】
①东荒：东边的荒远之地。
②壑明俊疾：山名，具体所指待考。　③中容之国：见14.9注①。

【译文】
　　东边的荒远之地有一座山，名叫壑明俊疾，是日月升起的地方。那里有一个国家，名叫中容国。

14.29　东北海外，又有三青马、三骓(zhuī)①、甘华②，爰(yuán)③有遗玉④、三青鸟⑤、三骓、视肉⑥、甘华、甘柤(zhā)⑦，百谷所在。

【注释】
①三骓：马名(骓：青白杂色的马)。　②甘华：见8.20注⑧。　③爰：这里；那里。　④遗玉：见8.20注④。　⑤三青鸟：见12.3注⑤。　⑥视肉：见6.23注⑧。　⑦甘柤：见8.20注⑦。

【译文】
　　东北方向的海外，又有三青马、三骓马和甘华，一说那里有遗玉、三青鸟、三骓马、视肉、甘华和甘柤，是百谷生长的地方。

14.30　有女和月母之国①。有人名曰鹓(wǎn)②——北方曰鹓，来之风曰狹(yǎn)③——是处东极④隅以止日月，使无相间出没，司⑤其短长。

【注释】

① 女和月母之国：即女和月母国，国名，具体所指待考。　② 鵹：传说中的人名。　③ 北方曰鵹，来之风曰狻：此句颇费解。一说当断句为：北方曰鵹来之风，曰狻；一说应仿 14.18 句式："东方曰折，来风曰俊"。关键在于"狻"字应作何解，难以确定。这里姑从第二种解法。　④ 极：一说应作"北"。　⑤ 司：管理；掌管。

【译文】

有一个女和月母国。有一个人，名叫鵹——北方称为鵹，从北方吹来的风称为狻——住在东北角控制日月的运行，使它们不间断地出没，并调节它们出没时间的长短。

14.31　大荒东北隅①中，有山名曰凶犁土丘②。应龙③处南极，杀蚩（chī）尤④与夸父⑤，不得复上⑥，故下⑦数旱。旱而为应龙之状，乃得大雨。

【注释】

① 大荒东北隅：一作"东荒之北隅"。　② 凶犁土丘：山名，具体所指待考。一说可能在今河北北部。　③ 应龙：古代传说中善兴云作雨的神。（见图14-8）　④ 蚩尤：传说中制造兵器的人，相传有兄弟八十一人，以铜做兵器。又传为主兵之神。一说为东方九黎族首领，后与黄帝战于涿鹿（今河北涿鹿东南），兵败被杀。　⑤ 夸父：据传夸父与蚩尤同为炎帝之裔，在黄

【译文】

最荒远之地的东北角有座山，名字叫凶犁土丘。应龙

▲ 图 14-8　应龙图，选自明代蒋应镐绘制的《山海经（图绘全像）》

▲ 图 14-9 夔图，选自明代蒋应镐绘制的《山海经（图绘全像）》

炎斗争中，蚩尤起兵为炎帝报仇，夸父也加入此列，最后兵败被杀。夸父另见 8.10 注①。
⑥上：指上天。
⑦下：指下界。

住在这座山的最南端，他杀了蚩尤和夸父，不能再回到天界，因此下界多次发生旱灾。每当发生旱灾时，人们便模仿应龙的形状，天上就会下大雨。

14.32 东海①中有流波山②，入海七千③里。其上有兽，状如牛，苍身而无角，一足，出入水则必风雨，其光如日月，其声如雷，其名曰夔（kuí）④。黄帝⑤得之，以其皮为鼓，橛（jué）⑥以雷兽⑦之骨，声闻五百里，以威天下。

【注释】
①东海：见 1.9"导读"。　②流波山：山名，一说指散布在渤海中的冀东山岭。
③七千：一作"七十"。
④夔：古代传说中一种奇异的动物，形状如龙（一说如牛），只有一条腿。（见图 14-9）　⑤黄帝：见 2.42 注⑩。
⑥橛：敲；击打。
⑦雷兽：即雷神，见 13.6 注②。

【译文】
　　东海中有一座山，名叫流波山，距离海岸有七千里。山上有一种兽，形状像牛，苍色的身子，没有角，只有一条腿，它从水中出入时必会伴以风雨，它放射出的光芒像日月一样明亮，发出的声音像打雷一样巨大，它的名字叫夔。黄帝得到它后，用它的皮来蒙鼓，并用雷神身上的骨头来敲这面鼓，发出的声音可传到五百里之外，黄帝用它来震慑天下。

山海经　大荒东经第十四

大荒南经所记述的内容较为杂乱，其中不少内容与海外南经相同，如关于羽民国、不死国、䏿（dié）民国、羿（yì）杀凿齿、焦侥国、讙（huān）头国、岳山等的记述，由此我们可以推断，大荒南经所记述的地域当与海外南经相似，大致应在中国的南方。总起来看，大荒南经与海外南经所记述的内容虽有重合之处，但相异之处也不少。如大荒南经中记述的左右有首的跊（chù）踢、三青兽相并在一起的双双、方齿虎尾的祖状尸，等等，均为海外南经所无。至于其关于羲和浴日的记述，则充分反映了古人相象力之宏富。

大荒南经第十五

15.1 南海之外,赤水①之西,流沙②之东,有兽,左右有首,名曰跊(chù)踢③。有三青兽相并④,名曰**双双**⑤。

【注释】
①赤水:见6.11注③、2.17注④。
②流沙:见2.44注③。
③跊踢:传说中的一种兽。(见图15-1)
④并:合并。
⑤双双:传说中的一种兽。(见图15-2)

【译文】
在南海以外的地方,赤水的西边,流沙的东边,有一种兽,身体的左右两侧各长着一个脑袋,名字叫跊踢。还有一种三只青兽合并在一起而成的动物,名字叫双双。

▲图15-1 跊踢图,选自清代吴任臣的《增补绘像山海经广注》

【导读】
南海指水名,亦指地名,所指因时而异。先秦时有时指东海,有时泛指南方各族的居住地,有时指南部的某一海域。西汉后始用于指今南海。

15.2 有阿山①者。南海②之中,有泛天之山③,赤水④穷焉。赤水之东有苍梧⑤之野,舜⑥与叔均⑦之所葬也。爰(yuán)⑧有文贝、离俞⑨、鸱(chī)久⑩、鹰、贾(jiǎ)⑪、委维⑫、熊、罴(pí)⑬、象、虎、豹、狼、视肉⑭。

【注释】
①阿山:山名,具体所指待考。一说这里的"阿"是大的意思。
②南海:见15.1"导读"。
③泛天之山:即泛天山,山名,具

【译文】
有一座阿山。南海之中,还有一座泛天山,位于赤水的尽头

▲图15-2 双双图,选自《中国清代宫廷版画》

体所指待考。 ④赤水:见15.1注①。 ⑤苍梧:见10.8注①。 ⑥舜:见10.7注②。 ⑦叔均:一说即商均,是舜的儿子。 ⑧爰:这里;那里。 ⑨离俞:即"离朱",见6.23注⑦。 ⑩鸱久:见6.23注⑫。 ⑪䳐:一说属鹰类;一说指乌鸦。 ⑫委维:即委蛇,也叫延维,传说中的一种怪蛇。 ⑬黑:见2.14注⑨。 ⑭视肉:见6.23注⑧。

处。赤水的东边有一个苍梧野,舜和叔均就葬在这里。这个地方有带花纹的贝、离朱、鸱鸲、鹰、乌鸦、委蛇、熊、黑、象、虎、豹、狼和视肉。

15.3
有荣山①,荣水②出焉。黑水③之南,有玄④蛇,食麈(zhǔ)⑤。

【注释】
①荣山:一作"荥山",山名,具体所指待考。一说即招摇山,见1.1注③。 ②荣水:一作"荥水",具体所指待考。一说即融水,见14.20注②。 ③黑水:水名,具体所指待考。一说是越南境内的黑水河。 ④玄:黑色。 ⑤麈:见5.99注⑧。

【译文】
有一座荣山,荣水发源于这座山。黑水的南边有一种黑色的蛇,爱吃麈。

15.4
有巫山①者,西有黄鸟。帝药②,八斋③。黄鸟于巫山,司此玄蛇④。

【注释】
①巫山:山名,具体所指待考。不是今重庆、湖北边境的巫山。 ②帝药:指天帝的药,当指不死之药之类。 ③斋:屋舍。 ④司此玄蛇:伺察这种黑蛇,即防止它去偷天帝的不死之药(司:通"伺",指伺察、探察)。

【译文】
有一座巫山,山的西边有黄鸟。天帝的药贮放在八处屋舍中。黄鸟专门在巫山上伺察这种黑蛇。

15.5 大荒①之中有不庭之山②,荣水③穷焉。有人三身,帝俊④妻娥皇⑤,生此三身之国⑥,姚姓,黍食,使四鸟⑦。有渊四方,四隅⑧皆达⑨,北属(zhǔ)⑩黑水⑪,南属大荒,北旁⑫名曰少和之渊,南旁名曰从渊,舜之所浴也。

【注释】
①大荒:最荒远的地方。
②不庭之山:即不庭山,山名,具体所指待考。
③荣水:见15.3注②。
④帝俊:这里指帝舜,见10.7注②。
⑤娥皇:帝舜的妻子,是尧的女儿。
⑥三身之国:即三身国,见7.5注①。
⑦四鸟:指虎、豹、熊、罴(pí)四种兽。
⑧隅:边沿地方。
⑨达:通。
⑩属:连接。
⑪黑水:见15.3注③。
⑫旁:边;侧。

【译文】
最荒远之地中有一座不庭山,这里是荣水的尽头处。有一种人,长着三个身子,帝俊的妻子娥皇,生了这个三身国的祖先,这个国家的人姓姚,以黍为食物,会驱使虎、豹、熊、罴四种野兽。那里有一个深潭,呈四方形,四边都与外面相通,北边与黑水相连,南边与最荒远的地方相连,北边是少和渊,南边是从渊,这里是舜沐浴的地方。

15.6 又有成山①,甘水②穷焉。有季禺之国③,颛顼(zhuānxū)④之子,食黍。有羽民之国⑤,其民皆生毛羽。有**卵民之国**⑥,其民皆生卵。

【注释】
①成山:山名,具体所指待考。与1.18中的成山不同。
②甘水:水名,具体所指待考。一说可能指今广东北江。

【译文】
另有一座山,名叫成山,是甘水的尽头

▲图15-3 卵民国图,选自《中国清代宫廷版画》

③季禺之国：即季禺国，国名，传说国中之人为颛顼的后代。
④颛顼：见8.19注②。
⑤羽民之国：即羽民国，见6.6注①。
⑥卵民之国：即卵民国，传说中的国名，因其国中之人都会生卵，故名。(见图15-3)

处。有一个季禺国，国中之人都是颛顼的子孙，他们以黍为食物。有一个羽民国，国中之人的身上都长满了羽毛。还有一个卵民国，国中之人都会生卵。

15.7 大荒①之中，有不姜之山②，黑水③穷焉。又有贾山④，汔（qì）水⑤出焉。又有言山⑥，又有登备之山⑦，有恝（jiá）恝之山⑧。又有蒲山⑨，澧（lǐ）水⑩出焉。又有隗（wěi）山⑪，其西有丹⑫，其东有玉。又南有山，漂水⑬出焉。有尾山⑭，有翠山⑮。

【注释】

①大荒：最荒远的地方。
②不姜之山：即不姜山，山名，具体所指待考。一说可能在今贵州境内；一说在今中南半岛北部。
③黑水：水名，一说指11.16中的黑水；一说指15.3中的黑水。
④贾山：山名，具体所指待考。
⑤汔水：水名，具体所指待考。
⑥言山：山名，具体所指待考。
⑦登备之山：即登备山，山名，又叫登葆山，见7.13注③。
⑧恝恝之山：即恝恝山，山名，一说可能是今湖南张家界中的山峰。
⑨蒲山：山名，一说可能是今湖南张家界中的山峰。
⑩澧水：水名，具体所指待考。一说即今澧水，见5.200注⑨。
⑪隗山：山名，具体所指待考。一说可能在今湖南境内。
⑫丹：指丹砂，见1.11注⑧。
⑬漂水：一作"栗水"，水名，具体所指待考。
⑭尾山：山名，具体所指待考。
⑮翠山：山名，具体所指待考。

【译文】

最荒远之地有一座山，名叫不姜山，这里是黑水的尽头处。还有一座贾山，是汔水的发源处。又有言山、登备山和恝恝山。另有蒲山，是澧水的发源处。还有一座山，名叫隗山，它的西边有丹砂，东边有玉。在南边还有一座山，是漂水的发源处。另外还有尾山和翠山。

15.8 有盈民之国①,於姓,黍食。又有人方食木叶。

【注释】
① 盈民之国:即盈民国,国名,具体所指待考。

【译文】
有一个盈民国,国中之人都姓於,以黍为食物。另外有人正在吃树叶。

不死國在穿胸國東其
人黑色長壽不死居園
丘上有不死樹食之乃
壽有赤泉飲之不老

15.9 有不死之国①,阿姓,甘木②是食。

【注释】
① 不死之国:即不死国,传说中的国名,也叫不死民,见6.16注①。(见图15-4)
② 甘木:一说即不死树,见11.20注⑥;一说指甘蔗。

【译文】
有一个不死国,国中之人都姓阿,以甘木为食物。

▲图15-4 不死国图,选自绘于明代的《三才图会》

15.10 大荒①之中,有山名曰去痓(chì)②。南极果,北不成,去痓果③。

【注释】
① 大荒:最荒远的地方。
② 去痓:山名,具体所指待考。
③ 南极果,北不成,去痓果:所指不详。一说去痓是一种能结果实的植物,它在山的南边能结果,在山的北边则不能结果;一说疑为巫师的咒语。

【译文】
最荒远之地有一座山,名叫去痓。去痓也是一种植物,它在山的南边能结果,在山的北边则不能结果。

15.11 南海①渚(zhǔ)②中,有神,人面,珥(ěr)③

两青蛇,践④两赤蛇,曰不廷胡余⑤。

【注释】
①南海:见 15.1"导读"。 ②渚:水中间的小块陆地。 ③珥:耳饰,这里作动词。 ④践:踩;踏。 ⑤不廷胡余:传说中的神名。(见图 15-5)

【译文】
南海的一个岛上有一位神,长着人一样的脸,以两条青蛇为耳饰,脚下踩着两条赤蛇,他的名字叫不廷胡余。

▲图 15-5　不廷胡余图,选自清代的《山海经绘图广注》

15.12　有神名曰因因乎①,南方曰因乎,夸风曰乎民②,处南极以出入风③。

【注释】
①因因乎:传说中的神名。
②夸风曰乎民:此句颇费解。一说应仿 14.18"东方曰折,来风曰俊"句式,改为"来风曰乎民"。 ③出入风:指掌管风的出入。

【译文】
　　有一位神,名字叫因因乎,南方称他为因乎,夸风称他为乎民,他在大地的最南端掌管风的出入。

15.13　有襄山①,又有重阴之山②。有人食兽,曰季厘③。帝俊④生季厘,故曰季厘之国。有缗(mín)渊。少昊(shàohào)⑤生倍伐,倍伐降⑥处缗渊。有水四方⑦,名曰俊坛。

【注释】
①襄山:山名,具体所指待考。
②重阴之山:即重阴山,山名,具体所指待考。 ③季厘:据

【译文】
　　有一座襄山,另外有一座重阴山。有一个人在吃兽肉,他

传为高辛氏帝喾（kù）之子，又叫季狸。　④帝俊：这里指帝喾，见6.23注③。　⑤少昊：见2.52注③。　⑥降：流放；放逐。　⑦有水四方：这里指呈四方形且高出地面的水池。

的名字叫季厘。帝俊生了季厘，所以季厘的后代组成的国家叫季厘国。有一个缙渊。少昊生了倍伐，倍伐被流放到了缙渊。有一个呈四方形且高出地面的水池，叫做俊坛。

15.14　有䴃（dié）民之国①。帝舜②生无淫，降③䴃处，是谓巫䴃民。巫䴃民朌（bān）④姓，食谷，不绩⑤不经⑥，服也；不稼⑦不穑（sè）⑧，食也。爰（yuán）⑨有歌舞之鸟，鸾鸟⑩自歌，凤鸟⑪自舞。爰有百兽，相群爰⑫处。百谷所聚。

【注释】
①䴃民之国：即䴃民国，又叫䴃国，见6.13注①。　②帝舜：即舜，见10.7注②。　③降：流放；放逐。　④朌：一作"盼"。　⑤绩：缉麻，即把麻纤维拧成线。　⑥经：指织布前在机杼（zhù）上绷齐并梳整纱缕，使成为经线。　⑦稼：种田。　⑧穑：收割庄稼。　⑨爰：这里；那里。　⑩鸾鸟：见2.25注⑤。　⑪凤鸟：见7.18注④。　⑫爰：助词。

【译文】
　　有一个䴃民国。帝舜生了无淫，无淫被流放到䴃地，这个地方的人后来就叫巫䴃民。巫䴃民都姓朌，以谷为食物，他们不用纺织，自然有衣服穿；不用耕种，自然有粮食吃。这里生长着擅长唱歌跳舞的鸟，鸾鸟在自在地歌唱，凤鸟在自由地跳舞。这里有各种野兽，成群聚居在一起。这里还是百谷聚集生长的地方。

15.15　大荒①之中，有山名曰融天②，海水南入焉。

【注释】
①大荒：最荒远的地方。

【译文】
　　最荒远之地有一座山，名字叫

②融天：山名，具体所指待考。融天，海水从它的南边流入。

15.16 有人曰凿齿①，羿（yì）②杀③之。

【注释】
①凿齿：见6.19注②。
②羿：见6.19注①。
③杀：指射杀。

【译文】
　　有一个人，名叫凿齿，羿用箭射死了他。

▲图15-6　蜮图，选自绘于明代的《三才图会》

15.17 有蜮（yù）山①者，有蜮民之国②，桑姓，食黍，射蜮是食。有人方扞（yū）③弓射黄蛇，名曰蜮人④。

【注释】
①蜮山：山名，一说因其山中有蜮，故名。蜮是传说中一种害人的动物，能含沙射人，使人发病。也叫短狐。一说通"蝈"，指蛤蟆。（见图15-6）
②蜮民之国：即蜮民国，国名，具体所指待考。（见图15-7）　③扞：拉；张。　④蜮人：即蜮民。

【译文】
　　有一座蜮山，那里有一个蜮民国，国中之人都姓桑，他们以黍为食物，也用箭射蜮当食物。有一个人正在拉弓射黄蛇，他的名字叫蜮人。

▲图15-7　蜮民国图，选自《中国清代宫廷版画》

15.18 有宋山①者，有赤蛇，名曰育蛇②。有木生山上，名曰枫木③。枫木，蚩（chī）尤④所弃其桎梏（zhìgù）⑤，是为枫木。

【注释】
①宋山：山名，具体所指待考。 ②育蛇：蛇名，具体所指待考。一说疑为"玉蛇"的谐音。 ③枫木：即枫树，落叶乔木，叶子通常三裂，边缘呈锯齿状，秋季叶变成红色，开黄褐色花。也叫枫香树。
④蚩尤：见14.31注④。
⑤桎梏：脚镣和手铐。

【译文】
有一座宋山，山中有一种赤蛇，名叫育蛇。山上长着一种树，名叫枫树。蚩尤把他的脚镣和手铐扔到地上，便长成了枫树。

▲图15-8 祖状尸图，选自清代的《山海经绘图广注》

15.19 有人方齿①虎尾，名曰**祖状之尸**②。

【注释】
①齿：咬啮。一说指牙齿。
②祖状之尸：即祖状尸，一作"祖状之尸"，人名。（见图15-8）

【译文】
有一个人正在咬老虎的尾巴，他的名字叫祖状尸。

15.20 有小人①，名曰**焦侥之国**②，几姓，嘉谷③是食。

【注释】
①小人：这里指身材特别矮小的人组成的国家。
②焦侥之国：即焦侥国，也叫周饶国，见6.21注①。
③嘉谷：优质的谷物。

【译文】
有一个由身材特别矮小的人组成的国家，名叫焦侥国，国中之人都姓几，以优质的谷物为食物。

15.21 大荒①之中,有山名歹(xiǔ)涂之山②,青水③穷焉。有云雨之山④,有木名曰栾⑤,禹⑥攻⑦云雨,有赤石焉生栾,黄本⑧,赤枝,青叶,群帝焉取药。

【注释】
①大荒:最荒远的地方。 ②歹涂之山:即歹涂山,山名,具体所指待考。一说即丑涂山,2.46有丑涂水,当在其附近。 ③青水:水名,一说可能是今贵州的清水江;一说即今中国西南部的澜沧江。 ④云雨之山:即云雨山,山名,具体所指待考。一说即今重庆、湖北边境的巫山;一说指贵州的云雾山。 ⑤栾:见10.14注④。 ⑥禹:见5.212注①。 ⑦攻:治理。 ⑧本:草木的茎或根。

【译文】
　　最荒远之地有一座山,名叫歹涂山,这里是青水的尽头处。有一座云雨山,山中长着一种树,名叫栾树,禹治理云雨山时,在一块赤石上长出了这种栾树,黄色的树干,红色的树枝,青色的叶子,诸位帝王都采集树上的枝叶来制作药物。

15.22 有国曰颛顼(zhuānxū)①,生伯服②,食黍。有鼬(yòu)姓之国③。有苕(tiáo)山。又有宗山。又有姓山。又有壑山。又有陈州山。又有东州山。又有白水山④,白水出焉,而生白渊,昆吾⑤之师⑥所浴也。

【注释】
①颛顼:见8.19注②。 ②有国曰颛顼,生伯服:参照前文句式,似应作"有国曰伯服,颛顼生伯服"。一作"颛顼生称,称字伯服"。 ③鼬姓之国:即鼬姓国,国名,具体所指待考。 ④有苕山……又有白水山:这七座山的具体所指均待考。一说它们大致位于今湖南、贵州、广西之间。 ⑤昆吾:一说指传说中的

【译文】
　　有一个国家,名叫颛顼,颛顼生了伯服,这个国家的人以黍为食物。有一个鼬姓国。有苕山,还有宗山、姓山、壑山、陈州山和东州山。另外还有白水山,白水发源于这座山,向下流

人名；一说指山名；一说指部落名。　⑥师：一说指众人；一说指老师。

出后形成了白渊，白渊是昆吾人洗澡的地方。

15.23　有人名曰张弘，在海上捕鱼。海中有张弘之国①，食鱼，使四鸟②。

【注释】
①张弘之国：即张弘国，国名，一说即长臂国，见6.22注①。（见图15-9）
②四鸟：指虎、豹、熊、罴（pí）四种兽。

【译文】
　　有一个名叫张弘的人，正在海上捕鱼。海中有一个张弘国，国中之人以鱼为食物，会驱使虎、豹、熊、罴四种野兽。

▲图15-9　张弘国图，选自《中国清代宫廷版画》。该图似应为15.24中的䲨头图

15.24　有人焉，鸟喙（huì）①，有翼，方捕鱼于海。大荒②之中，有人名曰䲨（huān）头。鲧（gǔn）③妻士敬，士敬子曰炎融，生䲨头。䲨头人面鸟喙，有翼，食海中鱼，杖④翼而行。维宜芑（qǐ）⑤、苣⑥、穋（lù）⑦、杨是食。有䲨头之国⑧。

【注释】
①喙：鸟兽的嘴。
②大荒：最荒远的地方。
③鲧：见5.28注⑦。
④杖：凭依；倚仗。
⑤芑：一种谷类植物，又叫白粱粟。　⑥苣：蔬菜名，即莴苣。一说指黑黍。　⑦穋：后种先熟即生长期短的谷物。

【译文】
　　有一个人，长着鸟一样的嘴，身上有翅膀，正在海中捕鱼。最荒远之地有一个人，名叫䲨头。鲧的妻子是士敬，士敬的儿子名叫炎融，炎融生了䲨头。䲨头长着人一样的脸，鸟一样的嘴，身上有翅膀，以海中的鱼为食物，依靠翅膀来行

⑧ 驩头之国：即驩头国，国名，也叫讙头国，见6.9注①。

走。他也经常吃白粱粟、莴苣、穄和杨树的叶子。有一个驩头国。

15.25 帝尧①、帝喾（kù）②、帝舜③葬于岳山④。爰（yuán）⑤有文贝、离俞⑥、鸱（chī）久⑦、鹰、延维⑧、视肉⑨、熊、罴（pí）⑩、虎、豹。朱木⑪，赤枝，青华，玄⑫实。有申山⑬者。

【注释】
①帝尧：见6.23注②。　②帝喾：见6.23注③。　③帝舜：即舜，见10.7注②。　④岳山：即狄山，见6.23注①。　⑤爰：这里；那里。　⑥离俞：即离朱，见6.23注⑦。　⑦鸱久：见6.23注⑫。　⑧延维：即"委维"，见15.2注⑫。一说延维前应有"贾"字。　⑨视肉：见6.23注⑧。　⑩罴：见2.14注⑨。　⑪朱木：木名，一说指红树，一种常绿灌木至小乔木，花腋生，果实圆锥形，种子一枚，于果实离母树前发芽，胚根长棒状。生海岸泥滩上。　⑫玄：黑色。　⑬申山：山名，具体所指待考。与2.65中的申山不同。

【译文】
帝尧、帝喾、帝舜都葬在岳山。这里有带花纹的贝、离朱、鸱鹠、鹰、乌鸦、视肉、熊、罴、虎和豹。山中长着一种朱木，红色的枝干，开青色的花，结黑色的果实。还有一座山，名叫申山。

15.26 大荒①之中，有山名曰天台高山②，海水入③焉。

【注释】
①大荒：最荒远的地方。　②天台高山：即天台山，山名，具体所指待考。"高山"两字疑为衍文。　③入：一说前面疑应有"南"字。

【译文】
最荒远之地有一座山，名叫天台山，海水从这座山流入。

15.27 东南海①之外,甘水②之间,有羲和之国③。有女子名曰羲和④,方日浴⑤于甘渊⑥。羲和者,帝俊⑦之妻,生十日。

【注释】
① 东南海:应作"东海","南"字疑为衍文。 ② 甘水:水名,具体所指待考。14.1 中亦有"甘水"。 ③ 羲和之国:即羲和国,国名,具体所指待考。 ④ 羲和:神话传说中太阳的母亲。(见图15-10) ⑤ 日浴:应作"浴日"。 ⑥ 甘渊:渊名。14.1 中亦有"甘渊"。 ⑦ 帝俊:见14.9 注②。

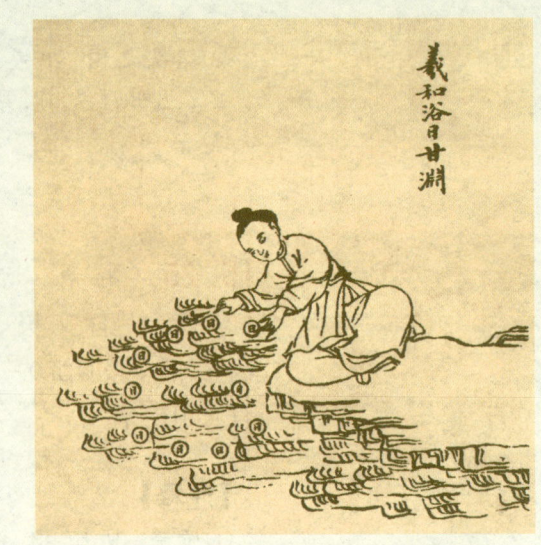

【译文】
东海的外面,甘水的旁边,有一个羲和国。那里有一个名叫羲和的女子,正在甘渊中为太阳洗澡。羲和是帝俊的妻子,她生了十个太阳。

▲图 15-10　羲和浴日图,选自清代的《山海经存》

15.28 有盖犹之山①者,其上有甘柤(zhā)②,枝干皆赤,黄叶,白华,黑实。东又有甘华③,枝干皆赤,黄叶。有青马,有赤马,名曰三骓(zhuī)④。有视肉⑤。

【注释】
① 盖犹之山:即盖犹山,山名,具体所指待考。 ② 甘柤:见8.20 注⑦。 ③ 甘华:见8.20 注⑧。 ④ 三骓:见14.29 注①。 ⑤ 视肉:见6.23 注⑧。

【译文】
有一座盖犹山,山上长着甘柤,红色的枝干,黄色的叶子,开白色的花,结黑色的果实。东边长着甘华,红色的枝干,黄色的叶子。这里有青马,还有赤马,名字叫三骓。另外还有视肉。

15.29 有小人①,名曰菌人②。

【注释】
①小人:指身材特别矮小的人。
②菌人:当与靖人属同一类人。靖人见14.5注②。

【译文】
有一种身材特别矮小的人,名叫菌人。

15.30 有南类之山①,爰(yuán)②有遗玉③、青马、三骓(zhuī)④、视肉⑤、甘华⑥,百谷所在。

【注释】
①南类之山:即南类山,山名,具体所指待考。一说应在今中南半岛。
②爰:这里;那里。 ③遗玉:见8.20注④。 ④三骓:见14.29注①。 ⑤视肉:见6.23注⑧。
⑥甘华:见8.20注⑧。

【译文】
有一座南类山,这里有遗玉、青马、三骓马、视肉、甘华,各种谷物都在这里生长。

大荒西经中记述的内容有不少与海外西经相同，如女丑尸、丈夫国、轩辕国、一臂民、女祭等等，在海外西经中都有。另外，大荒西经中的白氏国、长胫国、屏蓬、女蔑（miè），在海外西经中分别作白民国、长股国、并封、女戚，但从具体描述来看，它们所指称的当为同一对象。由此推断，大荒西经记述的地域应与海外西经相似，大致在中国的西部。

在大荒西经中，最值得我们重视的是它关于中华文明之源头的记述。如经中称太子长琴始作乐风，指出了音乐的起源；后稷降百谷，叔均始耕，指出了农业的起源；石夷司日月之长短，噎行日月星辰之行次，则指出了天文学的起源。

大荒西经第十六

16.1 西北海之外,大荒①之隅,有山而不合,名曰**不周负子**②,有两黄兽守之。有水曰**寒暑之水**③。水西有湿山④,水东有幕山⑤。有禹攻共工国山⑥。

【注释】
①大荒:最荒远的地方。
②不周负子:即不周山,传说中的山名,据传共工与颛顼(zhuānxū)争权时,怒触不周山,造成天崩地裂。2.41 中亦有不周山,与此山不同。(见图 16-1)
③寒暑之水:指冷水和热水交替涌出的泉水。
④湿山:山名,具体所指待考。
⑤幕山:山名,具体所指待考。
⑥禹攻共工国山:指禹杀共工之臣相柳的地方,参见 8.6。

【译文】
西北海的外面,最荒远之地的角落,有一座山,裂开以后就没有再合拢,名叫不周山,有两只黄色的兽守卫着它。有一条水流,名叫寒暑水。水流的西边有一座山,名叫湿山;水流的东边有一座山,名叫幕山。那里还有一座禹攻共工国山。

▲ 图 16-1 不周山图,选自清代的《山海经存》

16.2 有国名曰淑士①,颛顼(zhuānxū)②之子。

【注释】
①淑士:国名,具体所指待考。
②颛顼:见 8.19 注②。

【译文】
有一个国家,名叫淑士,它是由颛顼之子淑士的后代组成的。

16.3 有神十人,名曰**女娲**(wā)①之肠②,化为神,处栗广之野,横③道而处。

▲ 图 16-2 女娲补天图,选自绘于清代的《钦定补绘萧云从〈离骚〉全图》

【注释】

① 女娲：神话中人类的始祖，传说她与其兄伏羲结合而产生了人类。又传说她曾用黄土造人，并炼五色石补天。（见图 16-2）
② 肠：一作"腹"。　③ 横：侧；旁边。

【译文】

有十位神人，名字叫女娲肠，他们是女娲的肠子变成的，居住在栗广的原野上，紧挨着道路。

16.4 有人名曰石夷，来风曰韦①，处西北隅以司②日月之长短。

【注释】

① 来风曰韦：所指不详。一说按 14.18"东方曰折，来风曰俊"句式，"来风曰韦"前应有"西方曰夷"四个字。
② 司：管理；掌管。

【译文】

有一个人，名叫石夷，风吹来的地方叫做韦，石夷在西北角掌管着日月运行时间的长短。

16.5 有五采之鸟，有冠，名曰**狂鸟**①。

【注释】

① 狂鸟：传说中的一种鸟。一说即鵟（kuáng），种类很多，在我国分布较广的是普通鵟，体长 50—60 厘米，羽毛褐色，两翼下各有一白色横斑。（见图 16-3）

【译文】

有一种五彩斑斓的鸟，头上有冠，名叫狂鸟。

▲图 16-3　明代蒋应镐绘制的《山海经（图绘全像）》中的狂鸟图

16.6 有大泽之长山①，有白氏之国②。

【注释】

① 大泽之长山：山名，具体

【译文】

有一座

所指待考。一说指沙漠。　②白氏之国：一作"白民之国"，白民国见7.20注①。

大泽之长山，有一个白氏国。

16.7 西北海之外，赤水①之东，有长胫之国②。

【注释】
①赤水：水名，具体所指待考。一说指金沙江；一说指位于西北的额尔齐斯河或鄂毕河等。　②长胫之国：即长胫国，传说中的国名，因其国中之人小腿（胫：小腿）特别长，故名。一说即长股国，见7.22注①。

【译文】
西北海的外面，赤水的东边，有一个长胫国。

16.8 有西周①之国，姬姓，食谷。有人方耕，名曰叔均②。帝俊③生后稷④，稷降以百谷⑤。稷之弟曰台玺，生叔均。叔均是代其父及稷播百谷，始作耕。有赤国妻氏⑥。有双山⑦。

【注释】
①西周：古部落名，始祖为后稷，原居邰（tái，今陕西武功县），传到公刘时迁至豳（bīn，今陕西彬县）。古公亶（dǎn）父时，定居于周原。周文王时，迁都于丰（在今陕西长安西南）。　②叔均：一说是后稷之弟台玺的儿子；一说是后稷的孙子。　③帝俊：见14.9注②。　④后稷：见2.45注⑲。　⑤稷降以百谷：指后稷把百谷的种子从天上带到人间。　⑥赤国妻氏：一说指人名；一说指地名。　⑦双山：山名，具体所指待考。

【译文】
有一个西周国，国中之人姓姬，以谷物为食。有一个人正在耕作，他的名字叫叔均。帝俊生了后稷，后稷把百谷的种子从天上带了下来。后稷的弟弟名叫台玺，他生了叔均。叔均代替他的父亲及后稷播种百谷，才开始有了耕作。有一个人，名叫赤国妻氏。有一座山，名叫双山。

16.9 西海①之外,大荒②之中,有方山③者,上有青树④,名曰柜格之松⑤,日月所出入也。

【注释】
①西海:水名,一说可能指青海湖。 ②大荒:最荒远的地方。 ③方山:山名,具体所指待考。 ④树:一作"松"。 ⑤柜格之松:树名,具体所指待考。

【译文】
西海的外面,最荒远之地中,有一座方山,山上有一种青树,名叫柜格松,这里是日月升起和降落后进入的地方。

16.10 西北海之外,赤水①之西,有先民之国②,食谷,使四鸟③。

【注释】
①赤水:水名,具体所指待考。一说这里指黄河;一说指金沙江。 ②先民之国:即先民国,国名,具体所指待考。一说应作"天民之国"。 ③四鸟:指虎、豹、熊、罴(pí)四种兽。

【译文】
西北海的外面,赤水的西边,有一个先民国,国中之人以谷物为食,会驱使虎、豹、熊、罴四种野兽。

16.11 有北狄之国①,黄帝②之孙曰始均,始均生北狄。

【注释】
①北狄之国:即北狄国,国名,具体所指待考。狄是我国古代对北部少数民族的统称。 ②黄帝:见2.42注⑩。

【译文】
有一个北狄国,黄帝的孙子名叫始均,始均生了北狄。

16.12 有芒山①。有桂山②。有榣(yáo)山③,其上有人,号曰太子长琴。颛顼(zhuānxū)④生老童⑤,老童生祝融⑥,祝融生太子长琴,是处榣山,始作乐风⑦。

【注释】

①芒山:山名,具体所指待考。一说因山上长满了芒(一种多年生草本植物,叶子条形),故名。 ②桂山:山名,具体所指待考。一说因山上多桂树,故名。 ③榣山:山名,具体所指待考。 ④颛顼:见8.19注②。 ⑤老童:即"耆(qí)童",见2.57注②。 ⑥祝融:见6.24注①。 ⑦乐风:一说指乐曲;一说指乐风曲。

【译文】

有芒山和桂山。还有一座榣山,山上住着一个人,名叫太子长琴。颛顼生了老童,老童生了祝融,祝融生了太子长琴,太子长琴住在榣山上,开始创作出了乐曲。

16.13 有五采鸟三名:一曰皇鸟①,一曰鸾鸟②,一曰凤鸟③。

【注释】

①皇鸟:即"凰",见1.31注⑤。
②鸾鸟:见2.25注⑤。
③凤鸟:见7.18注④。

【译文】

有三种五彩斑斓的鸟:一种叫凰鸟,一种叫鸾鸟,一种叫凤鸟。

16.14 有虫①状如菟(tù)②,胸以后者裸不见③,青如猿状。

【注释】

①虫:这里指兽。
②菟:通"兔",指兔子。
③胸以后者裸不见:胸部以下裸露(即不长毛),但是看上去不像裸露。

【译文】

有一种兽,形状像兔子,胸部以下裸露,但是看上去不像裸露,因为它的皮色像猿一样发青。

16.15 大荒①之中,有山名曰丰沮(jū)玉门②,日月所入。

【注释】
① 大荒:最荒远的地方。
② 丰沮玉门:山名,具体所指待考。

【译文】
最荒远之地有一座山,名叫丰沮玉门,是日月落下后进入的地方。

16.16 有灵山①,巫咸、巫即、巫朌(bān)②、巫彭、巫姑、巫真、巫礼、巫抵、巫谢、巫罗十巫③,从此升降,百药爰(yuán)④在。

【注释】
① 灵山:山名,一说即巫山,在西北地区。
② 朌:一作"盼"。
③ 巫:古代以求神、占卜等为职业的人。(见图16-4)
④ 爰:助词。

【译文】
有一座灵山,巫咸、巫即、巫朌、巫彭、巫姑、巫真、巫礼、巫抵、巫谢、巫罗十位巫师从这里上下天庭,山中生长着各种药物。

▲图16-4 十巫图,选自清代的《山海经存》

16.17 西有王母之山①、壑山②、海山③。有沃之国④,沃民是处。沃之野⑤,凤鸟⑥之卵是食,甘露⑦是饮。凡其所欲,其味尽存。爰(yuán)⑧有甘华⑨、甘柤(zhā)⑩、白柳⑪、视肉⑫、三骓(zhuī)⑬、璇(xuán)瑰⑭、瑶碧⑮、白木⑯、琅玕(lánggān)⑰、白丹⑱、青丹,多银铁。鸾凤⑲自歌,凤鸟自舞,爰有百兽,相群是处,是谓沃之野。

【注释】
① 西有王母之山:一说应作"有西王母之山"。西王母山,山名,

【译文】
有西王母山、壑山和海山。有一个沃

具体所指待考。 ②鏨山：山名，具体所指待考。一说可能指青海的柴达木山等。 ③海山：山名，具体所指待考。一说在今青海境内。 ④沃之国：一说应作"沃民之国"，即沃民国，国名，具体所指待考。 ⑤沃之野：即"诸夭之野"，见7.18注②。 ⑥凤鸟：见7.18注④。 ⑦甘露：甜美的雨露。 ⑧爰：这里；那里。 ⑨甘华：见8.20注⑧。 ⑩甘柤：见8.20注⑦。 ⑪白柳：柳的一种，柳叶的背面苍白色或有白粉，如杞柳。 ⑫视肉：见6.23注⑧。 ⑬三骓：见14.29注①。 ⑭璇瑰：美玉名。 ⑮瑶碧：美玉和青绿色的玉石。 ⑯白木：树木名，一说指枝干呈白色的树；一说指白乳木，一种小乔木，高可达3米，树皮平滑，树枝折断后有白色汁液流出。 ⑰琅玕：美石。 ⑱丹：这里指一种可用来制药的矿物。 ⑲鸾凤：一作"鸾鸟"，应改为"鸾鸟"，见2.25注⑤。

民国，沃民就居住在那里。他们生活在一片沃野上，吃的是凤鸟的卵，喝的是甘露，凡是他们想吃的东西，这里应有尽有。这里还有甘华、甘柤、白柳、视肉、三骓马、璇瑰、美玉、青绿色的玉石、白木、琅玕、白色的丹和青色的丹，另外还有很多银和铁。鸾鸟在自由地歌唱，凤鸟在自在地起舞，这里还有各种野兽，成群生活在一起，这就是所谓的沃野。

16.18 有三青鸟①，赤首黑目，一名曰大鵹(lí)②，一名少鵹③，一名曰青鸟。

【注释】
①三青鸟：见12.3注⑤。
②大鵹：鸟名，一说指鹄鹕(hú)，即白鹈(tí)鹕，一种大型鸟类，体长可达2米。
③少鵹：鸟名，一说指斑嘴鹈鹕新疆亚种，体型比大鵹小。"少鵹"前应有"曰"字。

【译文】
有三只青鸟，长着红色的脑袋，黑黑的眼睛，一只名叫大鵹，一只名叫少鵹，一只名叫青鸟。

16.19 有轩辕之台①，射者不敢西向射②，畏轩辕之台。

【注释】

①轩辕之台：即轩辕台,当为纪念黄帝(见2.42注⑩)的台。参见7.17注③。

②射：一说为衍文。

【译文】

有一座轩辕台,因为敬畏轩辕台,射箭的人都不敢向西方而射。

16.20 大荒①之中,有龙山②,日月所入。有三泽水,名曰三淖(nào)③,昆吾④之所食也。

【注释】

①大荒：最荒远的地方。 ②龙山：山名,具体所指待考。与5.107中的龙山不同。 ③三淖：沼泽名,具体所指待考。 ④昆吾：夏的同盟部落,己姓,相传是颛顼(zhuānxū)的后代,所处之地在今河南濮阳。

【译文】

最荒远之地有一座龙山,是日月落下后进入的地方。有三个连在一起的沼泽,名叫三淖,是昆吾人获取食物的地方。

16.21 有人衣青,以袂(mèi)①蔽面,名曰女丑之尸②。

【注释】

①袂：衣袖。

②女丑之尸：见7.12。

【译文】

有一个人穿着青色的衣服,用衣袖遮着脸,名字叫女丑尸。

16.22 有女子之国①。

【注释】

①女子之国：即女子国,见7.15注①。

【译文】

有一个女子国。

16.23 有桃山①,有䖟(méng)山②,有桂山③,有于土山④。

【注释】

①桃山:山名,具体所指待考。可能因山上长满桃树,故名。　②虵山:山名,具体所指待考。一说因山上到处是虵(一种身体灰黑色的昆虫),故名。一说即芒山,见 16.12 注①。　③桂山:见 16.12 注②。　④于土山:山名,具体所指待考。

【译文】

有桃山、虵山、桂山和于土山。

16.24　有丈夫之国①。

【注释】

①丈夫之国:即丈夫国,见 7.11 注①。

【译文】

有一个丈夫国。

16.25　有弇(yān)州之山①,五采之鸟仰天,名曰鸣鸟②。爰(yuán)③有百乐歌儛(wǔ)④之风。

【注释】

①弇州之山:即弇州山,山名,具体所指待考。一说即崦嵫(yānzī)山,见 2.80 注①。　②鸣鸟:凤凰之类的鸟。一说即孟鸟,见 11.12 注①。　③爰:这里;那里。　④儛:跳舞。

【译文】

有一座弇州山,有一只五彩斑斓的鸟,仰面向天,它的名字叫鸣鸟。这里有盛行各种音乐和唱歌跳舞的风气。

16.26　有轩辕之国①。江山②之南栖③为吉。不寿者乃八百岁。

【注释】

①轩辕之国:见 7.16 注①。　②江山:一说是山名,即穷山,见 7.16 注③;一说指江和山。　③栖:居住。

【译文】

有一个轩辕国。居住在江山的南边可获吉祥。这里寿命短的人都能活八百岁。

▲ 图 16-5 弇兹图，选自明代蒋应镐绘制的《山海经(图绘全像)》

▲ 图 16-6 嘘神图，选自《中国清代宫廷版画》

16.27 西海①渚（zhǔ）②中，有神，人面鸟身，珥（ěr）③两青蛇，践④两赤蛇，名曰弇（yān）兹⑤。

【注释】

①西海：见 16.9 注①。 ②渚：同"渚（zhǔ）"，指水中的小洲。 ③珥：耳饰，这里作动词。 ④践：踩；踏。 ⑤弇兹：传说中的神名。(见图 16-5)

【译文】

西海的小洲中住着一位神人，他长着人一样的脸，鸟一样的身子，以两条青蛇为耳饰，脚下踩着两条赤蛇，名字叫弇兹。

16.28 大荒①之中，有山名曰日月山②，天枢③也。吴姖（jù）④天门⑤，日月所入。有神，人面无臂，两足反属于头山⑥，名曰嘘⑦。颛顼（zhuānxū）⑧生老童⑨，老童生重⑩及黎⑪，帝⑫令重献⑬上天，令黎邛（qióng）⑭下地，下地是生噎⑮，处于西极，以行日月星辰之行次⑯。

【注释】

①大荒：最荒远的地方。 ②日月山：山名，一说指今青海西宁的日月山。 ③天枢：天的枢纽。 ④姖：所指待考。一作"姬"。 ⑤天门：一说指天门山，在今甘肃天水市；一

【译文】

最荒远之地有一座日月山，这里是天的枢纽。吴姖天门山，是日月落下后进入的地方。有一位神，长着人一样的脸，没有胳膊，两只脚反转过来放在头上，

说指上天之门。　⑥山：应作"上"。　⑦噓：传说中的神名。(见图16-6)　⑧颛顼：见8.19注②。　⑨老童：即"耆(qí)童",见2.57注②。　⑩重：传说中老童之子,司天,管理神事。　⑪黎：传说中老童之子,司地,管理民事。　⑫帝：见2.39注④。　⑬献：所指待考。　⑭邛：所指待考。　⑮噎：一说即上文的"噓"。　⑯行次：运行次序。

他的名字叫噓。颛顼生了老童,老童生了重和黎,天帝命令重去天上,命令黎下到地上,黎下到地上后生下了噎,噎住在最西边的地方,负责掌管日月星辰的运行次序。

16.29　有人反臂①,名曰天虞②。

【注释】
①反臂：一说指胳膊反着长,即肘关节长在前面;一说指胳膊背在身后,是被捆绑的形状。
②天虞：人名,一说即"尸虞",但不知尸虞所指为何。

【译文】
有一个人,两只胳膊反着长,他的名字叫天虞。

16.30　有女子方浴月。帝俊①妻常羲②,生月十有二,此始浴之。

【注释】
①帝俊：这里指帝喾(kù),见6.23注③。　②常羲：帝喾的妻子,又作"常仪"或"尚仪",以善于占月之晦、朔、弦、望而闻名。(见图16-7)

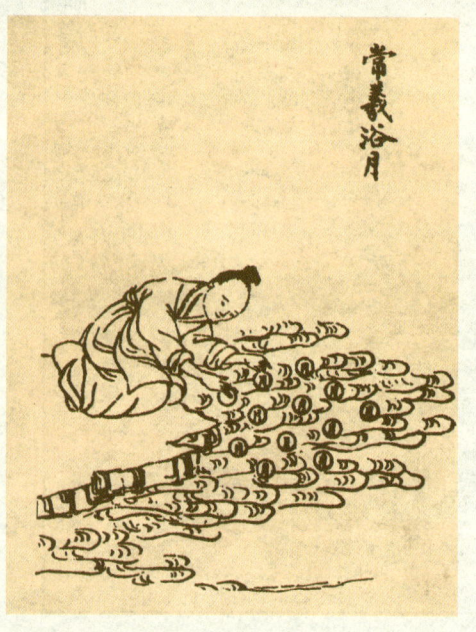

【译文】
有一位女子,正在给月亮洗澡。帝俊的妻子常羲生了十二个月亮,这是她刚开始给它们洗澡。

▲图16-7　常羲浴月图,选自清代的《山海经存》

16.31 有玄丹之山①。有五色之鸟,人面有发。爰（yuán）②有青鸰（wén）③、黄鹜（áo）④、青鸟、黄鸟,其所集者其国亡。

【注释】
①玄丹之山:即玄丹山,山名,具体所指待考。一说因山中出黑丹,故名。
②爰:这里;那里。
③鸰:传说中的一种鸟。
④鹜:传说中的一种凶鸟。

【译文】
　　有一座玄丹山。有一种羽毛五彩缤纷的鸟,长着人一样的脸,头上有发。这里有青鸰、黄鹜、青鸟和黄鸟,这些鸟在哪个国家聚集,哪个国家就会灭亡。

16.32 有池,名孟翼①之攻颛顼（zhuānxū）②之池。

【注释】
①孟翼:人名,具体所指待考。从池名来看,他曾经率众攻打过颛顼。
②颛顼:见8.19注②。

【译文】
　　有一个池子,名字叫孟翼攻颛顼池。

16.33 大荒①之中,有山名曰鏖鏊钜（áoàojù）②,日月所入者。

【注释】
①大荒:最荒远的地方。
②鏖鏊钜:山名,具体所指待考。

【译文】
　　最荒远之地有座山,名叫鏖鏊钜,这里是日月落下后进入的地方。

16.34 有兽,左右有首,名曰屏蓬①。

【注释】
①屏蓬:即并封,见

【译文】
　　有一种兽,身体的左右两侧各有

7.14 注①。　　　　一个脑袋，名字叫屏蓬。

16.35 有巫山①者。有壑山②者。有金门之山③，有人名曰黄姖(jù)④之尸。有比翼之鸟⑤。有白鸟，青翼，黄尾，玄喙(huì)⑥。有赤犬，名曰天犬，其所下者有兵。

【注释】
① 巫山：见15.4注①。
② 壑山：见16.17注②。
③ 金门之山：即金门山，山名，具体所指待考。
④ 黄姖：一作"黄姬"，人名，具体所指待考。
⑤ 比翼之鸟：即比翼鸟，也叫蛮蛮，见2.39注⑮。
⑥ 玄喙：黑色的嘴（玄：黑色。喙：鸟兽的嘴）。

【译文】
有一座巫山。有一座壑山。有一座金门山，山中有一个人，名叫黄姖尸。有比翼鸟。有一种白鸟，长着青色的翅膀，黄色的尾巴，黑色的嘴。有一种赤色的狗，名叫天狗，它在哪里降落，哪里就会发生战争。

16.36 西海①之南，流沙②之滨，赤水③之后，黑水④之前，有大山，名曰昆仑之丘⑤。有神⑥，人面虎身，有文有尾，皆白，处之。其下有弱水之渊⑦环之，其外有炎火之山⑧，投物辄⑨然⑩。有人，戴胜⑪，虎齿，有豹尾，穴处，名曰西王母⑫。此山万物尽有。

【注释】
① 西海：水名，一说指青海湖；一说指今新疆的罗布泊。② 流沙：见2.44注③。③ 赤

【译文】
西海的南岸，流沙的边缘，赤水的后面，黑水的前

▲图16-8　人面虎身神图，选自《中国清代宫廷版画》

▲ 图 16-9 炎火山图，选自绘于清代的《钦定补绘萧云从〈离骚〉全图》

水：水名，一说这里指黄河上游。　④黑水：水名，具体所指待考。　⑤昆仑之丘：即昆仑丘，也叫昆仑山，见 2.43 注⑤。　⑥神：指山神。（见图 16-8）　⑦弱水之渊：即弱水渊，渊名，具体所指待考。可参见 10.13 注②。　⑧炎火之山：即炎火山，山名。一说即火焰山，是新疆吐鲁番延伸到鄯(shàn)善县以南的山丘，山体主要由红砂岩构成，夏季温度很高。（见图 16-9）　⑨轭：就。　⑩然：即"燃"，指燃烧。　⑪胜：古代人们戴在头上的一种饰物。　⑫西王母：见 2.49 注②。

面，有一座大山，名叫昆仑丘。有一位神，长着人一样的脸，虎一样的身子，身上有斑纹，有尾巴，尾巴白色，居住在昆仑山中。山下有弱水渊环绕，渊的外面是炎火山，只要把东西投到炎火山上，就会燃烧。有一个人，头上戴着首饰，长着虎一样的牙齿，豹一样的尾巴，居住在洞穴里，名字叫西王母。昆仑山中各种东西应有尽有。

16.37　大荒①之中，有山名曰常阳之山②，日月所入。

【注释】
①大荒：最荒远的地方。
②常阳之山：即常阳山，山名，一说即常羊山，见 7.8 注⑤。

【译文】
最荒远之地有一座山，名叫常阳山，是日月落下后进入的地方。

16.38　有寒荒之国①，有二人：女祭、女薎(miè)②。

【注释】
① 寒荒之国：即寒荒国，国名，具体所指待考。　② 女祭、女薎：一说即女祭、女戚，见7.9注①。

【译文】
有一个寒荒国，国中有两个人，一个叫女祭，一个叫女薎。

16.39　有寿麻之国①。南岳②娶州山③女，名曰女虔。女虔生季格，季格生寿麻。寿麻正立无景（yǐng）④，疾呼无响⑤。爰（yuán）⑥有大暑，不可以往。

【注释】
① 寿麻之国：即寿麻国，国名，具体所指待考。
② 南岳：人名，一说指黄帝；一说疑为与黄帝同属一系的人物。
③ 州山：山名。一说指地名。具体所指待考。
④ 景：即"影"，指影子。
⑤ 响：声音。一说指回声。
⑥ 爰：这里；那里。

【译文】
有一个寿麻国。南岳娶了州山的一位女子，她的名字叫女虔。女虔生了季格，季格生了寿麻。寿麻立正站在太阳下面没有影子，使劲叫喊却没有声音。这个国家的天气特别热，人们不能去那个地方。

▲图16-10　夏耕尸图，选自《中国清代宫廷版画》

16.40　有人无首，操戈盾立，名曰**夏耕**①**之尸**。故②成汤③伐夏桀④于章山⑤，克之，斩耕厥⑥前。耕既立，无首，走厥咎⑦，乃降⑧于巫山⑨。

【注释】
① 夏耕：人名，似应为夏朝夏桀的臣属。（见图16-10）　② 故：本来；原来。
③ 成汤：又叫武汤、汤，名履。本为商部

【译文】
有一个人，没有脑袋，手中拿

族的首领,后打败夏桀,建立商朝。④夏桀:夏朝的最后一位君主,相传是一位暴君,被成汤领兵攻伐,兵败后出奔南方而死。⑤章山:山名,具体所指待考。⑥厥:代词,他,指夏桀。⑦走厥咎:指逃避自己的罪过(咎:罪;过失)。⑧降:这里指逃窜。⑨巫山:山名,在今重庆、湖北边境。一说这里可能指今河南禹州市等附近的山。

着戈和盾牌站在那里,名字叫夏耕尸。原来成汤在章山攻打夏桀,取得了胜利,便当着夏桀的面斩杀了夏耕。夏耕的尸体站在那里,没有了脑袋,为了逃避罪过,便跑入了巫山中。

16.41 有人名曰吴回①,奇左②,是无右臂。

【注释】
①吴回:人名,一说是祝融的弟弟,官居火正(掌火之官)。
②奇左:指只有左臂。

【译文】
有一个人,名字叫吴回,只有左臂,没有右臂。

16.42 有盖山之国①。有树,赤皮支干,青叶,名曰朱木②。

【注释】
①盖山之国:即盖山国,国名,具体所指待考。
②朱木:见15.25注⑪。

【译文】
有一个盖山国。有一种树,长着红色的树皮和树枝,青色的叶子,名字叫朱木。

16.43 有一臂①民。

【注释】
①一臂:指一臂国,见7.6注①。

【译文】
有一臂国中的国民。

16.44 大荒①之中,有山名曰大荒之山②,日月所入。

【注释】
① 大荒:最荒远的地方。
② 大荒之山:即大荒山,山名,具体所指待考。

【译文】
最荒远之地中有一座山,名叫大荒山,是日月落下后进入的地方。

▲ 图 16-11 夏后开图,选自《中国清代宫廷版画》

16.45 有人焉,三面,是颛顼(zhuānxū)①之子,三面一臂,三面之人②不死,是谓大荒③之野。

【注释】
① 颛顼:见 8.19 注②。
② 三面之人:长着三个脸的人。
③ 大荒:最荒远的地方。

【译文】
有一种人,长着三个脸,他们是颛顼的后代,长着三个脸,一条胳膊,这种三个面孔的人永远不会死,他们生活在最荒远之地的野外。

16.46 西南海之外,赤水①之南,流沙②之西,有人珥(ěr)③两青蛇,乘两龙,名曰**夏后开**④。开⑤上三嫔于天⑥,得《九辩》与《九歌》⑦以下。此天穆之野⑧,高二千仞(rèn)⑨,开焉得始歌《九招》⑩。

【注释】
① 赤水:见 16.36 注③。
② 流沙:见 2.44 注③。

【译文】
西南海的外面,赤水

▲ 图 16-12 《九歌》与《九招》图,选自绘于清代的《钦定补绘萧云从〈离骚〉全图》

③珥：耳饰，这里作动词。 ④夏后开：即"夏后启"，因避汉景帝（刘启）名讳而改。见 7.4 注②。（见图 16-11） ⑤开：即"启"。 ⑥上三嫔于天：一说指向天帝献三位美女（嫔：指妇人、女子）；一说三次上天做客（嫔：通"宾"，指宾客）。 ⑦《九辩》与《九歌》：皆为乐曲名，相传原为天帝的乐曲，夏启上天做客时偷偷带到人间。后为《楚辞》中的篇名。（见图 16-12） ⑧天穆之野：一作"大穆之野"，地名，具体所指待考。 ⑨仞：古时以八尺或七尺为一仞。 ⑩《九招》：即"九韶"，传说中虞舜之乐的名称，因韶乐九章，故名。（见图 16-12）

的南边，流沙的西边，有一个人以两条青蛇为耳饰，乘着两条龙，名字叫夏后启。启三次上天做客，把天上的乐曲《九辩》和《九歌》带到了下界。在这高达两千仞的天穆之野上，启才得以开始演唱《九招》。

16.47 有互人之国①。炎帝②之孙名曰灵恝（jiá），灵恝生互③人，是能上下于天。

【注释】

①互人之国：一说应作"氐人之国"，氐人国见 10.15 注①。 ②炎帝：见 3.65 注⑥。 ③互：一说应作"氐"。

【译文】

有一个互人国。炎帝的孙子名叫灵恝，灵恝生了互人，互人能自如地上天或从天上下来。

▲图 16-13 鱼妇图，选自清代的《山海经存》

16.48 有鱼偏枯①，名曰**鱼妇**②，颛顼（zhuānxū）死即复苏③。风道④北来，天乃大水泉，蛇乃化为鱼，是为鱼妇。颛顼死即复苏。

【注释】

①偏枯：即偏瘫，身体一侧瘫痪。　②鱼妇：鱼名，据说由蛇变化而成。(见图16-13)　③颛顼死即复苏：通常理解为"颛顼死而复苏"，"即"没有"而"意，据句意，应理解为颛顼死后就复苏，即鱼妇在颛顼死后就不再偏瘫。　④道：从。

【译文】

有一条鱼，一侧身体瘫痪，名字叫鱼妇，颛顼死后它就不再偏瘫。风从北方吹来，天上下的大雨像泉涌一样，蛇在这个时候变化成为鱼，这就是鱼妇。颛顼死后鱼妇就不再偏瘫。

▲图16-14　蜀鸟图，选自清代吴任臣的《增补绘像山海经广注》

16.49　有青鸟，身黄，赤足，六首，名曰蜀（chù）①鸟。

【注释】

①蜀：同"鸀(chù)"，传说中的一种鸟。一说疑即树鸟，见11.23注②。(见图16-14)

【译文】

有一种青鸟，黄色的身子，红色的脚，长着六个脑袋，名叫蜀鸟。

16.50　有大巫山①，有金之山②。西南大荒③之中④隅，有偏句⑤、常羊⑥之山。

【注释】

①大巫山：山名，具体所指待考。　②金之山：即金山，山名，具体所指待考。　③大荒：最荒远的地方。　④中：疑为衍文。　⑤偏句：山名，具体所指待考。　⑥常羊：见7.8注⑤。

【译文】

有大巫山，有金山。西南方最荒远之地的一角，有偏句山和常羊山。

16.51 按①：夏后开即启，避汉景帝②讳③云。

【注释】

①按：按语，此按语系针对16.46中的"夏后开"而加。　②汉景帝：即刘启（公元前188—前141年），西汉皇帝，公元前157—前141年在位。　③讳：旧时不敢直称帝王和尊长的名字，叫讳。

【译文】

按：夏后开即夏后启，是为了避汉景帝的名讳而改的。

大荒北经中所记述的内容与海外北经的相同之处较多,其中完全相同的有:三桑无枝、禺强神、无肠国、夸父逐日的故事;名称稍异、所指应为同一对象的有:大荒北经中的附禺山、儋(dān)耳国、深目民国、烛龙、共工臣相繇(yáo),海外北经中分别作务隅山、聂(shè)耳国、深目国、烛阴、共工臣相柳。由此推断,大荒北经记述的地域应与海外北经相似,大致在中国的北方。

不过,在大荒北经所记述的内容中,也有一些是在海外北经之外的海外经中出现过的,如肃慎国,又见于海外西经;大人国、毛民国,又见于海外东经;苗民国,又见于海外南经。关于这一情况,我认为存在两种可能:一是错简所致;二是大荒经在把图分为东、南、西、北四个区域进行描述时,与海外经的分法有异,如肃慎国在海外西经的最北端,毛民国在海外东经的最北端,大荒经的作者可能因此而把它归入大荒北经。

在大荒北经中,蚩(chī)尤作兵伐黄帝、黄帝在女魃(bá)的帮助下杀死蚩尤的记述向我们揭示了上古时期发生在中华大地上的一场激烈争战。

大荒北经第十七

17.1 东北海之外,大荒①之中,河水之间,附禺之山②,帝颛顼(zhuānxū)③与九嫔葬焉。爰(yuán)④有鸱(chī)久⑤、文贝、离俞⑥、鸾鸟⑦、皇鸟⑧、大物、小物⑨。有青鸟、琅(láng)鸟⑩、玄⑪鸟、黄鸟、虎、豹、熊、罴(pí)⑫、黄蛇、视肉⑬、璇(xuán)瑰⑭、瑶碧⑮,皆出卫⑯于山。丘方员⑰三百里,丘南帝俊⑱竹林在焉,大可为舟。竹南有赤泽水⑲,名曰封渊。有三桑无枝⑳。丘西有沈渊,颛顼所浴。

【注释】

①大荒:最荒远的地方。　②附禺之山:即务隅之山,见8.19注①。　③颛顼:见8.19注②。　④爰:这里;那里。　⑤鸱久:见6.23注⑫。　⑥离俞:即"离朱",见6.23注⑦。　⑦鸾鸟:见2.25注⑤。　⑧皇鸟:即"凰",见1.31注⑤。　⑨大物、小物:这里指殉葬的大小物件。　⑩琅鸟:鸟名,具体所指待考。　⑪玄:黑色。　⑫罴:见2.14注⑨。　⑬视肉:见6.23注⑧。　⑭璇瑰:美玉名。　⑮瑶碧:美玉和青绿色的玉石。　⑯卫:应置于下句"丘"前。卫丘是山名,具体所指待考。　⑰员:同"圆"。　⑱帝俊:见14.9注②。　⑲赤泽水:指水呈红色。　⑳三桑无枝:见3.41。

【译文】

东北海的外面,最荒远之地中,黄河岸边,有一座附禺山,帝颛顼和他的九位嫔妃葬在这里。这里有鸱鸺、有花纹的贝、离朱、鸾鸟、凰及各种殉葬的大小物件。这座山中还有青鸟、琅鸟、黑鸟、黄鸟、虎、豹、熊、罴、黄蛇、视肉、璇瑰、美玉和青绿色的玉石。卫丘方圆三百里,丘的南边是帝俊的竹林,这里的竹子十分巨大,单根的竹子都可用来制成小船。竹林的南边有一个池泽,里面的水呈红色,名字叫封渊。这里长着三棵没有树枝的桑树。丘的西边有一个沈渊,是颛顼沐浴的地方。

17.2 有胡不与之国①,烈姓,黍食。

▲ 图 17-1　琴虫图，选自清代的《山海经绘图广注》

▲ 图 17-2　大青蛇图，选自《中国清代宫廷版画》

【注释】
① 胡不与之国：即胡不与国，国名，具体所指待考。

【译文】
　　有一个胡不与国，国中之人姓烈，以黍为食物。

17.3　大荒①之中，有山名曰不咸②。有肃慎氏之国③。有蜚蛭（fěizhì）④，四翼。有虫，兽首蛇身，名曰**琴虫**⑤。

【注释】
① 大荒：最荒远的地方。
② 不咸：山名，一说指位于我国东北的长白山。
③ 肃慎氏之国：即肃慎氏国，也叫肃慎国，参见 7.21 注①。
④ 蜚蛭：动物名，具体所指待考。一说指会飞的蚂蟥（蜚：同"飞"；蛭：蚂蟥）；一说即鸱（chī），也叫鹞鹰，见 1.11 注⑭。
⑤ 琴虫：传说中的一种动物。(见图 17-1)

【译文】
　　最荒远之地有一座山，名叫不咸。有一个肃慎氏国。有一种名叫蜚蛭的动物，长着四只翅膀。有一种虫，长着兽一样的脑袋，蛇一样的身子，名字叫琴虫。

17.4　有人名曰大人。有大人之国①，厘姓，黍食。有**大青蛇**②，黄头，食麈（zhǔ）③。

【注释】
① 大人之国：即大人国，见 9.3 注①。
② 大青蛇：一说即蟒蛇。(见图 17-2)

【译文】
　　有人名叫大人。有一个大人国，国中之人姓厘，以黍为食物。有一种

③塵:见 5.99 注⑧。 大青蛇,头部黄色,以塵为食物。

17.5 有榆山①。有鲧(gǔn)②攻程州③之山。

【注释】
①榆山:山名,具体所指待考。
②鲧:见 15.24 注③。 ③程州:一说是国名。

【译文】
有一座榆山。还有一座鲧攻程州山。

17.6 大荒①之中,有山名曰衡天②。有先民之山③。有槃(pán)木④千里。

【注释】
①大荒:最荒远的地方。
②衡天:山名,具体所指待考。 ③先民之山:即先民山,山名,具体所指待考。一说当在今东北。 ④槃木:屈曲盘绕的树。

【译文】
最荒远之地有一座山,名叫衡天。还有一座先民山。有一种屈曲盘绕的树,占地广达千里。

17.7 有叔歜(chù)国①,颛顼(zhuānxū)②之子,黍食,使四鸟③:虎、豹、熊、罴(pí)④。有黑虫⑤如熊状,名曰猎猎⑥。

【注释】
①叔歜国:国名,具体所指待考。 ②颛顼:见 8.19 注②。
③鸟:这里指兽。

【译文】
有一个叔歜国,国中之人是颛顼的后代,他们以黍为食

▲图 17-3 猎猎图,选自绘于清代的《古今图书集成·禽虫典》

④罴:见2.14注⑨。 ⑤虫:这里指兽。 ⑥猎猎:动物名,一说指紫貂,体长30—40厘米。(见图17-3)

物,会驱使四种野兽:虎、豹、熊和罴。有一种黑色的兽,形状像熊,名字叫猎猎。

17.8 有北齐之国①,姜姓,使虎、豹、熊、罴(pí)②。

【注释】
①北齐之国:即北齐国,国名,具体所指待考。一说指西周初年初封时的齐国。 ②罴:见2.14注⑨。

【译文】
有一个北齐国,国中之人姓姜,会驱使虎、豹、熊和罴。

17.9 大荒①之中,有山名曰先槛大逢之山②,河、济(jǐ)③所入,海北注焉。其西有山,名曰禹所积石④。

【注释】
①大荒:最荒远的地方。
②先槛大逢之山:即先(一作"光")槛大逢山,山名,具体所指待考。一说可能在今山东半岛。
③济:即济水,见13.34注①。
④禹所积石:见8.12注①。

【译文】
最荒远之地有一座山,名叫先槛大逢山,是黄河和济水流入的地方,海水也从北面注入此山。它的西边有一座山,名叫禹所积石。

17.10 有阳山①者。有顺山②者,顺水③出焉。有始州之国④,有丹山⑤。

【注释】
①阳山:山名,具体所指待考。与3.49、5.21中的阳山都不同。 ②顺山:山名,具体所指待考。 ③顺水:水名,具体所指待考。
④始州之国:即始州国,国名,具体所指待考。

【译文】
有一座阳山。有一座顺山,顺水发源于顺

⑤丹山：山名，具体所指待考。一说因山中出产丹朱，故名；一说可能是今内蒙古赤峰，山体呈红色。

山。有一个始州国，国中有一座山，名叫丹山。

17.11　有大泽方千里，群鸟所解①。

【注释】
①解：指鸟脱换羽毛。

【译文】
有一个大泽，方圆达千里，是群鸟脱换羽毛的地方。

17.12　有毛民之国①，依姓，食黍，使四鸟②。禹③生均国，均国生役采④，役采生修鞈（jiá），修鞈杀绰人⑤。帝⑥念⑦之，潜为之国，是此毛民。

【注释】
①毛民之国：见9.14注①。②四鸟：指虎、豹、熊、罴（pí）四种兽。③禹：见5.212注①。④役采：一作"役来"。⑤绰人：人名。⑥帝：天帝。一说指禹。⑦念：怜念。

【译文】
有一个毛民国，国中之人姓依，以黍为食物，会驱使虎、豹、熊、罴四种野兽。禹生了均国，均国生了役采，役采生了修鞈，修鞈杀了绰人。帝怜念绰人，便暗中帮助绰人的后代建立了一个国家，就是这个毛民国。

17.13　有儋（dān）耳之国①，任姓，禺号②子，食谷。北海③之渚（zhǔ）④中，有神，人面鸟身，珥（ěr）⑤两青蛇，践⑥两赤蛇，名曰禺强⑦。

【注释】
①儋耳之国：即儋耳国，国名，因国中之人儋耳（儋耳：耳朵下垂），故名。一说即聂（shè）耳国，见8.9注

【译文】
有一个儋耳国，国中之人姓任，是禺号的后代，以谷物为食。北

①。 ②禺号:即"禺貌(hào)",见14.19注⑤。 ③北海:见8.21注①。 ④渚:水中间的小块陆地。 ⑤珥:耳饰,这里作动词。 ⑥践:踩;踏。 ⑦禺强:见8.22注①。

海的岛中有一位神,长着人一样的脸,鸟一样的身子,以两条青蛇为耳饰,脚下踩着两条赤蛇,名字叫禺强。

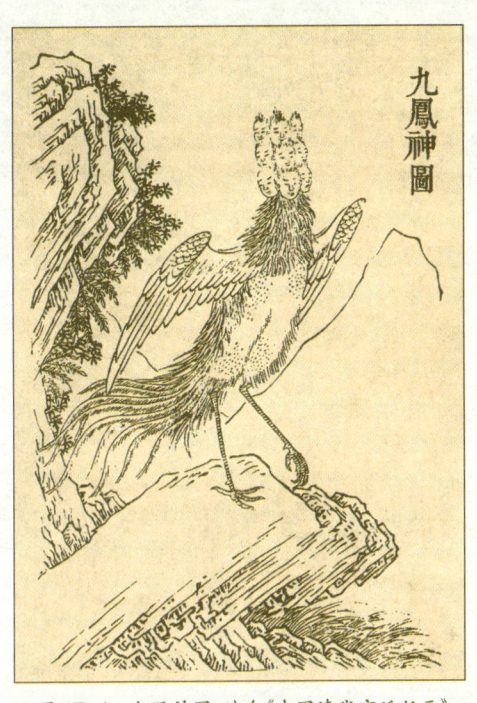

▲图17-4 九凤神图,选自《中国清代宫廷版画》

17.14 大荒①之中,有山名曰北极天柜②,海水北注焉。有神,九首人面鸟身,名曰**九凤**③。又有神,衔蛇操蛇,其状虎首人身,四蹄长肘,名曰**强良**④。

【注释】
①大荒:最荒远的地方。
②北极天柜:山名,具体所指待考。一说可能在今俄罗斯境内。
③九凤:传说中的一种鸟。(见图17-4)
④强良:传说中的神名。(见图17-5)

【译文】
　　最荒远之地有一座山,名叫北极天柜,海水从北面注入这座山。有一位神,长着九个脑袋,人一样的脸,鸟一样的身子,名字叫九凤。另外还有一位神,嘴里衔着蛇,手中握着蛇,长着虎一样的脑袋,人一样的身子,有四只蹄子,肘臂很长,名字叫强良。

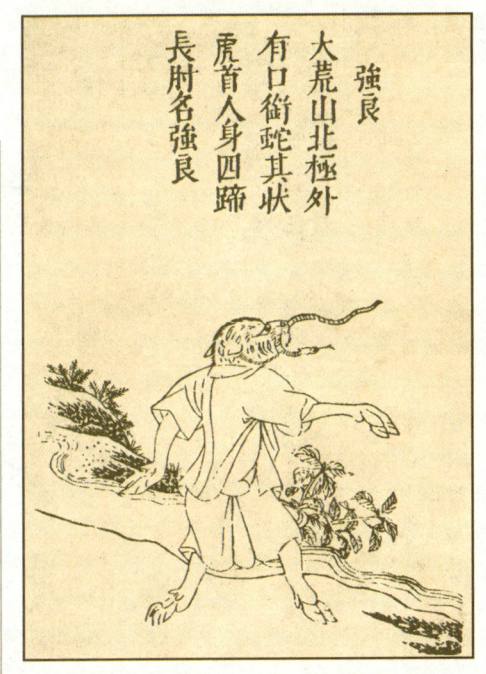

强良
大荒山北极外
有口衔蛇其状
虎首人身四蹄
长肘名强良

▲图17-5 强良图,选自绘于明代的《三才图会》

17.15 大荒①之中,有山名曰成都载天②。有人珥(ěr)③两黄蛇,把两黄蛇,名曰**夸父**④。后土⑤生信,信生夸父。夸父不量力,欲追日景(yǐng)⑥,

逮⑦之于禺谷⑧，将饮河而不足也，将走大泽，未至，死于此。应龙⑨已杀蚩（chī）尤⑩，又杀夸父⑪，乃去南方处之，**故南方多雨**。

【注释】
① 大荒：最荒远的地方。
② 成都载天：一作"成都信天"，山名，具体所指待考。
③ 珥：耳饰，这里作动词。
④ 夸父：见8.10注①。
⑤ 后土：传说是共工的儿子句龙。
⑥ 日景：即"日影"，指太阳。
⑦ 逮：及；达到。
⑧ 禺谷：又叫禺渊，传说中太阳落下后进入的地方。
⑨ 应龙：见14.31注③。
⑩ 蚩尤：见14.31注④。
⑪ 夸父：见14.31注⑤。此夸父与上面所说的夸父不同。

【译文】
最荒远之地有一座山，名叫成都载天。有一个人，以两条黄蛇为耳饰，手中拿着两条黄蛇，名叫夸父。后土生了信，信生了夸父。夸父不自量力，想要追赶太阳，并终于在禺谷追上了太阳，他因口渴，想喝黄河中的水，又怕黄河水不够他喝，便想去喝大泽中的水，还没有赶到大泽，就死在了路上。应龙杀了蚩尤以后，又杀了夸父，就跑到南方去居住，所以南方多雨水。

【导读】
在实际的观察中，古人已认识到了南方比北方多雨的事实，但对于造成这一事实的原因，因囿于认识水平，古人无法解释，便把它归于应龙居住在南方。应龙是传说中善于兴云作雨的神，他居住在南方，南方的雨自然就会比北方多了。这反映了人类早期认识和解释自然现象的一种思路。

17.16 又有无肠之国①，是任姓，无继子②，食鱼。

【注释】
① 无肠之国：见8.8注①。
② 无继子：一说指无继国人的后代，以无继为国名，并说无继即无䏿（qǐ），见8.2注①；一说指没有后嗣。

【译文】
又有一个无肠国，国中之人姓任，他们是无继国人的后代，以鱼为食物。

17.17　共工①臣名曰相繇(yáo)②，九首蛇身，自环③，食于九土④。其所歍(wū)⑤所尼⑥，即为源泽⑦，不辛⑧乃苦，百兽莫能处。禹⑨湮⑩洪水，杀相繇，其血腥臭，不可生谷，其地多水，不可居也。禹湮之，三仞(rèn)⑪三沮(jǔ)⑫，乃以为池，群帝⑬是因⑭以为台，在昆仑⑮之北。

【注释】

①共工：见8.6注①。
②相繇：即相柳氏，见8.6注②。　③自环：指身子盘绕在一起。
④九土：一作"九山"。
⑤歍：恶心呕吐。　⑥尼：止。　⑦源泽：这里指沼泽。　⑧辛：辣。
⑨禹：见5.212注①。
⑩湮：阻塞。　⑪仞：通"牣(rèn)"，指满。　⑫沮：毁坏，这里指向下陷。
⑬群帝：指帝尧、帝喾(kù)、帝舜等帝王。
⑭是因：一作"因是"。
⑮昆仑：见8.6注⑪。

【译文】

　　共工的一位臣子名叫相繇，长着九个脑袋，蛇一样的身子，并盘成一团，从九个地方取食。他呕吐出来的东西或他停留的地方，都变成了沼泽，沼泽中的水不是辣就是苦，各种野兽都无法在那里居住。禹治理洪水，杀死了相繇，相繇身上流出来的血腥臭不堪，凡是他的血浸泡过的土地都不能生长谷物，而且又有很多水，没法在那里居住。禹就把那个地方填埋了起来，但填满了三次，又塌陷了三次，禹便把它掘成了水池，并在那里筑起了帝尧、帝喾、帝舜等帝王的台子，位置在昆仑山的北边。

17.18　有岳之山①，寻②竹生焉。

【注释】

①岳之山：即岳山，山名，具体所指待考。一说即今山西霍州市东南的霍山。
②寻：长。

【译文】

　　有一座岳山，山中长着高高的竹子。

17.19　大荒①之中，有山名曰不句②，海水入③焉。

【注释】
① 大荒:最荒远的地方。
② 不句:山名,具体所指待考。
③ 海水入:一作"海水北入"。

【译文】
最荒远之地有一座山,名叫不句山,海水流入这座山中。

17.20 有系昆之山①者,有共工之台②,射者不敢北乡③。有人衣青衣,名曰黄帝④女魃(bá)⑤。蚩(chī)尤⑥作兵⑦伐黄帝,黄帝乃令应龙⑧攻之冀州⑨之野。应龙畜水,蚩尤请风伯⑩、雨师⑪,纵大风雨。黄帝乃下天女曰魃,雨止,遂杀蚩尤。魃不得复上,所居不雨。叔均⑫言之帝,后置之赤水⑬之北。叔均乃为田祖⑭。魃时亡之,所欲逐之者,令曰:"神北行!"先除水道,决通沟渎⑮。

【注释】
① 系昆之山:即系昆山,山名,具体所指待考。一说可能指阴山山脉。
② 共工之台:亦见于8.6。
③ 乡:同"向",指朝向。
④ 黄帝:见2.42注⑩。
⑤ 魃:即旱魃,传说中造成旱灾的鬼怪。
⑥ 蚩尤:见14.31注④。
⑦ 作兵:制造兵器。
⑧ 应龙:见14.31注③。
⑨ 冀州:中国古代九州之一,相当于今山西和陕西间黄河以东、河南和山西间黄

【译文】
有一座系昆山,有一个共工台,射箭的人不敢向共工台所处的北方而射。有一个人,穿着青色的衣服,名叫黄帝女魃。蚩尤制作出金属兵器后去攻打黄帝,黄帝命令应龙在冀州的原野上与蚩尤作战。应龙把水蓄起来,蚩尤请来风伯和雨师,刮起了大风,下起了大雨。黄帝于是把一位名叫魃的天女从天上

▲ 图17-6 雨师作雨图,选自绘于清代的《钦定补绘萧云从〈离骚〉全图》

河以北和山东西北、河北东南部地区。 ⑩ 风伯:神话传说中的司风之神。 ⑪ 雨师:神话传说中的司雨之神。(见图17-6) ⑫ 叔均:人名,参见15.2注⑦、16.8注②。 ⑬ 赤水:见16.10注①。 ⑭ 田祖:主管田地的官。 ⑮ 渎:水沟;小渠。

请了下来,魃从天上下来后,雨就停止了,于是杀了蚩尤。魃再也不能回到天上,凡是她所居住的地方就不会下雨。叔均把这件事告诉了黄帝,后来黄帝让她居住在赤水的北边。叔均被任命为主管田地的官。魃常常跑到别的地方去,人们想要把她赶走,就要说:"请魃神往北走吧!"并要先清理水道,疏浚沟渠。

【导读+图说】

"蚩尤作兵伐黄帝",这是中国历史上的著名事件,但是,因为缺乏可靠的文字资料,这一事件一直被笼罩上了浓厚的神话色彩。在此,我们总结以往的各种传说和相关资料,努力理出一个头绪来。大约在距今五千年前,居住在陕西黄土高原渭河边的炎黄部落开始沿黄河向东迁移,并来到了今河北、山东一带。在炎黄部落向东迁徙时,有一个叫九黎的部落则正从山东的西南部向西北扩展势力。九黎部落由81个小部落联合而成,人数众多。它的首领名叫蚩尤,长相怪异,力大无穷,因此传说中称蚩尤铜头铁额,以沙石为粮食,并且发明了刀、戟、杖等金属武器。炎帝部落与九黎部落在扩张中遭遇后,为了争夺地盘,相互间很快就发生了冲突。但是,由于九黎部落在武器上比炎帝部落先进,因此,炎帝部落很快就告失败,并不得不往北向黄帝部落求援。

对于兄弟部落的求援,黄帝很痛快地答应了下来。因为蚩尤的野心是不断扩张,等到炎帝部落被征服后,下一个被征服的必将是黄帝部落。对此,黄帝有清醒的认识。但与此同时,黄帝也素知蚩尤英勇善战,并占有武器上的优势。而黄帝部落的军队虽训练有素,但他们的武器是以玉石制作的,无法与金属武器相抗衡。因此,当时的黄帝虽有应战的决心,但并无必胜的把握。

战争一开始,黄帝并没有想出对付蚩尤进攻的有效办法,他只是派应龙拦河蓄水,然后再决口冲向蚩尤的营地,以阻挡蚩尤的攻势。但蚩尤很快便冲破了应龙的水阵,向黄帝部落的中心地带——

涿鹿(在今河北省)推进。

这样,决定炎黄部落和九黎部落命运的大决战就在涿鹿展开了。为了进行这次大决战,双方都投入了大量的兵力。但最终,蚩尤的军队不敌黄帝的军队,很快就溃散开来,黄帝立即率领部队向前追杀。

于是,蚩尤此时的主要任务就不再是如何取得决战的胜利,而是如何逃脱黄帝的追杀。围绕这一点,有诸多的神话传说。据传蚩尤在走投无路之时,请来风伯和雨师相助,一霎时,天昏地暗,风雨交加,使黄帝的追击部队举步维艰。于是黄帝便请来旱神相助,顿时阳光普照,漫天风雨消失得无影无踪。蚩尤又赶紧作法,大地上大雾陡起,使黄帝的军队分辨不清方向。黄帝则利用早已准备好的指南车继续追击。走投无路的蚩尤最后只好束手就擒,并被黄帝斩杀。(见图17-7)

▲图17-7 黄帝与蚩尤战于涿鹿图,选自绘于清代的《钦定书经图说》

17.21 有人方食鱼,名曰深目民之国①,盼(fēn)姓,食鱼。

【注释】
①深目民之国:即深目民国,也叫深目国,见8.7注①。

【译文】
有人正在吃鱼,他们是深目民国的国民,姓盼,以鱼为食物。

17.22 有钟山①者。有女子衣青衣,名曰**赤水女子献**②。

▲图17-8 赤水女子献图,选自清代的《山海经存》

【注释】

① 钟山：山名，具体所指待考。 ② 献：一说应作"魃（bá）"，因魃也是"衣青衣"，住在"赤水之北"。参见17.20。（见图17-8）

【译文】

有一座钟山。有一个女子，穿着青色的衣服，名叫赤水女子献。

17.23 大荒①之中，有山名曰融父山②，顺水③入焉。有人名曰犬戎④。黄帝⑤生苗龙，苗龙生融吾，融吾生弄明⑥，弄明生白犬，白犬有牝牡⑦，是为犬戎，肉食。有赤兽，马状，无首，名曰**戎宣王尸**⑧。

▲图17-9 戎宣王尸图，选自《中国清代宫廷版画》

【注释】

① 大荒：最荒远的地方。 ② 融父山：山名，具体所指待考。 ③ 顺水：见17.10注③。 ④ 犬戎：古族名，古戎人的一支。殷周时，游牧于泾渭流域（今陕西彬县、岐山一带），为殷周西边的劲敌。 ⑤ 黄帝：见2.42注⑩。 ⑥ 弄明：一作"卞明"。 ⑦ 白犬有牝牡：一说指白犬一身兼具雌雄两性；一说指有一雌一雄两条白犬。 ⑧ 戎宣王尸：传说中的一种神兽。（见图17-9）

【译文】

最荒远之地有一座山，名叫融父山，顺水流入这座山中。有一个人，名叫犬戎。黄帝生了苗龙，苗龙生了融吾，融吾生了弄明，弄明生了白犬，白犬有雌有雄，这就是犬戎，以肉为食物。有一种红色的兽，形状像马，没有脑袋，名叫戎宣王尸。

17.24 有山名曰齐州之山、君山、鬻（qín）山、鲜野山、鱼山①。

【注释】
① 齐州之山……鱼山：均为山名，具体所指待考。

【译文】
有几座山，名叫齐州山、君山、鹭山、鲜野山、鱼山。

17.25 有人一目①，当面中生。一曰是威姓，少昊（shàohào）②之子，食黍。

【注释】
① 有人一目：当指一目国的国民，参见8.4。
② 少昊：见2.52注③。

【译文】
有人只有一只眼睛，而且长在脸的正中。一说他们姓威，是少昊的后代，以黍为食物。

17.26 有继无民①，继无民任姓，无骨②子，食气③、鱼。

【注释】
① 继无民：国名或部族名，一说应作"无继民"，无继即无继国，参见17.16注②。
② 无骨：国名或部族名。一说无骨意为身上没有骨头。　③ 食气：古代的一种养生术，通过调节呼吸来摄取空气中的营养物质。

【译文】
有一个继无民，继无民的人姓任，是无骨的后代，他们以空气和鱼为食物。

17.27 西北海外，流沙①之东，有国曰中编（biàn）②，颛顼（zhuānxū）③之子，食黍。

【注释】
① 流沙：见2.44注③。
② 中编：国名，具体所指待考。　③ 颛顼：见8.19注②。

【译文】
西北海的外面，流沙的东边，有一个国家，名叫中编，国中之人是颛顼的后代，以黍为食物。

17.28 有国名曰赖丘①。有犬戎②国。有神，人面兽身，名曰**犬戎**③。

【注释】
①赖丘：国名，具体所指待考。　②犬戎：见17.23注④。　③犬戎：传说中的神名。（见图17-10）

【译文】
　　有一个国家，名叫赖丘。有一个犬戎国。有一位神，长着人一样的脸，兽一样的身子，名叫犬戎。

▲图17-10　犬戎神图，选自《中国清代宫廷版画》

17.29 西北海外，黑水①之北，有人有翼，名曰**苗民**②。颛顼（zhuānxū）③生骧（huān）头④，骧头生苗民，苗民厘姓，食肉。有山名曰章山⑤。

【注释】
①黑水：水名，一说可能是今甘肃的疏勒河。　②苗民：即三苗国的国民，见6.12注①。（见图17-11）　③颛顼：见8.19注②。　④骧头：即"讙（huān）头"，参见6.9注①。　⑤章山：山名，具体所指待考。一说疑在今甘肃境内。

【译文】
　　西北海的外面，黑水的北边，有一种人，身上长着翅膀，名叫苗民。颛顼生了骧头，骧头生了苗民，苗民姓厘，以肉为食物。有一座山，名叫章山。

▲图17-11　苗民国图，选自绘于清代的《古今图书集成·边裔典》

17.30 大荒①之中，有衡石山②、九阴山③、泂（jiǒng）野之山④，上有赤树，青叶赤华，名曰若木⑤。

【注释】
① 大荒：最荒远的地方。
② 衡石山：山名，具体所指待考。
③ 九阴山：山名，具体所指待考。一说可能是今内蒙古的阴山。
④ 洞野之山：即洞（一作"灰"）野山，山名，具体所指待考。
⑤ 若木：见 2.45 注㉒。

【译文】
最荒远之地中，有衡石山、九阴山和洞野山，山上长着一种红色的树，青色的叶子，开红色的花，名叫若木。

17.31 有牛黎之国①。有人无骨，儋（dān）耳②之子。

【注释】
① 牛黎之国：即牛黎国，国名，一说即柔利国，参见 8.5。 ② 儋耳：参见 17.13 注①。

【译文】
有一个牛黎国。有一种人，身上没有骨头，是儋耳的后代。

17.32 西北海之外，赤水①之北，有章尾山②。有神，人面蛇身而赤，直目③正乘④，其瞑⑤乃晦⑥，其视乃明，不食不寝不息⑦，风雨是谒⑧。是烛九阴⑨，是谓烛龙⑩。

【注释】
① 赤水：见 16.36 注③。 ② 章尾山：一说指钟山，见 8.3 注①。 ③ 直目：眼睛竖着长。一说前面当有"身长千里"四字。 ④ 正乘：所指不详。一说指眼睛的合缝处很

【译文】
西北海的外面，赤水的北边，有一座章尾山。有一位神，长着人一样的脸，蛇一样的身子，浑身红色，眼

▲图 17-12 烛龙图，选自绘于清代的《钦定补绘萧云从〈离骚〉全图》

直；一说指正骑乘在某种动物身上。　⑤瞑：闭眼。　⑥晦：夜晚。　⑦息：呼吸。　⑧风雨是谒：能请来风雨（谒：请）。一说指以风雨为食（谒：即"噎"，指吞噎）。　⑨九阴：幽渺之地。　⑩烛龙：即烛阴，见8.3注②。（见图17-12）

睛竖着长，它闭上眼睛，天下就变成了黑夜；睁开眼睛，天下就成了白天。它不吃东西，不睡觉，也不呼吸，能请来风雨。它能照亮幽渺之地，这就是烛龙。

在《山海经》十八章中，海内经是最杂乱的一章。首先是它涉及的地域极为广泛，包括今甘肃、新疆、四川、青海、贵州、湖南、河北等地，且无明显的系统或脉络。其次是有些内容亦可见诸海内经和大荒经，如窫窳（yàyǔ）兽，亦见于海内南经；苗民，亦见于大荒北经；流黄辛氏国，在海内西经中作流黄酆（fēng）氏国；赣巨人，在海内南经中作枭（xiāo）阳；等等。因此，有学者推测，海内经的一些内容系根据与前面的海内经、大荒经相同或相似的古图创作而成，但内容大多遗佚，目前所见只是其中的一些残篇。

海内经中最值得我们重视的是18.30以后的内容，它向我们介绍了中华文明的起源，且内容比大荒西经要丰富得多。

海内经以大禹治水的历史故事结篇，把历史事实、神话、文明创造编织在一起，再一次提醒我们：《山海经》是一部奇书，它处于真实和想象之间，反映了我们的祖先极其宏富的创造力，蕴含着无穷的宝藏。

海内经第十八

18.1 东海①之内，北海②之隅，有国名曰朝鲜③、天毒④，其人水居，偎人⑤爱之⑥。

【注释】
①东海：水名，这里包括今黄海和东海。 ②北海：水名，这里指渤海。 ③朝鲜：见12.24注①。 ④天毒：国名，即天竺，又叫身毒，即今印度。但印度与朝鲜所处方位差别很大，这里置于一处，疑原文有误，或应作别解。 ⑤偎人：人与人紧挨在一起。一说即爱人；一说疑为倭人。 ⑥爱之：一作"爱人"。

【译文】
东海之内，北海的角上，有两个国家，名叫朝鲜和天毒，这两个国家的人都居住在水上或水滨，大家紧挨在一起并相互友爱。

18.2 西海①之内，流沙②之中，有国名曰壑市③。

【注释】
①西海：水名，一说指今甘肃的居延海或新疆的罗布泊。 ②流沙：见2.44注③。 ③壑市：国名，在西北地区，具体所指待考。

【译文】
西海之内，流沙之中，有一个国家，名叫壑市。

18.3 西海①之内，流沙②之西，有国名曰泛叶③。

【注释】
①西海：见18.2注①。 ②流沙：见2.44注③。 ③泛叶：国名，在西北地区，具体所指待考。

【译文】
西海之内，流沙的西部，有一个国家，名叫泛叶。

18.4 流沙①之西，有鸟山②者，三水③出焉。爰（yuán）④有黄金、璇（xuán）瑰⑤、丹货⑥、银、铁，皆流于此中。又有淮山⑦，好水⑧出焉。

▲ 图 18-1 黑水一说指黑水河，此为绘于清代的《钦定书经图说》中的"导黑水副图"，描绘了大禹治理黑水的情形

▲ 图 18-2 明代蒋应镐绘制的《山海经(图绘全像)》中的韩流图

【注释】
① 流沙：见2.44注③。
② 鸟山：山名，在今新疆境内，具体所指待考。
③ 三水：三条河流。
④ 爰：这里；那里。
⑤ 璇瑰：美玉名。
⑥ 丹货：丹类物质，铅汞之类。
⑦ 淮山：山名，具体所指待考。一说是祁连山、昆仑山的古称；一说即今新疆境内的桓山。
⑧ 好水：水名，具体所指待考。一说指今甘肃的疏勒河或黑河；一说在今新疆境内。

【译文】
流沙的西边有一座鸟山，有三条河流发源于这座山。河流中有黄金、璇瑰、丹类物质、银和铁。另外还有一座淮山，好水发源于淮山。

18.5 流沙①之东，**黑水**②之西，有朝云之国③、司彘(zhì)之国④。黄帝⑤妻雷祖⑥，生昌意。昌意降⑦处若水⑧，生**韩流**⑨。韩流擢(zhuó)首⑩、谨耳⑪、人面、豕(shǐ)喙(huì)⑫、麟身、渠股⑬、豚(tún)⑭止⑮，取⑯淖(zhuō)子⑰曰阿女，生帝颛顼(zhuānxū)⑱。

【注释】
① 流沙：见2.44注③。
② 黑水：《山海经》中有多条河流称为黑水，较多的是指西部发源于昆仑山的一条。一说此处指今四川岷江上游支流黑水河。(见图18-1)
③ 朝云之国：即朝云国，

【译文】
流沙的东边，黑水的西边，有朝云国和司彘国。黄帝的妻子雷祖生了昌意。昌意被放逐国名，具体所指待考。一说在今四川、甘肃、青海边境。④司彘之国：即司彘国，国名，具体所指待考。一说在今四川、甘肃、青海边境。⑤黄帝：见2.42注⑩。⑥雷祖：即嫘(léi)祖，又作累祖，传说为西陵氏之女，黄帝正妃，是养蚕治丝方法的发明者。⑦降：流放；放逐。⑧若水：水名，即今四川雅砻(lóng)江。雅砻江与金沙江合流后的一段，古时亦称若水。⑨韩流：传说中的人名，长相奇特。(见图18-2)⑩擢首：长头。⑪谨耳：小耳。⑫豕喙：猪嘴(豕：猪。喙：鸟兽的嘴)。⑬渠股：骈(pián)脚，即罗圈腿。⑭豚：小猪，亦泛指猪。⑮止：足；脚。⑯取：通"娶"。⑰淖子：即蜀(又作"浊")山氏之女，是颛顼之母。⑱颛顼：见8.19注②。

到若水，生了韩流。韩流长着长长的头、小小的耳朵，人一样的脸，猪一样的嘴，麒麟一样的身子，罗圈腿，猪一样的脚。他娶了一位蜀山氏的女子，名叫阿女，生了帝颛顼。

18.6 流沙①之东，黑水②之间，有山名不死之山③。

【注释】

①流沙：见2.44注③。②黑水：见18.5注②。一说这里指岷江。③不死之山：即不死山，山名，一说即上面长有不死树的山，不死树见11.20。

【译文】

流沙的东边，黑水岸边，有一座山，名叫不死山。

18.7 华山①青水②之东，有山名曰肇山③。有人名曰柏高④，柏高上下于此，至于天。

【注释】

①华山：山名，具体所指待考。一说可能指今四川青城山；一说指岷山。②青水：水名，具体所指待考。一说即今四川的青衣江。③肇山：山名，具体所指待考。

【译文】

华山和青水的东边有一座山，名叫肇山。山中有一个人，

④柏高：一作"柏子高"，柏子高是传说中的仙人。一说是尧时之人。

名叫柏高，柏高上下于这座山，可以升到天上去。

18.8

西南黑水①之间，有都广②之野，后稷③葬焉。爰(yuán)④有膏⑤菽(shū)⑥、膏稻、膏黍、膏稷⑦，百谷自生，冬夏播琴⑧。鸾鸟⑨自歌，凤鸟⑩自儛(wǔ)⑪，灵寿⑫实华，草木所聚。爰有百兽，相群爰⑬处。此草也，冬夏不死。

【注释】

①黑水：见18.5注②。 ②都广：一作"广都"，一说在今成都一带。 ③后稷：见2.45注⑲。 ④爰：这里；那里。 ⑤膏：形容味美如油脂。 ⑥菽：豆类的总称。 ⑦稷：见2.61注⑧。 ⑧播琴：播种。 ⑨鸾鸟：见2.25注⑤。 ⑩凤鸟：见7.18注④。 ⑪儛：跳舞。 ⑫灵寿：木名，也叫椐(jū)，多肿节，古时用来做马鞭或手杖。 ⑬爰：助词。

【译文】

西南黑水的岸边，有一个都广野，后稷葬在这里。这一带有味美如膏的豆类、稻、黍和稷，各种谷物在这里自然生长，无论冬季还是夏季都可以播种。在这里，鸾鸟在自由地歌唱，凤鸟在自在地跳舞，灵寿木开花结果，各种草木聚集生长。这里还有各种野兽成群相处。这里生长的草无论冬夏都不会死。

18.9

南海①之外②，黑水③青水④之间，有木名曰若木⑤，若水⑥出焉。

【注释】

①南海：见15.1"导读"。 ②外：一说应作"内"。 ③黑水：见18.5注②。 ④青水：见18.7注②。 ⑤若木：见2.45注㉒。 ⑥若水：见18.5注⑧。

【译文】

南海之内，黑水和青水之间，生长着一种树，名叫若木，若水发源于这一带。

▲ 图18-3 禺中国图，选自《中国清代宫廷版画》

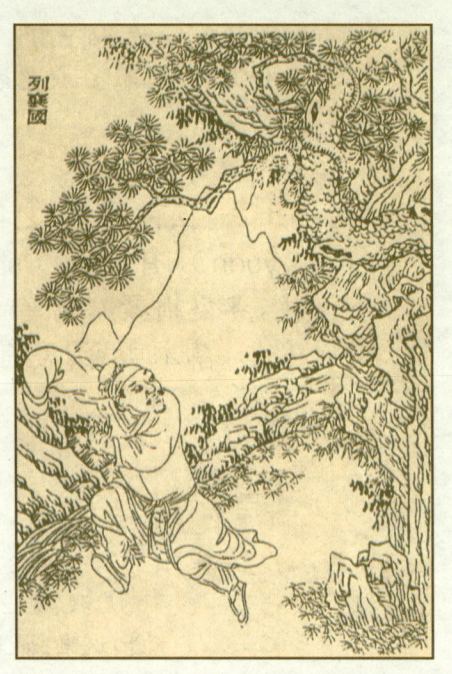

▲ 图18-4 列襄国图，选自《中国清代宫廷版画》

18.10 有**禺中之国**①。有**列襄之国**②。有**灵山**③，有赤蛇在木上，名曰蠕蛇④，木食。

【注释】
①禺中之国：即禺中国，国名，一说在今重庆。（见图18-3）　②列襄之国：即列襄国，国名，一说可能是夜郎国，在今四川、贵州边境。（见图18-4）　③灵山：见16.16注①。　④蠕蛇：蛇名，具体所指待考。

【译文】
　　有一个禺中国。有一个列襄国。有一座灵山，山中的树上有一条赤蛇，名叫蠕蛇，以树木为食物。

▲ 图18-5 盐长国图，选自绘于清代的《古今图书集成·边裔典》

18.11 有**盐长之国**①。有人焉，鸟首，名曰鸟氏②。

【注释】

① 盐长之国：即盐（一作"监"）长国，国名，具体所指待考。一说"盐长"之名当与产盐有关，可能在今四川境内。（见图18-5） ② 氏：一作"民"。

【译文】

有一个盐长国。有一种人，长着鸟一样的头，名叫鸟氏。

18.12 有九丘，以水络①之：名曰陶唐②之丘、有③叔得④之丘、孟盈⑤之丘、昆吾之丘⑥、黑白之丘、赤望之丘、参卫之丘、武夫之丘、神民⑦之丘。有木，青叶紫茎，玄⑧华黄实，名曰**建木**⑨，百仞（rèn）⑩无枝，有九楯（zhú）⑪，下有九枸（gōu）⑫，其实如麻⑬，其叶如芒⑭，**大暤**（hào）⑮爰（yuán）过⑯，黄帝⑰所为⑱。

▲图18-6 大暤即伏羲氏，传说是八卦的发明者，此为伏羲像

【注释】

① 络：环绕。 ② 陶唐：指帝尧，尧初居于陶，后封于唐，故名。帝尧见6.23注②。 ③ 有：一说为衍文。 ④ 叔得：人名。 ⑤ 孟盈：人名，一作"盖盈"。 ⑥ 昆吾之丘：即昆吾丘，也叫昆吾山，见5.22注①。这里的昆吾是古代诸侯名。 ⑦ 民：一作"人"。 ⑧ 玄：黑色。 ⑨ 建木：传说中的一种树，与10.14中的建木不同。 ⑩ 仞：古时以

【译文】

有九座山丘，周围有水环绕，它们分别是陶唐丘、叔得丘、孟盈丘、昆吾丘、黑白丘、赤望丘、参卫丘、武夫丘和神民丘。有一种树，长着青色的叶子，紫色的树干，开黑色的花，结黄色的果实，名字叫建木，高达百仞，树干上不长树枝，只在顶端长有九根弯曲的树枝，树脚那里则有九根盘错的

八尺或七尺为一仞。 ⑪有九欘:有九根弯曲的树枝(欘:树枝弯曲)。一说前面应有"上"字。 ⑫枸:盘错的树根。 ⑬麻:见2.8注④。 ⑭芒:见5.23注⑥。 ⑮大皞:即"大皡(hào)",又作"太昊(hào)",传说中的帝王名,即伏羲氏。(见图18-6) ⑯爰过:一说指通过这棵树上天;一说指经过这里。 ⑰黄帝:见2.42注⑩。 ⑱为:种植;培育。

树根,它结的果实像麻的子实,叶子像芒叶,太昊正是通过这棵树上天的,它是由黄帝亲手种植和培育的。

【导读】
　　学者们多认为此处的建木与10.14中的建木所指为同一物,此说值得商榷。因为10.14中的建木为"其状如牛,引之有皮……其叶如罗,其实如栾……",而此处的建木则为"百仞无枝……其实如麻,其叶如芒……",区别十分明显。

18.13　有窫窳(yàyǔ)①,龙首,是食人。有青②兽,人面,名曰猩猩③。

【注释】
①窫窳:见10.13注①。
②青:一说为衍文。
③猩猩:也叫"狌(xīng)狌",见1.1注⑫。

【译文】
　　有一种兽,名叫窫窳,长着龙一样的脑袋,会吃人。有一种青色的兽,长着人一样的脸,名字叫猩猩。

18.14　西南有巴国①。大皞(hào)②生咸鸟,咸鸟生乘厘,乘厘生后照③,后照是始为巴人④。

【注释】
①巴国:古国名,主要分布在今重庆、湖北交界地带。相传周以前居武落钟离山(今湖北长阳西北)一带,后向川东发展。周武王建立周朝后封为子国,称为巴子国。

【译文】
　　西南地区有一个巴国。大皞生了咸鸟,咸鸟生了乘厘,乘

②大暤：见 18.12 注⑮。　③照：一作"昭"。　④始为巴人：指成为巴人的始祖。

厘生了后照，后照就是巴人的始祖。

18.15　有国名曰流黄辛氏①，其域中方三百里，其出是尘土②。有巴遂山③，渑（shéng）水④出焉。

【注释】
①流黄辛氏：国名，一说即"流黄酆（fēng）氏"，见 11.7 注①。　②尘土：一说当为"麈（zhǔ）"字之讹（因"尘"字繁体作"塵"），麈是鹿一类的动物。　③巴遂山：山名，具体所指待考。　④渑水：一作"绳水"，水名，有二，一在山东（一说在山东亦有二），一在四川。一说此处的渑水指今金沙江。

【译文】
有一个国家，名叫流黄辛氏，国土面积为方圆三百里，这里生活着不少麈。有一座巴遂山，渑水就发源于这里。

18.16　又有**朱卷之国**①。有黑蛇②，青首，食象。

【注释】
①朱卷之国：即朱卷国，国名，具体所指待考。（见图 18-7）　②黑蛇：一说即"巴蛇"，见 10.16 注①。

【译文】
另外有一个朱卷国。有一种黑蛇，头部青色，能吞吃大象。

▲图 18-7　朱卷国图，选自《中国清代宫廷版画》

18.17　南方有赣巨人①，人面长臂，黑身有毛，反踵（zhǒng）②，见人笑亦笑③，唇蔽其面，因即逃④也。

【注释】
① 赣巨人：即枭（xiāo）阳，参见10.6。　② 踵：脚后跟。　③ 笑亦笑：一说应作"则笑"。　④ 因即逃：指人可趁机（因为此时赣巨人的嘴唇遮住了眼睛）逃走。"即"一作"可"。

【译文】
　　南方有一种赣巨人，长着人一样的脸，胳膊很长，黑色的身子，身上长满了毛，脚跟长在前面，看到别人笑，也会跟着笑，笑时长长的嘴唇遮住了脸，人可趁机逃走。

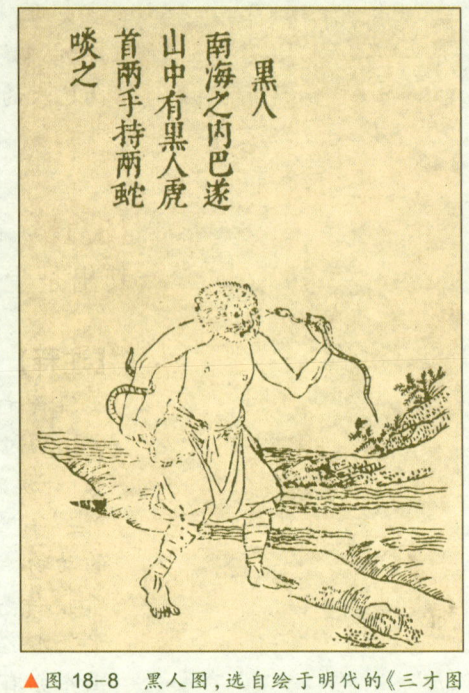

南海之内巴遂山中有黑人虎首两手持两蛇啖之

黑人

18.18
又有**黑人**①，虎首鸟足，两手持蛇，方啖（dàn）②之。

▲图18-8　黑人图，选自绘于明代的《三才图会》。不过，经文中说黑人"虎首鸟足"，图中黑人则是"虎首人足"

【注释】
① 黑人：全身黑色、形状奇特的人，不是今天所谓之黑种人。（见图18-8）　② 啖：吃。

【译文】
　　又有一个浑身皆黑的人，长着虎一样的脑袋，鸟一样的脚，双手抓着蛇，正在那里吃蛇。

18.19
有**嬴民**①，鸟足。有封豕（shǐ）②。

【注释】
① 嬴民：传说中的国名或部族名。（见图18-9）　② 封豕：大猪（封：大；豕：猪）。

【译文】
　　有一个嬴民，那里的人长着鸟一样的脚。有一种大猪。

▲图18-9　嬴民图，选自《中国清代宫廷版画》

18.20
有人曰**苗民**①。有神焉，人首蛇

身，长如辕②，左右有首，衣紫衣，冠旃（zhān）③冠，名曰**延维**④，人主得而飨（xiǎng）⑤食之，伯⑥天下。

【注释】
① 苗民：见 17.29 注②。
② 辕：车辕，车前驾牲畜的部分。
③ 旃：同"毡"。
④ 延维：即"委维"，见 15.2 注⑫。（见图 18-10）
⑤ 飨：用酒食款待；也指祭祀。
⑥ 伯：通"霸"。

【译文】
有一种人，名叫苗民。有一种神，长着人一样的脑袋，蛇一样的身子，身长如车辕，左右两侧各有一个脑袋，穿着紫色的衣服，戴着用毡做成的帽子，名叫延维，一个国家的国君若能得到并祭祀他，就能称霸天下。

▲图 18-10 延维神图，选自《中国清代宫廷版画》

18.21 有鸾鸟①自歌，凤鸟②自舞。凤鸟首文③曰德，翼文曰顺，膺④文曰仁，背文曰义。见（xiàn）则天下和。

【注释】
① 鸾鸟：见 2.25 注⑤。
② 凤鸟：见 7.18 注④。
③ 文：通"纹"，指花纹。
④ 膺：胸。

【译文】
有鸾鸟在自由地歌唱，凤鸟在自在地跳舞。凤鸟头部的花纹像"德"字，翅膀上的花纹像"顺"字，胸部的花纹像"仁"字，背部的花纹像"义"字。只要这种鸟一出现，天下就会和谐太平。

▲图 18-11 菌狗图，选自绘于清代的《古今图书集成·禽虫典》

18.22 又有青兽如菟（tù）①，名曰**菌狗**②。

有翠鸟③,有孔鸟④。

【注释】

①菟:同"兔",指兔子。　②䖟狗:兽名,具体所指待考。一说指旱獭,体粗短,前肢的爪发达,善于掘洞。(见图18-11)　③翠鸟:见2.5注⑩。　④孔鸟:即孔雀,头上有羽冠,雄的尾巴上的羽毛很长,色彩斑斓,展开时像扇子。

【译文】

另外有一种青兽,形状像兔,名叫䖟狗。还有翠鸟,有孔雀。

18.23　南海①之内,有衡山②,有菌山③,有桂山④。有山名三天子之都⑤。

【注释】

①南海:见15.1"导读"。　②衡山:山名,即南岳,又叫岣嵝(gǒulǒu)山或虎山,在今湖南衡山县等境内,绵延百余里,山势雄伟。　③菌山:山名,一说指今湖南岳阳洞庭湖中的君山。　④桂山:山名,一说在今广西境内,因山上多桂树,故名。16.12中亦有桂山。　⑤三天子之都:即三天子鄣(zhāng)山,见10.3注①。一说即今湖南张家界。

【译文】

南海之内,有衡山、菌山和桂山。有一座山,名叫三天子都。

18.24　南方苍梧①之丘,苍梧之渊,其中有九嶷(yí)山②,舜③之所葬,在长沙④零陵⑤界中。

【注释】

①苍梧:古地区名,其地当在今湖南九嶷山以南广西贺江、桂江、郁江区域。　②九嶷山:又作九疑山,又名苍梧山,见10.8注①。　③舜:见10.7注②。　④长沙:古郡国名,治临湘(今长沙市)。

【译文】

南方有苍梧丘和苍梧渊,其中有一座九嶷山,是舜所葬之地,位于长沙零

⑤零陵：古地名，在今湖南宁远东南。　　陵境内。

18.25　北海①之内，有蛇山②者，蛇水③出焉，东入于海。有五采之鸟，飞蔽一乡，名曰翳（yì）鸟④。又有不距之山⑤，巧倕（chuí）⑥葬其西。

【注释】

①北海：见3.42注③。　②蛇山：山名，具体所指待考。一说在今蒙古境内。与5.123中的蛇山不同。　③蛇水：水名，具体所指待考。一说可能是今黑龙江上游克鲁伦河，在蒙古境内。　④翳鸟：凤凰一类的鸟。　⑤不距之山：即不距山，山名，具体所指待考。　⑥倕：古代相传的巧匠名。（见图18-12）

【译文】

北海之内，有一座蛇山，蛇水发源于这座山，向东流入大海。有一种五彩斑斓的鸟，在天空中成群飞翔，遮住了一个地区的上空，这种鸟名叫翳鸟。又有一座不距山，巧倕就葬在这座山的西边。

▲图18-12　巧倕是古代的巧匠名，此为绘于清代的《钦定书经图说》中的《垂（倕）典百工图》，描绘了舜令巧倕掌管百工(各种工匠)的情形

18.26　北海①之内，有反缚盗械②、带戈常倍③之佐④，名曰相顾之尸。

【注释】

①北海：见3.42注③。　②盗械：指械（械：拘系）盗之具。一说指盗贼。　③倍：一说应作"陪"；一说通"背"，指背弃、背叛。　④佐：古代军职名。

【译文】

北海之内，有被反绑着械盗之具、身上带着戈常常叛逆的军人，名叫相顾尸。

18.27 伯夷父①生西岳,西岳生先龙,先龙是始生氐羌(dīqiāng)②,氐羌乞姓。

【注释】
①伯夷父:人名,一说是颛顼(zhuānxū)的老师。 ②氐羌:我国古代少数民族氐族(古族名,殷周至南北朝分布在今陕西、甘肃、四川等省)和羌族(古族名,主要分布在今甘肃、青海、四川等省,殷周时部分居中原)的并称。

【译文】
伯夷父生了西岳,西岳生了先龙,先龙是氐羌族的始祖,氐羌族的人姓乞。

18.28 北海①之内,有山名曰幽都之山②,黑水③出焉。其上有玄④鸟、玄蛇、玄豹、玄虎、玄狐蓬⑤尾。有大玄之山⑥。有玄丘之民⑦。有大幽之国⑧。有赤胫⑨之民。

【注释】
①北海:见3.42注③。 ②幽都之山:即幽都山,山名,一说在今山西、河北北部,包括燕山及其以北诸山。 ③黑水:水名,具体所指待考。 ④玄:黑色。 ⑤蓬:蓬松;散乱。 ⑥大玄之山:即大玄山,山名,具体所指待考。 ⑦玄丘之民:一说指丘上的人物都为黑色。 ⑧大幽之国:即大幽国,国名,具体所指待考。 ⑨赤胫:小腿呈红色。

【译文】
北海之内有一座山,名叫幽都山,黑水发源于这座山。山上有黑色的鸟、黑色的蛇、黑色的豹、黑色的虎、尾巴蓬大的黑色的狐。有一座大玄山。有玄丘民。有一个大幽国。有赤胫民。

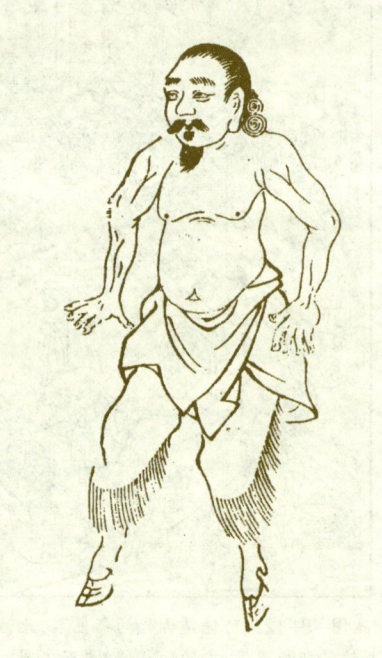

▲图18-13 钉灵国图,选自绘于明代的《三才图会》

18.29 有钉灵之国①,其民从膝已②下有毛,马蹄,善走。

【注释】

①钉灵之国：即钉灵国，国名，钉灵也作丁令、丁零等，是高车、回纥(hé)的先民，秦汉时主要分布在贝加尔湖以南地区。(见图18-13)　②已：通"以"。

【译文】

有一个钉灵国，国中之人膝盖以下的部位都生有长毛，长着马一样的蹄子，擅长奔跑。

18.30　炎帝①之孙伯陵②，伯陵同③吴权之妻阿女缘妇，缘妇孕三年，是生鼓、延、殳(shū)。始为侯④，鼓、延是始为钟⑤，为乐风⑥。

【注释】

①炎帝：见3.65注⑥。　②伯陵：人名，一说为殷之诸侯。　③同：即"通"，指男女通奸。　④始为侯：发明制作了箭靶(侯：箭靶，用布或兽皮制成)。一说"始"前应有"殳"字。　⑤钟：乐器名，用铜或铁制成。　⑥乐风：指乐曲的格式。

【译文】

炎帝的孙子名叫伯陵，他与吴权的妻子阿女缘妇私通，缘妇怀孕三年，生下了鼓、延和殳三个儿子。殳发明制作了箭靶，鼓和延发明制作了钟，创制了乐曲的格式。

18.31　黄帝①生骆明，骆明生白马，白马是为鲧(gǔn)②。

【注释】

①黄帝：见2.42注⑩。此节内容可参见17.23，从中反映出黄帝生某人之说多系传说，不必拘泥。　②鲧：见5.28注⑦。

【译文】

黄帝生了骆明，骆明生了白马，白马就是鲧。

18.32　帝俊①生禺号②，禺号生淫梁③，淫梁生番禺，是始为舟。番禺生奚仲④，奚仲生吉光，吉光是始以木为车。

【注释】

① 帝俊:见 14.9 注②。　② 禺号:即"禺貕(hào)",见 14.19 注⑤。　③ 淫梁:一说即"禺京",禺京见 14.19 注⑦。　④ 奚仲:传说中发明制造车的人,姓任,黄帝的后代,夏代为车正(掌车的官)。

【译文】

帝俊生了禺号,禺号生了淫梁,淫梁生了番禺,番禺发明制造了船。番禺生了奚仲,奚仲生了吉光,吉光开始用木头来制造车。

18.33　少暤(shàohào)①生般,般是始为弓矢。

【注释】

① 少暤:又作"少皞(hào)",即少昊(hào),见 2.52 注③。

【译文】

少暤生了般,般发明制作了弓和箭。

18.34　帝俊①赐羿(yì)②彤弓③素矰(zēng)④,以扶下国⑤,羿是始去恤⑥下地之百艰。

【注释】

① 帝俊:见 14.9 注②。　② 羿:见 6.19 注①。　③ 彤弓:红色的弓。　④ 矰:古代射鸟用的拴着丝绳的短箭。　⑤ 扶下国:扶助下界的国家。　⑥ 恤:救济。

【译文】

帝俊赐给后羿红色的弓、系着丝绳的白色短箭,让他去扶助下界的国家,后羿于是去下界帮助民众克服各种艰难困苦。

18.35　帝俊生晏龙①,晏龙是为琴瑟。

【注释】

① 帝俊生晏龙:见 14.11。

【译文】

帝俊生了晏龙,晏龙发明制作了琴和瑟。

18.36 帝俊①有子八人,是始为歌舞。

【注释】
①帝俊:见14.9注②。这里指帝颛顼(zhuānxū)。

【译文】
帝俊有八个儿子,这八个儿子开始创制了歌舞。

18.37 帝俊生三身①,三身生义均②,义均是始为巧倕(chuí)③,是始作下民百巧。后稷④是播百谷。稷之孙曰叔均⑤,是始作牛耕。大比赤阴⑥,是始为国。禹⑦、鲧(gǔn)⑧是始布土⑨,均定九州⑩。

【注释】
①帝俊生三身:参见15.5。 ②义均:一说即叔均,叔均见15.2注⑦。 ③倕:古代相传的巧匠名。 ④后稷:见2.45注⑲。 ⑤叔均:16.8中称叔均"始作耕",与此相同,但说叔均是后稷之弟台玺的儿子,而不是后稷的孙子。 ⑥大比赤阴:人名,一说即"赤国妻氏",见16.8注⑥。 ⑦禹:见5.212注①。 ⑧鲧:见5.28注⑦。 ⑨布土:区分规划疆土。 ⑩九州:传说中的中国上古行政区划,起于春秋战国时代,有各种不同的说法。

【译文】
帝俊生了三身,三身生了义均,义均是最早的巧匠,他开始为下界的百姓发明了各种巧妙的工艺和技术。后稷发明了播种百谷的方法。后稷的孙子叔均发明了用牛来耕地。大比赤阴建立了历史上最早的国家。禹和鲧开始区分规划疆土,并划定了九州。

18.38 炎帝①之妻、赤水②之子听訞(yāo)生炎居,炎居生节并,节并生戏器,戏器生祝融③。祝融降④处于江水⑤,生共工⑥。共工生术器,术器首方颠⑦,是复土穰(ráng)⑧,以处江水。共工生后土⑨,后土生噎鸣,噎鸣生岁十有二⑩。

【注释】

① 炎帝：见 3.65 注⑥。 ② 赤水：一说指部族名；一说指黄河。 ③ 祝融：见 6.24 注①。 ④ 降：流放；放逐。 ⑤ 江水：指长江。 ⑥ 共工：见 8.6 注①。 ⑦ 首方颠：头顶呈方形。 ⑧ 复土穰：指通过翻耕土地而造成农作物丰收（穰：丰收。一说应作"壤"）。 ⑨ 后土：见 17.15 注⑤。 ⑩ 生岁十有二：指把一年划分为十二个月。一说指生了十二个儿子，按照一年中的十二个月来命名。

【译文】

炎帝的妻子、赤水的女儿听訞生了炎居，炎居生了节并，节并生了戏器，戏器生了祝融。祝融被放逐到长江岸边，生了共工。共工生了术器，术器的头顶呈方形，他发明了通过翻耕土地而导致农作物丰收的方法，并回到祝融曾经住过的长江边居住。共工还生了后土，后土生了噎鸣，噎鸣把一年划分为十二个月。

▲图 18-14 绘于清代的《钦定补绘萧云从〈离骚〉全图》中描绘的鲧因治洪水不成功而被处死的情形

18.39 洪水滔天，鲧（gǔn）①窃帝之息壤②以堙（yīn）③洪水，不待帝命。**帝令祝融**④**杀鲧于羽郊**⑤。**鲧复生禹**⑥。**帝乃命禹卒布土**⑦**，以定九州**⑧。

【注释】

① 鲧：见 5.28 注⑦。 ② 息壤：也叫息土，传说中一种能自己生长、永不耗减的土壤。 ③ 堙：堵塞。 ④ 祝

【译文】

大地上洪水滔天，鲧未经天帝同意，偷了天帝的息壤来堵塞洪水。天帝

▲图 18-15 《随山刊木图》，选自绘于清代的《钦定书经图说》，描绘了大禹治水时伐木定九州疆界的情形

融：见6.24注①。　⑤羽郊：羽山之郊。1.14有羽山。此处所指羽山相传为舜杀死鲧处，一说在今山东郯(tán)城东北，一说在今山东蓬莱市东南。(见图18-14)　⑥鲧复生禹：传说鲧死以后，尸体三年不腐，用刀剖开他的腹部后，诞生了禹（复：通"腹"）。　⑦布土：区分规划疆土。(见图18-15)　⑧九州：见18.37注⑩。

命令祝融把鲧杀死在羽山之郊。鲧死以后，从腹中诞生了禹。天帝于是命令禹治理洪水，禹最终区分规划了疆土，并划定了九州。

索 引

A

阿山	15.2
敖岸之山	5.27 / 5.32
鳌	16.31
麈鳌钜	16.33
奥山	5.189
奥水	5.189
獓㗅	2.56

B

八隅之岩	11.13
巴	10.12
巴国	18.14
巴蛇	10.16 / 10.17
巴遂山	18.15
芭	5.131
菱	5.37
魃	17.20
罢父之山	2.64
白边之山	5.38
白帝	2.52
白蓉	1.39
白翰	2.14
白柳	16.17
白马之山	3.75

白民	7.21
白民之国	7.20 / 14.13
白木	16.17
白沙山	3.31
白石之山	5.64
白氐之国	16.6
白水	13.24
白水山	15.22
白䳭	3.12
白鵺	3.29
白于之山	2.71
白玉山	13.5
柏高	18.7
般水	3.82
半石之山	5.81
犀	5.46
鲜	2.7
葆江	2.43
暴山	5.201
卑山	5.171
痹	1.11
北单之山	3.22
北狄之国	16.11
北姑射之山	4.24
北海	3.42 / 4.42 / 8.21 / 14.19 / 17.13 / 18.1 / 18.25 / 18.26 / 18.28

北号之山	4.42 / 4.50	波谷山	14.4
北极天柜	17.14	幡冢之山	2.14
北江	13.12	伯陵	18.30
北齐之国	17.8	伯虑国	10.5
北朐	10.6	伯夷父	18.27
北朐国	10.5	驳	2.77 / 8.21
北鲜之山	3.24	勃皇	2.45
北嚣之山	3.37	勃齐之山	4.4
北岳之山	3.20	骍马	3.35
贲山	5.27 / 5.31 / 5.32	博父国	8.11
楮木	5.69	博石	1.27
鹎	3.44	渤海	1.31 / 1.32 / 11.15 / 13.8
比翼鸟	6.5	搏兽之丘	2.39
比翼之鸟	16.35	獙迆	1.7
毕方	2.53	薄山	5.1 / 5.16 / 5.43 / 5.58
毕方鸟	6.8 / 11.17	薄水	3.57
毕山	5.164	薄鱼	4.45
萆荔	2.4	不姜之山	15.7
碧	2.30 / 2.64 / 3.37 / 3.40 / 3.44 / 4.26 / 5.101 / 5.107 / 5.112 / 5.207	不句	17.19
		不距之山	18.25
碧绿	5.65	不死民	6.16
碧山	4.26	不死树	11.20
碧阳	4.37	不死之国	15.9
獬獬	4.28	不死之山	18.6
鳖	2.4 / 2.14 / 5.40 / 5.71 / 5.119	不廷胡余	15.11
		不庭之山	15.5
边春之山	3.10	不咸	17.3
边水	3.14	不周负子	16.1
鯾	12.29	不周之山	2.41
鳖鱼	7.19		
冰夷	12.19	**C**	
丙山	5.143 / 5.144 / 5.197		
柄山	5.37	苍体之水	4.43
并封	7.14	苍梧	13.5 / 15.2 / 18.24

苍梧之山	10.8	朝云之国	18.5
曹夕之山	4.15	陈州山	15.22
涔水	2.13 / 3.37 / 4.22	成都载天	17.15
柴桑之山	5.207	成皋	13.31
豺	5.21	成侯之山	5.49
豺山	4.9	成山	1.18 / 15.6
茝	3.91	成汤	16.40
亶爰之山	1.6	承水	5.88
长臂国	6.22	乘黄	7.20
长城北山	13.22	程州	17.5
长乘	2.48	蚩尤	14.31 / 15.18 / 17.15 / 17.20
长股	8.2	鸱久	6.23 / 8.19 / 15.2 / 15.25 / 17.1
长股之国	7.22		
长胫之国	16.7	鸱	1.11 / 2.16 / 2.43 / 2.56 / 4.19 / 5.69
长留之山	2.52		
长沙	18.24	泜水	3.72
长沙之山	2.40	泜泽	3.72
长蛇	3.16	赤国妻氏	16.8
长石之山	5.67	赤水	1.11 / 2.17 / 2.28 / 2.34 / 2.46 / 6.11 / 6.12 / 11.13 / 11.14 / 15.1 / 15.2 / 16.7 / 16.10 / 16.36 / 16.46 / 17.20 / 17.32 / 18.38
长右	1.11 / 1.12		
长右之山	1.12		
长泽	3.47		
长州	13.12		
常羲	16.30	赤锡	5.107 / 5.169 / 5.190
常羊	16.50	赤泽水	17.1
常羊之山	7.8	虫尾之山	3.57
常阳之山	16.37	崇吾之山	2.39 / 2.61
常烝之山	5.70	椆	5.168 / 5.188 / 5.196
敞铁之水	3.74	丑涂之水	2.46
鹓鸱	1.7	丑阳之山	5.188
超山	5.48	樗	2.8 / 3.8 / 3.13 / 4.8 / 5.37 / 5.69 / 5.86 / 5.102 / 5.130
朝鲜	12.24 / 18.1		
朝阳	13.15	楮	2.28 / 2.33 / 2.37 / 2.66 / 5.61 / 5.198 / 5.199 / 5.206 /
朝阳之谷	9.7		

	5.207	
楮山	5.140	
楚	13.11	
楚水	2.23	
跊踢	15.1	
䱉	16.49	
穿匈	6.15	
穿匈国	6.16	
床水	3.58	
倕	18.25 / 18.37	
樕	5.49 / 5.163	
鹑	2.7 / 2.15 / 5.74	
鹑鸟	2.46	
錞于毋逢之山	3.90	
绰人	17.12	
臬	5.99 / 5.105 / 5.121 / 5.129 / 5.132 / 5.158	
鸢	7.10	
葱聋	2.5	
葱聋之山	5.4 / 5.46	
从从	4.3	
从极之渊	12.19	
从山	5.162	
从水	5.162	
翠	2.5	
翠鸟	18.22	
翠山	2.18 / 15.7	

D

大阿之山	14.12	
大比赤阴	18.37	
大次之山	2.30	
大騩之山	5.92 / 5.93 / 5.184	

大暤	18.12 / 18.14	
大荒	14.2 / 14.3 / 14.8 / 14.12 / 14.18 / 14.23 / 14.26 / 15.5 / 15.7 / 15.10 / 15.15 / 15.21 / 15.24 / 15.26 / 16.1 / 16.9 / 16.15 / 16.20 / 16.28 / 16.33 / 16.37 / 16.44 / 16.45 / 16.50 / 17.1 / 17.3 / 17.6 / 17.9 / 17.14 / 17.15 / 17.19 / 17.23 / 17.30	
大荒之山	16.44	
大江	5.120 / 5.121 / 13.12	
大䓫之山	5.80	
大乐之野	7.4	
大鹜	16.18	
大青蛇	17.4	
大人国	9.3	
大人之国	14.4 / 17.4	
大人之市	12.32 / 14.4	
大人之堂	14.4	
大蛇	3.90	
大时之山	2.13	
大孰之山	5.170	
大巫山	16.50	
大夏	13.4 / 13.5	
大咸之山	3.16	
大蟹	12.27 / 14.22	
大行伯	12.4	
大玄之山	18.28	
大言	14.3	
大尧之山	5.105	
大幽之国	18.28	
大杅	2.46	
大运山	7.3 / 7.4	

大泽	2.45 / 3.74 / 11.9	邓林	8.10 / 8.11
大泽之长山	16.6	氐国	11.6
大支之山	5.181	氐羌	18.27
大踵	8.16	氐人国	10.15
代	11.5	堤山	3.25 / 3.26
𫛢鸟	5.44	堤水	3.25
带山	3.3	狄山	6.23
待山	14.27	荻	5.88
丹	15.7 / 16.17	翟	2.25 / 2.49 / 2.70 / 3.29 / 5.97
丹货	18.4	柢山	1.5
丹臒	1.37 / 3.8 / 5.156	砥	3.13 / 3.67 / 5.75 / 5.184 / 5.186
丹林之水	3.62	砥砺	2.80 / 4.17 / 5.18 / 5.113 / 5.115 / 5.122 / 5.204
丹木	2.42 / 2.80	帝	2.39 / 2.43 / 2.45 / 2.46 / 5.28 / 6.7 / 7.8 / 9.9 / 11.2 / 11.13 / 16.28 / 17.12
丹山	10.12 / 17.10		
丹水	1.31 / 2.8 / 2.12 / 2.42 / 3.57		
丹粟	1.11 / 2.12 / 2.16 / 2.19 / 2.28 / 2.34 / 2.45 / 2.50 / 5.94 / 5.125	帝都之山	3.89
丹穴之山	1.31	帝鸿	14.13
丹熏之山	3.8	帝江	2.58
丹阳	10.12	帝俊	14.9 / 14.11 / 14.13 / 14.16 / 14.25 / 15.5 / 15.13 / 15.27 / 16.8 / 16.30 / 17.1 / 18.32 / 18.34 / 18.36
丹朱	10.8 / 12.9		
单狐之山	3.1 / 3.26		
单张之山	3.12		
疸	2.60 / 2.80 / 3.5	帝喾	6.23 / 12.9 / 15.25
儋耳	17.31	帝女之桑	5.175
儋耳之国	17.13	帝囷之山	5.147
鹒	7.10	帝囷之水	5.147
当扈	2.67	帝舜	10.8 / 12.9 / 14.21 / 15.14 / 15.25
当康	4.46		
祷过之山	1.30	帝台	5.74 / 5.75 / 5.160
登葆山	7.13	帝屋	5.84
登备之山	15.7	帝休	5.82
登比	12.22	帝尧	6.23 / 12.9 / 15.25

帝苑之水	5.164		敦水	3.18	
垫	5.44		敦题之山	3.42 / 3.43	
雕棠	5.14		敦头之山	3.35	
雕题国	10.5		敦与之山	3.72	
戴国	6.13				
戴民之国	15.14				
钉灵之国	18.29				

E

葶薴　　5.39

娥皇　　15.5

东海　　1.27 / 2.44 / 3.65 / 9.2 /
　　　　13.27 / 14.1 / 14.3 / 14.19 /
　　　　14.32 / 18.1

蛾　　12.10

巫　　2.30 / 3.48 / 3.50 / 3.54 /
　　　4.16 / 5.4 / 5.50 / 5.70 / 5.92 /
　　　5.100 / 5.108 / 5.122 / 5.123 /
　　　5.133 / 5.140 / 5.148 / 5.152 /
　　　5.170 / 5.173 / 5.203

东胡　　11.9 / 11.10
东极　　14.18
东口之山　　14.10
东南西泽　　13.16
东始之山　　4.44
东州山　　15.22
涑涑　　3.77
洞庭　　5.209 / 13.16 / 13.25
洞庭山　　5.194 / 5.209
洞庭之山　　5.200
䗐　　3.38 / 5.11
都广　　18.8
都州　　13.7 / 13.9
独山　　4.10
独苏之山　　5.24
独狢　　3.37
堵山　　5.78 / 5.144 / 5.193
杜父之山　　4.20
杜衡　　2.15
端水　　2.69
敦薨之山　　3.17
敦薨之水　　3.17
敦浦　　13.30

阏之泽　　1.23
鹗　　2.43
尔是之山　　3.32
耳鼠　　3.8
洱水　　2.64
贰负　　11.2 / 11.21 / 12.4 / 12.6

F

发鸠之山　　3.65
发视之山　　5.18
发爽之山　　1.32
发丸之山　　3.52
番条之山　　4.5
凡山　　5.192 / 5.193
蕃　　2.62 / 3.5
蕃泽　　2.54
繁缋之山　　5.137
泛林　　10.9 / 12.18
泛水　　1.32

泛天之山	15.2	凤皇	1.31 / 1.41 / 7.18 / 11.19 / 11.20
泛叶	18.3	凤鸟	7.18 / 15.14 / 16.13 / 16.17 / 18.8 / 18.21
范林	6.23 / 8.18		
方山	16.9	夫夫之山	5.199 / 5.209
汸水	1.9	夫诸	5.27
放皋之山	5.79	砆石	1.19
飞蛇	5.207	凫	2.39 / 4.30 / 5.28
飞兽之神	2.38	凫丽之山	4.29
飞鼠	3.48	凫溪	2.27
飞鱼	5.11 / 5.29	扶木	14.23
非山	1.34	扶桑	9.11
肥水	3.58 / 3.74	扶猪之山	5.34
肥蟥	2.3	扶竹	5.196
肥遗	2.7 / 3.21	服常树	11.22
肥遗之蛇	3.58	服山	5.190
朏朏	5.12	浮濠之水	5.39
蜚	4.49 / 5.153	浮山	2.9
蜚蛭	17.3	浮水	3.33
獄	5.172	浮戏之山	5.86
汾	3.27	浮玉之山	1.17
汾水	3.28 / 3.29 / 3.30 / 13.32	符惕之山	2.55
贲闻之山	3.50	符禺之山	2.5
丰沮玉门	16.15	符禺之水	2.5
丰山	5.150 / 5.177	榑木	4.40
风	3.11 / 5.15 / 5.157	滏水	3.64 / 3.67
风伯	17.20	附禺之山	17.1
风伯之山	5.198	复州之山	5.139
风雨	5.134	傅山	5.68
风雨之山	5.128	鲋	1.37 / 4.44 / 5.81
枫木	15.18	鲋鱼	3.49 / 5.11
封石	5.136 / 5.161 / 5.169 / 5.177 / 5.183 / 5.190	鲋鱼之山	13.17
		蝮	11.23
封豕	18.19	蝮虫	1.3 / 1.14 / 1.34
潼水	3.1		

G

盖国	12.23
盖山之国	16.42
盖犹之山	15.28
盖余之国	14.17
甘华	8.20 / 9.2 / 14.29 / 15.28 / 15.30 / 16.17
甘木	15.9
甘山	14.1
甘水	5.33 / 11.20 / 14.1 / 15.6 / 15.27
甘渊	15.27
甘枣之山	5.1 / 5.16
甘柤	8.20 / 9.2 / 14.29 / 15.28 / 16.17
鳡鱼	4.5 / 4.6
泠石	2.69
赣巨人	18.17
赣水	13.26
刚山	2.74 / 2.75
刚水	2.74
芮草	5.87
杠水	3.10 / 3.12
皋水	5.180
皋涂之山	2.16
皋涂之水	3.79
皋泽	3.74 / 4.46
高梁之山	5.122
高柳	11.4 / 11.5
高前之山	5.160
高山	2.24 / 10.17 / 13.12
高氏之山	4.7
高是之山	3.80
高水	3.56
缟羝山	5.59 / 5.73
缟羝之山	5.60
槁茇	2.16
藁本	5.28
鬲山	5.124
鬲水	4.45
葛山	4.17 / 4.18 / 5.132
獦狙	4.42
鲐鲐之鱼	4.38
耕父	5.150
耿山	4.21
龚	9.17
共工	8.6 / 17.17 / 18.38
共工之台	17.20
共山	13.34
共水	3.60 / 5.1 / 5.67
勾梠	5.134
勾梠之山	5.127
钩端	2.14 / 5.96 / 5.107 / 5.122
钩水	4.49
钩吾之山	3.36
缑氏	13.20
缑氏之山	4.27
苟床之山	5.43
苟林之山	5.58
姑儿之山	4.6
姑儿之水	4.6
姑逢之山	4.28
姑灌之山	3.39
姑媱之山	5.76
姑射之山	4.23
鸪䴉	3.59
菁蓉	2.14

谷城之山	5.59	鬼国	12.6
谷水	5.61 / 5.62 / 5.63 / 5.64 / 5.65 / 5.68	蛫	5.202
		柜格之松	16.9
蛊雕	1.26	桂	1.1
蛊尾之山	5.55	桂林	10.4
鼓镫之山	5.15 / 5.16	桂山	16.12 / 16.23 / 18.23
鼓钟之山	5.75	桂阳	13.30
榖	1.1 / 2.13 / 5.12 / 5.44 / 5.54 / 5.56 / 5.65 / 5.103 / 5.108 / 5.114 / 5.116 / 5.142 / 5.150 / 5.161 / 5.181 / 5.183 / 5.196	桂竹	5.195
		筀竹	5.197
		鳜	5.81
		鲧	15.24 / 17.5 / 18.31 / 18.37 / 18.39
榖山	5.65		
穀	1.39 / 2.62 / 2.65 / 2.80 / 4.15 / 5.36 / 5.205	虢山	3.6 / 3.7
		虢水	5.34
怪水	1.4		
观水	2.44	**H**	
管涔之山	3.27 / 3.43		
贯匈国	6.14	海	1.1 / 2.19 / 2.80 / 3.21 / 3.40 / 10.3 / 11.8 / 11.16 / 12.24
灌灌	1.8		
灌水	2.6	海河州	12.25
灌题之山	3.13	海内	10.1 / 11.1 / 11.13 / 12.1 / 13.1 / 13.3 / 14.22
灌湘之山	1.36		
光山	5.101	海山	16.17
归山	3.44	海外	6.2 / 7.1 / 8.1 / 9.1 / 11.15
龟山	5.196	海泽	3.68
郭	5.110 / 5.113	韩流	18.5
郭山	2.78	韩雁	13.9
珪	2.20 / 3.26 / 3.43 / 5.193	寒荒之国	16.38
麂山	5.61	汉	5.145 / 5.154
騩山	2.19 / 2.20 / 2.57 / 5.29 / 5.131 / 5.144	汉景帝	16.51
		汉水	2.13 / 2.14 / 2.79 / 11.11 / 13.17
騩之山	5.134		
鲑	3.17	汉阳	13.18
鬼草	5.11	翰	5.119

豪	2.27 / 2.56 / 3.4	恒山四成	2.45
豪山	5.19	衡山	5.108 / 5.176 / 18.23
豪水	5.66	衡石山	17.30
豪鱼	5.3	衡天	17.6
豪彘	2.8	红光	2.59
好水	18.4	虹虹	9.6 / 9.7
号山	2.69	后稷	2.45 / 11.6 / 16.8 / 18.8 / 18.37
禾	5.11		
禾山	5.193	后土	17.15 / 18.38
合谷之山	5.13	滹池	3.60
合水	5.81	滹交	6.23
合虚	14.8	滹勺	1.18
合窳	4.48	滹勺之山	1.24
何罗之鱼	3.4	滹沱	3.75 / 3.76 / 3.78 / 3.80
和山	5.31 / 5.32	滹沱水	13.36
河伯	14.21	滹沱之水	3.77
河林	5.27	狐岐之山	3.30
河原	3.17	胡不与之国	17.2
河之九都	5.31	胡射之山	4.36
貉	5.34	鹄	2.43
鹖	5.17	湖灌之山	3.40
壑明俊疾	14.28	湖灌之水	3.40
壑山	15.22 / 16.17 / 16.35	湖陵	13.27
壑市	18.2	湖水	4.2 / 4.3 / 5.71
黑齿	9.11	湖泽	4.30
黑齿国	9.10	虎蛟	1.30
黑齿之国	14.16	虎首之山	5.168
黑人	18.18	虎尾之山	5.136
黑蛇	18.16	互人之国	16.47
黑水	1.37 / 2.46 / 2.50 / 11.16 / 15.3 / 15.5 / 15.7 / 16.36 / 17.29 / 18.5 / 18.6 / 18.8 / 18.9 / 18.28	楮	2.67 / 3.14
		鑊	3.70
		华草	3.1
		华山	2.1 / 2.20 / 18.7
黑水之山	11.8	华阳	13.19

华阴	13.23	皇人之山	2.34
猾怀	1.13	皇水	2.34
滑水	3.2	黄帝	2.42 / 14.19 / 14.32 / 16.11 / 17.20 / 17.23 / 18.5 / 18.12 / 18.31
滑鱼	3.2		
鳛鱼	2.47 / 4.47		
化蛇	5.21	黄藿	2.8
怀	13.33	黄棘	5.77
淮极西北	13.21	黄姫	16.35
淮浦	13.15	黄鸟	3.61
淮山	18.4	黄山	2.17
淮水	13.15	黄水	3.64 / 4.19
淮西	13.20	黄酸之水	5.56
淮阴	13.27	黄泽	3.57 / 3.59
槐鬼离仑	2.45	潢水	13.30
槐江之山	2.45	璜	7.4
槐山	5.51	辉诸之山	5.17 / 5.26
槐水	3.72	虺鼠	5.1
潓泽之水	3.19	虺	1.4
櫰木	2.77	汇	5.165
谨	2.60	彗	6.11
谨举之山	5.41	惠水	5.64
谨山	5.113	蕙	2.14 / 2.15 / 2.35 / 5.56
谨头国	6.9	浑夕之山	3.21
驩头	17.29	驿	3.44
驩头之国	15.24	活师	4.2
膗疏	3.3	霍山	5.12
环狗	12.14	漨漨之水	3.78
环水	4.11	濩水	2.2
洹	3.64		
洹山	3.41	**J**	
貆	3.4		
獂	3.85	机	5.105 / 5.155
鵹	1.23	机木	3.1
皇鸟	16.13 / 17.1	鸡谷	5.178

鸡鼓	5.199	夹水	2.71
鸡縠	5.151	嘉荣	5.81 / 5.123 / 5.132 / 5.191
鸡号之山	3.90	恝恝之山	15.7
鸡山	1.37 / 5.159	贾	15.2
奇肱之国	7.7	贾超之山	5.133 / 5.134
积石山	11.15	贾山	15.7
积石之山	2.51	痕	1.1
笄	2.8	驾鸟	5.28
基山	1.7	菅	1.10 / 2.15 / 2.38 / 2.81
箕尾之山	1.9 / 1.10 / 5.36	蒹	5.10 / 5.28 / 5.200
激女之水	4.16	蒹山	5.23
激水	4.12	蒹水	5.23
吉量	12.5	瑊	5.132
即公之山	5.202 / 5.209	拣	5.2
即谷之山	5.158	减水	4.5 / 5.126
即翼之泽	1.8	建木	10.14 / 10.15 / 18.12
即鱼之水	5.18	涧水	5.64
缙姑之水	5.72	箭	2.7
棘	3.20 / 4.32 / 5.56	江	4.11 / 4.12 / 5.94
集获之水	2.16	江浮之山	5.204
济	5.145 / 17.9	江山	16.26
济山	5.17 / 5.26	江水	5.119 / 5.120 / 5.121 / 18.38
济水	5.154 / 13.34	江疑	2.55
椵	2.32	江州	13.24
麂	5.97	鄏水	3.81
麿	5.201	楢	2.7 / 2.10 / 2.13 / 2.21 / 2.23 / 2.65 / 3.5 / 5.2 / 5.100 / 5.118 / 5.150 / 5.157 / 5.161 / 5.189 / 5.206
计蒙	5.101		
季釐	15.13		
季禺之国	15.6		
鲛鱼	1.17 / 3.29		
继无民	17.26	楢谷之山	5.9
稷	2.61 / 18.8	讲山	5.84
稷泽	2.42 / 2.47	匠韩之水	3.13
冀州	17.20	交胫国	6.15

交觞之水	5.61	精精	4.39
骄虫	5.59	精卫	3.65
骄山	5.96 / 5.117	麂	5.53 / 5.97
鹞	5.97 / 5.128	井陉山	13.33
鸤	1.30 / 3.11	景山	3.53 / 3.68 / 5.94 / 5.117
椒	5.84 / 5.116 / 5.136 / 5.140	景水	3.68
焦侥之国	15.20	靖人	14.5
蛟	5.145 / 5.164 / 5.166 / 5.175	泂野之山	17.30
鲛	5.95	鸠	1.8
狡	2.49	《九辩》	16.46
蛟	12.11	九代	7.4
教山	3.52	九凤	17.14
教水	3.52	《九歌》	16.46
潐水	5.70	九江	5.200
嗟丘	9.2	《九招》	16.46
结匈国	6.3 / 7.2	九野	7.19
碣石之山	3.87	九嶷山	18.24
芥	14.23	九阴山	17.30
疥	1.8 / 2.6 / 2.8	九州	18.37 / 18.39
菌柏	5.91	就	5.201
金门之山	16.35	拘缨	8.14 / 8.15
金星之山	5.7	拘缨之国	8.13
金之山	16.50	狙如	5.172
堇理之山	5.156	居暨	3.38
瑾	2.42 / 2.59	居繇	13.4
晋水	3.29	疽	3.3 / 5.88
晋阳	13.36	崌山	5.121
京山	3.56	椐	3.6 / 5.136 / 5.140 / 5.168 / 5.188 / 5.196
泾谷之山	2.73	雎	5.95 / 5.96
泾水	2.24 / 2.26 / 2.73 / 13.22	雎水	5.94
荆	1.24 / 2.4 / 4.19 / 5.91 / 5.131 / 5.186 / 5.201 / 5.203	鵰鵰	3.46
荆山	5.94 / 5.95 / 5.117 / 5.145 / 5.193	鞠陵于天	14.18
		桔梗	2.14

浿	1.19 / 1.20	堪㺔	4.9
柜山	1.11 / 1.28	亢木	5.86
沮吴	4.14	空夺	5.120
举	5.27	空桑之山	3.76 / 4.14 / 4.31
举父	2.39	空桑之水	3.76
句芒	9.16	崆峒山	13.19
句瞿	3.49	孔鸟	18.22
句余之山	1.16	妪山	5.178
苣	15.24	㴨水	3.80
具区	1.17	寇脱	5.56 / 5.130
沮洳之山	3.63	苦山	5.74 / 5.77 / 5.93
钜鹿泽	13.34	苦辛	5.72
钜燕	12.23 / 13.2	夸父	3.38 / 4.9 / 8.10 / 14.31 / 17.15
据比	12.13		
决决之水	3.45	夸父之山	5.71
潏山	14.7	会稽山	13.11
潏水	5.11	会稽之山	1.19
君山	17.24	狂鸟	16.5
君子国	9.5	狂山	3.33
君子之国	14.10	狂水	3.33 / 5.80
菌	4.37	贶水	5.145
菌狗	18.22	夔	14.32
菌人	15.29	夔牛	5.119 / 5.121
菌山	18.23	昆仑	2.43 / 2.45 / 3.17 / 8.6 / 11.18 / 12.9 / 17.17
鵋鸟	2.43		
箘	5.201	昆仑虚	6.18 / 6.19 / 12.3 / 12.11 / 12.18 / 13.3 / 13.5

K

		昆仑之丘	2.46 / 16.36
		昆仑之虚	11.8 / 11.13
开明	11.19 / 11.20 / 11.21 / 11.23	昆吾	15.22 / 16.20
开明兽	11.13 / 11.18	昆吾之丘	18.12
开题	11.2	昆吾之山	5.22
开题之国	10.18	困民	14.21

L

来需之水	5.81
莱山	2.37 / 2.38
崃山	5.120
赖丘	17.28
兰	5.77
滥水	2.79
琅玕	2.45 / 16.17
琅玕树	11.22
琅槐	13.34
琅鸟	17.1
琅邪	13.8
琅邪台	13.8
獂	5.92
劳民国	9.15
劳山	2.63
劳水	4.49 / 5.11
老童	16.12 / 16.28
潦水	13.35
潦阳	13.35
乐马之山	5.165
乐游之山	2.47
雷神	13.6
雷兽	14.32
雷泽	13.6
雷祖	18.5
鹂	2.18
藟山	4.2
类	1.6
累	5.171
厘山	5.33 / 5.35 / 5.42
狸	1.6 / 2.54 / 2.60 / 5.12 / 5.186 / 7.19
狸力	1.11
离耳国	10.5
离瞀	14.18
离俞	15.2 / 15.25 / 17.1
离朱	6.23 / 8.19 / 11.20
梨	5.88
犁䰨之尸	14.6
犁牛	4.1
鹜鹕	4.22
黎	16.28
澧	5.200
澧水	4.18 / 5.174 / 5.180 / 15.7
历儿	5.16
历儿之山	5.2
历虢之水	3.84
历聚之水	3.73
历山	5.52
历石之山	5.186
厉	2.49
丽䴙之水	1.1
疠	2.7 / 2.9 / 3.47 / 4.18
枥木	5.2
栎	2.15 / 2.71 / 5.127
栎水	3.12
栎泽	3.14
砺	5.14 / 5.55 / 5.75
猵	5.165
㵣水	3.51
良余之山	5.54
梁	13.21
梁渠	5.186
梁渠之山	3.38
列姑射	12.25 / 12.26
列人之国	10.18

列涂	1.20	榴	2.45
列襄之国	18.10	榴榴	2.54 / 3.4
列阳	12.24	鹠	3.84
猎猎	17.7	六首蛟	11.23
林氏国	12.17	龙骨	5.7
临汾	13.19	龙龟	3.25
临晋	13.29	龙侯之山	3.45
獜	5.157	龙山	5.107 / 16.20
灵山	5.106 / 16.16 / 18.10	龙首之山	2.26
灵寿	18.8	龙修	5.133
泠石	5.33 / 5.207	龙余之水	5.55
羚羚	4.14	龙鱼	7.19 / 7.20
鸰鹦	5.61	蛮蚳	5.22
凌门之山	12.20	蛮侄	4.29
陵羊之泽	2.76	娄涿之山	5.63
陵鱼	12.28	溇水	3.77
羚	2.18 / 2.30 / 3.5 / 3.44 / 5.99 / 5.105 / 5.121 / 5.129 / 5.132 / 5.146 / 5.158 / 5.206	溇液水	3.79
		瘘	5.81
		卢其之山	4.22
零陵	18.24	庐江	13.14
领胡	3.49	栌丹	5.64
令丘之山	1.38	陆郐之山	5.100
留利之国	8.5	陆山	3.81
留牛	1.5	陆吾	2.46
留水	3.49	录	2.49 / 5.44
流波山	14.32	鹿蜀	1.4
流黄	1.11	鹿水	1.25
流黄酆氏之国	11.7	鹿台之山	2.27
流黄辛氏	18.15	鹿蹄之山	5.33 / 5.42
流沙	2.44 / 2.48 / 11.8 / 13.3 / 13.4 / 13.5 / 15.1 / 16.36 / 16.46 / 17.27 / 18.2 / 18.3 / 18.4 / 18.5 / 18.6	鹿吴之山	1.26
		毵	15.24
		鲑	1.5
		闾	3.29 / 5.17 / 5.95 / 5.97 / 5.99 / 5.104 / 5.128 / 5.158
流赭	2.6		

栾	10.14 / 15.21	马成之山	3.46
鸾凤	16.17	马腹	5.25
鸾鸡	2.44	蛮蛮	2.39 / 2.75
鸾鸟	2.25 / 7.18 / 11.19 / 11.20 / 15.14 / 16.13 / 17.1 / 18.8 / 18.21	曼山	13.12
		蔓居	5.30
		蔓联之山	3.11
卵民之国	15.6	蔓渠之山	5.25 / 5.26
仑者之山	1.39	芒	18.12
伦山	3.86	芒草	5.23
伦水	3.86	芒山	16.12
沦水	5.175	莽草	5.146
纶山	5.99	毛采	2.38
鮨	5.81	毛民之国	9.14 / 17.12
罗	10.14	毛牷	2.20 / 5.93
罗罗	2.37 / 8.21	茆	2.62
蠃母	2.45	牦牛	5.95
蠃母之山	2.48	旄马	10.17
蠃鱼	2.78	旄牛	2.18 / 3.14 / 3.17
泺水	4.8	旄山	1.33 / 4.43
洛	2.62 / 2.63 / 2.64 / 5.25 / 5.33 / 5.34 / 5.37 / 5.39 / 5.54 / 5.55 / 5.59 / 5.61 / 5.62 / 5.63 / 5.64 / 5.66 / 5.67 / 5.68 / 5.72 / 5.81 / 5.82	旄水	3.34 / 3.35
		美山	5.104
		寐鱼	4.34
		獌	2.7 / 5.187 / 5.201
		门户山	14.27
		门水	5.72
洛水	2.8 / 2.71 / 2.75 / 5.41 / 5.53 / 5.118 / 13.31	虋冬	5.47 / 5.179
		虻山	16.23
洛西山	13.31	蒙木	5.79
䳐	2.56	濛水	2.78 / 13.18
		黾	3.70 / 5.69
		猛豹	2.12
M		孟槐	3.4
		孟极	3.9
麻	2.8 / 2.9 / 18.12	孟门之山	3.54
马肠之物	5.41		

孟鸟	11.12	鸣鸟	16.25
孟涂	10.12	鸣蛇	5.20 / 5.147
孟翼	16.32	鸣石	5.67
孟盈	18.12	膜大	5.179
孟子之山	4.37	末山	5.89
迷榖	1.1	末水	5.89
糜	3.29 / 3.86 / 4.32 / 5.17 / 5.95 / 5.97 / 5.120 / 5.128 / 5.146	末涂之水	4.10
		貊	11.11 / 11.12
		牡山	5.40
麋鹿	2.36 / 4.37 / 5.201 / 5.207	晦隅之山	4.39
糜石	5.64	木虫	2.9
糜玉	5.80	木瓜	2.77
蘪芜	4.44 / 5.200	木禾	11.13 / 11.20
蘼芜	2.9 / 2.15	木马之水	3.75
峚山	2.42	幕山	16.1
密山	5.66		
沔	2.14 / 4.10	**N**	
勉乡	13.21		
苗民	17.29 / 18.20	那父	3.13
灭蒙鸟	7.2 / 7.3	𩺰	5.1
岷	13.12	南姑射之山	4.25
岷山	5.118 / 5.119 / 5.134	南海	10.5 / 15.2 / 15.11 / 18.9 / 18.23
珉	5.102 / 5.116 / 5.119 / 5.124 / 5.145 / 5.158		
		南江	13.12
鸥	2.5	南类之山	15.30
闽	10.2 / 10.3 / 13.13	南山	2.12 / 6.4
闽中山	10.2	南禺之山	1.41 / 1.42
敏山	5.91	南岳	16.39
湣泽	4.14	楠	1.24 / 2.6 / 2.15 / 2.18 / 2.32 / 2.55 / 3.17 / 4.19 / 5.71 / 5.99 / 5.146 / 5.153 / 5.201
犛	2.17		
明水	5.79		
明星	14.12	鲵山	5.173
明漳之水	3.59	鲵水	5.173
明组邑	12.30	鸟山	2.66 / 18.4

鸟鼠同穴山	13.23	女子国	7.15 / 7.16
鸟鼠同穴之山	2.79	女子之国	16.22
鸟危之山	2.28	疟	4.42 / 5.72
鸟危之水	2.28		
鸟秩树	11.23		

O

聂都	13.26		
聂阳	13.18	区水	2.65
涅石	3.50 / 3.54	区吴之山	1.25 / 5.182
孽摇颓羝	14.23	瓯	10.2
蘗	5.58	欧水	3.64
牛黎之国	17.31	躯	9.13
牛伤	5.80		
牛首之山	5.11		
牛首之水	3.67		

P

番禺	13.29
番隅	10.4
潘侯之山	3.14
鹙鹍	3.37
盼木	2.9
盼水	2.17
滂水	1.24 / 1.25 / 1.26
狍鸮	3.36
鲏鲏	3.18
芃	5.49
彭毗之山	3.58
彭水	3.3 / 3.72
彭泽	13.14 / 13.26
蓬莱山	12.31
皮母地丘	14.2
皮山	5.152
皮氏	13.32
芘湖之水	3.3
芘蠃	1.23
芘石	3.1

纽 2.7 / 2.13 / 2.21 / 2.23 / 2.65 / 5.1 / 5.100 / 5.118 / 5.121 / 5.126 / 5.129 / 5.132 / 5.137 / 5.142 / 5.143 / 5.150 / 5.157 / 5.161 / 5.179 / 5.189 / 5.192 / 5.198 / 5.202 / 5.205 / 5.206

杻阳之山	1.4
弄明	17.23
女丑	7.12 / 7.13
女丑之尸	16.21
女床	2.28
女床之山	2.25
女和月母之国	14.30
女几山	5.134
女几之山	5.97 / 5.118
女祭	7.9 / 7.10 / 16.38
女薎	16.38
女戚	7.9
女娲	16.3
女烝之山	4.45

陂水	5.63	齐州之山	17.24
黑	2.14 / 3.86 / 5.124 / 6.23 / 8.19 / 14.7 / 14.9 / 14.13 / 15.2 / 15.25 / 17.1 / 17.7 / 17.8	岐山	4.33 / 5.102 / 5.126
		岐舌国	6.17
		耆童	2.57
黑差之山	3.23	跂踵	5.139
偏句	16.50	跂踵国	8.15
篇遇之山	5.194 / 5.209	跂踵之山	4.38
漂水	15.7	鹊鹊	2.60 / 3.3
蓂草	2.46	鴸雀	4.42
平逢之山	5.59 / 5.73	綦山	14.27
平圃	2.45	瀼水	3.63
平丘	8.20	芑	4.19 / 4.44 / 5.186 / 5.201 / 5.203 / 5.207 / 5.208 / 15.24
平山	3.55		
平水	3.55	杞	1.24 / 2.4
屏蓬	16.34	汔水	15.7
仆勾之山	1.21	器难之水	5.87
仆累	5.28	器酸	3.47
蒲	4.37	钤山	2.21 / 2.38
蒲鹉之水	5.124	前山	5.149
蒲卢	5.28	钱来之山	2.1 / 2.20
蒲山	15.7	乾昧	4.1
蒲夷之鱼	3.87	乾山	3.85
		羬羊	2.1 / 2.7 / 2.27 / 2.71 / 5.37 / 5.40 / 5.71 / 5.154

Q

		茜	5.27
桼木	2.74	强良	17.14
凄水	2.19	蔷水	2.16
戚	7.8	谯明之山	3.4
期思	13.21	谯水	3.4
漆	2.69 / 3.6 / 4.6 / 5.39 / 5.145	窃脂	5.121
漆木	2.76 / 3.56	钦䳜	2.43
漆水	2.10	钦山	4.46
漆吴之山	1.27 / 1.28	钦原	2.46
齐	13.34	秦椒	3.53

琴虫	17.3	苣	10.14
琴鼓之山	5.116 / 5.117	楰	5.72
鸴山	17.24	鳝鱼	4.43 / 4.46 / 4.49
沁水	3.62 / 3.77 / 13.33	犰狳	4.19
青碧	2.24 / 3.3 / 3.18 / 3.30 / 3.57 / 3.70 / 3.87	求如之山	3.2
		求山	5.187
青碧石	4.3	求水	5.187
青耕	5.156	璆	5.134
青䇃	1.8 / 1.18 / 1.39 / 5.96 / 5.98 / 5.102 / 5.104 / 5.106 / 5.109 / 5.115 / 5.125 / 5.141 / 5.153 / 5.158 / 5.167 / 5.173 / 5.176	鲑	1.5
		渠猪之山	5.3
		渠猪之水	5.3
		瞿父之山	1.15
		瞿如	1.30
		䴅鹆	5.141 / 5.176
青鸟	8.20	镶	5.28
青丘	9.9	娶檀之水	4.12
青丘国	9.8	去痓	15.10
青丘之国	14.14	犬封国	12.4
青丘之山	1.8	犬戎	17.23 / 17.28
青水	6.8 / 11.17 / 15.21 / 18.7 / 18.9	犬戎国	12.5
		鹊山	1.1 / 1.10
青雄黄	2.34 / 2.40 / 2.45 / 2.50 / 2.58 / 2.59 / 3.4 / 5.23 / 5.38 / 5.72 / 5.196 / 5.199		

R

青要之山	5.28	冉遗之鱼	2.76
清泠之渊	5.150	饶山	3.84
清水	2.13	人鱼	2.8 / 3.45 / 5.39 / 5.68 / 5.72 / 5.146 / 5.166
清漳之水	3.66		
磬石	2.4 / 2.24 / 2.28 / 2.79	仁举之山	5.114
邛	16.28	日月山	16.28
邛泽	3.37	戎	12.16
穷奇	2.78 / 12.8 / 12.11	戎宣王尸	17.23
穷山	7.16 / 7.17	荣草	5.15 / 5.205
蛩蛩	8.21	荣山	15.3
丘时之水	2.45		

荣水	15.3 / 15.5	三首国	6.20
荣余	5.209	三天子都	13.13 / 13.14
荣余之山	5.208 / 5.209	三天子鄣山	10.3
融父山	17.23	三天子之都	18.23
融水	14.20	三危之山	2.56
融天	15.15	三株树	6.11
柔利国	8.5	三骓	14.29 / 15.28 / 15.30 / 16.17
柔仆民	14.15	三足鳖	5.162
玺䱉	2.79	三足龟	5.80
蠕蛇	18.10	桑封	5.16
鳎	1.8	桑主	5.16
汝水	5.166 / 13.21	鲻鱼	2.79
乳水	5.54	杀水	5.170
辱水	2.66	沙水	4.22
蓐收	2.59 / 7.23	沙棠	2.46
瓀石	5.34	沙泽	4.27
礝石	5.34	铩	5.212
若	2.45	山膏	5.77
若木	17.30 / 18.9	山𤟤	3.19
若山	5.110	山阳	13.37
若水	18.5 / 18.9	剡山	4.48
弱水	2.63 / 10.13 / 10.14 / 11.17	埤渚	5.28
弱水之渊	16.36	榉	5.128
		鲌	3.40 / 7.9
		上申之山	2.67
		上窊	13.32

S

		勺水	1.19
三面之人	16.45	芍药	3.70 / 5.47 / 5.127 / 5.200
三苗国	6.12	招水	2.7
三淖	16.20	少昊	2.52 / 14.1 / 15.13 / 17.25
三青鸟	2.56 / 12.3 / 14.29 / 16.18	少暤	18.33
三桑	3.41 / 8.17 / 8.18 / 8.20	少牢	2.38 / 5.117 / 5.134 / 5.144 / 5.193 / 5.209
三桑无枝	17.1		
三身国	7.5	少鹜	16.18
三身之国	15.5		

少山	3.66	胜水	3.30
少室	5.93 / 13.20	胜遇	2.49
少室之山	5.82	渑水	3.48 / 18.15
少水	5.14 / 5.62	绳水	3.87
少咸之山	3.18	圣木曼兑	11.20
少辛	5.86 / 5.123	盛山	14.27
少陉之山	5.87	尸胡之山	4.32 / 4.41
少阳之山	3.28	尸鸠	2.12
少泽	3.53	尸山	5.53
奢比尸	14.24	尸水	5.53 / 5.58
奢比之尸	9.4	师每之山	5.115
蛇谷	5.86	师水	4.46
蛇山	5.123 / 18.25	师鱼	3.84
蛇水	18.25	鸤鸠	3.17
蛇巫之山	12.2	湿山	16.1
聂耳	8.11	蓍	5.74 / 5.92
聂耳之国	8.9	石脆之山	2.6
涉蠱	5.102	石膏水	4.45
麝	2.18 / 5.206	石门	2.51
申山	2.65 / 15.25	石涅	2.25 / 5.118 / 5.128
申首之山	2.72	石山	3.78 / 5.109
申水	2.72	石者之山	3.9
深目	8.8	时山	2.11
深目国	8.7	食气	17.26
深目民之国	17.21	食水	4.1 / 4.2 / 4.14 / 4.42
深泽	4.38	豕	5.93 / 5.104 / 5.116 / 5.129 /
神𩳁	2.74		5.204 / 10.10
神囷之山	3.64	始鸠	13.10
魋	5.28 / 5.58	始州之国	17.10
䴉	4.16	阘水	1.18
升山	5.56 / 5.58	狪狼	5.123
生水	2.70 / 2.71	视	5.164
声匈之山	5.183	视肉	6.23 / 8.19 / 8.20 / 9.2 /
胜	2.49 / 16.36		11.20 / 11.23 / 14.29 / 15.2 /

	15.25 / 15.28 / 15.30 / 16.17 / 17.1	水玉	1.2 / 2.8 / 2.11 / 4.11 / 4.26 / 5.39 / 5.64 / 5.164
视山	5.148	顺山	17.10
视水	5.166 / 5.170 / 5.174 / 5.175 / 5.189	顺水	17.10 / 17.23
		舜	10.7 / 10.10 / 12.22 / 15.2 / 18.24
螫虫	5.59	司幽	14.11
首山	5.44 / 5.58 / 5.144	司幽之国	14.11
首阳山	5.144	司彘之国	18.5
首阳之山	5.135	思女	14.11
寿华	6.19	思士	14.11
寿麻之国	16.39	四鸟	14.11 / 14.16 / 14.20 / 15.5 / 15.23 / 16.10 / 17.12
叔歜国	17.7		
叔得	18.12	四衢	5.175
叔均	15.2 / 16.8 / 17.20 / 18.37	汜水	3.62 / 5.86
茮	5.14 / 18.8	汜天之水	2.46
淑士	16.2	兕	1.30 / 2.14 / 2.25 / 2.32 / 2.33 / 3.17 / 5.104 / 5.121 / 10.7
疏属之山	11.2		
孰湖	2.80		
蜀	13.24	泗水	13.27
薯芋	3.53 / 5.56 / 5.72 / 5.151 / 5.203	松果之山	2.2
		松山	3.71
瘨	5.6	竦斯	3.13
杼	5.94	宋山	15.18
树鸟	11.23	诵鸟	11.23
竖亥	9.9	蒐	5.35
竖沙	13.4	苏	5.39
数历之山	2.23	夙条	5.74
数斯	2.16	肃慎氏之国	17.3
双山	16.8	肃慎之国	7.21
双双	15.1	櫄蠢之山	4.1 / 4.13
爽水	5.65	痠石	5.198
水碧	4.21	酸水	3.28
水伯	9.7	酸与	3.53
水马	3.2		

鹈	11.23	桃林	5.71
溹水	3.72	桃山	16.23
		桃水	2.47
		桃枝	2.14 / 5.96 / 5.99 / 5.107 / 5.122 / 5.131

T

阘非	12.12	陶唐	18.12
太行之山	3.44 / 3.91	駒駼	8.21
太华之山	2.3	蛊犬	12.7 / 12.8
太牢	2.20 / 5.16 / 5.58 / 5.93 / 5.134 / 5.144 / 5.193 / 5.209	鯥鱼	5.81
		题首之山	3.69
太山	4.49 / 4.50 / 5.88 / 5.212	鯑鱼	3.45 / 5.82
太室	5.93	天池之山	3.48
太水	5.88	天帝之山	2.15
太岁	6.1	天毒	18.1
泰逢	5.31 / 5.32	天狗	2.54
泰陆之水	3.72	天马	3.46
泰冒之山	2.22	天门	16.28
泰器之山	2.44	天穆之野	16.46
泰山	4.11	天楄	5.78
泰室之山	5.83	天山	2.58
泰头之山	3.60	天神	2.45
泰威之山	5.8	天台高山	15.26
泰戏之山	3.77	天吴	9.7 / 14.17
泰泽	3.19 / 3.25 / 3.51 / 3.89	天息山	13.21
檀	2.28 / 2.33 / 2.37 / 2.71 / 5.94 / 5.113 / 5.115 / 5.120 / 5.139 / 5.143 / 5.192 / 5.198 / 5.202 / 5.203	天婴	5.7
		天虞	16.29
		天虞之山	1.29 / 1.42
		天愚	5.78
汤山	6.23	天之九部	2.46
汤水	2.14 / 2.67	天之九德	2.48
堂庭之山	1.2	田祖	17.20
棠	2.35 / 2.46 / 2.77 / 5.23 / 5.119	条	2.5 / 2.6 / 3.80
棠水	3.8	条风	1.38
滔雕之水	5.37	条谷之山	5.47

条菅之水	3.47	橐山	5.69
茗山	15.22	橐水	5.69
茗水	1.17 / 2.26 / 2.80	橐驼	3.6 / 3.84
倏螸	4.10	鼍	5.119
儵	3.29 / 4.3	蠱围	5.96
儵鱼	3.3	夆	5.1
挺木牙交	11.20		
狪狪	4.11		

W

桐	3.6 / 4.37 / 5.37 / 5.47		
鸬渠	2.2	䴀胡	4.32
铜山	5.103	鼀	14.30
童戎之山	3.79	王亥	14.21
瑽珸	2.4 / 2.6 / 2.33 / 2.74 /	王屋之山	3.51
	5.27 / 5.29 / 5.36 / 5.44 /	王子夜	12.21
	5.61 / 5.80 / 5.91 / 5.100 /	望	9.17
	5.110 / 5.142 / 5.147 /	危	11.2
	5.164 / 5.189 / 5.195 / 5.202	洈水	5.98
涂石	5.36	维龙之山	3.74
涂水	2.16	维鸟	7.10 / 7.11
涂吾之水	3.24	芮国	14.7
秜	1.10 / 1.28 / 1.42 / 3.91 /	尾山	15.7
	5.32 / 5.58 / 5.117 / 5.134 /	委维	15.2
	5.209	洧水	3.70 / 3.73
土功	1.11 / 4.22	隗山	15.7
土蝼	2.46	䖪	2.80 / 5.124 / 6.23 / 11.23
兔床之山	5.151	鲔	4.37 / 5.3
菟	3.8 / 4.19 / 16.14 / 18.22	鲔水	3.31
菟丘	5.76	卫皋	13.35
湍水	5.145	渭	2.2 / 2.5 / 2.8 / 2.10 / 2.11 /
鮀鱼	1.37		2.12 / 2.13 / 2.23 / 2.24 /
豚	1.11 / 1.37 / 2.8 / 3.38 / 4.11 /		2.71 / 2.73 / 2.74 / 8.10 / 13.22
	4.42 / 4.46 / 5.29 / 18.5	渭水	2.79 / 13.23
脱扈之山	5.6	温水	13.19
橐肥	2.10	温源谷	14.23

文茎	2.5	无条	2.16 / 5.77
文山	5.134	吴	13.6
文王	6.23	吴回	16.41
文文	5.79	吴林之山	5.10
文鳐鱼	2.44	梧	3.2
文玉树	11.20	五采之鸟	14.25
鹜	16.31	五残	2.49
闻獜	5.192	五臧	5.212 / 5.213
汶山	13.12	五种之精	5.193
倭	12.23	五种之稰	5.144
渨山	5.5	沅水	5.146
沃之国	16.17	武罗	5.28 / 5.32
沃之野	16.17	务隅之山	8.19
乌	14.23		
乌韭	2.4		
巫	5.144 / 16.16	**X**	
巫抵	11.21	西海	1.1 / 2.19 / 2.44 / 16.9 /
巫凡	11.21		16.27 / 16.36 / 18.2 / 18.3
巫履	11.21	西胡	13.5
巫彭	11.21	西皇之山	2.36
巫山	15.4 / 16.35 / 16.40	西王母	2.49 / 12.3 / 16.36
巫咸	7.14 / 7.15	西有王母之山	16.17
巫咸国	7.13	西周	16.8
巫相	11.21	牺	2.20 / 5.58
巫阳	11.21	息壤	18.39
无肠国	8.9	奚仲	18.32
无肠之国	8.8 / 17.16	犀牛	10.16
无达	2.46	犀渠	5.35
无逢之山	3.91	锡山	3.67
无皋之山	4.40 / 4.41	羲和	15.27
无骨	17.26	羲和之国	15.27
无继子	17.16	谿边	2.15
无臂	8.3	蟕龟	4.38
无臂之国	8.2	鳛鳛之鱼	3.5

洗石	2.1 / 5.116	枭	1.38 / 2.10 / 3.61 / 5.44
玺晚	13.3	枭阳国	10.6
戏	13.22 / 14.21	鸮	2.17 / 2.71 / 5.121 / 5.139
系昆之山	17.20	宵明	12.22
鰕	7.19	萧	5.69
下雟	13.25	潇湘	5.200
夏耕	16.40	嚣	2.10 / 3.38
夏后开	16.46	嚣水	2.14 / 3.5 / 3.20 / 3.21
夏后启	7.4 / 7.5 / 10.12	薚	2.69
夏桀	16.40	小次之山	2.29
夏州之国	14.17	小侯之山	3.59
先槛大逢之山	17.9	小华之山	2.4
先民之国	16.10	小人	15.20 / 15.29
先民之山	17.6	小人国	14.5
鲜山	5.20 / 5.179	小咸之山	3.15
鲜水	3.24 / 5.20	絮钩	4.30
鲜野山	17.24	颉	5.166
鲜于之水	3.78	㺍	5.35
咸山	3.47	渐水	5.62
咸阴之山	1.22	䑏	3.8 / 5.120
县雍之山	3.29	镡城	13.25
县斯之山	5.45	狌狌	1.1 / 10.9 / 10.10 / 10.11 / 10.13
宪翼之水	1.4		
献	16.28 / 17.22	猩猩	18.13
鮯父	3.49	形天	7.8
相柳氏	8.6	荥	5.146
相虑	10.5	姓山	15.22
相繇	17.17	凶犁土丘	14.31
湘陵	10.5	芎䒽	2.69 / 3.70 / 5.200
湘水	10.7 / 13.16	匈奴	10.18
襄山	15.13	雄常	7.21 / 7.22
猈山	4.32	雄黄	2.24 / 2.77 / 5.118
象郡	13.25 / 13.28	熊耳之山	5.39
象蛇	3.49	熊山	5.130 / 5.134

休水	5.82	熏池	5.27 / 5.32
休与之山	5.74 / 5.93	熏水	3.8
修辟之鱼	5.69	薰草	2.9
修水	3.38	薰华草	9.5
殉涂之山	15.21	薰吴之山	2.31
秀	5.11 / 5.81 / 9.17	寻木	8.14
绣山	3.70	荀草	5.28
须陵	13.28	洵山	1.23
嘘	16.28	洵水	1.23 / 2.50
徐之水	5.125	栒	3.70 / 5.123
糈	1.10 / 1.28 / 1.42 / 2.61 / 2.81 / 3.26 / 3.43 / 3.91 / 5.16 / 5.26 / 5.32 / 5.42 / 5.117 / 5.134 / 5.144 / 5.193 / 5.209	栒状之山	4.3

Y

轩辕之国	7.16 / 16.26	雅山	5.174
轩辕之丘	2.50 / 7.17	窫窳	3.18 / 10.13 / 10.14 / 11.2 / 11.21 / 18.13
轩辕之山	3.61	弇兹	16.27
轩辕之台	16.19	珚	5.68 / 5.71
宣山	5.175	焉酸	5.75
宣余之水	5.128	崦嵫之山	2.80 / 2.81
玄豹	5.158	鄢	13.20
玄丹之山	16.31	蝘渊	2.39
玄股	14.20	延维	15.25 / 18.20
玄股之国	9.13	芫	5.44
玄扈之山	5.42	言山	15.7
玄扈之水	5.41 / 5.57	炎帝	3.65 / 16.47 / 18.30 / 18.38
玄丘之民	18.28	炎火之山	16.36
玄硞	3.56 / 5.72	盐长之国	18.11
旋龟	1.4 / 5.66	盐贩之泽	3.53
璇瑰	16.17 / 17.1 / 18.4	弇州之山	16.25
璇玉	5.56	郲	5.206
癣	5.3 / 5.69	棪	1.2
埙民之国	14.26	厌火	6.11

厌火国　　6.10
厌染之水　　5.68
晏龙　　14.11
雁门　　3.38 / 11.3
雁门山　　11.4
雁门之山　　3.88
雁门之水　　3.18
燕　　11.11 / 12.24
燕山　　3.83
燕水　　3.83
羊桃　　5.177
阳帝之山　　5.206 / 5.209
阳华之山　　5.72 / 5.73
阳夹之山　　1.35
阳曲　　13.36
阳山　　3.49 / 5.21 / 17.10
阳水　　3.71 / 5.21
阳污之山　　12.20
阳虚之山　　5.57 / 5.58
汤谷　　2.58 / 9.11 / 14.23
杨柳　　9.2
杨水　　5.72 / 14.7
洋水　　2.46 / 2.78 / 11.16
夭野　　7.19
尧光之山　　1.13
尧山　　5.203 / 5.209
珧　　4.16
䍃之泽　　2.39
铫　　2.79
淫水　　2.45
䔄草　　5.76 / 5.83
摇山　　14.27
峣崖　　2.43
瑶碧　　2.53 / 3.9 / 3.84 / 4.12 / 5.31 / 5.68 / 16.17 / 17.1
瑶碧之山　　5.153
榣山　　16.12
杏山　　5.191
猺　　3.25
鹞　　5.28
射姑国　　12.26
液女之水　　3.77
谒戾之山　　3.62
一臂　　16.43
一臂国　　7.6
一目　　8.5
一目国　　8.4
伊　　5.59
伊水　　3.6 / 5.18 / 5.20 / 5.21 / 5.23 / 5.25 / 5.35 / 5.79 / 5.80 / 5.81
依轱之山　　5.157
猗天苏门　　14.26
夷　　11.10
夷山　　1.20
沂山　　3.82
宜苏之山　　5.30
宜诸之山　　5.98
狋即　　5.179
遗玉　　8.20 / 9.2 / 14.29 / 15.30
倚帝之山　　5.172
义均　　18.37
义乡　　13.15
役　　5.88 / 5.89
役采　　17.12
役山　　5.90
役水　　5.87 / 5.88 / 5.90
峄皋之山　　4.16

峄皋之水	4.16	颍水	13.20
羿	6.19 / 11.13 / 15.16 / 18.34	廮	2.15 / 2.16 / 5.1 / 5.77
肄水	13.29 / 13.30	痈	3.4 / 5.81
鲐鱼	3.20	雍和	5.150
翳	7.4	雍氏	13.20
翳鸟	18.25	潏潏之水	5.30 / 5.35
翼望之山	2.60 / 2.61 / 5.145 / 5.193	鳙鳙之鱼	4.1
		颙	1.38
因因乎	15.12	勇石之山	5.138
阴山	2.54 / 2.62 / 2.81 / 5.14	泑山	2.59
阴水	2.62	泑水	2.40 / 2.45 / 3.1
硙山	4.30 / 4.31	泑泽	2.41 / 3.10 / 3.13 / 3.17
硙水	4.30	幽都之山	3.90 / 18.28
浪水	1.30	幽鴳	3.10
湮梁	18.32	疣	3.2 / 3.19 / 4.43
廥	5.34	莜莜	4.30
印泽	3.35	游戏之山	5.161
应龙	14.31 / 17.15 / 17.20	楢	5.121 / 5.126 / 5.129 / 5.132 / 5.137 / 5.179 / 5.192
英鞮之山	2.76		
英山	2.7	有穷鬼	2.45
英水	1.8 / 1.11 / 2.58	有易	14.21
英招	2.45	又原之山	5.141
婴侯之山	5.169	幼海	4.40
婴侯之水	3.62	鼬姓之国	15.22
婴梁之山	5.85	櫾	5.95 / 5.99 / 5.103 / 5.132 / 5.133 / 5.200
婴山	5.167		
婴勺	5.154	于儿	5.199
婴石	3.83	于土山	16.23
婴硙之山	5.163	玗琪树	11.20
蘡薁	5.83 / 5.87	余峨之山	4.19
䌉如	2.16	余暨	13.13
鹦鸦	2.17 / 2.23	余如之泽	4.47
盈民之国	15.8	余山	13.15
嬴民	18.19	余水	5.54

余泽	4.18
盂山	2.70
鱼妇	16.48
鱼山	17.24
鱼水	3.7
禺	1.1 / 1.12 / 2.10 / 2.39 / 3.10 / 3.11
禺稿之山	1.40
禺谷	17.15
禺号	17.13 / 18.32
禺貌	14.19
禺京	14.19
禺强	8.22 / 17.13
禺水	2.6 / 2.7
禺中之国	18.10
俞随之水	5.61
隅阳之山	5.125
瑜	2.20 / 2.42 / 2.59
榆山	17.5
羭次之山	2.10
羭山	2.20
羽郊	18.39
羽民	6.7 / 11.16
羽民国	6.6
羽民之国	15.6
羽山	1.14
雨师	17.20
雨师妾	9.12
禹	5.212 / 8.6 / 11.15 / 15.21 / 17.12 / 17.17 / 18.37
禹父	5.28
禹攻共工国山	16.1
禹所积石	17.9
禹所积石之山	8.12

玉膏	2.42
玉荣	2.42
玉山	2.49 / 5.112 / 5.129 / 5.193
吁咽	6.23
郁水	5.113 / 10.5 / 13.28
郁郅	13.22
郁州	13.7
育沛	1.1
育蛇	15.18
育遗	1.33
狱法之山	3.19
楄	5.83
浴水	2.22 / 3.90
淯	1.9
棫	2.10
寓	3.6 / 3.46
寓木	5.107 / 5.108 / 5.109 / 5.110 / 5.140
蜮民之国	15.17
蜮人	15.17
蜮山	15.17
豫章	2.32 / 5.123 / 5.129
礜	2.16
浣水	2.76
鵷雏	1.41
员神魄氏	2.52
沅	5.200
沅水山	13.25
原水	4.27
猿翼之山	1.3
源泽	17.17
辕厉	13.10
月支	13.4
岳崇之山	2.41

岳山	4.8 / 15.25	漳水	3.65 / 5.95 / 13.37
岳之山	17.18	璋	1.10
药	2.69 / 5.120	丈夫	7.12
越	13.36	丈夫国	7.11
云山	5.195	丈夫之国	16.24
云雨之山	15.21	招摇山	14.20
		招摇之山	1.1 / 1.10
		朝歌之山	5.50 / 5.146
		肈山	18.7
		折丹	14.18

Z

杂余之水	4.19	柘	3.13 / 4.6 / 5.84 / 5.110 / 5.111 / 5.115 / 5.116 / 5.120 / 5.127 / 5.140
凿齿	6.19 / 6.20 / 15.16		
蚤林之水	3.58		
藻	3.91		
藻圭	5.117	柘木	3.65
藻玉	2.22 / 5.93	柘山	3.73
鱳鱼	3.19	浙江	13.13
泽更之水	1.26	真陵之山	5.205
醝山	14.27	桢木	4.49
柤	5.99 / 5.103 / 5.132 / 5.133 / 5.200	葴山	5.166
		榛	2.67 / 3.14
苴	5.157 / 5.168 / 5.171 / 5.174 / 5.179 / 5.182 / 5.187 / 5.190	箴石	4.7 / 4.29
		箴鱼	4.3
		眕水	5.28
蒼棘	5.13	鸩	5.97 / 5.116 / 5.129 / 5.153
瞻水	5.63	狰	2.53
瞻诸之山	5.62	正回之水	5.29
鹪	2.45	支离之山	5.154
鳣	2.79 / 4.37 / 4.45	枝勾	5.137
展水	4.43	植楮	5.6
张弘之国	15.23	厎阳之山	2.32
章莪之山	2.53	汦水	4.3
章山	5.180 / 16.40 / 17.29	枳	2.9 / 2.39 / 3.20
章尾山	17.32	軹騟	5.188
章武	13.36 / 13.37	袟筒之山	5.155
漳	5.96 / 5.98 / 5.101		

痔	1.30 / 2.15 / 5.11	诸钩之山	4.34
彘	1.13 / 1.17 / 1.37 / 3.20 / 3.26 / 3.37 / 3.43 / 3.49 / 3.91 / 4.1 / 4.9 / 4.48 / 5.22 / 5.35 / 5.139 / 5.192 / 5.193 / 7.14	诸怀	3.20
		诸怀之水	3.20
		诸犍	3.12
		诸毗	1.11 / 1.17 / 2.41 / 2.45 / 3.2
彘山	5.111	诸绳之水	4.7
鳌鱼	5.121	诸夭之野	7.18
中辐	17.27	诸余之山	3.34
中父之山	4.35	诸余之水	3.34
中谷	1.38	诸资之水	2.16
中皇之山	2.35	鸼	1.11
中曲之山	2.77	槠	5.149
中容之国	14.9 / 14.28	竹	2.24 / 5.95 / 5.105 / 5.115 / 5.199
钟山	2.42 / 2.43 / 8.3 / 11.8 / 17.22	竹箭	2.8 / 2.10 / 2.17 / 2.18 / 3.60 / 5.25 / 5.40 / 5.71 / 5.201
螽	4.19 / 12.10	竹䗠	5.40
冢遂	2.39	竹山	2.8 / 4.12 / 4.13
踵日之山	5.185	竹水	2.8
众兽之山	2.33	苎	5.44 / 5.83 / 5.118 / 5.203
重	16.28	逐	5.77
重阴之山	15.13	逐水	2.11
州山	16.39	烛光	12.22
周饶国	6.21	烛龙	17.32
蛰蛙	5.82	烛阴	8.3
朱蛾	12.10	麈	5.99 / 5.104 / 5.120 / 5.128 / 5.158 / 15.3 / 17.4
朱卷之国	18.16	祝融	6.24 / 16.12 / 18.38 / 18.39
朱木	15.25 / 16.42	祝余	1.1
朱獳	4.21	颛顼	8.19 / 13.17 / 14.1 / 15.6 / 15.22 / 16.2 / 16.12 / 16.28 / 16.32 / 16.45 / 17.1 / 17.7 / 17.27 / 17.29 / 18.5
朱厌	2.29		
珠鳖鱼	4.18		
珠树	11.20		
诸次之山	2.68		
诸次之水	2.68		

埻端	13.3		5.143 / 5.145 / 5.146 / 5.153 / 5.156 / 5.159 / 5.163 / 5.171
涿光之山	3.5		
涿山	5.142	宗山	15.22
淖子	18.5	椶	2.6 / 2.15 / 2.18 / 2.24 / 2.55 / 2.69 / 3.5 / 3.17 / 3.80 / 5.6 / 5.39 / 5.71 / 5.201
豽	2.32 / 2.48 / 5.103		
浊浴之水	2.54		
浊漳之水	3.66	騊駼	12.17
蓄水	5.70	椒	5.128
蛰鼠	4.3	足訾	3.11
滋水	3.80	祖状之尸	15.19
子桐之山	4.47	柞牛	2.4 / 2.7 / 2.27 / 2.30 / 2.32 / 2.36 / 2.71 / 5.40 / 5.71 / 5.154
子桐之水	4.47		
茈	2.64 / 5.63 / 5.125		
茈草	2.63 / 3.17 / 3.47	佐水	1.41
茈蠃	4.12	柞	2.13 / 2.65 / 5.44 / 5.54 / 5.56 / 5.103 / 5.108 / 5.114 / 5.116 / 5.142 / 5.150 / 5.181 / 5.196 / 5.205
茈鱼	4.44		
泚水	2.40 / 3.9 / 4.44		
梓	1.24 / 4.19 / 4.37 / 5.99 / 5.105 / 5.121 / 5.125 / 5.126 /		